Heinrich Thies
Die verbannte Prinzessin

PIPER

Sophie Dorothea, Prinzessin von Hannover
* 15. 9. 1666 Celle, † 13. 1. 1726 Ahlden
Öl auf Leinwand, 74 × 61 cm,
von Louis Ferdinand (?), ca. 1682

Zu diesem Buch

Sie hatte glänzende Aussichten. Und doch verbrachte sie mehr als dreißig Jahre ihres Lebens als Gefangene in einem abgeschiedenen Ort in der norddeutschen Tiefebene – verhöhnt als »Prinzessin von Ahlden«, verehrt als »Königin der Herzen«. Während das Haus Hannover den englischen Thron erobert, wird die Gemahlin des künftigen Monarchen, Sophie Dorothea, in die deutsche Provinz verbannt. Heinrich Thies entrollt die berührende Lebensgeschichte der Tochter des Herzogs von Celle, die aus machtpolitischen Erwägungen mit ihrem Cousin Georg Ludwig verheiratet wird. Die Ehe, aus der zwei Kinder hervorgehen, wird zur Katastrophe. Sophie Dorothea stürzt sich in eine Liebesaffäre mit dem schwedischen Oberst Philipp Christoph Königsmarck. Die beiden wechseln Briefe, verabreden sich zu heimlichen Treffen. Doch schließlich kommt die Affäre ans Licht – mit fatalen Folgen ...
Einfühlsam und spannend erzählt Heinrich Thies die Geschichte der Prinzessin Sophie Dorothea, die durchwirkt ist von Liebe und Hass, Machtstreben und Intrigen.

Heinrich Thies, geboren 1953, studierte Germanistik, Politik, Philosophie und Journalistik. Er ist Reporter bei der Hannoverschen Allgemeinen Zeitung und Autor der Bücher »Geh aus, mein Herz, und suche Freud. Das Leben der Bäuerin Hanna« sowie »Wenn Hitler tot ist, tanzen wir. Das Leben der Hilde Heart«.

Heinrich Thies

Die verbannte Prinzessin

Das Leben der Sophie Dorothea von Hannover

Mehr über unsere Autoren und Bücher:
www.piper.de

Abbildung auf Seite 1 mit freundlicher Genehmigung
des Historischen Museums Hannover

MIX
Papier aus verantwor-
tungsvollen Quellen
FSC **FSC® C083411**
www.fsc.org

Ungekürzte Taschenbuchausgabe
ISBN 978-3-492-25357-4
Piper Verlag GmbH, München
1. Auflage Mai 2009
7. Auflage Oktober 2017
© zu Klampen Verlag, Springe 2007
Umschlaggestaltung: Büro Hamburg. Anja Grimm, Stefanie Levers
Bildredaktion: Büro Hamburg. Alke Bücking, Sandra Schmidtke
Umschlagabbildung: akg-images (»Sophie Dorothea von
Hannover mit ihren Kindern Georg August und Sophie Dorothea«)
Satz: thielenVerlagsbüro, Hannover
Gesetzt aus der Basilia
Druck und Bindung: CPI books GmbH, Leck
Printed in the EU

Inhalt

Hoher Besuch

Celle, September 1682. Nebel hing noch über den Wiesen, als gegen sechs Uhr in der Frühe eine herrschaftliche Kutsche die Stadtgrenze von Celle passierte. Es war kühl, nur wenig über Null. Die Herzogin von Hannover fröstelte, als sie den Vorhang vor ihrem Kutschenfenster zurückschob, um einen Blick auf das Schloss zu werfen, das sich mit seinen ockergelben Mauern wie eine Festung vor ihr erhob. Trotz der Brokatkissen, mit denen sie die roten Samtpolster zusätzlich abgepolstert hatte, waren ihr die Stöße der holprigen Fahrt in die Knochen gefahren. Sie fühlte sich wie zerschlagen.

Bereits am Vorabend war sie in Hannover aufgebrochen. Es hatte tagelang geregnet. Da war es klar, dass die Kutsche nur in gedrosseltem Tempo vorankommen würde. Sophie hatte gehofft, während der nächtlichen Fahrt schlafen zu können, war aber immer wieder aufgeschreckt – ob beim Pferdewechsel im Posthof Engensen oder bei den unfreiwilligen Aufenthalten, die der Schlamm erzwang.

Aber jetzt schien die Sonne, der Nebel lichtete sich, und die Hähne krähten aus den engen Gassen des Fachwerkstädtchens einem schönen Herbsttag entgegen.

Das Ziel war erreicht. Die Wachen am Schlossgraben erkannten das hannoversche Wappen, sie grüßten ehrerbietig und ließen die schlammbespritzte Equipage passieren. Ein Page öffnete den Kutschenschlag mit respektvoller Verbeugung und half dem hohen Besuch beim Aussteigen. Doch kaum hatte die Fürstin den Schlosshof betreten, kam es auch schon zu einem Wortwechsel.

»Führt mich bitte unverzüglich zum Herzog«, forderte Sophie den Oberhofmeister auf.

»Ich bin untröstlich, Euer Durchlaucht, aber Seine Hoheit befinden sich noch im Schlafgemach ...«

»Noch im Bett? Das überrascht mich nicht, aber es ist auch ganz gleich. Ich muss ihn sofort sprechen. Unverzüglich – von mir aus im Bett, angekleidet oder unangekleidet.«

»Aber Euer Durchlaucht, das geht doch ...«

»Wie bitte? Was hier geht oder nicht geht, das zu entscheiden, mein Herr, überlasst bitte mir.«

»Aber ...«

»Kein Aber. Aus dem Weg.«

Mit diesen Worten ließ die Dame im goldbestickten Reisekostüm den Hofbeamten stehen und schritt auf das Schlossportal zu. Vorbei an verdutzten Wachen und Pagen, Mägden und Schlossfräuleins steuerte sie die Gemächer des Herzogs im Ostflügel an, ging über große Treppen, durch verwinkelte Gänge, vorbei an goldgerahmten Porträts mit den stumpfen Blicken längst verblichener Fürsten.

Sie war zwar schon viele Jahre nicht mehr im Celler Schloss gewesen, doch sie kannte den Weg noch gut. Sie hatte Herzog Georg Wilhelm schließlich einmal sehr nahe gestanden, war mit ihm sogar verlobt gewesen. Aber was zählten schon die Regungen des Herzens? Liebe? Nein, Liebe, das war für die Herzogin von Hannover eine höchst gewöhnliche Empfindung. Wer vorankommen wollte in der Welt, hatte seinen Kopf zu gebrauchen. Und wenn man wie Sophie königlichem Geblüt entstammte, Tochter des »Winterkönigs«, des pfälzischen Königs Friedrichs V. von Böhmen war, Enkeltochter Jakobs I. von England und damit Nachfahrin Maria Stuarts, eine echte Stuart, dann hatte man sein Leben bedeutenderen Zielen zu unterwerfen: den Gesetzen der Politik, den Spielregeln der Macht – und zwar nicht nur im eigenen Interesse, sondern vor allem im Interesse der Nachkommen. Darum hatte Sophie von der Pfalz eingewilligt, als Georg Wilhelm sie gebeten hatte, ihre Zuneigung fortan seinem jüngeren Bruder Ernst August zu schenken. Denn der ältere Spross des Welfenhauses verspürte seinerzeit keinen besonderen Drang, sein Leben in den Dienst von Regierungsgeschäften zu stellen. Georg Wilhelm zog das Junggesellenleben vor: Jagd und opulentes Essen, Reisen nach Frankreich, Holland und Venedig, Musik und Theater. So beschloss er, Ernst August die kluge Sophie abzutreten, ebenso wie seine Erbansprüche. Alle Ländereien sollten nach seinem Tode dem Bruder zufallen.

Aber dann hatte sich alles anders entwickelt. Ganz anders. Sophie war nie darüber hinweggekommen: Georg Wilhelm hatte diese Französin geheiratet, eine Landadelige, die Tochter einer Hugenottenfamilie niederer Herkunft: Eleonore d'Olbreuse – den »kleinen Dreckhaufen«, den »Mäusedreck«, wie Sophies Nichte Liselotte von der Pfalz sie in scharfzüngigen Briefen nannte. Und die Lästerzunge sprach Sophie aus dem Herzen. Immer mehr Rechte und Besitztümer hatte Georg Wilhelm nach und nach seiner Madame zugeschustert. Und dann war aus der Verbindung auch noch eine Tochter hervorgegangen, die nachträglich vom Kaiser in Wien als erbberechtigte Prinzessin legitimiert worden war: Sophie Dorothea, geboren am 10. September 1666. In den Augen Sophies ein »Bastard«, mit dem sich ihr Herr Schwager da ungeniert über alle Abmachungen hinwegsetzte. Kein Wunder, dass dieses Zuckerpüppchen als eine der besten Partien in Deutschland galt! Wer die Prinzessin von Celle zum Traualtar führte, erhielt als Zugabe das Fürstentum Lüneburg, das eigentlich ihrem Ältesten zustand, gleich mit. O nein, da konnte sie nicht tatenlos zusehen. Um Himmels Willen!

Die höchste Alarmstufe war erreicht, als Sophie über Andreas Gottlieb von Bernstorff, den hannoverschen Spitzel am Celler Hof, erfuhr, dass Sophie Dorothea mit dem Sohn von Herzog Anton Ulrich von Wolfenbüttel verlobt werden sollte – einem Vetter, aber gleichzeitig auch Intimfeind des Herzogs von Hannover. Das hatte gerade noch gefehlt!

Schon am nächsten Tag sollten Vater und Sohn aus Wolfenbüttel in Celle eintreffen, um die Verbindung perfekt zu machen – aus Anlass des 16. Geburtstages von Sophie Dorothea, der erst vier Tage zurücklag.

Die Depesche aus Celle hatte in Hannover einen Wutausbruch nach sich gezogen. Als Herzog Ernst August sich einigermaßen gefasst hatte, besprach er mit seiner Frau, was zu tun sei. Und schnell stand für ihn fest, dass Sophie, in Verhandlungen sehr geschickt, die Angelegenheit mit ihrem Schwager klären sollte.

»Das darfst du nicht von mir verlangen, dass ich bei dieser Madame zu Kreuze krieche«, wandte die Herzogin zunächst ein. Aber dann begriff sie, dass sie keine andere Wahl hatte. Um zu verhindern, dass die gewaltige Mitgift dem Feind zufiel, musste sie klein beigeben und in Celle um die Hand Sophie Dorotheas anhalten – stellvertretend für ihren Ältesten, stellvertretend für Georg Ludwig.

Ohne anzuklopfen ging sie ins Schlafgemach. Der Heideherzog saß gerade am Frisiertisch, um sich die Morgenperücke aufsetzen zu lassen. Sein kurzgeschorenes fuchsrotes Haar leuchtete in der Sonne, die durch das Schlossfenster schien. Neben Tabak- und Puderdosen, Parfümflakons und Frisierspiegeln dampfte die heiße Frühstücksbouillon. Doch Sophie achtete nicht darauf. Ohne eine Aufforderung abzuwarten, setzte sie sich neben den einstigen Verlobten. Dem Herzog, sonst nie um einen deftigen Spruch verlegen, fiel es schwer, seine Verblüffung in Worte zu fassen.

»Du? Sophie? Wo kommst du her?«

Die Angesprochene nutzte die Verwirrung des Schwagers und bestimmte von vornherein die Richtung des Gesprächs.

»Ich bin gekommen, weil ich Deiner Tochter zum Geburtstag gratulieren wollte«, begann sie. »Ich war die ganze Nacht unterwegs, entschuldige also bitte, wenn ich ein wenig abgehetzt bin.«

»Natürlich, selbstverständlich. Schön, dass du da bist. Du musst durstig sein. Was darf ich dir …?«

»Danke, nicht nötig.«

Der Herzog von Celle hatte in dieser frühen Morgenstunde immer noch nicht begriffen, wie ihm geschah. Doch die Besucherin gab ohnehin den Ton an.

»Schön ist es hier geworden. Wundervoll, wirklich. Was für prächtige Leuchter?«

»Ja, die sind wirklich sehr schön, wir haben das Glas aus Murano kommen lassen. Oh ja, Venedig, das waren noch Zeiten. Ich darf gar nicht daran denken.«

Die altbekannten Fernwehattacken, Sophie ging erst gar nicht darauf ein. »Auch die Decke scheint neu zu sein«, fuhr sie fort. »Schön, diese weißen Stuckarbeiten. Wirklich, sehr geschmackvoll.«

»Ja, die hat uns ein Italiener gemacht. Wie heißt er noch? Tonelli?

»Du meinst Tornielli – Giovanni Batista Tornielli.«

»Natürlich, Tornielli, der war's. Meine Frau hätte es sofort gewusst, aber ich kann mir diese Namen einfach nicht merken.«

»Wo ist denn eigentlich die Madame, äh, ich meine, die Herzogin?«

Anstatt zu antworten, zeigte Georg Wilhelm zunächst nur auf die halb geöffnete Tür. Er räusperte sich. »Die Herzogin liegt noch im Bett.«

Doch sie war offenkundig bereits wach. »Was ist denn da los?«, rief Eleonore plötzlich mit verschlafener Stimme aus dem Nachbarraum. »Was macht ihr für einen Lärm so früh am Morgen.«

»Besuch aus Hannover, mein Schatz. Sophie ist gekommen«, antwortete der Herzog. »Aber lass dich durch uns nicht stören, schlaf ruhig noch ein wenig, mein Liebling.«

Nun sah sich auch die Besucherin genötigt, ein Wort der Begrüßung an die Unsichtbare unterm Baldachin im Nebenzimmer zu entrichten. »Guten Morgen, Gnädigste. Ich bin gekommen, Eurer Tochter meine Glückwünsche zum Geburtstag zu entrichten.«

»Wie freundlich.«

Doch Eleonore d'Olbreuse war so entsetzt über den unerwarteten Besuch, dass sie sofort wieder verstummte.

Mit gedämpfter Stimme fuhr Sophie fort, auf ihren Schwager einzureden. Bevor sie zur Sache kam, umgarnte sie ihren Gesprächspartner weiter mit Freundlichkeiten.

»Wie lange ist es nur her, dass wir zusammengesessen haben. Ach, es ist alles so schwierig geworden, mein Lieber. Ich finde, es wird Zeit, dass wir unsere Empfindlichkeiten allmählich überwinden und miteinander verkehren, wie es sich für eine Familie gehört. Meinst du nicht auch?«

»Du sprichst mir aus dem Herzen.«

»Wunderbar. Das wird auch dein Bruder gern hören, er sehnt sich schon lange danach, wieder einmal mit dir zur Rebhuhnjagd zu fahren. Ich soll übrigens herzliche Grüße von ihm ausrichten.«

»Vielen Dank, Sophie. Sehr freundlich. Bitte grüße ihn auch von mir.«

»Mit dem größten Vergnügen.«

Sie faltete die Hände. »Georg Wilhelm«, setzte sie neu an. »Du weißt, Ernst August schätzt dich wirklich sehr, und er bedauert, dass ihr euch in den vergangenen Jahren so weit voneinander entfernt habt.«

»Mir geht es genauso.«

»Da wirst du mir zustimmen, dass wir alles tun sollten, um das Band zwischen Celle und Hannover wieder enger zu knüpfen.«

Sie nahm einen Schluck von der heißen Schokolade, die ihr ungebeten gebracht worden war.

»Ich glaube, die Chancen sind ausgezeichnet. Ich möchte dir einen Vorschlag machen.«

Daraufhin präsentierte sie dem Herzog ihren Heiratsplan.

Georg Wilhelm war so gerührt von den versöhnlichen Worten, so erfüllt von der Hoffnung auf ein Ende der Eiszeit zwischen Hannover und Celle, dass es ihm gar nicht in den Sinn kam, Bedenken zu äußern. Das Problem war nur: Wie konnte er seine Frau und seine Tochter von dem neuen Plan überzeugen?

Die geplatzte Verlobung

Er wandte all sein diplomatisches Geschick auf, doch die Floskeln und Liebenswürdigkeiten prallten ab an der Herzogin von Celle. Die sonst so charmante Französin tobte, als Georg Wilhelm ihr das Ergebnis seiner Unterredung mit Sophie mitteilte.

»Wie kannst du mir das antun?«, fauchte sie ihn an. »Wie kannst du es wagen! Unser Kind mit diesem plumpen Kerl zu verheiraten? Unseren Schatz in die Hände einer Frau zu geben, die mich bisher nur verachtet hat, die mich behandelt hat wie, wie eine Zofe, ja schlimmer: wie eine dahergelaufene Küchenmagd. Wie den letzten Dreck!«

Und dann erstarben ihre Worte in heftigem Schluchzen.

Georg Wilhelm ließ der Gefühlsausbruch nicht kalt. »Eleonore bitte, du musst verstehen, mir fällt es auch nicht leicht«, redete er auf sie ein, während er nervös an seiner Perücke herumnestelte. »Du weißt, was mir unsere Tochter bedeutet. Sophie Dorothea ist mir das Liebste auf der Welt, neben dir selbstverständlich. Aber glaub mir, es ist das Beste für sie. Sie wird eine glänzende Zukunft haben. Und für uns, Eleonore, für uns ist es auch gut so. Wir werden endlich wieder mit Ernst August und Sophie verkehren, wie es sich für eine Familie gehört. Du wirst sehen, Sophie meint es gut. Sie wird dich in ihre Arme schließen wie eine Schwester. Glaub mir …«

»Das kann nicht dein Ernst sein.« Eleonore schlug sich die Hände vor die Augen. »Lieber werde ich eine Natter an meine Brust drücken, als mich von diesem Biest in die Arme nehmen zu lassen. Ich habe nichts vergessen. Nichts.«

Der Herzog wusste, wie groß die Verletzung war, die Sophie seiner Braut zugefügt hatte, als sie aus ihrem holländischen Exil gekommen war. Wie eine Freundin hatte sie Eleonore auf dem Schloss in Osnabrück empfangen, wo sie damals an der Seite ihres Mannes Ernst August als Fürstbischöfin residierte. Doch dann war immer deutlicher geworden, dass sie Eleonore nicht als seine rechtmäßige Gemahlin betrachtet hatte, sondern als eine gewöhnliche Mätresse. Nicht einmal an der herrschaftlichen Tafel durfte sie sitzen. Und Georg Wilhelm war sich bewusst, dass er die Schuld an all dem trug. Er selbst hatte ja seinem Bruder versprochen, der Ehe zu entsagen, sich »keineswegs in eine Heirat einzulassen«, wie es in dem Kontrakt stand. Aber dann hatte er im holländischen Breda diese bildschöne Französin kennen gelernt und alle Vorsätze über Bord geworfen.

Wer war diese Eleonore d'Olbreuse? Sie entstammte der Provinz Poitou an der französischen Westküste, war 1639 auf dem Schloss Olbreuse zur Welt gekommen. Weil ihre Familie sich zu Calvin und dem Protestantismus bekannte, war sie den Reformierten, den Hugenotten zugerechnet und verfolgt worden. Schließlich entschloss sie sich, Frankreich zu verlassen und nach Holland zu emigrieren. Und in Breda traf sie Georg Wilhelm, der sich sofort in sie verliebte, »in ihre Schönheit, ihre Anmut, ihre feine Art«, wie er schrieb.

Am 15. März 1665 starb Georg Wilhelms älterer Bruder Christian Ludwig, der Chef des Welfenhauses, und Georg Wilhelm, bisher Herzog von Calenberg, wurde durch den Todesfall zum Herzog von Celle. Schon wenige Monate später ließ er seine Geliebte mit einer sechsspännigen Kutsche nach Deutschland holen. Er konnte ihr zwar nicht die Ehe anbieten, das verbot der Kontrakt, doch er gelobte Eleonore ewige Treue und bot ihr einen Vertrag an, den auch sein Bruder Ernst August und seine Schwägerin Sophie gegenzeichneten. In dem Vertrag hieß es: »Da die Zuneigung zu meinem Bruder mich zu dem Entschluss geführt hat, niemals zu heiraten, zu seinem und seiner Kinder, als Erben, Vorteil, ein Beschluss, den ich niemals zurücknehmen werde, und da Fräulein d'Olbreuse entschlossen ist, mit mir zu leben, verspreche ich, sie niemals zu verlassen und ihr zweitausend Taler jährlich, nach meinem Tode aber eine Rente von 6000 Taler auszusetzen.«

Eine richtige Hochzeit konnte natürlich nicht gefeiert werden; es blieb bei einer morganatischen, lediglich eheähnlichen Verbindung. Am Celler Hof galt Eleonore zunächst auch nicht als Gemahlin des Herzogs, sondern als dessen Freundin. Nach einer Provinz am Rande des Herzogtums billigte man ihr den Titel »Frau von Harburg« zu, nannte sie »Madame«. Doch nach der Geburt von Sophie Dorothea ließ Herzog Georg Wilhelm nichts unversucht, um den Status seiner Frau aufzuwerten. Er überschrieb ihr Ländereien und setzte sich bei Kaiser Leopold I. in Wien für sie ein. Mit Erfolg. Schon nach drei Jahren gewährte der Kaiser »Frau von Harburg« das Recht, den Titel einer Gräfin von Wilhelmsburg zu führen. Der Kaiser war auf die Unterstützung der Hannoveraner bei seinen Kriegen gegen die Türken und Franzosen angewiesen, und er zeigte sich erkenntlich für die Soldaten aus Norddeutschland, die der Herzog von Celle ihm und seinen Verbündeten überließ. So erfüllte sich endlich der sehnlichste Wunsch Eleonores: die Anerkennung ihrer Ehe – und ihres Kindes. »Ich glaube, jetzt ist der Augenblick gekommen, wo ich an meine Hochzeit denken kann«, jubelte der Heideherzog.

Sophie indessen versuchte alles, die Trauung zu hintertreiben. Doch vergebens. Am 2. April 1676 konnten Georg Wilhelm und Eleonore in Celle die Einsegnung ihrer Ehe feiern. Ernst August und Sophie blieben dem Festakt fern. Unter den Gästen dagegen war Herzog Anton Ulrich aus Wolfenbüttel. Und dies hatte einen ganz besonderen Grund. Denn anlässlich der kirchlichen Zeremonie wurde die Verlobung der zehnjährigen Prinzessin Sophie Dorothea mit Prinz Friedrich August, dem Sohn des Gastes aus Wolfenbüttel, bekannt gegeben. Doch noch ehe die Nachricht Proteste der Hannoveraner nach sich ziehen konnte, fiel Friedrich August von Wolfenbüttel bei der Belagerung von Philippsburg einer französischen Kanonenkugel zum Opfer. Unerfüllte Liebe und früher Tod – wie so oft in dieser Zeit verlosch auch in diesem Fall ein Leben, lange bevor es sich entfalten konnte.

Das war aber noch lange kein Grund, in Trübsal zu versinken. Die Tage der Angst waren vorbei. Nach dem Ende des Dreißigjährigen Krieges war eine ungeheure Lebenslust im Heiligen Römischen Reich Deutscher Nation erwacht. Wer es sich nur irgendwie leisten konnte, genoss sein kurzes Erdendasein in vollen Zügen. Und da der Westfälische Friede den Landesfürsten nahezu uneingeschränkte Souveränität gegenüber dem Kaiser in Wien bescherte, baute sich jeder Provinzherzog sein eigenes Versailles – mit Schlössern nach italienischem und französischem Vorbild, mit Tanz, Theater und Musik. Geld spielte bei all dem kaum eine Rolle. Die Zeche zahlten andere.

Diese Stimmung trug dazu bei, dass in Celle die Trauer um den Tod des Wolfenbütteler Verlobten nur kurz war. Denn das Leben am Celler Hof hatte durch den vielgereisten Herzog und seine französische Gemahlin ungeheuren Schwung entwickelt. Georg Wilhelm ließ Komödianten aus Italien und Frankreich kommen, baute ein Schlosstheater und stellte eine Schauspielertruppe an. Bei fast allen Gelegenheiten erklang Musik hinter den Schlossmauern. Geigen-, Flöten- und Cembaloklänge erfüllten die Prunkgemächer.

Eleonore tat das Ihre, um das Celler Schloss zu einem Palast zu machen. Die schöne Madame mit dem kastanienfarbenem Haar und den dunkelbraunen Augen veranlasste ihren Mann, Salons und Prunkgemächer mit französisch-italienischem Interieur einzurichten, einen Französischen Garten anzulegen, die neueste Mode aus Paris zu importieren und vor allem: den Speiseplan zu verfeinern. Anstelle von fetten Würsten und schwer verdaulichen Wildschweinkeulen kam nun leichte französische Kost mit Artischocken und Kräutern der Provence auf den Tisch. Eleonore trug auch dazu bei, die Tischsitten zu verfeinern. Regelmäßig erschien jetzt ein Page an der herrschaftlichen Tafel, der die Speisenden ermahnte, sich nicht mit Knochen und Brotkrumen zu bewerfen, von Beleidigungen während des Essens abzusehen, sich nicht die besten Stücke heimlich in die Tasche zu stecken oder gar mit den Fingern vom Teller zu essen. Schluss gemacht wurde auch mit der Sitte, nach dem Essen die Betrunkenen in einer Schubkarre abzutransportieren.

Immer französischer ging es zu am Hof von Celle, immer feiner. Bald war der Großteil des Personals französischer Herkunft und die vorherrschende Sprache bei Hofe war nicht etwa Deutsch, sondern Französisch. »Ich bin der einzige Ausländer hier«, scherzte Georg Wilhelm, wenn Besucher kamen.

Georg Wilhelms Bruder Ernst August indessen beobachtete die Entwicklung mit wachsender Sorge. Nach dem Tod seines katholischen Bruders Johann Friedrich im Dezember 1679 hatte der protestantische Fürstbischof von Osnabrück das Leineschloss in Hannover übernommen. Gleichzeitig hatte er die begründete Hoffnung, dass sein Ältester später auch einmal das Fürstentum Lüneburg übernehmen konnte. Doch diese Chance war bedroht – bedroht vor allem durch seine Nichte Sophie Dorothea.

Denn das Bewerberkarussell drehte sich weiter. Sophie Dorothea galt nicht nur als ausgezeichnete Partie, auch ihre Schönheit und Anmut entzückten die Herrenwelt. Immer neue Heiratskandidaten machten von sich reden. Dabei tauchte auch der Name des dänischen Prinzen Georg auf, des späteren Gatten der englischen Königin Anna von England. Selbst König Karl XI. von Schweden bekundete sein Interesse. Bis nach Versailles, bis hin zum Hofe Ludwigs XIV. drangen die Gerüchte. Auch Wilhelm von Oranien, Statthalter der Niederlande, erfuhr davon. Dafür sorgte der Cellesche Minister Graf Bernstorff, der nicht nur bei Herzog Ernst August in Hannover als Spitzel im Sold stand, sondern auch bei dem Oranier. Und der spätere König von England zögerte nicht, entstehende Verbindungen durch gezielte Eingriffe zu zerstören, wenn sie mit eigenen Interessen kollidierten.

Auch die Hannoveraner ließen angesichts der drohenden Allianzen durchblicken, dass sie sich einen anderen Bräutigam für Sophie Dorothea wünschten, nämlich Cousin Georg Ludwig. Dies, so ließ man durchblicken, sei letztlich nur eine Frage des Ehevertrages, also der Mitgift. Doch dann meldete sich erneut Herzog Anton Ulrich aus Wolfenbüttel und brachte seinen zweiten Sohn ins Spiel: August Wilhelm, ein Heiratskandidat, der Sophie Dorotheas Mutter viel sympathischer war als der Prinz aus Hannover. Auch Sophie Dorothea fand Gefallen an dem Kandidaten, Wolfenbüttel war für sie schließlich Freundesland.

So wurde man sich schnell einig. Fünf Tage nach Sophie Dorotheas sechzehntem Geburtstag sollte die Verlobung bekannt gegeben werden – an jenem Tag im September 1682, an dem die Fürstin Sophie nach Celle geeilt war, um ihren Heiratsplan vorzutragen.

Sophie Dorotheas Mutter war außer sich. Entsetzt dachte sie daran, dass der Herzog von Wolfenbüttel schon in knapp einer Stunde mit seinem Stammhalter eintreffen würde. »Was sollen wir dem Herzog nur sagen?«, fuhr sie ihren Gemahl an. »Dass alles nur ein Scherz war? Dass wir es uns in letzter Minute anders überlegt haben?«

»Ich verstehe dich ja, meine Liebste. Mir ist es auch nicht recht, Vetter Tönis vor den Kopf zu stoßen. Aber glaub mir, auch der Herzog von Wolfenbüttel wird verstehen, dass wir keine andere Wahl haben.«

»Keine andere Wahl?«, wiederholte Eleonore aufgebracht. »Natürlich haben wir eine andere Wahl. Aber wenn dein Bruder in Hannover hustet, dann bleibt dir ja schon das Herz stehen. Wer sind wir denn, dass wir uns so behandeln lassen müssen?«

Doch wenn der Herzog seiner Frau sonst auch nahezu jeden Wunsch erfüllte, in dieser Angelegenheit hatte er sich entschieden. Er stand bei Sophie im Wort. Es gab kein Zurück mehr.

Und als wenig später die Kutsche aus Wolfenbüttel vorfuhr, musste er sein Versprechen einlösen und seinem Vetter die bittere Nachricht übermitteln. Gleichwohl lud er Herzog Anton Ulrich und seinen Sohn ein, seiner Tochter wie geplant, zum Geburtstag zu gratulieren und zum Essen zu bleiben.

Doch die Wolfenbütteler fühlten sich durch die Einladung nur noch zusätzlich verhöhnt. Gekränkt traten sie die Heimreise an. Umgehend.

Eleonore d'Olbreuse machte ihrem Mann heftige Vorwürfe – nicht nur wegen der Absage, sondern vor allem wegen ihrer Tochter.

»Dass du dich nicht schämst, Sophie Dorothea wie einen Einsatz beim Kartenspiel zu behandeln«, schimpfte sie.

»Du bist ungerecht«, entgegnete er. »Hier geht es nicht um ein Spiel, hier geht es um die Zukunft des Herzogtums, um meine Verantwortung als Sohn eines alten Geschlechts und um die Pflicht, die ich gegenüber meinem Bruder habe.«

»Pardon? Pflicht? Das glaubst du doch selbst nicht. Um Macht geht es dir, um nichts anderes als um Macht. Das Glück unserer Tochter zählt dabei nichts.«

»Mein Schatz, wir müssen alle unser persönliches Glück hinter dem großen Ganzen zurückstellen, das weißt du so gut wie ich.«

»Großes Ganzes! Hohle Worte sind das. Nichts als hohle Worte. Mir scheint, diese Dame aus Hannover hat dich verhext. Es gab Zeiten, da hast du ganz anders geredet. ›Die hohe Politik‹, hast du lamentiert. ›Was interessiert mich das Gerangel um die besten Plätze bei diesem Wettstreit der Eitelkeiten. Ich will leben, gut leben.‹ Was ist daraus geworden? Was?«

Der Herzog blieb die Antwort schuldig, wandte sich brüsk ab und verließ den Raum. Doch das schwierigere Gespräch stand ihm noch bevor.

Die bittere Pille

Sophie Dorothea schüttelte nur den Kopf, als ihr der Heiratsplan mitgeteilt wurde. Dann brach sie in Tränen aus. »Nie, niemals«, stieß sie schluchzend hervor. »Niemals werde ich die Frau von Schweineschnauze. Lieber sterbe ich.«

Ihre Mutter hatte oft genug erzählt, wie verächtlich Sophie und Ernst August sie behandelt hatten; was für eine Bande böser und unkultivierter Menschen den hannoverschen Hof beherrschte. Und in diese Höhle wollte ihr Vater sie verstoßen! Es war nicht zu fassen. Sie warf sich ihrer Mutter in die Arme und weinte. Hemmungslos. Der Herzog von Celle stand hilflos daneben. Im verzweifelten Bemühen, seine Tochter zu beruhigen, gab er ihr das diamantenbesetzte Porträt Georg Ludwigs, das ihr dessen Mutter als Geburtstagsgeschenk mitgebracht hatte. Doch die erhoffte Wirkung blieb aus. Wütend warf Sophie Dorothea die Miniatur mit dem verhassten Cousin gegen die Wand, dass die Splitter durch den ganzen Raum flogen.

Es war ihr völlig unbegreiflich, wie ihr Vater so etwas von ihr verlangen konnte. Jeden Wunsch hatte er ihr bisher von den Augen abgelesen. Zu Ehren ihres sechzehnten Geburtstages hatte er von seiner Schauspielertruppe ein Stück aufführen lassen und wie so oft selbst auf der Bühne gethront und mitgespielt. Und jetzt das? Sie fühlte sich verraten und erniedrigt. Ihr war, als bräche alles zusammen, was ihrem Leben bisher Halt gegeben hatte.

Mit ihrem mahagoniglänzenden Haar und den goldbraunen Augen, mit ihrer Ungezwungenheit und Lebensfreude war sie immer der Stolz ihrer Eltern gewesen. Sie war geliebt und verwöhnt worden. Wie eine schöne Puppe hatte ihre Mutter sie stets frisiert und gekleidet. Und nicht nur bei Hofe flogen ihr die Herzen zu. Wenn sie mit ihrer Ponykutsche durch die Stadt chauffiert wurde, winkten die Leute.

Sie sprach fließend französisch, wurde unterrichtet von den besten Gelehrten des Herzogtums, ausgebildet im Gesang und dem Cembalospiel, eingeführt in die Grundregeln des höfischen Lebens und der kunstvollen Handarbeit. »Ich muss bekennen, dass man ihresgleichen nicht in Deutschland findet«, schwärmte eine fürstliche Beobachterin nach einer Begegnung mit der damals Dreizehnjährigen. »So klug und artig. Sie ist schon so groß wie ich und vollkommen ausgereift. Wirklich, ein Schatz. Aber was in ihrem Herzen vorgeht, weiß man natürlich nicht. Denn sie ist so klug, dass sie ihre Gefühle sehr wohl verbergen kann …«

Sophie Dorothea genoss es, bewundert zu werden; sie liebte es, sich im Spiegel zu betrachten, zu scherzen und zu flirten. Als einzige Schwäche wurde ihr denn auch ein starker Hang zur Koketterie zugeschrieben. Es heißt, ihr Kammerdiener Jacques Agneau, ein strenger Calvinist, habe es ihr sehr übel genommen, wenn sie schon morgens einen Spiegel verlangte und ihr stattdessen bisweilen die Bibel in die Hand gedrückt.

Manch galante Tändelei wurde der impulsiven Dame nachgesagt. Der Page Christian August von Haxthausen, später Minister bei August dem Starken, musste sogar den Celler Hof verlassen, weil er dem Mädchen Liebesbriefe geschrieben hatte.

Es soll der Prinzessin auch untersagt worden sein, mit den Söhnen der Gräfin Maria Christine Königsmarck zu spielen, die um 1680 in Celle zu Besuch waren. Gleichwohl konnte offenkundig nicht verhindert werden, dass Philipp Christoph, einer der beiden Königsmarck-Söhne, einen nachhaltigen Eindruck bei Sophie Dorothea hinterließ.

Für ihren sechs Jahre älteren Cousin Georg Ludwig dagegen konnte sie sich nicht erwärmen. Kein Wunder. Der hannoversche Prinz galt mit seiner gedrungenen, untersetzten Gestalt und den hervorstehenden Augen nicht nur als hässlich, sondern auch als verschlossen, wortkarg und steif. »Trocken und kalt wie Eis«, mit diesen Worten charakterisierte ihn immer wieder seine Cousine Elisabeth Charlotte, besser bekannt als Liselotte von der Pfalz, die Herzogin von Orleans. Nicht einmal seine eigene Mutter scheint ihn geliebt zu haben. »Mehr als kalt«, nannte sie ihren ältesten Sohn. »Der starrsinnigste Kerl, der mir je begegnete. Sein Gehirn ist von einer so dicken Kruste überzogen, dass ich wette, niemand wird je erfahren, was sich darunter befindet.«

Schon früh hatte sich Georg Ludwigs Vater bemüht, seinem Ältesten militärisches Denken und soldatische Tugenden wie Tapferkeit und Härte einzupflanzen. Bereits im Alter von 15 Jahren hatte Georg Ludwig an seinem ersten Feldzug teilgenommen. Schon früh führte ihn sein Papa auch an das andere Geschlecht heran. So wurde der Prinz mit sechzehn Vater eines unehelichen Kindes. Alsbald pflegte Georg Ludwig auch regelmäßigen Kontakt mit einer Mätresse, der Gräfin Katharina Maria von dem Bussche, Schwester der Mätresse seines Vaters.

Leidenschaft war also sicher auch auf seiner Seite bei der Anbahnung der Verbindung mit Sophie Dorothea nicht im Spiel. Doch der Ehevertrag, der zwischen Hannover und Celle ausgehandelt werden sollte, tröstete ihn über die Vernunftehe hinweg, eröffnete er ihm doch die schönsten Aussichten. Denn der Herzog von Celle erklärte sich damit einverstanden, sieben Ämter seiner Grafschaft Hoya mit einem Jahresertrag von 50 000 Talern an Hannover abzutreten und seinen gesamten Besitz nach seinem Tode dem Ehemann Sophie Dorotheas zu vermachen. Darüber hinaus billigte Herzog Georg Wilhelm seiner Tochter eine einmalige Mitgift von 150 000 Talern und eine jährliche Rente von 10 000 Talern zu – eine Rente, über die in Wirklichkeit nur ihr Ehemann verfügen durfte. »Die Heirat interessiert ihn wenig, aber zehntausend Taler haben ihn überzeugt, wie sie wohl auch jeden anderen überzeugt hätten«, schrieb seine Mutter an ihre Nichte Liselotte. »Es ist eine bittere Pille«, hatte Sophie schon während der vorausgegangenen Verhandlungen in einem Brief an ihren Bruder geseufzt, »aber wenn sie mit 100 000 Talern vergoldet wird, macht man die Augen zu und schluckt sie herunter.«

Sophie Dorothea war einer Ohnmacht nahe, als ihr Vater sie an diesem Septembertag aufforderte, der Tante und künftigen Schwiegermutter die Hand zu reichen. Die Herzogin aus Hannover beobachtete das Familiendrama dagegen nahezu unbewegt. Peinlich berührt wandte sich die Fürstin ab, während Sophie Dorothea und ihre Mutter sich weinend in den Armen lagen.

Doch die Zeit trocknete die Tränen. Sophie Dorothea überwand ihren Widerwillen. Sie fügte sich in das Unvermeidliche. Nach einem Höflichkeitsbesuch von Georg Ludwig in Celle fand sie sich mit der Heirat schließlich ab. Innerlich gebrochen und vermutlich von ihrem Vater gezwungen, schrieb sie ihrer zukünftigen Schwiegermutter am 21. Oktober 1682 einen Brief, in dem sie sich allen Vereinbarungen unterwarf: »Ich habe so große Hochachtung vor meinem Herrn und Gebieter, dem Herzog, ihrem Gemahl, und vor meinem Herrn und Gebieter, meinem eigenen Vater, dass, welche Behandlung Sie auch immer geruhen mögen, mir zuteil werden zu lassen, ich mit allem zufrieden sein werde. Mögen ihre Herzogliche Gnaden überzeugt sein, dass Sie keine Schwiegertochter hätten finden können, welche ihre Pflichten besser kennte.«

Die Hochzeit wurde am 2. Dezember 1682 im Celler Schloss gefeiert – wie der französische Gesandte René Marquis de Arcy berichtete, »ganz im Stillen und fast ohne, dass es jemand wusste«.

Die Hochzeit

Ein Sturm fegte über das Celler Schloss hinweg, während Sophie Dorothea an einem düsteren Dezembertag des Jahres 1682 mit Georg Ludwig vermählt wurde. Böse Zungen behaupteten später, selbst der Himmel habe gegen den Kuhhandel protestiert, der hier als Trauung gefeiert wurde.

Die Braut fühlte sich, als gehe sie ihrer eigenen Hinrichtung entgegen. Doch die Tränen wurden überpudert. Wie weiß gekalkt wirkte Sophie Dorotheas Gesicht auf die wenigen Augenzeugen.

Zu den Gästen zählte der französische Gesandte René Marquis de Arcy. Nach dem Bericht des Diplomaten fand die Eheschließung nicht etwa in der Schlosskapelle statt, sondern im purpurrot tapezierten Prunksalon der Prinzessin. Und gleich im Anschluss an die Trauung wurde das junge Paar zum Bett geleitet.

Wörtlich heißt es in dem Bericht, den der französische Gesandte am 4. Dezember 1682 seinem König Ludwig XIV. erstattete:

»Seit meiner Rückkehr von der großen Wildschweinjagd mit dem Herrn Herzog von Celle hat man an diesem Hof alle Sorgfalt und alle Gedanken angewandt für die Hochzeit der Prinzessin von Celle und dem erstgeborenen Prinzen von Hannover. Die Hochzeit selbst wurde vorgestern ausgeführt, und fast zur gleichen Zeit wurde die Ehe vollzogen. Es geschah ohne irgendeine Zeremonie und fast unbemerkt von der Außenwelt, so wie man es schon immer vermutet hatte. Denn vorgestern Abend, nachdem die Hoheiten von Celle und Hannover wie gewohnt soupiert hatten, zogen sie

sich gegen 10 Uhr abends in ihre Gemächer zurück, um sich dann im Appartement der Prinzessin zu versammeln, wo sich ein Priester befand. Die Ehe wurde geschlossen in Gegenwart Ihrer Hoheiten von Celle und Hannover und der Herren Podewils (hannoverscher Heerführer und Mitglied des geheimen Rates) und Chauvet (der die gleichen Ämter in Celle innehatte) und einiger anderer Offiziere aus dem Gefolge, die man insgeheim benachrichtigt hatte, sich dort einzufinden. Endlich endete die Angelegenheit gegen 11 Uhr abends damit, dass man das Brautpaar zu Bett brachte. Gestern fand hier eine Art von kleinem Ballett zusammen mit einer Oper statt, um die Hochzeitsgäste zu erfreuen, und es wird ein ganz schönes Feuerwerk vorbereitet, das man, glaube ich, heute Abend abbrennen wird. Der Prinz von Hannover wird hier noch eine Weile mit seiner Frau, der Prinzessin, bleiben. Der Herzog und die Herzogin von Celle werden sie dann nach Hannover begleiten …«

Am 19. Dezember 1682 hielten die Jungvermählten Einzug in Hannover. Sie fuhren vor in einer cremefarbenen Staatskutsche, die von sechs Hengsten aus dem Celler Marstall gezogen wurde – eskortiert von einem Regiment der Kavallerie, begleitet von den Eltern Sophie Dorotheas, von Ministern wie dem Grafen Bernstorff, von Hofdamen, Pagen und hohen Beamten. Tausende säumten die Straßen Hannovers, um der Braut zuzujubeln.

Die unerwartete Herzlichkeit rührte die Erbprinzessin, und sie winkte zurück, entschlossen, das Beste aus dieser Ehe zu machen. Ein wenig Trost fand Sophie Dorothea auch darin, dass ihr persönliches Kammerfräulein, Eleonore von dem Knesebeck, sie nach Hannover begleiten durfte.

Nach der schlichten Eheschließung in Celle wurde die Hochzeit nun in Hannover in barocker Pracht gefeiert. Überliefert ist das Festgedicht, das der Philosoph Gottfried Wilhelm Leibniz, ein guter Freund der Fürstin Sophie, verfasste und selbst vortrug. Es besteht aus 56 Zeilen und rühmt vor allem den hannoverschen Erbprinzen Georg Ludwig – als »würdigen Sohn eines Helden« und als »Neffen des Mars auf Erden«. In den letzten vier Zeilen heißt es:

»Europa verspricht sich von dieser großen Hochzeit
die Früchte der Schönheit, die Auswirkungen des Mutes.
Prinz, geliebt von den Himmeln, Euer Schicksal sei so lieblich,
dass es die Könige, ja selbst die Götter eifersüchtig machen wird.«

Die Herzogin Sophie lauschte den Versen des großen Philosophen und Freundes voller Hingebung. Sophie Dorothea dagegen zeigte sich eher gelangweilt. Dabei fehlte es ihr an Bildung nicht. »Ihre reichen geistigen Anlagen, erweitert durch gute Lektüre und angeborene Lebendigkeit gehen bei ihr Hand in Hand mit glücklicher Erfindungsgabe, und der natürliche gute Geschmack, den sie besitzt, ist durch eine sorgfältige Erziehung noch verfeinert und gebildet«, schrieb das französischsprachige Gesellschaftsblatt »Mercure galant« nach ihrer Ankunft in Hannover. »Sie weiß über alles zu sprechen und geht gewandt auf jeden Gegenstand der Unterhaltung ein.« Auch die Schönheit der jungen Erbprinzessin wurde in dem Lobgesang gerühmt: »Sie hat kastanienbraunes Haar, ein niedliches Grübchen auf dem Kinn, einen glatten und schönen Teint und einen sehr schönen Busen.« Hervorgehoben wurde zudem, dass Sophie Dorothea eine »vortreffliche Tänzerin« sei, dass sie Cembalo spiele und den Gesang beherrsche.

Gleichwohl: Sophie Dorothea tat sich schwer am hannoverschen Hof. Sie bezog neben der Schlosskirche mit ihrem Angetrauten den finsteren Altbau des Schlosses, in dem sie einen kompletten Hofstaat vorfand – mit Kammerherren, Ehrendamen, Pagen und einem äußerst strengen Zeremoniell. Vor allem ihre Schwiegermutter achtete auf Etikette. Sophie Dorothea hatte ständig das Gefühl, etwas falsch zu machen. Bisher war sie es gewohnt gewesen, sich mit ihrer heiteren Art über die festen Regeln des Hoflebens hinwegzusetzen. Aber in Hannover war das unmöglich. Dauernd wurde sie von der Fürstin zurechtgewiesen. Ob sie es sich erlaubte, mit Menschen niederen Ranges zu plaudern oder an der herrschaftlichen Tafel zu gähnen, wenn sich das Mahl über fünf Stunden hinzog, stets war mit einer Zurechtweisung oder zumindest mit einem tadelnden Blick zu rechnen.

Sophie Dorothea sehnte sich zurück nach Celle, nach dem schönen Schloss mit den kupfergrünen Glockentürmchen, auf denen sich vergoldete Wetterfahnen drehten, nach den kleinen Fachwerkhäusern in dem kleinen Städtchen. Sie vermisste ihr Zimmer, das Delfter Fayencenkabinett, den Blick auf den Schlossgraben.

Einige Dinge, an denen ihr Herz hing, hatte sie immerhin mitnehmen dürfen: die Puppen, mit denen sie als Kind gespielt hatte, ihre Fayencenhühner. Doch Sophie Dorothea vermisste ihre Eltern, sehnte sich nach der Liebe, die ihr in Celle zuteil geworden war. Bei ihrem Gatten jedenfalls konnte von Zärtlichkeit keine Rede sein. Kalt und verschlossen trat er ihr entgegen. Und sie musste es hinnehmen, dass Georg Ludwig weiterhin seine Mätresse besuchte.

Kam der Erbprinz dann doch einmal wortlos zu ihr ins Bett, dann war das, was folgte, von Liebe weit entfernt.

Nichts als Ekel und Hass empfand sie in solchen Momenten für ihren Mann. Mit Bitterkeit musste sie an die Hochzeitsverse des berühmten Philosophen denken: »Die göttliche Schönheit, die Euer Herz unterwarf, wir verdanken sie den Reizen Frankreichs ...« Wie verlogen! In Wirklichkeit, davon war sie überzeugt, sah Georg Ludwig sie immer noch als »Bastard«, verabscheute ihr »geziertes Getue«, wie er einmal gesagt hatte, hasste es im Grunde seines Herzens, mir ihr das Bett teilen zu müssen.

Und er ließ sie es spüren.

Doch sie wusste, dass sie ihre ehelichen Pflichten erfüllen musste. Und schon einen Monat nach der Hochzeit wurde sie schwanger.

Immerhin würden ihr bald die nächtlichen »Besuche« ihres Mannes erspart bleiben. Denn Georg Ludwig war entschlossen, dem Ruf des Kaisers zu folgen und in den Krieg nach Ungarn zu ziehen. Bei einem Feldzug gegen die Türken sollte er die hannoverschen Truppen anführen.

Fürstlicher Glanz
und erbärmlicher Gestank

Auch außerhalb der Schlossmauern fand Sophie Dorothea nur wenig Gefallen an Hannover. Ein schmieriger Film aus Schmutz, Kot und Unrat überzog Straßen und Plätze und verbreitete einen üblen Gestank, der sich mit den Ausdünstungen von Moder und Fäulnis verband. Von einer herrschaftlichen Residenzstadt hatte Hannover in diesen Februartagen wenig. Nass, kalt und grau waren die engen, winkligen Gassen rund um die Kirche St. Georgi et Jacobi (heute Marktkirche), und dem Schloss an der Leine war immer noch anzusehen, dass es einmal ein Kloster gewesen war.

Hohe Mauern, Wälle, Bastionen und Gräben umschlossen die Stadt. Der Zugang war nur durch drei Stadttore möglich, die bei Einbruch der Dunkelheit geschlossen wurden: Aegidientor, Steintor und Leinetor. Hochgestellten Herrschaften öffneten die Torwächter, die ihre Wohnungen über den Toren hatten, selbstverständlich auch nachts.

Jenseits der Leine schloss sich an die Altstadt die Calenberger Neustadt an, wo reiche Kaufleute und Adlige seit Anfang des siebzehnten Jahrhunderts ihre Häuser hatten bauen lassen. Hier ließen sich auch Angehörige des Hofstaates und der Regierungsbehörden nieder, für die in der übervölkerten Altstadt kein Platz mehr war. Von den 10 000 Einwohnern Hannovers lebten Ende des siebzehnten Jahrhunderts rund 6500 in der Alt- und 3500 in der Neustadt.

Der fürstliche Hof beherrschte das Leben. Zu den drei- bis vierhundert Angehörigen des Hofstaats kamen noch mehrere Hundert Beamte der Zentralbehörden, die mit ihren Familien und Bediensteten fast ein Drittel der Gesamtbevölkerung bildeten. Und nahezu jeder Handwerker und Händler lebte vom Hof und seinen Bedürfnissen; ebenso die 29 Herbergen, die in jener Zeit in der hannoverschen Altstadt gezählt wurden.

Doch auch der Glanz des Fürstenhofs konnte nicht über den üblen Gestank hinwegtäuschen, der über der Stadt hing. Von einer Kanalisation war Hannover noch weit entfernt. Die menschlichen Ausscheidungen flossen ungeklärt auf die Straßen, mischten sich mit Küchen- und Schlachtabfällen, Müll und Unrat. Der Herzog hatte zwar schon vor einiger Zeit zwei »Dreckwagen« eingeführt, doch einmal abgesehen davon, dass diese Müllabfuhr bei weitem nicht ausreichte, waren die Bürger auch nicht geneigt, Gebrauch davon zu machen. Sie warfen ihren Unrat lieber weiter vor die Tür.

Wer auf sich hielt, vermied es daher nach Möglichkeit, die Stadt zu Fuß zu durchqueren. Da nicht immer eine Kutsche bereit stand, erfreuten sich Tragesänften großer Beliebtheit. Der umtriebige Hofkurier Otto Lochmann schaffte es schließlich sogar, sich von Herzog Ernst August ein »Portechaisenprivileg« ausstellen zu lassen. Die Lochmanns waren somit nicht nur berechtigt, sondern sogar verpflichtet, fünf Sänften mit zehn Trägern in der Zeit von acht Uhr morgens bis Mitternacht vor der Hofküchenstube in der Schlossstraße für das vornehme Publikum bereit zu halten. Die Taxe pro Stunde betrug sechs Mariengroschen, für den Tag einen Taler. Für das gemeine Volk war diese Beförderungsart daher unerschwinglich. Ein Maurermeister zum Beispiel musste einen ganzen Tag lang arbeiten, um sieben Mariengroschen zu verdienen.

Doch ob arm oder reich, Bürger oder Edelmann: Niemand hielt es in jener Zeit für nötig, sich täglich zu waschen, manch einer kam sogar wochenlang ohne Körperreinigung aus. Wer es sich leisten konnte, ersetzte Wasser und Seife einfach durch reichlich Puder und Parfüm – den Luxusartikeln der stinkfeinen Gesellschaft.

»Monplaisir«

In dem Dorf Linden, wenige Meilen abseits der Residenz, stand ein Schlösschen, in dem andere Gesetze galten als in dem sittenstrengen Leineschloss: die lockeren Regeln des kultivierten Vergnügens. Hier führte die Mätresse des Fürsten Ernst August das Regiment: Klara Elisabeth von Platen. »Monplaisir«, hatte die Hausherrin ihr Haus getauft, in dem sie am liebsten Herren als Besucher sah. Die Gäste konnten in den hübschen Salons ihre Tabakspfeifen rauchen oder Champagner trinken, Tricktrack (Backgammon) und Tarock spielen oder sich mit ausgesuchten Damen vergnügen. Bisweilen riss man sich nach einem ausgedehnten Souper auch die Kleider vom Leib und tanzte Polonaise. Splitternackt und ausgelassen.

Einen Tag vor seiner Abreise nach Ungarn kam Georg Ludwig wieder einmal nach Linden. Oft schon hatte er sich hier mit Katharina Maria von dem Bussche getroffen, der Schwester der Schlossherrin. Diesmal war er gekommen, um sich von der Geliebten zu verabschieden. Auf unbestimmte Zeit. Die Ungewissheit hing nicht nur mit dem bevorstehenden Kampf gegen die Türken zusammen, sondern hatte auch einen privaten Grund: Seine Schwiegermutter Eleonore d'Olbreuse. hatte bei seiner Mutter darauf gedrängt, dass Maria ihre Suite im Leineschloss räumen und aus seinem Blickfeld verschwinden sollte.

»Was diese Madame sich herausnimmt«, schimpfte er. »Das ist eine bodenlose Unverschämtheit. Ich hätte nicht übel Lust, diesem Weib Rattengift in die Suppe zu streuen.«

»Ich verstehe dich ja«, erwiderte Maria. »Aber du musst vorsichtig sein. Du schadest dir selbst am meisten. Und das lohnt sich wirklich nicht wegen dieser aufgeblasenen Pute.«

»Weißt du, was die Madame in meinen Augen ist? Ein parfümierter Misthaufen! Mäusedreck! So hat sie meine Mutter doch selbst genannt. Bei jedem Türken, den meine Leute aufspießen, werde ich an meine Schwiegermutter in Celle denken.«

»Jetzt übertreibst du aber. So schlimm sind die Türken auch wieder nicht.«

Sophie Dorothea saß zur gleichen Zeit mit ihrem Kammerfräulein bei einer Tasse Schokolade im blauen Salon und ließ sich den neuesten Hofklatsch erzählen. Da Eleonore von dem Knesebeck nicht nur mit Hofdamen, sondern auch mit Mägden sprach, erfuhr sie viel mehr als ihre Herrin. An diesem trüben Februartag des Jahres 1683 kam die Rede auch auf die Schwestern Maria und Klara Elisabeth, das »Duo diaboli«, wie Sophie Dorothea sie nannte.

»Sie kommen ganz nach ihrem Herrn Vater«, sagte Eleonore. »Das war ein rechter Glücksritter, dieser Graf Philipp von Meysenburg. Er hat sein Glück im Kriegsdienst gesucht. Aber obwohl er nie nach Treue und Gesinnung gefragt und ganz verschiedenen Herren gedient hat, hat er das Glück nie gefunden. Mochte er sich selbst auch noch so aufblasen, sein Geldbeutel war meistens leer. Und sein Schloss war mehr eine Hundehütte.«

»Die arme Frau, die verdammt war, mit diesem Kerl zu leben«, warf Sophie Dorothea ein. »Was weiß man eigentlich über die gnädige Madame von Meysenburg?«

»Herzlich wenig. Es heißt, dass sie bei der Geburt ihrer jüngsten Tochter Maria im Kindbett gestorben ist.«

Sophie Dorothea schmunzelte. »Entschuldige, dass ich lächle. Aber wenn das stimmt, was du sagst, dann hatte dieses Luder ja schon ein Menschenleben auf dem Gewissen, bevor es selbst die Sonne gesehen hat.«

»Gnädigste Durchlaucht«, entgegnete Eleonore mit gespielter Entrüstung. »Ich hätte es niemals für möglich gehalten, dass Ihr zu derartiger Bosheit fähig seid.«

»Da will ich gar nicht widersprechen, ich bin ungerecht. Dabei sollte ich der Dame dankbar sein. Wer sollte sich sonst meines Gemahls annehmen, wenn nicht die liebe Maria.«

Eleonore kicherte. Sophie Dorotheas Lächeln wirkte gequält. »Eigentlich waren die Schwestern Meysenburg doch höchst bemitleidenswerte Geschöpfe, wenn sie ohne Mutter aufwachsen mussten«, fuhr sie fort.

»Wie man's nimmt. Sie haben auf jeden Fall viel gesehen von der Welt. Sowie sie aus dem Gröbsten heraus waren, soll sie ihr alter Herr schon mitgeschleppt haben. Und wie der Vater waren sie bei diesen Reisen stets auf der Suche nach einem gut gepolsterten Nest.«

»Am Ende haben sie damit ja auch Erfolg gehabt.«

»Wohl wahr. Aber es hat lange gedauert. Wenn es stimmt, was mir die Zofe der Gräfin Platen zugeflüstert hat, dann hatten sie manche Pleite hinzunehmen auf ihrem Weg nach oben.«

»Du machst mich neugierig.«

»Na ja, es scheint, sie wollten einfach zu hoch hinaus. Sogar beim Sonnenkönig in Versailles haben sie es versucht, sogar Ludwig XIV. haben sie umgarnt. Aber eine seiner Hofdamen hat rechtzeitig spitzgekriegt, worauf ihr Gegurre hinauslaufen sollte. Die Madame soll die deutschen Fräuleins mitsamt ihrem noblen Vater eines Tages vor die Tür gesetzt haben. Rausgeworfen, und mit nicht sehr freundlichen Worten, wie erzählt wird.«

»Die Ärmsten!«

»Ach was! Glaub nicht, dass sie damit kuriert waren. Sie sind einfach zum nächsten Königshof weitergezogen. Auch beim englischen König sollen die Meysenburgs es versucht haben, auch Karl II. haben sie umgarnt. Aber auch am englischen Hof gab es eine aufmerksame Mätresse, die das Spiel der deutschen Fräuleins durchschaut hat.«

»Und sind sie danach, wie soll ich sagen, bescheidener geworden?«

»Es hat den Anschein. Irgendwann haben sie bei ihrer Weltreise jedenfalls auch Station in Osnabrück gemacht, wo, wie Ihr wisst, vor gar nicht so langer Zeit noch ein gewisser Herzog Ernst August als Fürstbischof residierte. In diesem kleinen, aber feinen Hofstaat soll es so viele Kavaliere gegeben haben, dass die Meysenburg-Schwestern leichte Beute hatten. Und die Gelegenheit war günstig. Denn während ihres Besuchs in Osnabrück waren die beiden ältesten Söhne des Fürstbischofs gerade aus dem Ausland heimgekehrt: Georg Ludwig und Friedrich August, begleitet von ihren Erziehern, Ihr kennt sie: Albrecht Philipp von dem Bussche und Franz Ernst von Platen.«

»Wie haben sie sich denn an die Herrschaften herange-pirscht?«

»Oh, nichts einfacher als das. Es war ihnen ein Leichtes, eine Einladung zu dem Festessen zu erhalten, das zum Empfang der Heimkehrer gegeben wurde. Und Katharina Maria und Klara Elisabeth haben dieses Souper durch eine künstlerische Darbie-tung bereichert, wenn man das so nennen darf. Sie haben ein Schäferspiel aufgeführt. Ihr könnt Euch vorstellen, in welchen Rollen! Sie sollen ihre weiblichen Reize voll ausgespielt haben – mit schlüpfrigen Darbietungen und aufreizenden Dekolletés. Und sie hatten Erfolg. Es ist den schönen Schäferinnen spielend gelungen, zwei Schafsböcke an sich zu binden.«

»Georg Ludwig und Friedrich August?«

»So schnell waren sie auch wieder nicht. Erst einmal haben sie die Erzieher der beiden bezirzt, du ...«

Eleonore von dem Knesebeck unterbrach sich. Denn in die-sem Moment betrat eine Zofe den Salon, von der es hieß, dass sie ihre Augen und Ohren bisweilen in den Dienst der Gräfin von Platen stellte. Vorsicht war daher in Gegenwart der höflichen, ja fast unterwürfigen Person geboten, höchste Vorsicht.

»Darf ich den beiden Damen noch eine heiße Schokolade bringen?«

Sophie Dorothea schüttelte den Kopf und ließ Eleonore ant-worten. »Nein, danke vielmals, Elisabeth. Wir haben genug ge-nascht. Wir freuen uns auf den Wein, aber damit wollen wir noch warten.«

Mit einem Knicks und aufgesetztem Lächeln verabschiedete sich die Zofe.

»Gut, dass die Türen hier so dick sind«, sagte Eleonore. »Sonst müsste man fürchten, dass das Täubchen dahinter steht. Es könnte sich für sie lohnen.«

Sophie Dorothea seufzte. »Ja, es ist furchtbar. In diesem Schloss haben auch die Wände Ohren.«

»Und das hat vor allem mit den beiden Damen zu tun, über die wir gerade gesprochen haben.« Gedankenverloren strich Eleonore ihr Haar zurück. »Wo waren wir stehen geblieben?«

»Beim Schäferspiel.«

»Richtig. Bei diesem Schäferspiel also haben die Meysenburg-Schwestern die Erzieher von Georg Ludwig und Friedrich August eingefangen. Danach dauerte es nicht mehr lange, bis Klara Elisabeth den ehrwürdigen Herrn Franz Ernst von Platen zum Traualtar geführt hat. Bei ihrer Schwester war es komplizierter. Die ist bei dem Bruder des Prinzenerziehers hängen geblieben. Maria hat sich, wie Ihr wisst, mit Johann von dem Bussche vermählt. Aber diese Eheschließung war für die beiden Damen eben nur der Ausgangspunkt neuer Affären. Sie verstanden es trefflich, den Familienanschluss zu nutzen. Und als die Herzogsfamilie in ihre neue Residenz nach Hannover übersiedelte, schlossen sich die holden Schwestern dem Umzug selbstredend an.«

Sophie Dorothea trank den letzten Schluck ihrer Schokolade.

»Mir scheint, dass Klara Elisabeth ihrer Schwester Maria bei alldem an Raffinesse und Durchtriebenheit weit überlegen ist.«

Eleonore nickte. »Wohl wahr. Die hat Haare auf den Zähnen. Sie hat nie ihr Hessisch abgelegt, und ihre Bildung soll sich auch in Grenzen halten. Aber sie ist gerissen wie keine Zweite. Was sie sich in den Kopf setzt, erreicht sie. Und natürlich konnte sie sich nicht mit dem kleinen Oberhofmeister von Platen begnügen. Sie hat es von Anbeginn an darauf angelegt, das Herz des Fürsten zu gewinnen. Und wie wir wissen, waren ihre Bemühungen erfolgreich.«

Sophie Dorothea strich sich mit der Hand über die Stirn, als wollte sie ihren Gedanken eine andere Richtung geben. »Schon traurig, dass unser Fürst sich von einer solchen Dame einwickeln lässt. Er scheint ihr ja wirklich jeden Wunsch von den Augen abzulesen.«

»Manche sagen darum ja auch, dass sie eine Hexe ist«, erwidert Eleonore. »Und das ist sicher nicht ganz falsch: Die Platen hat Ernst August verhext. Bestimmt wäre ihr Mann sonst nicht so schnell beim Fürsten aufgestiegen – vom Prinzenerzieher zum Geheimen Rat und Ersten Minister. Ich möchte nicht wissen, welchen Rang dieses Männchen ohne seine Gemahlin bekleiden würde.«

»Und sie hat ja nicht nur für ihren Gemahl gesorgt, sondern auch für sich selbst. Mir scheint, einer ihrer erfolgreichsten Schachzüge war es, sich als Ehrendame in den Hofstaat unserer Fürstin einzuschleichen. Das muss man sich mal vorstellen: Sie hat ein Verhältnis mit dem Ehemann, und plaudert mit der betrogenen Gattin, als wäre sie ihre allerbeste Freundin.«

»Ach, ich glaube, Ihre Durchlaucht Sophie sieht das alles mit großer Gelassenheit, solange ihr der gebührende Respekt erwiesen wird.«

»Mit philosophischer Gelassenheit«, ergänzte Sophie Dorothea. »Sie hält sich an diesen Leibniz und amüsiert sich mit geistvollen Plaudereien über Gott und die Welt. Das Wichtigste für sie ist die Karriere ihrer Kinder. In ihren ersten Ehejahren soll sie ja mit ihrem Mann noch zusammen Musik gemacht haben, die Laute und Pandurine sollen sie gezupft haben, ganz allerliebst, wie erzählt wird. So schön harmoniert es vermutlich schon lange nicht mehr zwischen den beiden. Aber wen stört es? Da lässt sich Ernst August eben nicht mehr von seiner Sophie streicheln, sondern von Klara Elisabeth.«

»Und die tut's gern, denn es lohnt sich für sie. Mir ist zu Ohren gekommen, dass der Fürst dabei ist, ihr Schlösschen in Linden zu einem wahren Palast zu machen. Dabei ist der Schuldenberg jetzt schon so hoch, dass die Minister aus dem Jammern nicht mehr herauskommen. Aber vielleicht verleiht unser Herzog ja wieder ein paar Tausend Landeskinder. Der Bedarf an Soldaten ist groß, ob in Wien oder Venedig. Und es lohnt sich, wie man hört.«

Sophie Dorothea gähnte. »Das ist Politik, liebe Eleonore. Davon verstehen wir nichts. Und es fehlt mir auch der Ehrgeiz, mehr darüber zu wissen. Das Leben ist so schon schwer genug. Aber fest steht: Wer beim Herzog etwas erreichen will, hält sich an Klara Elisabeth von Platen.«

Und die begnügte sich nicht mit dem Einfluss auf den Fürsten, sie bezog auch dessen ältesten Sohn Georg Ludwig in ihre Ränke ein. So war ihr das Kunststück gelungen, den verschlossenen jungen Mann mit ihrer jüngeren Schwester Katharina Maria zu verkuppeln.

Dennoch war die Macht der Platen nicht unbegrenzt. Wenn sie auch auf die Prinzessin aus Celle herabblickte, so hatte sie doch allen Grund, die junge Dame im Leineschloss ernst zu nehmen. Denn mit dem Einzug Sophie Dorotheas kündigte sich für die Mätresse etwas an, das zu einer ernsthaften Gefahr werden konnte. Die demütigende Behandlung, die bereits ihrer Schwester Maria widerfuhr, war ein Alarmsignal. Es wehte ganz offenkundig ein neuer Wind. Sophie, die bisher so abgeklärt und gnädig die Augen vor dem Schattenreich ihrer Nebenbuhlerin verschlossen hatte, schien aufgewacht zu sein – aufgeweckt von Eleonore d`Olbreuse, die im Interesse ihrer Tochter Anstoß an den Zuständen in Hannover nahm. Und Klara Elisabeth von Platen konnte sich neuerdings nicht einmal mehr ihres Geliebten sicher sein. Mit Argwohn beobachtete sie, dass Ernst August von seiner schönen Schwiegertochter schwärmte und dieser Sophie Dorothea allerlei Aufmerksamkeiten zuteil werden ließ. In solchen Momenten spürte sie schmerzlich, dass sie älter wurde. Ihre Schönheit war nur noch durch zeitaufwändige Schminkkünste aufrecht zu erhalten.

Ihr gesamtes Renommee war bedroht. Emsig spielte sie daher die Rolle der »Wohltäterin«. Dabei gab sie es als »Wohltätigkeit« aus, die Milch, in der sie zuvor ihre Schönheitsbäder genommen hatte, an die Armen zu verschenken. Doch es war unübersehbar: Vieles war im Wandel begriffen. Knisternde Nervosität breitete sich aus in den Luxusgemächern von »Monplaisir«.

Im Korsett der Etikette

Große Schneeflocken schwebten hinterm Schlossfenster zur Erde herab. Es schneite ohne Unterlass. Die Laute, die von außen in das Gemach der Prinzessin drangen, klangen gedämpft: das Gebell der Hunde, die Rufe der Wachen, das Rollen der Kutschen. Nur die Kirchglocken durchbrachen machtvoll die weiße Stille.

Sophie Dorothea war es, als käme das Läuten aus einer anderen Welt. Das Kerzenlicht der Kandelaber verbreitete ein schummriges Licht in ihrem Schlafgemach. Es hätte die passende Stimmung zum Träumen sein können, aber die Prinzessin langweilte sich nur, weit entfernt, sich von dem Schneien verzaubern zu lassen. Sie wusste, dass die großen, schweren Flocken bald tauten und Schlamm und Schmutz hinterließen. Schlamm und Schmutz.

Es ging bereits auf elf Uhr zu. Sophie Dorothea lag immer noch auf ihrem Bett. Sie gähnte, unschlüssig, was sie mit diesem Februartag anfangen sollte. Eleonore hatte ihr vor einer halben Stunde den neuesten Gesellschaftsklatsch aus dem »Mercure galant« vorgelesen. Das war amüsant, aber nichts, was sie wirklich interessierte.

Anfangs hatte sie sich noch die Freiheit genommen, mit ihrem Edelfräulein durch die Stadt zu flanieren. Aber das sah die Fürstin nicht gern. Die Etikette, die sich am Wiener Vorbild orientierte, gestattete nur Ausfahrten in der vergoldeten, von sechs Pferden gezogenen Staatskarosse. Und solche Kutschfahrten ermüdeten sie. Leer und niedergeschlagen kehrte sie daraufhin immer ins Schloss zurück. So verzichtete sie lieber ganz darauf.

Ein lähmendes Gefühl der Sinnlosigkeit beschlich sie. Wozu aufstehen? Irgendwann würde sie sich ankleiden, pudern und parfümieren lassen, durch die endlosen Gänge schlendern, vorbei an den Porträts der glotzäugigen Vorfahren. Vielleicht einen Brief an ihre Mutter schreiben und sich dann auf das abendliche Essen vorbereiten, das sich mit viel Wein und Bier und schweren Speisen allabendlich stundenlang hinzog und mit langweiligem Kartenspiel ausklang. Sollte das ihr Leben sein? Sie kam sich vor wie eine Mastgans in einem goldenen Käfig.

Bei aller Langeweile war sie immerhin froh, dass sie derzeit in der Nacht von ihrem Mann verschont blieb. Georg Ludwig war ja im Krieg, befehligte die hannoverschen Truppen im Kampf um Wien. Hin und wieder traf sie mit den jüngeren Brüdern ihres Mannes zusammen, die gern mit ihr schäkerten und manchmal auch ein wenig zudringlich wurden. Aber egal. Sie brachten wenigstens ein wenig Frohsinn in diese Welt der strengen Sitten. Am liebsten hatte sie Karl Philipp, der drei Jahre jünger war als sie und sich stets galant verhielt.

Georg Ludwig hatte fünf Brüder und eine Schwester namens Sophie Charlotte. Die pummelige Prinzessin bewunderte ihre zwei Jahre ältere Schwägerin, und Sophie Dorothea genoss die Verehrung.

Auch mit ihrem Schwiegervater verstand sie sich gut. »Warte nur ab, mein Töchterlein«, pflegte der sie zu trösten, wenn er ihren trübsinnigen Gesichtsausdruck bemerkte. »Die grauen Wintertage sind bald vorüber. Dann werden wir einen wunderbaren Sommer in Herrenhausen verbringen und in den Gärten Verstecken spielen. Und wenn du magst, dann kommst du mit mir nach Venedig.«

Venedig – dieses Wort war Sophie Dorothea schon am Celler Hof wie eine Zauberformel für Glück und erfülltes Leben erschienen.

Immer hatte Ernst August ein freundliches Wort für Sophie Dorothea, stets bedachte er sie mit kleinen Geschenken. Ja, der Herzog schätzte die ungezwungene Art seiner schönen Schwiegertochter – ganz im Gegensatz zu seiner Frau.

Sophie verwandte unterdessen große Mühe darauf, die richtigen Ehepartner für ihre Kinder zu finden. Und »richtig« bedeutete »Erfolg versprechend«. Jetzt ging es um Sophie Charlotte, die sie im Einvernehmen mit ihrem Gemahl ganz bewusst konfessionslos erzogen hatte. So war zumindest die »falsche« Konfession einer interessanten Verbindung nicht hinderlich. In etlichen Briefen hatte Sophie ihre Tochter bereits als Braut des bayerischen Kurfürsten Max Emanuel ins Spiel gebracht. Aber dann hatte sich der Kaiser in Wien eingeschaltet und die Pläne platzen lassen.

Neue Hoffnungen leiteten sich im Sommer des Jahres 1683 aus zwei spektakulären Todesfällen ab. Am 7. Juli verstarb Elisabeth Henriette, Kurfürstin von Brandenburg, im Alter von 21 Jahren an den Pocken. Sie hinterließ eine dreijährige Tochter und einen tief betrübten Ehemann: Friedrich von Brandenburg, Sohn und Erbe des Großen Kurfürsten.

Und nur wenige Tage später starb völlig unerwartet in Versailles Maria Theresia, die Frau des französischen Königs Ludwig XIV.

Sophie war entschlossen, die Gunst der Stunde zu nutzen. Am liebsten hätte sie ihre fünfzehnjährige Tochter mit dem 49 Jahre alten König von Frankreich vermählt, dem mächtigsten Monarchen des Abendlandes. Doch ihre Nichte Liselotte, die bereits mit einem Bruder Ludwigs XIV. verheiratet war, machte ihr keine großen Hoffnungen. Mit Anspielung auf die mollige Figur Charlottes schrieb sie der Tante, es habe den Anschein, »westfälischer Schinken sei nicht das geeignete Fleisch für Leckermäuler«.

So konzentrierte Sophie ihre Bemühungen auf den Witwer in Brandenburg. Schon in ihrem Kondolenzschreiben lud sie Friedrich nach Hannover ein und deutete an, dass er »hier etwas finden könnte, um sich damit zu trösten«.

Doch mehr als ein Jahr ging ins Land, bis alle Bedenken ausgeräumt waren. Am 8. Oktober 1684 schließlich fand die prunkvolle Hochzeit in Herrenhausen statt – wenig später bereitete der Große Kurfürst seiner Schwiegertochter einen triumphalen Empfang in Berlin.

Große Sorgen dagegen machte der Herzogin Sophie ein familiärer Konflikt um das Erbrecht. Herzog Ernst August nämlich hatte seinen erstgeborenen Sohn Georg Ludwig als Universalerben für das gesamte Herzogtum eingesetzt, und der zweitälteste Sohn Friedrich August sah sich um seine Rechte betrogen. »Gustchen«, wie seine Mutter ihn nannte, rebellierte gegen den Vater. Der seinerseits reagierte mit Strenge. Der Herzog, der als jüngerer Bruder einst selbst nur durch den Verzicht Georg Wilhelms nach oben gelangt war, verwies den ungehorsamen Knaben des Landes und forderte ihn auf, künftig allein für seinen Unterhalt zu sorgen. Friedrich August trat daraufhin in die Dienste der kaiserlichen Armee.

Sophie war tief bekümmert. Sie liebte Friedrich August mehr als den Erstgeborenen und litt unter der Unnachgiebigkeit ihres Mannes. Einem Vertrauten schrieb sie: »Arm Gustchen wird ganz verstoßen. Sein Vater will ihm gar keinen Unterhalt mehr geben. Wenn ich tagsüber auch lache, so muss ich in den Nächten doch viel weinen. Denn ein Kind ist mir ebenso lieb als das andere; ich habe sie alle unter meinem Herzen getragen, und die unglücklich sind, jammern einen am meisten.«

Doch Sophie, Nachfahrin Maria Stuarts, hatte gelernt, dass es sinnlos war, gegen das Unvermeidliche aufzubegehren. Sie wusste, dass wahre Größe darin bestand, auch die Unannehmlichkeiten des Lebens mit Fassung zu tragen, insbesondere, wenn es um die machtpolitischen Interessen des Fürstenhauses ging.

Diese Haltung versuchte sie auch Sophie Dorothea nahe zu bringen. Während langer Spaziergänge durch die Herrenhäuser Gärten schärfte sie ihrer Schwiegertochter ein, dass man sich der Rolle zu fügen habe, die einem durch die göttliche Vorsehung bestimmt war. Dabei wurde sie nicht müde, Sophie Dorothea endlose Vorträge über die Geschichte des englischen Königshauses zu halten. Über das große Unrecht, das vor hundert Jahren ihrer Urgroßmutter Maria Stuart widerfahren war. Über die heilige Verpflichtung, diese Schmach zu sühnen.

Zwischendurch pflegte sich die Fürstin bisweilen selbst zu unterbrechen, um auf den Gesang der Nachtigall oder ein Froschkonzert hinzuweisen. Und dann konnte es geschehen, dass sie jenseits aller Vernunft ihrer Begeisterung freien Lauf ließ. »Hör nur. Ist das nicht wunderschön, mein Kind?«

»Oh gewiss.«

Die Erwiderung der jungen Begleiterin fiel nie viel wortreicher aus – auch dann nicht, wenn die kluge Schwiegermutter ihr von der geplanten Umgestaltung des Großen Gartens erzählte. Nein, Sophie Dorothea hasste diese langen wie langweiligen Spaziergänge, vorbei an den kantigen Buchsbaumhecken und gestutzten Sträuchern und Bäumen, die starr wie Gardesoldaten in Reih und Glied standen. Sie hörte gar nicht hin, wenn der bunte Kies unter ihren Füßen knirschte und die Fürstin unaufhörlich auf sie einredete. Was interessierte sie denn auch das alles? Die Geschichte. Die Gartenkunst. Die hohe Politik. Am allermeisten langweilte sie die Philosophie dieses oberschlauen Herrn Leibniz, mit dem sich ihre Schwiegermutter so gern traf. Diese Lehre von den Monaden, in denen sich angeblich das Universum spiegelte, lief doch immer nur darauf hinaus, dass jeder Einzelne stets das Große und Ganze vor Augen haben müsse, dessen Teil er sei. Nein, das alles kam ihr so unmenschlich vor. Wenn sie das Wort »Monaden« hörte, musste sie immer an Maden denken.

Sie unterhielt sich lieber mit ihrer Kammerzofe Eleonore über die alten Zeiten in Celle und über den neuesten Hofklatsch, scherzte mit ihren Schwagern und lenkte ihre Aufmerksamkeit auf das, was sich in ihrem Bauch tat. Ja, bald schon würde es so weit sein, bald würde sie Mutter werden – und bald schon würde der Vater ihres Kindes heimgekehrt sein aus dem Krieg. Doch ihre Wiedersehensfreude hielt sich in Grenzen.

Mutterglück

Am 9. November 1683 brachte Sophie Dorothea ihr erstes Kind zur Welt. Acht Stunden kämpfte sie im Kindbett mit den Wehen. Vor großem Publikum. Neben zwei Hebammen und einem Leibarzt waren ihre Schwiegermutter, zwei Minister sowie mehrere Hofdamen, darunter ihr Edelfräulein Eleonore, zugegen. Die Geburt eines Kindes war zu jener Zeit an den Höfen Europas ein öffentlicher Vorgang. Denn unter allen Umständen sollte verhindert werden, dass einer Prinzessin oder Königin das Neugeborene geraubt und das Kind einer anderen Frau untergeschoben wurde.

Unter den teils besorgten, teils kritischen Blicken der Herbeigeeilten brachte Sophie Dorothea einen kräftigen Knaben zur Welt, der kurz vor Weihnachten auf den Namen Georg August getauft wurde und so die Namen beider Großväter erhielt.

Mit der Geburt des Stammhalters vollzog sich ein fast wunderbarer Wandel im Verhältnis zu ihrem Ehemann. Georg Ludwig, soeben heimgekehrt als Kriegsheld aus der siegreichen Schlacht gegen die Türken am Kahlenberg vor Wien, schwebte auf einer Wolke des Stolzes. In dieser Stimmung sah der Erbprinz jetzt auch seine Gemahlin in einem anderen Licht. Sie war nicht mehr der verwöhnte Bastard aus Celle, nicht mehr das Püppchen, sondern die Mutter seines Sohnes, und plötzlich begriff er, warum alle so von ihr schwärmten: Sophie Dorothea war eine schöne Frau. Und er verwöhnte sie mit Geschenken und Gunstbezeugungen, die ihm niemand zugetraut hätte. Es war, als habe ihn ein geheimer Zauber aus seiner hölzernen Schale befreit und den wahren Kern freigelegt.

Möglicherweise lag das jedoch nicht nur an der Geburt seines Sohnes. Seine Mätresse Maria, der er noch kurz zuvor ewige Treue zugesichert hatte, war nämlich mittlerweile aus seinem Gesichtskreis entfernt worden. Seine Mutter hatte dafür gesorgt, dass sie auch »Monplaisir«, das Lustschlösschen in Linden, räumen musste.

Auch die Fürstin verhielt sich Sophie Dorothea gegenüber rücksichtsvoller. Mochte ihre Abstammung noch so zweifelhaft, ihr Geblüt noch so fragwürdig sein: Jetzt war Sophie Dorothea die Gattin des Erbprinzen und die Mutter eines Sohnes. Alles andere hatte dahinter zurückzustehen.

Die Geburt des kleinen Prinzen wurde auch in Celle begeistert kommentiert. Viel häufiger als zuvor machten sich jetzt Herzog Georg Wilhelm und seine Frau Eleonore auf den Weg nach Hannover, um ihre Tochter und den kleinen Stammhalter zu besuchen.

Sophie Dorothea war selig: stolz auf ihren Sohn, erleichtert, von ihrem Mann endlich mit Wertschätzung bedacht zu werden, und glücklich, ihre Eltern wieder häufiger zu sehen.

Doch dieses Glück währte nicht lange. Ihr kleiner Sohn wurde, der Etikette entsprechend, unter der Regie der Schwiegermutter in die Obhut einer Amme gegeben. Sophie Dorothea sah ihn nur noch selten. Georg Ludwig kehrte zurück ins Feldlager und übernahm erneut Führungsaufgaben im Krieg gegen die Türken. Und auch die Besuche der Herzogin von Celle wurden bald wieder seltener. Die hohe Politik war dafür verantwortlich.

Der französische König Ludwig XIV. hatte am 18. Oktober 1685 das Edikt von Nantes aufgehoben, das seinen Untertanen bis dahin noch eine gewisse Religionsfreiheit gewährte. Unter der Parole »Ein König, ein Glaube, ein Gesetz« hatte man die Hugenotten zwar zuvor schon gedrängt, zur katholischen Kirche überzutreten. Doch nun verbot der König den Reformierten die Gottesdienste, ordnete die Zerstörung ihrer Kirchen an und untersagte die Auswanderung. Wer auf der Flucht ergriffen wurde, musste fürchten, sein Leben als Sträfling auf einer Galeere zu beschließen.

In Celle bangte Eleonore d'Olbreuse um ihren Bruder und die übrigen Familienangehörigen, die noch in Frankreich geblieben waren, um hugenottischen Flüchtlingen auf ihrem Schloss in Poitou Unterschlupf zu gewähren. Unterdessen strömten immer mehr Hugenotten, die aus Frankreich geflüchtet waren, in das gastfreundliche Herzogtum Celle. Die Schlossherrin stand im Zentrum der Hilfsaktionen und konnte sich daher nicht mehr so viel Zeit für ihre Tochter nehmen.

So fühlte sich Sophie Dorothea bisweilen einsam im Leineschloss. Die langen Spaziergänge, auf denen sie ihre Schwiegermutter in den Gärten von Herrenhausen begleiten musste, waren für sie kein Ersatz für die Plaudereien mit ihrer Mutter. Sie schämte sich für ihre Unwissenheit, wenn die Fürstin ihr Vorträge über die Lehren ihres Freundes Leibniz hielt. Dabei erschien auch ihr manches einleuchtend und klug – vor allem die Wiedervereinigung der christlichen Kirchen, die Leibniz propagierte. Doch sie konnte kaum mehr dazu sagen als »Oh, gewiss«. Und im Grunde genommen wusste sie auch gar nicht, wozu sie sich anstrengen sollte. Denn die hannoversche Herzogin, so war sie überzeugt, interessierte sich sowieso nicht für ihre Meinung.

Zu ihrem Leidwesen musste Sophie Dorothea auch auf die aufmunternden Sprüche und vergnüglichen Einladungen ihres Schutzpatrons verzichten. Ernst August war oft für längere Zeit außer Landes – allein im Jahre 1685 weilte er acht Monate in Venedig. Wie gern wäre sie mitgefahren. Venedig – dieses Paradies an der Adria, von dem ihr Vater einst schon geschwärmt hatte, wurde für sie zum Inbegriff der Sehnsucht.

Zu Beginn des Jahres 1686 aber erfüllte Herzog Ernst August ihr endlich den Traum, die Lagunenstadt mit eigenen Sinnen zu erleben.

Karneval in Venedig

Dunstschleier hingen über dem Canal Grande. Die Rufe der Gondolieri klangen gedämpft, ein lauwarmer Wind trug an diesem späten Vormittag Gesang und Gelächter über das Wasser, an dessen Ufern sich prächtige Paläste erhoben: Palazzo Pisani, Palazzo Dandolo, Palazzo Grassi, Palazzo degli Orfei, Palazzo Balbi, Palazzo Giustinian ... Die Namen klangen Sophie Dorothea wie Musik in den Ohren, sie schwirrten ihr im Kopf herum wie Liedfetzen, die sich zu einem chaotischen Choral verbanden. Und unermüdlich nannte ihr Schwiegervater die Namen weiterer Paläste, zeigte auf die prunkvollen Fensterfronten und Portale, die sich zittrig im Wasser spiegelten. Zu jedem Haus erzählte er eine Geschichte – von Bällen und Soupers, von schönen Damen, von Kaufleuten, die ein Vermögen mit dem Handel von Seide oder Gewürzen gemacht hatten, von den mächtigen Dogen, von Nobili, die Tausende von Dukaten in einer Nacht verspielten ...

Sophie Dorothea meinte zu träumen, während sie mit dem alten Fürsten und ihrer Hofdame Eleonore in der schwarz lackierten Gondel durch die Kanäle fuhr. Tag und Nacht schienen ineinander überzufließen. Kreischende Möwen, gurrende Tauben. Aus anderen Booten winkten Menschen herüber, die gerade erst von einem Ball zu kommen schienen, der bis zum Morgen gedauert hatte, allesamt märchenhaft verkleidet – als Sultane und Haremsdamen aus dem Orient, als königliche Hoheiten mit Gewändern in Purpur und golddurchwirktem Brokat, als Harlekine mit weißen Porzellangesichtern, als Abenteurer und Kavaliere mit Degen und schwarzen Augenmasken aus Samt. Und bisweilen konnte es auch geschehen, dass einem unter dem schwarzen Umhang eines Bootspassagiers der Tod angrinste. Aber wenn schon!

Es war Karnevalszeit in Venedig. Und wenn die Lagunenstadt seine Besucher schon in normalen Zeiten verwirrte, so war sie im Karneval noch viel verwirrender. Wie sollte man wissen, wer sich unter den Masken verbarg? Der Mummenschanz zog auch zwielichtige Gestalten auf die Lagune: Betrüger, leichte Damen, Schwerverbrecher mit Dreispitz und Schnallenschuh, die aus der Zeit der fröhlichen Verwirrung Kapital zu schlagen hofften. Vorsicht war geboten. Ernst August ermahnte seine Schwiegertochter immer wieder, auf Schmuck und Geld zu achten, den Komplimenten der Nobili zu misstrauen. Doch hatte sie sich mit ihm erst in den Trubel einer Maskerade gestürzt, erwiesen sich solche Ermahnungen als sinnlos, dann lösten sich alle Ratschläge auf in Wein und Musik, verflüchtigten sich bei Geplauder und Tanz. Sophie Dorothea genoss es, wenn diese Märchengestalten sie anhimmelten. »Dem Himmel sei Dank, dass er uns ein göttergleiches Wesen wie Euch geschickt hat, meine allergnädigste Verehrung, die Dame …« So tönten sie, so schwärmten sie. Was sollte man dazu sagen? Lange, allzu lange hatte sie auf solch unbeschwerte Vergnügen verzichten müssen, die sie als junges Mädchen in Celle erlebt hatte. Die strenge Etikette am hannoverschen Hof reglementierte ja selbst noch die Verkleidung beim Karneval.

In Venedig war alles anders. Hier zählten Witz, Charme und Schönheit mehr als Rang und Etikette. Der Fürst verwöhnte Sophie Dorothea, wo es nur ging. An diesem späten Vormittag hatte er sie zu einem kleinen Ausflug auf dem Canal Grande eingeladen. Die Gondel stand zu seiner dauerhaften Verfügung, Gondoliere inklusive. Das einem eingebogenen Palmenblatt gleichende Gefährt war denn auch mit einem schwarzen Tuch ausgeschlagen, dem das hannoversche Wappen eingeprägt war.

Musik scholl aus einem der Paläste am Ufer, feierliche Geigen-, Oboen- und Flötenklänge. Nicht weit davon entfernt wurde aber auch gearbeitet. Am Fondaco dei Turchi legte ein Frachtschiff an, Segel wurden eingezogen, Rufe kündeten von geschäftigem Treiben. Vor einem Kornspeicher wuchteten Männer in grauer Arbeitskluft Getreidesäcke von einem Lastkahn. Einer der Arbeiter warf der Gondel des Fürsten einen kurzen Blick zu. Sophie Dorothea schien es, als würde der Mann ihr zuwinken. Sie winkte zurück. Daraufhin aber wandte sich der Mann abrupt ab, und griff nach einem neuen Kornsack. Sophie Dorothea atmete tief durch. Nein, diese schwitzenden Männer passten nicht in ihr Venedig-Bild.

Drei Wochen war sie nun schon in der Stadt. Schwiegervater Ernst August, der bereits am 16. Dezember 1685 in Hannover aufgebrochen war, hatte sie Anfang Januar nachholen lassen. Sie hatte keinen Moment gezögert, sofort war sie »über den Berg« gefahren – im Gepäck ihre schönsten Roben, Samt- und Seidenschuhe, Diamanthalsbänder und Smaragdohrringe. Der Fürst hatte von dem Nobile Sebastiano Foscari das Ca' Foscari gemietet, einen repräsentablen Palazzo in bester Lage am Canal Grande. Und zwar auf Dauer. Wenn der Herzog selbst nicht in Venedig war, verwaltete der hier ansässige deutsche Arzt Johann Matthäus Alberti die Palastwohnung. Auch in einer Reihe von Theatern und Opernhäusern unterhielt der hannoversche Hof Logen in Dauermiete.

Wie früher sein älterer Bruder nahm sich der Herzog neuerdings viel Zeit, um die Möglichkeiten zu Zerstreuung und Lustbarkeit auch zu nutzen – sehr zum Leidwesen seiner Gemahlin, die ihren Gatten nur ein einziges Mal begleitet hatte. Die Herzogin verabscheute das bunte Treiben unter Italiens Sonne.

Die Venedig-Reisen ihres Mannes missbilligte sie aber noch aus anderen Gründen: Sie hielt Ernst August vor, dass er sich mit seinen monatelangen Aufenthalten in Italien nicht nur dringenden Staatsgeschäften entzog, sondern auch in unverantwortlicher Weise die Staatskasse ruinierte. Der hannoversche Kanzler Otto Grote hatte schon zwei Jahre zuvor darauf hingewiesen, dass es um die Finanzen nicht zum Besten stand. Und der Venedig-Aufenthalt verschlang 7000 Taler im Monat – ein Vermögen, bedenkt man, dass man für einen einzigen Taler neun Brote kaufen konnte.

Um seine Luxus-Reise zu finanzieren, vermietete der Herzog seine Soldaten gleichzeitig an den Kaiser in Wien und an die Republik Venedig. In immer neuen Verhandlungsrunden schacherten die Gesandten von Ernst August mit den Unterhändlern des Kaisers um den Preis für die hannoverschen Soldaten, die zur Unterstützung der Habsburger in den Krieg gegen die Türken geschickt werden sollten. Am Ende gelang es dem Herzog, für die Überstellung von 5 000 Mann 50 000 Taler herauszuschlagen. Zehn Taler für ein Soldatenleben. Ähnliche Geschäfte wickelte Ernst August auch mit den Kriegsherren Venedigs ab, die auf der griechischen Halbinsel Peloponnes gegen die Türken kämpften. Hier handelte der Herzog noch einen höheren Preis aus: 76 000 Taler im Jahr für drei Infanterieregimenter mit insgesamt 2400 Mann – davon waren 40 000 Taler sofort beim Eintreffen der Truppen an den Musterungsplätzen auf dem Lido fällig. Selbstverständlich kriegten die Soldaten keinen Heller davon. Für die meisten führte der Einsatz auf der fernen griechischen Halbinsel geradewegs in den Tod.

Immerhin schonte der Herzog auch seine eigenen Söhne nicht. Georg Ludwig führte die hannoverschen Truppen in Ungarn unter der Fahne des Kaisers an, Prinz Maximilian, gerade neunzehn Jahre alt, verstärkte die Reihen Venedigs. Auch Friedrich August, der zweitälteste Sohn des Herzogs, war unter die Soldaten gegangen. »Gustchen« hatte sich wie sein Bruder in den Dienst der Habsburger begeben. Doch nicht auf Wunsch des Vaters, sonders eben aus Protest gegen den Vater, von dem er sich durch die Erstgeburtsordnung um sein Erbe betrogen fühlte.

All dies ging Sophie durch den Kopf, wenn sie die Briefe aus Venedig las, in denen Ernst August die Herrlichkeiten der Stadt pries. Dabei wusste sie nur zu genau von Vergnügungen, von denen nichts in den Briefen stand. Es war in Hannover ein offenes Geheimnis, dass der Herzog intensiven Kontakt mit den Kurtisanen der Inselstadt pflegte. Schließlich war aus einer dieser Affären eine Tochter hervorgegangen, die der Vater sogar nach Hannover geholt hatte: Laura di Montecalvo – Montecalvo leitete sich von Calenberg ab.

Während Ernst August das Leben in Venedig genoss, mühte sich Sophie in Hannover, den Einfluss- und Machtbereich der Welfen zu erweitern, und zwar mit Hilfe ihrer Heirats- und Familiendiplomatie. Gespannt blickte sie auf die Vorgänge in England, wo ihr Cousin Karl II. gerade verstorben war und dessen Bruder Jakob als Nachfolger auf dem Thron mit seiner katholischen Regentschaft gegen erhebliche Widerstände zu kämpfen hatte.

Doch zurück nach Venedig. Die Glocken der umliegenden Kirchen läuteten die Mittagsstunde ein. Dumpfe, schwere Schläge mischten sich mit feinem, silberhellem Läuten; melodiöses Glockenspiel verband sich mit einförmigem Wummern. Tief berührt atmete Sophie Dorothea die himmlische Musik mit der milden Meeresbrise ein. Es war ein wunderbares Konzert, das da über dem dunklen Wasser des Canal Grande zusammenfloss aus den vielen Kirchen der Gassen und Strandpromenaden: der Santa Maria della Salute, der Santa Maria del Giglio, der Santa Maria Formosa oder der Basilica di San Marco.

Am Nachmittag erwartete Sophie Dorothea den französischen Maler Henry Gascar, den ihr Schwiegervater verpflichtet hatte, einige Bildnisse von ihr anzufertigen. Sie hatte bereits mit Monsieur Gascar besprochen, dass sie für die Sitzung in das Gewand der Frühlingsgöttin Flora schlüpfen würde, das sie auch bei dem abendlichen Ball zu tragen gedachte: ein Seidenkleid mit Blumenmuster, tief ausgeschnittenem, spitzenbesetztem Dekolleté, Reifrock und Puffärmeln. Die Haare geschmückt mit Blumen, einen kleinen Blumenstrauß in der rechten Hand haltend, nahm die Prinzessin vor der Staffelei des Malers Platz.

»Wundervoll, wahrhaft göttlich, Madame«, schwärmte Monsieur Gascar, während er mit seinen Skizzen begann. »Bitte, jetzt die linke Hand einmal heben, so als wollten Sie der Welt ihre göttliche Huld erweisen.«

Und Sophie Dorothea tat artig, was der Maler von ihr verlangte. Während sie Monsieur Gascar Modell saß, richteten sich ihre Gedanken auf ihren Sohn. Vermutlich umsorgten ihn seine Ammen und Erzieher, sodass er gar nicht auf den Gedanken kam, nach seiner Mutter zu fragen. Doch die vermisste ihn. Schon als sie noch in Hannover gewesen war, hatte er die meiste Zeit des Tages bei den Hofleuten zugebracht. Aus der Ferne betrachtet, bedauerte Sophie Dorothea dies. Gern hätte sie ihren Sohn öfter auf dem Schoß gehabt. Doch das widersprach den höfischen Regeln. Es war einfach nicht üblich, dass eine Mutter ihre Kinder unter die Fittiche nahm wie eine Glucke ihre Küken, das gehörte sich nicht – schon gar nicht für eine Prinzessin.

Sophie Dorotheas Gedanken wanderten zu Georg Ludwig. Sie war sich ihrer Gefühle für ihn immer noch nicht sicher. Ohne Frage, nach der Geburt von Georg August hatte er sie verwöhnt, mit freundlichen Worten und Geschenken, war ungewohnt zärtlich gewesen. Doch ehe sie sich auf diese neue, liebevolle Art eingestellt hatte, war er auch schon wieder in den Krieg gezogen.

Jetzt hatte er ihr von seinem ungarischen Feldlager die Nachricht zukommen lassen, dass er bald zu einem Besuch in Venedig eintreffen werde. Aschermittwoch konnte er schon in der Lagunenstadt sein. Der Gedanke beunruhigte sie. Sie fürchtete, dass es vorbei sein würde mit den sorglosen Stunden, wenn der Erbprinz erst an ihrer Seite war. Aber vielleicht täuschte sie sich, vielleicht lag in der Begegnung hier in Venedig ja auch die Chance für einen Neubeginn – fern von den strengen Augen der Schwiegermutter, fern vom klösterlichen Leineschloss.

»Wunderbar, Prinzessin, Ihr könnt die Hand jetzt herunter nehmen.«

Sophie Dorothea blickte Monsieur Gascard verwirrt an. Erst jetzt wurde ihr wieder bewusst, dass sie ihren Arm noch immer wie zum Segen in der Luft hielt. Er fühlte sich schon ganz lahm an.

Acht Bilder gingen aus den Sitzungen mit Gascard hervor. Alle spiegeln den gleichen Gesichtsausdruck wider: ein nachdenklicher, aber dennoch wacher Blick.

Eifersucht

Georg Ludwig fiel es schwer, die richtigen Worte zu finden. Mit einer stummen Verbeugung reichte er Sophie Dorothea daher nur die Hand, als er an jenem Aschermittwoch des Jahres 1686 mit seinem Gefolge Einzug hielt im Palazzo Foscari. Beide waren bestrebt, ihre Unsicherheit zu überspielen. Mehr als ein Jahr lang hatte man sich nicht gesehen. Man war sich fremd geworden.

»Sie sind noch schöner geworden, Prinzessin«, murmelte Georg Ludwig steif.

Sophie Dorothea blickte zu Boden. »Sie sehen auch gut aus, Prinz.«

Das war eine Lüge. Der Prinz war durchaus nicht schöner geworden, er war müde und erschöpft von der langen Reise, und auch der Kriegsdienst hatte Spuren in seinem Gesicht hinterlassen.

»Willkommen, mein Sohn«, begrüßte ihn nun auch Ernst August, der bisher nur höflich lächelnd neben dem jungen Paar gestanden hatte.

»Mein Vater.« Fast unterwürfig verbeugte sich Georg Ludwig vor dem Herzog. Nachdem sie einander die Hände gereicht hatten, war der Begrüßungstrunk fällig. Pagen standen schon mit dem Champagner bereit.

Für den Abend hatte der Herzog zur Wiedersehensfeier eine Abendgesellschaft geladen. Das Essen zog sich wie üblich über viele Stunden hin. Und jetzt war es Georg Ludwig, der die nicht enden wollende Abfolge von Speisen und alkoholischen Getränken als Strapaze empfand. Sophie Dorothea dagegen verstand es, zu glänzen. Der heimgekehrte Krieger spürte, wie sie mit ihrem Charme die Tischgesellschaft bezauberte. Augenzwinkernd gab ihm auch Hausherr Foscari zu verstehen, welch hohe Meinung er von der Prinzessin habe. »Ihr seid wirklich zu beneiden um Eure schöne Gemahlin, mein Freund. Es ist nicht übertrieben, wenn ich sage, dass sie die Herzen aller Männer Venedigs im Sturm erobert hat. Alla Salute, Principe.«

»Alla Salute, Comte.«

Georg Ludwig beschränkte sich darauf, sein Glas zu erheben. Jede Erwiderung aus seinem Munde hätte peinlich gewirkt in diesem Kreis. Dennoch war er – bei all seiner Unsicherheit – auch stolz, eine Frau zu haben, die so bewundert wurde. Zum Glück bekam er bald Gelegenheit, Fragen zum Krieg zu beantworten, denn der Kampf gegen die Türken war auch für die Nobili von Interesse. Und auf diesem Feld kannte er sich aus wie sonst niemand am Tisch. So erzählte er von seinen siegreich geführten Schlachten im Dienst der Habsburger und gewann nach und nach sein Selbstbewusstsein zurück.

»Bravo, Principe«, prosteten sie ihm zu.

»Bravo, Signor.«

Berauscht vom Wein und der erfreulichen Resonanz auf die Schilderung seiner Heldentaten fühlte er sich ungeheuer stark, als er Sophie Dorothea später in der Nacht in ihrem Gemach aufsuchte. Die Laute der Liebenden mischten sich mit Geigenklängen, die vom Canal Grande ins Zimmer heraufwehten – wehmütige Musik einer Gondelgesellschaft, die das Ende des Karnevals feierte. Doch schnell erschlaffte die Kraft des Liebhabers. Und als die Glocken von Santa Maria Gloriosa dei Frari zur dritten Stunde läuteten, schlief Georg Ludwig schon.

Die nächsten Tage nutzte Sophie Dorothea, um ihrem Mann die Stadt zu zeigen. Besonders wissbegierig war Georg Ludwig jedoch nicht. Er bewunderte zwar die Pracht der Dogenpaläste, aber die amüsanten Geschichten über das Leben in dieser Stadt entlockten ihm nur ein Gähnen. In manchen Momenten reagierte er sogar mit Widerwillen auf die glitzernde Inselwelt. Im Unterschied zu seinem Vater war er viel zu sparsam, um sich diesem Luxus hinzugeben. Auch die Umstellung bereitete ihm Probleme. Der Kanonendonner der Schlachtfelder, die er erst vor wenigen Wochen verlassen hatte, hallte noch in ihm nach. Und wo Sophie Dorothea den würzigen Duft des Meeres einsog, roch er nur den faulen Moder des brackigen Kanalwassers.

Langsam, ganz allmählich, gelang es aber auch ihm, sich auf Venedig einzustellen. Beeindruckt zeigte er sich vor allem von der prachtvollen Feier im Mai, die wie in jedem Jahr Venedigs Vermählung mit dem Meer symbolisierte. Als der Doge unter fortwährendem Salutschießen auf seinem Prunkschiff den Palast verließ, läuteten alle Glocken der Stadt. Unzählige buntgeschmückte Gondeln schlossen sich dem herrschaftlichen Schiff an, das mit seiner scharlachroten Bedachung und dem goldlackierten Schnitzwerk über der Flotte aufragte.

Georg Ludwig war begeistert. Solche Prachtentfaltung riss auch ihn mit. Doch das Hochgefühl war nicht von Dauer. Georg Ludwig litt darunter, dass Sophie Dorothea nur in den Nächten ihm gehörte; tagsüber und abends musste er sie mit den Exzellenzen der Stadt teilen. Und das gesellschaftliche Leben Venedigs stieß ihn zunehmend ab. Spöttisch berichtete er seiner Mutter in einem Brief von einer Prunkregatta. Ein Wirbelstoß, schrieb er, habe eine Anzahl Gondeln mit Nobili erfasst und umgekippt. Doch keiner sei im Canal Grande »versoffen«. Der Herrgott habe da wohl seine Gerechtigkeit unter Beweis stellen wollen, indem er Leute, die das Feuer verdienten, nicht mit Wasser strafe.

Er berichtete seiner Mutter auch von Sophie Dorothea. Stolz schrieb er ihr, wie der Herzog von Mantua als Gastgeber einer Abendgesellschaft von seiner Frau in den höchsten Tönen geschwärmt habe. Er spöttelte aber auch über lächerliche Verehrer, die mit Sophie Dorothea tanzten wie die Witzfiguren in französischen Lustspielen. Er selbst tanzte nicht so viel mit seiner Frau. Er hatte ja auch nie richtig tanzen gelernt. Nicht das Menuett, das jetzt vom Hofe Ludwigs XIV. aus die Paläste Europas eroberte, sondern der Krieg füllte seine Tage aus. So fiel es ihm schwer, sich mit der gebotenen Leichtigkeit auf dem venezianischen Parkett zu bewegen. Und bei allem Spott über die gepuderten Lebemänner konnte man aus seinen Zeilen an seine Mutter auch eine wachsende Eifersucht herauslesen.

Richtig entfacht aber wurde diese Eifersucht erst durch eine Vertraute aus Hannover, die schon wenige Tage nach ihm in Venedig eingetroffen war: Elisabeth von Platen. Mit scheinbar beiläufigen Bemerkungen über die Beliebtheit Sophie Dorotheas, mit bissigen Scherzen über die Auftritte der Prinzessin bei Maskenbällen und Festmählern schürte sie Georg Ludwigs Argwohn.

Die von galanter Höflichkeit überzuckerte Feindseligkeit gegen die Schwiegertochter des herzoglichen Liebhabers entsprang gärendem Hass. Denn mehr noch als in Hannover litt die mächtige Mätresse hier in Venedig unter dem Gefühl, im Schatten von Sophie Dorothea zu stehen. Selbst nach dem Eintreffen seines Sohnes hofierte Ernst August ja weiter seine Schwiegertochter. Nein, das wollte sie sich nicht bieten lassen!

Und so begann sie, Georg Ludwig Gerüchte über Affären seiner Frau zuzuflüstern – alles im Tonfall der wohlmeinenden älteren Freundin, die dieses Gerede selbstverständlich für haltlos hielt, für völlig haltlos. Aber die Giftpfeile wirkten. Georg Ludwig beobachtete den Lebenswandel seiner Frau mit wachsendem Misstrauen. Besonders wütend stimmte ihn ein Abendempfang, den der Doge Marcantonio Giustinian in seinem Palazzo aus Anlass einer siegreichen Schlacht gegen die Türken auf dem Pelepones veranstaltete.

Eigentlich hätte es ein schöner Abend werden können. Der Glanz der Abendsonne vergoldete die Stadt, Frühlingswinde wehten von der Adria über die Piazza. Und die Musikanten des Dogen taten das ihre, um die Gäste mit ihren Weisen zu verzaubern.

Doch bald schon ärgerte es Georg Ludwig, wie übertrieben herzlich seine Frau diesen albernen Franzosen begrüßte. Hätte es nicht gereicht, dem Lackaffen die Hand zu geben? Musste Sophie Dorothea sich von dem Kerl mit der bläulich schimmernde Perücke auch noch einen Wangenkuss aufdrücken lassen? Was sollte diese Komödie!

Seine Frau indessen schien nichts dabei zu finden. Völlig unbefangen wandte sie sich ihrem Mann zu.

»Georg Ludwig, das ist Marquis Armand de Lassay, ein guter Freund.«

»Sehr erfreut.«

Aber natürlich war er gar nicht erfreut, die Bekanntschaft dieses Kavaliers zu machen. Marquis de Lassay? Hatte die Platen nicht schon einmal diesen Namen erwähnt? Natürlich! Das war doch der Edelmann, dem eine Tändelei mit seiner Frau nachgesagt wurde. Ungeheuerlich! Wie konnte sie es wagen, ihm mit diesem Komödianten mit den so lächerlich spitz zulaufenden Schnallenschuhen unter die Augen zu treten! Und sie machte sich nicht mal die Mühe, ihre Liaison zu verbergen. In seinem Beisein turtelte sie mit dem Marquis herum, scherzte und kicherte mit ihm, dass ihm das Blut stockte vor Empörung. Unerhört!

»Eine reizende Frau.« Georg Ludwig fuhr verstört auf, als ein ihm unbekannter Gast mit einer galanten Drehung des Handgelenks auf Sophie Dorothea zeigte. »Wirklich, eine überaus reizende Gemahlin, man kann Euch nur gratulieren.«

»Tausend Dank.«

Er nickte. Reizend, wirklich sehr reizend, durchfuhr es ihn.

»Eure Gemahlin scheint sich zu amüsieren«, fuhr der Mann fort. »Ihr solltet Euch ein Beispiel daran nehmen.«

Georg Ludwig konnte nur mit Mühe an sich halten. Am liebsten hätte er den Raum verlassen.

»Ich amüsiere mich prächtig«, murmelte er. »Ein wunderbarer Abend, nicht wahr?«

»Wirklich, bezaubernd.«

Er meinte, ein unterdrücktes Lachen bei dem Grafen zu beobachten. Machte man sich etwa schon lustig über ihn? War es schon soweit?

In der Nacht zog Nebel auf. Der graue Dunst umhüllte die Laternen auf den Brücken und Gassen, schluckte das Licht der Paläste. Der Gondoliere stieß sein Boot von der Ufertreppe des Palazzo ab, so dass die Gondel mit dem Prinzenpaar und ihrem kleinen Gefolge lautlos im Nichts versank. Sophie Dorothea stand mit Eleonore an der einen, Georg Ludwig mit seinem Pagen an der anderen Seite des schwankenden Gefährts. Die beiden sprachen während der Fahrt kein Wort, tauchten ab in den Nebel, der ihr Schweigen umhüllte und ihre Gestalt den Blicken des anderen entzog. Gern hätte sich Sophie Dorothea wie früher nach den Abendgesellschaften bei ihrem Schwiegervater angelehnt. Doch der war mit seiner Gräfin in ein anderes Boot gestiegen.

Die Gondolieri riefen sich geheimnisvolle Botschaften zu, um sich in dem Nebel zu orientieren und Zusammenstöße zu vermeiden. Gespenstisch hallte das Echo des schwermütigen Singsangs durch die versunkene Stadt.

Georg Ludwig atmete auf, als die Gondel endlich am Kai des Ca' Foscari anlegte. Er beschloss in dieser Nacht, Venedig so schnell wie möglich zu verlassen.

Noch einsilbiger, noch frostiger trat er in den nächsten Tagen seiner Frau gegenüber. Sophie Dorothea fragte ihn ängstlich nach dem Grund seiner schlechten Laune. Doch er beteuerte, dass es ihm gut gehe und hüllte sich weiter in eisiges Schweigen.

Ein Ereignis riss ihn jedoch heraus aus seiner Teilnahmslosigkeit, ein Erlebnis, das ihn zeitlebens beschäftigen sollte. Als er mit seinem Pagen über den Markusplatz schlenderte, fiel sein Blick auf die alten Weiber, die dort auf Tischen hockten und sich anboten, den Flanierenden die Zukunft vorherzusagen. Obwohl er darüber zu scherzen pflegte, hatten ihn Wahrsagerinnen immer schon angezogen. Verstohlen, aber gleichwohl fasziniert sah er, wie die alten Frauen geheimnisvolle Kugeln anstarrten oder über Sternbilder grübelten, um dann ihre Erkenntnisse mitzuteilen. Sie flüsterten sie in ein Eisenrohr, das sich die Kunden ans Ohr halten mussten.

Wenn Georg Ludwig mit Sophie Dorothea hier gewesen war, hatte er es nicht gewagt, sich auf diese Gaukelei einzulassen. Doch nun war niemand in seiner Nähe, der ihn auslachen würde, und vor seinem Pagen musste er sich nicht schämen.

Kaum hatte er eine der Wahrsagerinnen ins Visier genommen, winkte sie ihn auch schon zu sich. Tiefe Furchen zerklüfteten das braungebrannte Gesicht, auch die schlohweißen Haare deuteten auf ein hohes Alter. Doch in den Augen leuchtete ein wildes Feuer. Georg Ludwig konnte sich diesem Blick nicht entziehen und ließ sich willenlos zu dem Stuhl dirigieren, der vor dem Tisch der Alten stand. »Bitte setzen, mein Herr.«

Zu seiner Überraschung sprach die Frau französisch, so dass er keine Probleme hatte, sie zu verstehen.

»Mein Herr«, raunte sie, »ich spüre, dass eine große Zukunft vor Euch liegt, ich spüre es in meinem Blut.«

Und dann hielt sie ihm ihr Eisenrohr hin und forderte ihn auf, es sich ans Ohr zu legen.

»Wann geboren?«, fragte sie. »Ihr müsst mir den Tag Eurer Geburt nennen.«

»Ich, äh, bin am 28. März 1660 geboren«, sagte Georg Ludwig. Genauso gehorsam beantwortete er auch die übrigen Fragen, die ihm das Weib stellte – nach seiner Herkunft, seiner Ausbildung und Tätigkeit, seiner Familie.

Bisweilen nickte die Frau oder sagte in ernstem Ton: »Ich sehe.« Schließlich forderte sie Georg Ludwig auf, ihr seine rechte Hand zu reichen. Sie fuhr seine Handlinien nach und murmelte Unverständliches.

Bevor sie mit der Auswertung begann, verlangte sie ihren Lohn: »Drei Dukaten, der Herr.«

Georg Ludwig zahlte ungeduldig. Was ihn störte, war, dass sich ein Pulk von Neugierigen um ihn gebildet hatte – Gaffer, die der Zeremonie mit abschätzigem Grinsen folgten und Witze rissen. Doch die Wahrsagerin nutzte den werbewirksamen Auflauf und nahm sich Zeit. »Geduld, ich muss den Himmel und die Sterne befragen«, raunte sie, bevor sie in ihre Glaskugel sah und etwas mit einem Gänsekiel auf ein Papier schrieb.

Schließlich bedeutete sie ihrem Gegenüber, das Eisenrohr noch einmal an sein Ohr zu legen. »Ich habe mich nicht getäuscht, mein Herr«, begann sie. »Eine große Zukunft liegt vor Euch. Ihr werdet eine Krone tragen und ein Weltreich regieren. Eure Soldaten werden Siege erringen, Eure Schiffe werden über die Weltmeere segeln. Ihr werdet in Palästen wohnen, die noch kein Auge gesehen hat …«

Gebannt hörte Georg Ludwig zu. Er schloss die Augen, als wollte er die Großartigkeit der Prophezeiung vor der Banalität dieses schäbigen Ortes bewahren. Doch plötzlich erhob die

Wahrsagerin ihre Stimme. »Euer Leben wird sein Glanz und Gloria. Aber achtet das Leben Eurer Gemahlin. Wenn die Gemahlin stirbt, dann neigt sich auch Euer Leben dem Ende zu – kein Jahr wird Euch danach mehr vergönnt sein, kein Jahr.«

Er erschrak.

»Gehet nun hin in Frieden«, fuhr die Wahrsagerin fort. »Der Allmächtige leite Eure Schritte.«

Verstört gab er der Alten das Eisenrohr zurück. Er erhob sich, als erwache er aus einem Traum und forderte seinen Pagen auf, ihm den Weg durch die Gaffer zu bahnen.

Er bereute es, auf den faulen Zauber hereingefallen zu sein. Gleichwohl begann die Prophezeiung, Besitz von ihm zu ergreifen. Er genoss die Aussicht auf seine großartige Zukunft. Was ihn störte, war die Rolle, die seine Frau in seinem Leben spielen sollte. Nein, Sophie Dorothea war ihm durch die Wahrsagerin nicht näher gekommen. Im Gegenteil. Jetzt war sie ihm fast unheimlich. »Kein Jahr wird Euch nach ihrem Tod mehr vergönnt sein, kein Jahr« – die Worte ließen ihn nicht los.

Statt das Bett mit Sophie Dorothea zu teilen, suchte er nun wie sein Vater in den Nächten Kurtisanen auf. Und als Fürst Ernst August mit der Gräfin von Platen und Sophie Dorothea zu einer Kurzreise nach Rom aufbrach, kehrte er zurück zu seinen Truppen in Ungarn.

Selbstverständlich sorgte die Mätresse des Herzogs nach der Heimkehr in Hannover dafür, die Kunde von der Verstimmung unter den Eheleuten am Hof zu verbreiten. Und Marquis de Lassay war so stolz auf die ihm angedichtete Affäre, dass er den Gerüchten bereitwillig Nahrung gab.

Das Gerede rückte Sophie Dorothea in ein schiefes Licht. Ihr Schwiegervater nahm sie in Schutz, führte die Unbekümmertheit ihrer Jugend ins Feld, mühte sich, ihre Tändelei als harmlos darzustellen. Aber er kam gegen seine einflussreiche Mätresse nicht an.

Später sollten Sophie Dorotheas Widersacher in der venezianischen Affäre das Vorspiel zu jener Ehetragödie erblicken, die sich einige Jahre danach ereignete. Wieder war es Liselotte von der Pfalz, die Nichte der Fürstin, die sich im Chor der Lästerzungen hervortat. »Wäre sie nur allzeit von vielen Mannsleuten umgeben gewesen, hätte sie nichts Böses tun können. Aber nur einen allein zu sehen, ist gefährlich, wie es sich ausgewiesen hat«, kommentierte sie in einem Brief an die hannoversche Tante. »Mich deucht, sie war zu jung, allein zu reisen, man hätte besser daran getan, sie bei Euer Liebden zu lassen, als sie nach Venedig zu führen.« In einem anderen Brief stichelte sie: »Ich kann nicht begreifen, wie oncle (Ernst August) sie nicht gleich nach der italienischen Reise hat einsperren lassen, denn sie hat es ja damals schon verdient.«

Zurück an die Leine

Ein Liebesbrief stürzte Sophie Dorothea zu Beginn des Jahres 1687 zusätzlich in Verwirrung. Friedrich August, ihr ältester Schwager, hatte ihr am Neujahrstag aus Ungarn geschrieben, wo er im Sold des Kaisers gegen die Türken kämpfte. Im Unterschied zu seinem älteren Bruder Georg Ludwig, der die hannoverschen Truppen führte, bekleidete der verstoßene Herzogssohn nur einen niederen Rang. Doch er tat vor der Schwägerin, als sei er Alexander der Große. »Glaube mir, ich werde Dir eine Welt erobern, ich werde Dir den Orient zu Füßen legen«, schrieb er. »Du begleitest mich in all meinen Gedanken.«

Doch er verhehlte der Angebeteten auch nicht seine Enttäuschung über deren beharrliches Schweigen. Und er spöttelte über seinen Bruder Georg Ludwig, der an der Seite seiner Gemahlin das süße Leben Venedigs genossen habe, während er selbst in Ungarn die Nöte des Frontsoldaten auszustehen hatte. Sophie Dorothea spürte die Eifersucht sehr wohl.

»Was mach ich nur?«, fragte sie ihre Vertraute.

»Am besten gar nichts«, antwortete Eleonore. »Ihr wisst, was der Herzog über Friedrich August denkt. Ihr bringt euch nur in Gefahr, wenn Ihr Euch zwischen Vater und Sohn stellt. Zerreißt den Brief, verbrennt ihn, dass ihn niemand lesen kann. Aber seid nicht so dumm, ihn zu beantworten.«

Eleonore wusste, dass der alte Fürst sich in Venedig über seinen zweitältesten Sohn geärgert hatte, der immer noch nicht bereit war, seine Erbschaftsentscheidung anzuerkennen. Als Friedrich August angeblich ausstehende »Alimentationsgelder« von seinem Vater angemahnt hatte, war ihm durch Minister Grote geantwortet worden, dass der Herzog unter keinen Umständen bereit sei, seinem »widerspenstigen und ungehorsamen Sohn« auch nur den geringsten »Vorschuss« zu gewähren, so lange der nicht zur Vernunft komme.

Sophie Dorothea entschied sich, ihrem Schwager in höflichen Worten zu antworten. Sie bedankte sich für die freundlichen Zeilen, versicherte ihm ihre Zuneigung, erwähnte aber gleichzeitig ihre ehelichen Pflichten und empfahl dem Schwager dringend, sich mit seinem Vater auszusöhnen.

Doch dazu kam es nicht mehr. Am letzten Tag des Jahres 1690 fiel Friedrich August bei einer Schlacht in Siebenbürgen – ein knappes Jahr nachdem sein erst 20 Jahre alter Bruder Karl Philipp auf dem Amselfeld nahe der serbischen Stadt Pristina von Säbelhieben durchbohrt worden war.

Der Tod der beiden Söhne stürzte die hannoversche Herzogin in tiefe Trauer und entfachte aufs Neue ihre Empörung über die Unnachgiebigkeit ihres Mannes in der Erbschaftsfrage. Und sie machte in Gesprächen mit ihrer Schwiegertochter kein Hehl aus ihrer Verbitterung. Sophie Dorothea sah sich auch von dieser Seite unter Druck, und ihre Zuneigung zu ihrem Schwiegervater geriet ins Wanken. Sie war hin- und hergerissen, wusste nicht mehr, an wen sie sich noch halten sollte im Leineschloss. Ihr Mann trat ihr seit der Zeit in Venedig nur noch mit Verachtung gegenüber und verbarg seinen Hass auch nach außen hin nicht. Er vernachlässigte seine Frau immer mehr. Wenn er nicht im Krieg, beim Hirschtreiben oder der Rebhuhnjagd war, ging er jetzt wieder zu den leichten Damen ins »Monplaisir«. Nur Mehmet, der türkische Page, den er einst aus dem Krieg mitgebracht hatte, leistete Sophie Dorothea noch Gesellschaft. Ehrerbietig fächelte der kleine Mann ihr an stickigen Sommertagen frische Luft zu.

Auch die Geburt des zweiten Kindes am 26. März 1687 trug nicht dazu bei, die Ehe zu kitten. Herzogin Sophie übernahm die Oberhoheit über die Versorgung des kleinen Mädchens, das auf den Namen seiner Mutter Sophie Dorothea getauft wurde. Sie bestellte Ammen, Gouvernanten und Erzieher und erörterte mit ihrer Oberhofmeisterin Anna Katharina von Harling alle Fragen einer standesgemäßen Kinderbetreuung – von der Wiegendecke mit Spitzen aus Brabant bis zu »artigem Spielzeug« aus Holland und Venedig. Sophie Dorothea musste froh sein, wenn sie ihren Kindern einen Gutenachtkuss geben durfte. Nicht einmal ihre eigenen Kinder erfüllten so ihr Leben mit Wärme und Zärtlichkeit.

An manchen Tagen war sie so verzweifelt, dass sie ihre Schwiegermutter bat, zu ihren Eltern nach Celle zurückkehren zu dürfen. Aber das war aus Sicht der Fürstin natürlich völlig undenkbar. Die Etikette musste gewahrt bleiben, das Ansehen des Hauses Hannover war höher zu bewerten als die Kapriolen des Herzens. Eine Ehe war schließlich kein Hort der Liebe und Treue – das wusste die Fürstin aus eigener Erfahrung.

Doch das Maß an Kränkungen war noch nicht voll. Eine neue Mätresse an der Seite ihres Mannes fügte Sophie Dorothea weitere Demütigungen zu. Wieder nahm die Affäre ihren Ausgang in »Monplaisir«, wieder hatte die Platen ihre Finger im Spiel. Nachdem ihre Schwester Maria den Erbprinzen nicht mehr sehen durfte, hatte sie Georg Ludwig mit einer anderen Dame von Stand bekannt gemacht: Ehrengard Melusine von der Schulenburg. Durch Vermittlung der Platen wurde die Tochter eines altmärkischen Adelsgeschlechts Hofdame bei Fürstin Sophie und kreuzte demzufolge ständig die Wege Georg Ludwigs. Und der Funke sprang über. Der Prinz verliebte sich in Melusine, die sieben Jahre jünger war als er.

Der Kontrast zu Sophie Dorothea hätte größer nicht sein können. War seine Gemahlin klein und rundlich, braunäugig und brünett, so war seine Geliebte blond und blauäugig, groß und dünn; deutlich größer als Georg Ludwig selbst, so dass seine Mutter, verärgert über die Komplikationen dieser Affäre, Melusine als malkin (Hopfenstange) bezeichnete – oder schlicht als Vogelscheuche. Auch vom Wesen her war Melusine das Gegenteil von Sophie Dorothea: nachgiebig und geduldig. Und diese Eigenschaften kamen Georg Ludwig sehr entgegen. So machte er sich bald gar nicht mehr die Mühe, seine Liebesaffäre geheim zu halten. Obwohl er kein guter Tänzer war, ließ er sich jetzt plötzlich bei Maskenbällen von der »Hopfenstange« zur Gavotte verleiten, während er seine Frau keines Blickes würdigte.

Sophie Dorothea litt unter der Zurücksetzung.

Unterdessen lenkten irritierende Nachrichten den Blick auf England. Mit ganz besonderem Interesse verfolgte Herzogin Sophie, was sich dort tat. Denn es waren ja ihre Verwandten, die als Hauptakteure in den englischen Machtkämpfen in Erscheinung traten. Der katholische König Jakob II. war ihr Cousin. Doch die Politik dieses Stuart-Königs fand ihren Beifall nicht. Denn Jakob II. war dabei, das Inselreich einer katholischen Restauration zu unterziehen und sich selbst zum Sonnenkönig zu machen – ganz nach dem Vorbild Ludwigs XIV., bei dem er auch sonst Rückhalt suchte. Diese Bestrebungen stießen auch beim englischen Parlament auf Widerstand. In seltener Eintracht baten daher sieben führende Politiker Englands, darunter auch königstreue Tories, den Statthalter der Niederlande, Wilhelm III. von Oranien, das Land von dem katholischen Potentaten zu befreien. Besonders pikant dabei war, dass der Oranier der Schwiegersohn Jakobs II. war. Doch dessen Gemahlin Maria Stuart wandte sich gegen den eigenen Vater und unterstützte ihren Mann. Ein Verhalten, das die hannoversche Herzogin als Mutter zutiefst missbilligte. Dennoch schmolzen ihre Sympathien für Jakob II. zusammen, zumal der sich immer mehr zum Sittenrichter über seine protestantische Cousine in Hannover erhob. In einem Brief an ihre Tochter Sophie Charlotte, Kurfürstin von Brandenburg, beklagte sich die Herzogin darüber:

»*Der König von England (Jakob II.) hat bei Tisch gesagt, mein Bruder und ich hätten keine Religion, und ein anderes Mal sagte er: ›Meine Nichte hat Geist, aber nicht allzu viel Religion.‹ Man kann diesem wackeren Fürsten nur wünschen, dass er nicht so eine lose Zunge hätte. Denn nun wird sie ihn wahrscheinlich um seinen Thron bringen …*«

Der Brief datiert vom 7. Oktober 1688. An diesem Tag war Wilhelm III. bereits unterwegs nach England. Am 5. November landete er mit siebzig Kriegsschiffen und einer Armee von 15 000 Mann an der britischen Küste. »Für die protestantische Religion, für ein freies Parlament«, war auf seiner Fahne zu lesen. Jakob II. floh nach Frankreich.

Nach dem Sturz des Katholiken entschied das englische Parlaments, dass nur noch protestantische Abkömmlinge des Hauses Stuart das Recht auf den englischen Thron haben sollten. Die Nachricht belebte einen Traum, über den Sophie bisher kaum zu sprechen gewagt hatte: den Traum von der englischen Krone. Zwar bestand noch kein Grund, sich konkrete Hoffnungen zu machen, doch so abwegig war der Gedanke an die Thronfolge im fernen England nun nicht mehr. Und diese Aussicht tröstete Sophie über manche Enttäuschung in Hannover hinweg und beflügelte sie, den Glanz des fürstlichen Hauses noch ein wenig heller erstrahlen zu lassen. Gleichzeitig mit der Erweiterung des Gartens in Herrenhausen baute sie auch das Leineschloss aus. Am 30. Januar 1689 eröffnete das Fürstenpaar auf dem Schlossgelände ein Opernhaus, das 1300 Besuchern Platz bot. »Der Ort, wo die Oper aufgeführt wird, könnte das ›goldene Haus‹ heißen«, schwärmte Maria Aurora von Königsmarck nach einem Hannover-Besuch. »Die Logen, in denen der Hof sitzt, sind mit goldglänzenden Skulpturen geschmückt und mit reichen Wandbekleidungen aus mit feuerrotem Sammet gestreiftem Goldstoff bedeckt. Das Theater ist von sehr edler Bauart, die Bühne weit, die Perspektive wunderschön.«

Sophie Dorothea, die bald auf den Bruder der begeisterten Opernbesucherin treffen sollte, fand auf diese Weise etwas mehr Zerstreuung in Hannover. Wie alle Gäste der Operneröffnung zeigte sich die Prinzessin begeistert von dem historischen Musikwerk »Enrico Leone«, das Hofkapellmeister Agostino Steffani zur Eröffnung komponiert hatte. Sophie Dorothea gefiel indessen weniger die Geschichte um Heinrich den Löwen als die ausgefeilte Bühnentechnik, die bei der Aufführung zum Einsatz kam.

Auch die Herrenhäuser Gärten wurden um eine Attraktion reicher. Fürstin Sophie ließ ein aus Hecken bestehendes Gartentheater errichten. Dazu wurden Tausende von jungen Hainbuchen und Lindenbäumen in den benachbarten Ämtern ausgegraben und von den Bauern nach Herrenhausen verfrachtet. Sophie Dorothea wusste es sehr zu schätzen, dass die Spaziergänge mit ihrer Schwiegermutter nun gelegentlich unterbrochen wurden durch den Besuch einer italienischen Komödie unter freiem Himmel. Hier in diesem Heckentheater fühlte sie sich zurückversetzt an den Hof ihrer Kindheit. Wenn sie dann mit ihrer Schwiegermutter in heiterer Stimmung zurückschlenderte, erschienen ihr auch die übrigen Attraktionen des Gartens in schönerem Licht: die Buchsbaumarabesken mit den verschiedenfarbigen Kiesflächen, die große Fontäne und die wasserspeienden Meergötter.

Aber leider waren solche Glücksmomente schnell verflogen, wenn sie auf ihr Zimmer zurückkehrte. Dann beschlich sie wieder dieses lähmende Gefühl der Wertlosigkeit – missachtet und gedemütigt von einem Mann, der sich ungeniert in aller Öffentlichkeit mit einer anderen Frau amüsierte.

Doch das sollte sich bald ändern. Denn nun trat ein Mann in ihr Leben, der ihr half, die Seitensprünge des Angetrauten mit Gleichmut zu betrachten.

Der erste Tanz

18. Februar 1690. Der Schnee, der in der Nacht gefallen war, verwandelte sich in Matsch und überzog die Wege der hannoverschen Altstadt mit einer Schlammschicht. Das Tauwasser mischte sich mit dem Kot der Schweine und Schafe, die durch die Gassen getrieben wurden. Gedämpft vollzog sich das Leben zwischen Aegidientor und Marktkirche, zwischen Leineschloss und Klickmühle. Ein grauer Himmel lastete über der Stadt. Tief und trübe. So wurde es schon früh dunkel.

Wenige Stunden später aber wurde es im Rathaus hell. Die Säle und Prunksalons strahlten im Kerzenschein von Kandelabern und Kronleuchtern, bengalisches Licht floss aus Schalen auf glänzenden Marmorsäulen, Gläser voll Champagner und Rotwein funkelten auf Silbertabletts, Geigen, Gamben, Krummhorn, Flöten und Schalmeien ließen den grauen Tag vergessen. Und der Duft parfümierten Wassers überlagerte den Qualm der Tabakspfeifen und die fauligen Ausdünstungen, die durch die Fenster hereinkrochen. Inmitten dieses festlichen Funkelns plauderte, prostete, trank und tanzte eine märchenhaft aufgeputzte Schar in bunten Kostümen: Harlekine, griechische Gottheiten, Bauern, Schäferinnen und Amazonen mit edelsteinbesetzten Roben aus raschelnder Seide.

Karneval in Hannover. Ernst August scheute keine Kosten, um zu demonstrieren, dass sich das Spiel der Verkleidung und des Rollentauschs nicht nur in Venedig, sondern auch an der Leine in Szene setzen ließ. Er selbst gefiel sich als »Hans Wurst« – in der derb-komischen Gestalt des universalen Schauspielers, der sich durch Komik, maßlose Gefräßigkeit und sexuelle Grenzenlosigkeit auszeichnete. Für den diesjährigen Straßenumzug hatte der Herzog angeordnet, dass sich sämtliche seiner männlichen Gäste als »Hanswürste« zu verkleiden und in vier »Banden« durch die Stadt zu ziehen hatten. Das hatte etwas Befreiendes, das auch die älteren Vertreter des Hochadels schätzten. Denn während der übrigen Zeit des Jahres beherrschte ja das minutiös festgelegte Protokoll das Leben der Fürstenhöfe.

Herzogin Sophie war in das Kostüm einer Zigeunerin geschlüpft, um mit ihrem Gemahl den Maskenball zu eröffnen – zu Ehren des Celler Herzogspaares, das zu einem Besuch in Hannover weilte. Um die neue Verbundenheit zu demonstrieren, hatte sie sich ihren früheren Verlobten zum »Partner der Nacht« gewählt. Gemeinhin wurden die Paare durch das Los bestimmt, die Herren zogen eckige, die Damen runde Holzplättchen, deren Farbe dann über die Paarung entschied. Aber natürlich konnte man ein wenig nachhelfen. Und Sophie war sich mit ihrem Mann einig, dass aller Welt vor Augen geführt werden musste, wie die Welfenfamilie jetzt zusammenstand.

Die Beziehung der herzoglichen Brüder war gut wie nie. Die Große Allianz gegen den Franzosenkönig Ludwig XIV. schweißte auch die Herzöge von Celle und Hannover zusammen. Gemeinsam mit den Soldaten des Kaisers, der Schweden und der Spanischen Niederlande boten die Truppen der Welfenherzöge in Flandern und der Pfalz dem Sonnenkönig Paroli. Wer wusste denn, wer als nächster von den Rollkommandos dieses Größenwahnsinnigen aus Versailles überfallen wurde? Da galt es zusammenzuhalten.

Hinter der Einladung stand aber auch das Bemühen, die desolate Ehe des Prinzenpaars zu retten. Doch sehr erfolgversprechend ließ sich der Abend in dieser Hinsicht nicht an. Sophie Dorothea richtete ihre Blicke nicht auf Georg Ludwig, sondern auf einen anderen Mann. Durch das Los war ihr ein Partner zugefallen, der sich wie ein Märchenprinz aus Tausendundeiner Nacht herausgeputzt hatte – mit Rosa- und Silberbrokat, Krummsäbel und Turban: Graf Philipp Christoph von Königsmarck. Der Soldat und Kavalier mit dem dunklen Oberlippenbart und den grau-grünen Augen war im Mai 1689 als Gardeoberst in den Dienst Ernst Augusts getreten. Man kannte sich.

Sophie Dorothea war dem ein Jahr älteren Grafen schon in Celle begegnet, wo er seinerzeit mit seiner Mutter zu Besuch gewesen war.

Im Februar 1688 hatten sie sich das erste Mal bei einem Ball in Hannover wiedergesehen. Philipp Christoph hatte sogar am Tisch des Prinzenpaares gesessen. »Erinnert sich Eure Herzogliche Durchlaucht noch an meinen Besuch in Celle?«, hatte er zu fragen gewagt. Die Röte war Sophie Dorothea in die Wangen geschossen, flüsternd hatte sie geantwortet: »O Gewiss, wie sollte ich das vergessen.«

Königsmarck hatte sich im Jahr zuvor von seiner Verlobten Charlotte Dorothea Rantzau, der Tochter des dänischen Statthalters in den Herzogtümern Schleswig und Holstein, getrennt und war offen für eine neue Eroberung.

Seine »Partnerin der Nacht« war ganz nach seinem Geschmack. Ähnlich wie beim Karneval in Venedig gefiel sich die Prinzessin in einem Florakostüm – in einer weißen mit Blümchen besetzten Robe, das Haar und das weit ausgeschnittene Dekolleté geschmückt mit gelben und roten Seidenrosen. Und sie sahen sich nicht nur in die Augen, sondern tanzten auch miteinander. Zum Beispiel Menuett.

In kleinen gemessenen Schritten bewegte sich das hübsche Paar übers Parkett und vollführte die verlangten Figuren mit einer Anmut, die unter den Gästen höchste Bewunderung hervorrief.

Sophie Dorothea kannte diesen vornehmen Tanz ja schon, bevor Ludwigs XIV. ihn hoffähig gemacht hatte. Ihre Mutter hatte ihr in Celle die Schritte beigebracht, als sie noch ein kleines Mädchen gewesen war. Denn der Tanz kam ja aus der Heimat von Eleonore d'Olbreuse, war einst ein Volkstanz im Poitou gewesen. So war die Herzogin von Celle jetzt ganz besonders entzückt, dass ihre Tochter hier in Hannover mit dem Menuett so hübsch zu glänzen verstand. Dass es nicht der Gatte war, mit dem sie tanzte, sah sie gelassen. Sie wusste ja um den prekären Zustand der Ehe. Da war es doch gut, dass Sophie Dorothea sich endlich einmal ein bisschen amüsierte. Augenzwinkernd nickte sie ihr zu.

Auch die Augen einer anderen Dame in fortgeschrittenem Alter ruhten auf dem jungen Paar: die von einer Lorgnette vergrößerten Augen der Gräfin Platen, die im goldglitzernden Gewand aus grüner Seide als Fruchtbarkeitsgöttin erschienen war.

Widerstrebende Gefühle bewegten die Mätresse des Herzogs. Einerseits ärgerte es sie, dass dieser Königsmarck sich Sophie Dorothea geangelt hatte, anstatt mit ihr, seiner Gönnerin, zu tanzen. Andererseits genoss sie es aber auch, den schönen Mann mit den kindlichen Gesichtszügen beim Tanz zu beobachten. Ach, mochte dieser Bruder Leichtfuß noch so ein Halunke sein, seine Erscheinung elektrisierte sie derart, dass ihr Seidenkleid knisterte. Doch der Anblick seiner Partnerin wühlte sie so auf, dass sie an diesem Abend kaum mehr einen anderen Gedanken fassen konnte, als Wege und Mittel zu ersinnen, um Königsmarck für sich zu gewinnen. Ganz allein für sich. Sie nahm sich fest vor, die nächste sich bietende Gelegenheit zu nutzen, um ihn einzuladen, einmal wieder auf ihr Schlösschen in Linden zu kommen. Natürlich nicht ihretwegen, wie üblich würde sie einen anderen Grund vorschieben. Der schöne Graf sollte ihre Tochter beglücken: die erst vierzehn Jahre alte Sophie Charlotte, deren Vater Herzog Ernst August war, das Kind der herzoglichen Seitensprünge. Es war kein Geheimnis, dass der Herzog Oberst Königsmarck dazu ausersehen hatte, seine uneheliche Tochter zum Traualtar zu führen. Und die Platen unterstützte ihn in diesem Bemühen. Jedenfalls nach außen hin. Schon einige Male hatte sie Philipp Christoph augenzwinkernd auf ihr Herzblut hingewiesen und dabei auch nicht versäumt, ihm andeutungsweise die Erbansprüche auszumalen, die sich mit der jungen Dame verbanden. Dass die kleine Sophie Charlotte vielleicht noch ein wenig jung für den Grafen war, war dabei das geringste Problem.

Die Gräfin nippte an ihrem Champagner, während sie sich in Gedanken schon mit dem schönen Tänzer im Bett räkelte. Aber erst einmal galt es, die Prinzessin zu übertrumpfen, diese alberne Schnepfe. Da bahnte sich etwas an. Das war für die erfahrene Liebhaberin unübersehbar.

Sophie Dorothea tanzte nicht, sie schwebte. Und das Lächeln des Tanzpartners bestärkte sie in dem Gefühl, dass ihre Empfindung nicht ganz einseitig war.

Wer war dieser Mann, dem die Herzen so vieler Frauen zuflogen?

Krieger und Kavalier:
Philipp Christoph Königsmarck

Philipp Christoph Königsmarck wurde am 14. März 1665 in Stade geboren, als Sohn Konrad Christoph Königsmarcks, des Vizegouverneurs der schwedischen Herzogtümer Bremen und Verden. Die Familie entstammte dem Uradel der Mark Brandenburg. Zu Reichtum und gesellschaftlichem Aufstieg war sie durch Philipp Christophs Großvater gelangt. Als ruhmreicher Heerführer im Sold der Schweden hatte es Hans Christoph Königsmarck (1600–1663) nämlich verstanden, enormen Gewinn aus dem Dreißigjährigen Krieg zu ziehen. Und die Reichtümer, die der alte Haudegen anhäufte, speisten sich nicht nur aus Beutezügen, Kriegsgewinnen und Lösegeldern, sondern auch aus den Belohnungen, mit denen die schwedische Königin Christine den Feldmarschall überhäufte. Die Königsmarcks, sie waren 1651 in den Grafenstand erhoben worden, erhielten Güter im gesamten Reichsgebiet der Krone überstellt – vom schwedischen Stammland bis hinein in die eroberten Provinzen, von Estland bis Stade. Ihr Einkommen entsprach dem der deutschen Fürstenhöfe. So war es nicht verwunderlich, dass Philipp Christophs Mutter dem Herzog von Celle 1665 die Patenschaft für ihren kleinen Sohn antrug. Wie sich zeigte, vergeblich.

Philipp, so sein Rufname, wuchs mit seinem älteren Bruder Karl Johann und seinen Schwestern Maria Aurora und Amalie Wilhelmine auf dem Schloss Agathenburg in der Nähe von Stade und auf einem Königsmarck-Anwesen in Eppendorf bei Hamburg auf. Trotz seiner schwedischen Staatsbürgerschaft sprach er Schwedisch nur schlecht. Seine Muttersprache war Deutsch.

Im Alter von acht Jahren verlor er seinen Vater. Der General fiel in der Nähe von Bonn in einer Schlacht gegen die Franzosen.

Fortan nahm seine Mutter ihn unter ihre Fittiche. Um schon frühzeitig eine gute Partie für ihre Söhne anzubahnen, bereiste Maria Christine mit ihnen etliche deutsche Fürstenhöfe. Unter anderem kam sie an den Hof des Herzogs von Celle. So lernte Philipp Sophie Dorothea schon als Kind kennen. Doch deren Eltern hatten an einer Vertiefung der Beziehung kein Interesse. Denn die Königsmarcks waren zwar reich, aber nicht fürstlich genug.

Die frühe Brautschau fand ein Ende, als Philipp im Alter von 15 Jahren mit seinem Bruder nach England geschickt wurde, um sich zum Krieger, Kavalier und Mann von Welt ausbilden zu lassen. Er schrieb sich unter anderem an der Universität Oxford ein und lernte Englisch und Latein. Und bereits im Alter von 15 Jahren wurde er zum Doktor der Medizin ernannt – eine Ehre, von der er allerdings keinen Gebrauch machte. Er interessierte sich mehr für das Kriegshandwerk. Doch erst einmal erhielt er in dem international renommierten Erziehungsinstitut von Monsieur Foubert in London gesellschaftlichen Schliff. Hier lernte er Reiten, Fechten, Tanzen und Französisch. Und außerhalb des Erziehungsinstituts ließ der junge Königsmarck die Puppen tanzen – legte sich einen Vorrat edler Parfüms und Puderdöschen an, kleidete sich bei den nobelsten Schneidern ein, besuchte Bälle und Soupers, versuchte sein Glück an Spieltischen und leistete sich eine wachsende Dienerschaft. Obwohl sein Jahresbudget gar nicht so knapp bemessen war, sah er sich bald gezwungen, Schulden zu machen. Empört teilte er seiner Mutter in Stade mit, dass es völlig unmöglich sei, mit 2500 Talern im Jahr in London ein auch nur annähernd standesgemäßes Leben zu führen; 1000 englische Pfund (umgerechnet 6666 Taler) seien das Mindeste. Doch schon damals drohten etliche Geldquellen des Hauses Königsmarck zu versiegen. Der junge schwedische König Karl XI. hatte nämlich damit begonnen, die Güter wieder einzukassieren, die seine Vorgängerin an Kriegshelden und andere Reichsgrößen verschenkt hatte. Die so genannte Domänenreduktion betraf auch die Anwesen der Königsmarcks.

Doch Philipp, der in einem luxuriös gepolsterten Nest aufgewachsen war, sah keine Veranlassung, sich den veränderten Bedingungen anzupassen. Die Ermahnungen seiner Mutter empfand er als Zumutung. Auch sein älterer Bruder Karl Johann unternahm nichts, um ihn auf den Pfad der Tugend und Bescheidenheit zu führen. Im Gegenteil. Der Bruder geriet unter den dringenden Verdacht, einen Mord angestiftet zu haben. Nur mit großer Mühe gelang es dem Glücksritter, sich dem Galgen zu entziehen.

Da ihm daraufhin in England der Boden zu heiß wurde, siedelte er mit Bruder Philipp nach Paris über, einer Weltstadt, deren Lustbarkeiten selbstverständlich ebenfalls ihren Preis hatten. So verschlechterte sich die Vermögenslage der Königsmarcks weiter. Philipp stritt erneut mit seiner Mutter um die Höhe seines »Taschengelds«, und vermutlich plante er schon damals, sich durch eine vorteilhafte Heirat neue Geldquellen zu erschließen. Tatsächlich verlobte er sich 1688 mit der Tochter des reichen Grafen Rantzau. Zuvor jedoch führte ihn seine Abenteuerlust aufs Schlachtfeld. Wie andere junge Edelleute seiner Zeit schloss sich auch Philipp 1684 den Truppen des Kaisers an, die in Ungarn und Griechenland gegen die Türken kämpften. Anfangs begleitete er »Türkenlouis«, diente Prinz Ludwig Wilhelm von Baden als Adjutant.

Und der junge Graf legte sich mächtig ins Zeug, stand seinen Mann zwischen schnaubenden Rössern und blutigen Speeren, kämpfte in mannshohem Gebüsch mit gezücktem Degen in der Hand. Und nachdem er sich bewährt hatte, durfte er bald ein kaiserliches Kürassierregiment kommandieren. Unter dem Oberbefehl des schwedischen Feldmarschalls Nils Bielke nahm er in dieser Funktion auch an der Eroberung von Ofen und der Schlacht bei Mohács teil. Dabei blieb er zwar unverletzt, infizierte sich aber mit einer Form der Malaria.

Als im Jahre 1688 das Regiment Bielkes aufgelöst wurde, kehrte er in seine norddeutsche Heimat zurück. Und nachdem er sich in Hannover als Kriegsheld mit Kavaliersqualitäten eingeführt hatte, unterbreitete ihm Herzog Ernst August das Angebot, in seine Dienste einzutreten. Philipp war sofort einverstanden.

Im Mai 1689 war es so weit. Ernst August übertrug dem 24-jährigen Königsmarck das Kommando über seine beiden Kompanien der Schlossgarde, aus denen später das Garderegiment zu Fuß hervorgehen sollte. Als Oberst nahm Königsmarck mit dieser Elitetruppe noch im gleichen Jahr am Feldzug gegen die Franzosen am Mittelrhein teil. Beim Sturm auf Mainz wurde er am 6. September am Oberschenkel verwundet, kurze Zeit später stand er aber schon wieder an der Front, diesmal in Flandern.

Im November 1689 verließ Philipp Christoph mit seiner Truppe das Feldlager, kehrte nach Hannover zurück und ließ sich in der Calenberger Neustadt nieder. Und schon bald zog er in die Altstadt und mietete hier ein Fachwerkhaus mit drei Stockwerken in der Osterstraße. Im Erdgeschoss befanden sich sechs, im ersten Stock acht Zimmer. Er beschäftigte 29 Bedienstete und hielt auf seinen Gütern insgesamt 52 Pferde und Maultiere.

Gemessen an diesem Tross von Domestiken, den Ställen voller Pferde, dem Haus voll kostbarer Möbel, Wandbehänge, Gemälde und Silberbestecke nahm sich sein Soldatengehalt bescheiden aus. Doch der Oberst kam schließlich aus reichem Hause, und nach dem Tod seines Bruders und der Erlangung seiner Volljährigkeit wurde Philipp zum Familienoberhaupt – seine Mutter starb 1691. Trotz der Domänenreduktion bezog er immerhin noch 6850 Taler allein aus seinen schwedischen Gütern, und die Einnahmen aus anderen Besitzungen kamen noch hinzu. Doch das Geld reichte nicht. Zum einen hatte er jährlich 4600 Taler an seine Schwestern und andere Familienangehörige abzuführen, zum andern waren manche Güter hoch verschuldet. Zudem zeigte sich der schwedische König weiterhin bestrebt, Güter in den Besitz der Krone zurückzuführen, sodass er befürchten musste, seine Ländereien im Amt Wollin und in Estland genauso zu verlieren wie zuvor seine Güter in Bederkesa oder im schwedischen Westerwik.

Doch der junge Grandseigneur blieb gelassen. Obwohl er bei dem Hofjuden Lefman Berens bereits tief in der Kreide stand, spielte er weiterhin mit hohen Einsätzen. Und er verlor Tausende von Talern in einer einzigen lustigen Lagernacht. Nein, er war einfach nicht bereit, sich den Kopf über Geld zu zerbrechen. Das Knausern überließ er anderen.

Die Briefe

Spätestens mit jenem Maskenball des Jahres 1690 trat eine Frau in sein Leben, die ebenfalls ihr Glück außerhalb der vorgegebenen Bahnen suchte. Seit jenem Menuett versuchte er alles, der Prinzessin nahe zu sein. Bei fast allen Festen sah man die beiden in diesem Frühjahr zusammen. Das blieb nicht unbemerkt. Und wieder war es Fürstin Sophie, die sich genötigt sah, ihre Schwiegertochter auf die Unschicklichkeit ihres Tuns hinzuweisen.

So trafen sich die Verliebten heimlich, und sie schrieben einander Briefe. Als Mittlerin fungierte dabei Eleonore von dem Knesebeck, Sophie Dorotheas Hofdame. Die »Confidente«, die Verbündete, wie sie in den Briefen genannt wird, brachte Sophie Dorotheas Briefe an Königsmarck auf den Weg und nahm die Königsmarck-Briefe in Empfang, die aus Sicherheitsgründen nicht an die Prinzessin, sondern an sie adressiert waren.

Auch für den Fall, dass die Briefe abgefangen und in die Hände von Außenstehenden geraten sollten, sorgten die Verliebten vor. Unter anderem dachten sie sich Decknamen aus. Sophie Dorothea nannte sich Hermione, Silvie oder Coeur gauche (frei übersetzt Herzdame), Königsmarck war Chaevalier (Kavalier) oder Tircis, seine Geliebte sprach er als »Prinzess« oder einfach »Pr.« an.

Viele Decknamen ließen durchblicken, was die Briefeschreiber von den Betreffenden hielten. Sophie Dorotheas Gemahl Georg Ludwig war »Incommode« (Störenfried) oder »Reformeur«, die Platen wurde mal als »Perspective« (Fernrohr), mal als »la Grosse« (dicke Berta) bezeichnet. Spöttisch nannten die Liebenden Fürst Ernst August »Don Diego«, Feldmarschall Podewils »Bonhomme« (Biedermann). Die Herzogin von Celle, die den beiden bisweilen unerwünschte Ratschläge erteilte, wurde zur »Pédagogue« (Erzieherin).

Später machten sich Sophie Dorothea und Philipp Christoph auch noch die Mühe, Namen oder Orte mit Hilfe von Ziffern zu verschlüsseln – allerdings leicht durchschaubar. Beginnt die dreistellige Chiffre mit einer »1« handelt es sich um einen Mann, beginnt sie mit einer »2« ist eine Frau gemeint. Die Zahl »100« ist Herzog Ernst August vorbehalten, »200« Herzogin Sophie. Hinter der Ziffer »120« verbirgt sich Königsmarck, hinter der Zahl »201« Sophie Dorothea.

Der erste erhaltene Brief datiert vom 1. Juli 1690 und entstammt der Feder Königsmarcks, der in dieser Zeit wieder als Oberst im Dienste des hannoverschen Herzogs mit seinem Regiment gegen die Franzosen nach Flandern ausgerückt war.

Allerlei Heimlichkeiten

Aus der Ferne war Kanonendonner zu hören. Die Kämpfe auf dem Feld von Fleurus in Brabant hatten begonnen. Fürst von Waldeck, Befehlshaber der Alliierten, hatte in den frühen Morgenstunden des 1. Juli 1690 seine Truppen auf den Höhen am Ligny-Bach zusammengezogen. Die Franzosen erwiderten das Feuer. Den Celler Soldaten, die gemeinsam mit den Holländern Aufstellung genommen hatten, sausten die Geschosse bereits um die Ohren.

Im Feldlager Königsmarcks war es noch ruhig. Nur das dumpfe Grollen aus der Ferne ließ ahnen, dass etwa zwei Tagesmärsche entfernt eine Schlacht tobte. Unter den Soldaten des neunten hannoverschen Infanterieregiments im Feldlager von Ath im niederländischen Hennegau herrschte gespannte Stille.

Müdigkeit machte sich breit. Der Soldat, der vor dem Zelt Königsmarcks Wache hielt, gähnte.

»Ich möchte keinesfalls gestört werden, habt ihr mich verstanden?«, hatte der Oberst befohlen. Niemand sollte zu ihm vorgelassen werden. Er sei mit dringenden Angelegenheiten beschäftigt.

Der Wachposten hörte, wie sein Vorgesetzter mit der Feder übers Papier kratzte und Wörter buchstabierte. Der Oberst schrieb einen Brief. Und es fiel ihm wie üblich schwer. Selbstverständlich war der Brief in Französisch abzufassen, alles andere wäre vulgär gewesen. Da Königsmarck Französisch nie als Schriftsprache, sondern nur über das Ohr gelernt hatte, machte ihm das Schreiben Probleme. So schrieb er immer erst eine Fassung, die er von einem verschwiegenen Gewährsmann korrigieren ließ, um dann noch einmal alles fein säuberlich abzuschreiben.

Es war warm im Zelt, Schweißperlen traten ihm auf die Stirn. Zum Glück war er endlich zum Ende gekommen. Aber würde seine »Brünette« auch verstehen, was er ihr sagen wollte? Seufzend nahm er das Blatt Papier in die Hand und überflog den Brief noch einmal:

»Ath, 1. Juli 1690

Madame! Es steht mir gegenwärtig zum Äußersten, und ich weiß kein anderes Mittel mich zu retten, als ein Wort von Ihrer unvergleichlichen Hand. Wenn ich so glücklich wäre, eines zu erhalten, wäre ich wenigstens ein wenig getröstet. Ich hoffe, Sie sind barmherzig genug, mir diese Gunst nicht zu verweigern. Und da Sie es sind, die meine Leiden verursacht, ist es nur gerecht, dass Sie sie auch lindern. Es liegt also nur bei Ihnen, mich in dem Kummer zu trösten, den die verwünschte Trennung mir bereitet. Ich werde daran auch sehen, ob ich auf das bauen kann, was Sie mir einige Male in Güte gesagt haben. Wenn ich nicht an eine Person schriebe, für die ich ebensoviel Achtung wie Liebe empfände, würde ich Worte finden, die meine Leidenschaft besser ausdrückten. Aber ich unterdrücke sie aus Furcht, Sie könnten sie mir übel nehmen, und bitte Sie nur, mich ein wenig in Ihrer Erinnerung zu bewahren und versichert zu sein, dass ich bin   *Ihr untertäniger Sklave.«*

Der Brief gefiel ihm nicht. Gern hätte er Sophie Dorothea geschrieben, welche Bilder und Gefühle ihm durch den Kopf gingen, wenn er an sie dachte. Aber er war sich nicht sicher, wie sie dies aufnehmen würde. Ach, es gab vieles, dessen er sich nicht sicher war. Es ärgerte ihn, dass Sophie Dorothea ihm zuletzt in der Öffentlichkeit so oft die kalte Schulter gezeigt hatte. Wenn sie in der Oper neben ihrem Gatten in der herzoglichen Loge saß, tat sie, als würde sie ihn nicht kennen. Mochte sie ihm auch erklären, unter welchem Druck sie stand und wie sie selbst litt. Es schmerzte ihn, und er schrieb ihr fast jeden Tag, welche Qualen ihm diese zur Schau gestellte Zurückweisung bereitete.

Da er mit seinem Regiment in diesem Sommer nicht mehr zum Einsatz kam, nutzte er die Zeit zum Schreiben. »Süße Dicke«, nannte er sie, »Meine Schöne.«

Auch im Herbst fanden die Schlachten der Verbündeten gegen die Franzosen ohne Ernst Augusts Soldaten statt. Die Unsicherheit im Heer war groß: Irgendetwas musste im Welfenland geschehen sein, dass den hannoverschen Truppen unsichtbare Zügel anlegte. Keine Frage: Im Leineschloss wehte ein neuer Wind. Das war selbst für Königsmarck im fernen Flandern spürbar.

Eine irritierende Zeit der Heimlichkeit war angebrochen – nicht nur auf dem Feld der Liebe, sondern auch auf dem Feld der Politik.

Ungeheuerliches bahnte sich an: Während Philipp und seine Leute die Franzosen noch als Feinde betrachteten, die es vernichtend zu schlagen galt, plante sein oberster Dienstherr bereits, ein Geschäft mit ihnen zu machen, ein äußerst lukratives Geschäft. Herzog Ernst August war dabei, heimlich aus der Allianz des Kaisers auszuscheren, um mit dem Sonnenkönig ins Gespräch zu kommen. Der Welfenfürst signalisierte dem König in Versailles, dass er bereit sei, einen Neutralitätsvertrag mit ihm zu schließen, verlangte dafür aber einen hohen Preis. Zwischen dem französischen Gesandten Benoit Bidal Baron d'Asfeld und dem hannoverschen Unterhändler Abt Luigi Ballati begannen im Mai 1690 in Hamburg die Geheimverhandlungen. Am Ende ließ sich der Herzog seinen Bündnisbruch und Frontenwechsel mit 500 000 Talern honorieren. Zehntausend Taler davon fielen dem Ehepaar Platen zu, das durch diskrete Vermittlerdienste entscheidenden Anteil am Zustandekommen des Geschäfts hatte.

500 000 Taler waren der Preis dafür, dass Ernst August seine Truppen zurückzog. Weitergehende Wünsche Frankreichs konnte er vorerst nicht erfüllen. Ludwig XIV. wollte Hannover mit Schweden zu einer »dritten Partei« zusammenführen, die die französischen Truppen auch aktiv unterstützte. Der Plan, scheiterte am Widerstand Schwedens, doch Ernst August arbeitete beharrlich weiter daran – darauf bauend, dass ihm eine engere

Kooperation mit den Franzosen noch mehr Taler bescheren werde.

Mit seinem Alleingang stellte sich Ernst August nicht nur gegen den Kaiser, sondern auch gegen seinen eigenen Bruder in Celle. Bisher hatte er alles getan, um sich beide gewogen zu halten. Denn Ernst August verfolgte ein Staatsziel, das fast alles andere in den Schatten stellte: die Erlangung der Kurwürde, die Aufnahme im höchsten fürstlichen Stand im Heiligen Römischen Reich Deutscher Nation. Die Mitgliedschaft in diesem Club der erlauchtesten Herrscher Europas galt als Ehre und erhöhte die Stellung im Spiel der Mächtigen. Schließlich oblag es dem Kurfürstenkollegium nicht nur, den König zu wählen, sondern auch zu beraten und zu kontrollieren. Nach den Bestimmungen der Goldenen Bulle hatten die Kurfürsten jedes Jahr vier Wochen nach Ostern zusammenzukommen, um mit dem Kaiser über den Frieden und das Landeswohl zu debattieren. Von den Gerichtsprivilegien einmal ganz abgesehen. Danach konnte weder ein Kurfürst noch seine Untertanen vor ein auswärtiges Gericht zitiert werden. Die Kurwürde garantierte den Fürsten also rechtliche Souveränität. Und sie verschaffte ihnen mit den Berg-, Zoll-, Münz- und Judenschutzregalien auch wirtschaftliche Vorteile.

Entscheidendes Gewicht bei der Verleihung der Kurwürde fiel dem Kaiser zu. Deshalb hatte Ernst August ihn auch in den Türkenkriegen nach Kräften unterstützt – sogar unter Verzicht auf die dafür fälligen Subsidien, also Ausgleichszahlungen. Doch Ernst August sah sich getäuscht. Obwohl er Leopold I. mit Soldaten gegen die Türken und Franzosen zur Seite stand, obwohl der Kaiser ihm seine Unterstützung zugesichert hatte, war er seinem Ziel in der Kurfrage nicht näher gekommen. Ernst August gewann immer mehr den Eindruck, dass Leopold ihn hinhielt. Dabei wäre er notfalls sogar zum Katholizismus übergetreten, wenn der papsttreue Kaiser sich an seiner protestantischen Konfession gestört hätte.

Verärgert war er auch über seinen eigenen Bruder. Zuerst hatte Georg Wilhelm feierlich erklärt, dass er ihn beim Kampf um die Kurwürde vorbehaltlos unterstützte. Jetzt machte der Heideherzog plötzlich eigene Ansprüche geltend – und verlangte viel Geld für einen denkbaren Verzicht. Ernst August sah daher keine Veranlassung mehr, mit seinem Bruder auf dem Schlachtfeld in einer Linie zu marschieren. Während des Jahres 1690 ließ er seine Truppen zwar noch bis zum Spätherbst in Flandern stehen, um den Schein zu wahren. Aber er sorgte dafür, dass sie nicht mehr aktiv am Kriegsgeschehen teilnahmen.

Wer jedoch meinte, der Herzog habe sich mit seinem heimlichen Kurswechsel endgültig von der Kurwürde verabschiedet, hatte den alten Fuchs unterschätzt. Zum einen sicherte sich der gewiefte Diplomat in dem Neutralitätspakt mit Ludwig XIV. ausdrücklich die Schützenhilfe Frankreichs im Kampf um den Kurhut, zum anderen nutzte er das Bündnis mit dem Sonnenkönig, um mit dem Kaiser neu ins Geschäft zu kommen. Und nach seiner Liaison mit Ludwig war er ja in einer sehr viel besseren Verhandlungsposition als zuvor. Es stand ihm schließlich frei, Frankreich wieder den Rücken zu kehren und zu den alten Verbündeten zurückzukehren. Und genau diesen Weg beschritt Ernst August, selbstverständlich mit der festen Zusage, nun wirklich ganz schnell in den Club der Erlauchten aufgenommen zu werden.

Aber er hatte nicht nur mit außenpolitischen Hürden zu kämpfen. Auf dem Weg zur Kurwürde waren auch familiäre Barrieren beiseite zu räumen. Eine entscheidende Bedingung der Goldenen Bulle hatte er mit seiner Erstgeburtsordnung erfüllt: alles für den Ältesten. Doch die jüngeren Brüder Georg Ludwigs waren nach wie vor nicht bereit, sich damit abzufinden. Mit dem Tod Friedrich Augusts, des Zweitältesten, waren die Erbschaftsquerelen nicht ausgestanden. Jetzt mühte sich Prinz Maximilian, genannt Maxel, die aus seiner Sicht so ungerechte Erbschaftsreglung zu torpedieren. Und Maxel focht nicht mit offenem Visier, sondern hinter den Kulissen. Mit Hilfe des Oberjägermeisters Otto Friedrich von Moltke und anderer Verbündeter nahm er sogar Verbindung zum Ausland auf, um in der kritischen Phase des Erbfalls Unterstützung zu haben. So sponn er Fäden nach Dänemark, zum Kaiser in Wien und zu Herzog Anton Ulrich in Wolfenbüttel.

Seine Mutter war teilweise einbezogen in seine Pläne. Sophie nahm es ihrem Mann immer noch übel, dass er Gustchen in den Tod getrieben hatte.

Mit der gebotenen Diskretion streckte Sophie zudem weiter ihre Fühler nach England aus. Gleich nachdem Wilhelm III. seinen Schwiegervater vom englischen Thron verdrängt hatte, trat sie in Briefkontakt zu dem Oranier. Die Briefe sind überliefert. In einem Brief aus dem Jahre 1689 schreibt die Fürstin an den protestantischen Verwandten:

>»Sire. Nachdem ich mich immer als eine ergebene Dienerin von Ew. Majestät bekannt habe, glaube ich, dass Sie nicht daran zweifeln werden, dass ich an allem Anteil nehme, was zu Ihrer Erhöhung und Ihrem Ruhm beiträgt. Ich empfinde durchaus Mitleid für König Jakob (der von Wilhelm gestürzte Vorgänger auf dem englischen Thron), der mich immer mit seiner Freundschaft beehrte. Ich würde fürchten, dass Ew. Majestät eine üble Meinung von meiner Aufrichtigkeit hätten, wenn ich Ihnen dieses Gefühl verbergen würde. Da es aber Gott gefallen hat, Ew. Majestät zum Beschützer unserer Religion (des Protestantismus) zu machen, so hoffe ich, dass er Sie auch in den Stand setzen wird, uns armen Sterblichen beizustehen.«*

Denn immer hatte Sophie die englische Thronfolge im Blick. Mit der Bill of Rights vom 13. Februar 1689 nämlich waren die katholischen Stuarts von der Erlangung der Königswürde ausgeschlossen worden. Als mögliche Thronfolger kamen zwar zuerst die Nachkommen Wilhelms III. und seiner Frau Maria infrage.

Doch die Ehe war bisher kinderlos geblieben. Und dadurch stiegen die Chancen der protestantischen Stuart-Nachfahrin und ihrer Kinder in Hannover. So versuchte Sophie alles, um sich die Verwandtschaft in London gewogen zu halten, während sie gleichzeitig bestrebt sein musste, in Hannover den Hausfrieden zu wahren. Es war also einiges in Bewegung, und nur wenig davon durfte an die Öffentlichkeit dringen.

Sophie Dorothea und Philipp Christoph Königsmarck aber hatten kein Interesse an diesen machtpolitischen Winkelzügen. Sie verfolgten andere Ziele.

Nächtliches Rendezvous

Ein Apriltag des Jahres 1691. Die Uhr der Marktkirche schlug gerade zur zweiten Stunde nach Mittag, da passierte ein Mann mit Dreispitz und Degen in geheimer Mission die Wachen des Schlosstores. Es war der Kammerbursche Philipp Christoph Königsmarcks. In seiner Manteltasche steckte ein Brief, verschlossen mit rotem Siegellack. Als Eleonore von dem Knesebeck den Boten entdeckte, eilte sie ihm sofort entgegen.

Wenig später hielt Sophie Dorothea den Brief in Händen. Um ihn unbeobachtet zu lesen, zog sie sich in ihr Schlafgemach zurück. Wie üblich war der Text chiffriert, sodass ihr die Lektüre einige Mühe machte.

»Madame,
Ich hoffe, dass Sie mir die Erlaubnis geben werden, heute Abend zu Ihnen zu kommen. Wenn Sie darauf nicht eingehen wollen, erwarte ich Sie bei mir. Lassen Sie mich wissen, was Ihnen lieber ist. Wenn Sie sich zum zweiten entschließen, so versichere ich Ihnen, dass Sie von meinen Leuten niemand mehr wach finden. Treten Sie unbesorgt ein. Sie brauchen nichts zu fürchten. Ich sterbe vor Ungeduld, Sie zu sehen. Geben Sie mir bald Antwort, damit ich weiß, woran ich bin.
Adieu, mein liebes Herz.«

Sophie Dorothea antwortete sofort.

»Kommen Sie um Mitternacht zum gewohnten Ort.
Die Confidente erwartet Sie. Sowie Sie die übliche Melodie pfeifen, wird sie Ihnen öffnen. Ich trage dafür Sorge, dass Sie dort nie-

mandem begegnen. Auch der Réformeur (Georg Ludwig) wird um diese Zeit nicht zugegen sein.

Ich bin geboren, Sie zu lieben und Ihnen auf ewig zu gehören. Ihre Pr.«

Bis zur nächtlichen Verabredung absolvierte Sophie Dorothea ihr gewohntes Tagesprogramm: die Teestunde mit der Herzogin und den Hofdamen, die Abendtafel mit der endlosen Abfolge von Gerichten und Getränken, die galanten Scherze ihres Schwiegervaters, die schläfrige Runde am Spieltisch. Zwischendurch drängte sich der kleine Georg August zu ihr. Doch Sophie Dorothea fehlte es an der inneren Ruhe, sich länger mit ihrem Sohn zu beschäftigen. Obwohl sie sonst die seltenen Momente des Beisammenseins mit den Kindern herbeisehnte, widmete sie auch ihrer kleinen Tochter nicht viel Zeit an diesem Abend.

Je näher die Mitternacht heranrückte, desto unruhiger wurde sie. Endlich war es soweit. Sie warf sich ihr rotes Seidentuch über, verließ mit einer Kerze ihr Schlafgemach, passierte den dunklen Korridor und huschte durch den großen Rittersaal. Durch die Fenster schien der Mond, sodass sich in dem fahlen Licht die Ritterrüstungen abzeichneten. Wieder wurde ihr unheimlich zumute, wieder konnte sie sich nicht von dem Gedanken freimachen, dass die Geister der toten Ritter in den Panzern steckten und ihr frevelhaftes Tun mit ihren Gespensteraugen verfolgten. Sie war froh, als sie den Rittersaal durchquert und den benachbarten Schlossflügel erreicht hatte. Jetzt war es nicht mehr weit bis zu ihrem Raum der Liebe, ein luxuriös ausgestattetes Gästezimmer am Ende des Ganges.

Unterdessen steuerte auch ihr Geliebter das Zimmer an. Wie üblich pfiff er unterm Torbogen die bekannte Operettenmelodie aus »Folies d'Espagne«, für die Knesebeck das Signal, dem Kavalier entgegenzueilen. Er kannte den Weg, dennoch forderte ihn die Confidente auf, ihm leise zu folgen. Er hatte den ganzen Tag über starke Kopfschmerzen gehabt, die letzten Begleiterscheinungen eines fiebrigen Malariaanfalles. Doch jetzt spürte er keine Schmerzen mehr, jetzt fieberte er nur noch dem Moment entgegen, die Geliebte in die Arme zu schließen.

Und schon saß sie ihm gegenüber, vollbekleidet, aber mit aufgelöstem Haar. Sie lächelte ihm zu, blickte darauf aber gleich verschämt zu Boden. Doch Königsmarck riss sich den Degen aus der Leibbinde, kniete vor ihr nieder und schloss sie so fest in die Arme, dass ihr Korsett knackte.

»Meine Schöne. Endlich.«

»Mein Liebster. Wenn du wüsstest, was ich in den letzten Stunden durchgemacht habe, würdest du mich für wahnsinnig erklären.«

»Wahnsinnig? Das bin ich auch. Wahnsinnig vor Liebe.«

Und dann fielen sie einander in die Arme. Die Fenster waren geschlossen, die Mauern dick, niemand, so meinte Sophie Dorothea, hörte sie in diesem abgelegenen Schlosstrakt.

Erst als die Vögel den Morgen begrüßten, erhoben sie sich von ihrem Liebeslager. Und so leise und heimlich, wie sie aufeinander zugegangen waren, gingen sie wieder auseinander. Das Schloss schlief noch. So mussten sie keine unliebsamen Begegnungen fürchten und konnten auf die Dienste der Confidente verzichten.

Als Philipp schließlich sein Haus in der Osterstraße erreicht hatte, war er viel zu aufgewühlt, um zu schlafen. Er setzte sich an seinen Sekretär und mühte sich, seine Gefühle zum Ausdruck zu bringen:

»Welche Freude, welche Wonne, welches Entzücken habe ich in Ihren Armen genossen! Großer Gott, was für eine Nacht habe ich mit Ihnen verbracht.«

Sophie Dorothea antwortete:

»Ich fühle eine Leidenschaft, die die ganze Wonne und das ganze Unglück meines Lebens ist. Ich übertreibe nicht, wenn ich sage, dass es die einzige ist, die ich je gefühlt habe, und sie wird erst mit meinem Tode enden …«

In einem anderen Brief gestand sie Königsmarck:

»Ohne Sie wäre mir das Leben unerträglich, und vier nackte Wände würden mich glücklicher machen als ein Leben in der Welt.«

Im Überschwang ihrer Leidenschaft wurden die beiden unvorsichtig. Bald wagten sie es auch, sich in den Gemächern der Prinzessin zu treffen. Doch die Abwesenheit Georg Ludwigs war nicht so genau kalkulierbar, wie Sophie Dorothea meinte. An einem Abend Ende Mai brachte die überraschende Heimkehr des Erbprinzen die beiden in größte Verlegenheit. Zufällig hatte Eleonore gesehen, wie die Kutsche Georg Ludwigs auf den Schlosshof gefahren war, und sofort war sie zum Schlafgemach ihrer Herrin gestürmt, um die Liebenden zu warnen. Doch niemand reagierte auf ihr Rufen und Klopfen. So blieb ihr nur, die Tür einen Spalt weit zu öffnen. »Schnell, Ihr müsst verschwinden, sofort«, rief sie in das dunkle Schlafgemach. »Der Prinz ist zurück.«

Königsmarck, der gerade erst eingetroffen war, fluchte über den Heimkehrer, den sie in ihren Briefen »Störenfried« nannten. Um eine Begegnung zu vermeiden, begleitete er die Knesebeck zunächst auf ihr Zimmer. Erst als sich Georg Ludwig in seine Gemächer zurückgezogen hatte, konnte er das Schloss wieder gefahrlos verlassen.

Die Heimlichkeiten blieben auf Dauer nicht unbemerkt. Bald drangen die Gerüchte auch an die Ohren der Platen, die ihre Zuträger überall im Schloss hatte. Ihre Wut war grenzenlos.

Königsmarck hätte blind sein müssen, um die Warnsignale zu übersehen. Immer deutlicher, immer unverblümter äußerte die Mätresse des Herzogs ihren Ärger über die Affäre. Bei all seiner Verliebtheit erkannte Königsmarck die Gefahr, in der er schwebte. Er weihte Sophie Dorothea in seine Vorahnungen ein: »Der Schmetterling, der sich an der Kerze verbrennt: Das wird mein Los sein«, schrieb er. »Ich kann meinem Schicksal nicht entgehen.«

Auch in einem anderen Brief malte er der Geliebten seine Zukunft in den dunkelsten Farben aus:

»Ach, ich liebe meine eigene Zerstörung und nähre in meiner Brust ein Feuer, das mich bald verzehren wird. Ich weiß, dass ich zugrunde gehen werde – denn ich habe zu lieben gewagt, wo ich nur hätte verehren dürfen.«

Und dann zitierte er Verse aus einem Gedicht von Benjamin Neukirch (1665–1729):

»Und also lieb ich mein Verderben
Und hege ein Feuer in meiner Brust,
Daran ich doch zuletzt muss sterben.
Mein Untergang ist mir gar wohl bewusst.«

Ende einer Verschwörung

Philipp Christoph und Sophie Dorothea waren nicht die einzigen am Hof, die in der Gefahr schwebten, entdeckt zu werden. Auch Prinz Maximilian hatte Grund, vorsichtig zu sein. Denn von der so genannten Prinzenverschwörung wusste mittlerweile ein so großer Personenkreis, dass auch der Herzog Wind davon bekam.

Spätestens im November 1691 wurde Ernst August klar, welche Ausmaße die Umtriebe seines Sohnes angenommen hatten. Jetzt musste er nur noch den richtigen Augenblick für die Zerschlagung des Komplotts finden. Und Ernst August wollte bei der Gelegenheit auch seinem schriftstellernden »Vetter Tönis« in Wolfenbüttel einen Denkzettel erteilen. Die Stunde war gekommen, als Anton Ulrich seinen Sekretär Heinrich Wilhelm Blume nach Hannover geschickt hatte – offiziell, um nach einem Karnevalsquartier Ausschau zu halten, insgeheim sollte er aber auch Gespräche mit den Verschwörern führen. Fast zeitgleich ließ Ernst August daher am Abend des 15. Dezember 1691 Blume und alle Hauptbeteiligten der Verschwörung in Hannover verhaften: seinen Sohn Maximilian, Oberjägermeister Otto Friedrich von Moltke sowie dessen Vetter, Oberstleutnant Joachim von Moltke.

Der Oberjägermeister war gerade bei einer Abendgesellschaft auf dem Leineschloss. Er stand am Spieltisch, als Generalmajor Johann von dem Bussche plötzlich auf ihn zutrat und ihn in militärisch knappem Ton aufforderte, seinen Degen zu übergeben. Otto Friedrich von Moltke war so überrascht, dass er alles tat, was von ihm verlangt wurde. Widerstandslos ließ er sich abführen.

Zunächst wurden alle Festgenommenen auf dem Schloss in Gewahrsam genommen – auch Prinz Maximilian. Dann ließ der Herzog die beiden Moltkes sowie den Wolfenbütteler Sekretär Blume in die öffentlichen Gefängnisse verlegen, die sich neben den Pulvermagazinen in den Türmen über dem Clevertor und dem Calenberger Tor befanden. Blume berichtete später, es habe dort so abscheulich nach Schwefel und Salpeter gestunken, dass er »von dem üblen Geruch fast krepiert wäre«.

Scharfe Verhöre folgten. Unter Androhung von Folter gestanden die Beschuldigten schließlich, dass sie Fäden zu auswärtigen Mächten gesponnen hatten, um die Erstgeburtsordnung auszuhebeln.

Als erster brach Maxel zusammen. Im Gegensatz zu seinem älteren Bruder Friedrich August bewies er nur wenig Standfestigkeit. Nach anfänglichem Leugnen gestand er bereits Neujahr 1692 seine Schuld ein, bat um Vergebung und gelobte Gehorsam und Treue. Daraufhin ließ ihn sein Vater in die Festung nach Hameln bringen. Da Maximilian sich in jeder Hinsicht reumütig zeigte, wurden seine Haftbedingungen bald erheblich gemildert. Bereits im Februar erhielt er die Erlaubnis, mit seiner Mutter Briefe zu wechseln.

Auch Sophie war für ihre Beteiligung an der Verschwörung gemaßregelt worden, allerdings nicht öffentlich. Ernst August ließ seine Gemahlin lediglich unter Zimmerarrest stellen. Die Herzogin zeigte sich bestürzt, nahm Maxel in Schutz und mühte sich, alle Schuld auf seine Verbündeten abzuwälzen. »Der Oberjägermeister von Moltke hat es ihm in den Kopf gesetzt«, schrieb sie ihrem alten Vertrauten Albrecht Philipp von dem Bussche. Sie habe zwar mitbekommen, dass Brandenburg, Dänemark und andere Staaten sich mit ihrem Sohn verbündet hätten, jedoch nie geglaubt, dass das Ganze auf einen Staatsstreich hinauslaufe. »Das einzige, was ich mir vorwerfen kann, ist, dass ich die Intrige nicht rechtzeitig aufgedeckt habe«, schrieb sie. »Ich muss mir vorhalten lassen, dass ich allzu arglos meinem Mutterherzen gefolgt bin.«

Die Selbstanklage bewog Ernst August, seiner Frau zu verzeihen – und er verzieh schließlich auch Maximilian.

Den übrigen Angeklagten wurde der Prozess gemacht. Der Wolfenbütteler Sekretär Blume und Oberstleutnant von Moltke kamen mit einer »Landesverweisung« davon. Gegen Oberjägermeister von Moltke dagegen verhängte das Gericht die Todesstrafe.

Am Morgen des 25. Juli 1692 wurde er zum Schafott geführt. Begleitet von dreißig Musketieren und Offizieren erreichte die Kutsche mit dem Gefangenen gegen acht Uhr den Gerichtsplatz. Moltke wusste, was ihn erwartete. Bevor der Gerichtsschulte das Urteil verlas, musste er sein Haupt entblößen. Dann verlief alles nach dem üblichen Reglement: Der Gerichtsdiener zerbrach ein weißes Stöckchen und befahl dem Henker, seines Amtes zu walten. Während Moltke zum Richtplatz auf dem Wall vor dem Clevertor geführt wurde, trat der Hofprediger vor. Gemeinsam mit dem Delinquenten betete er das Vaterunser und sprach seinen Segen.

Bis zuletzt war noch mit einer Begnadigung gerechnet worden. Doch nicht einmal Moltke schien jetzt mehr darauf zu hoffen. Er zog seinen Trauermantel aus, überreichte einem Gerichtsdiener Rock, Halstuch und Perücke und schritt auf einen Wink des Büttels hin auf das schwarze Tuch zu. Kaum hatte er sich niedergekniet, wurden ihm auch schon die Augen verbunden. Ein kurzes Gebet. Dann schlug ihm der Henker den Kopf ab.

Die Trommler, die herbeigerufen worden waren, um eine drohende Verteidigungsrede des Todgeweihten zu übertönen, konnten wieder abziehen. Der Oberjägermeister ging klaglos in den Tod. »Er starb wie ein Kavalier«, schrieben später die Chronisten des Welfenhauses.

Ein anderer Kavalier genoss unterdessen noch das Leben in vollen Zügen.

Polonaise hüllenlos

Es ging schon auf Mitternacht zu, als eine zweispännige Kutsche das Steintor passierte und auf die Ihme-Brücke in Richtung Linden zusteuerte. Königsmarck war auf dem Weg zu einem Fest der Gräfin Platen. Zuvor hatte er Sophie Dorothea besucht, aber schon früh gehen müssen, weil mit der vorzeitigen Heimkehr Georg Ludwigs zu rechnen war.

»Bitte versteh, das Risiko ist zu groß«, hatte Sophie Dorothea gesagt. »Der Störenfried wird heute noch zurückkehren, seine Liebste ist krank.«

»Da musst du deinem Liebsten natürlich Gesellschaft leisten«, hatte Philipp Christoph gehöhnt, doch es war ihm nicht gelungen, seine »süße Dicke« umzustimmen. Um sich zu trösten, nahm er eine Einladung der Platen wahr. Die Mätresse des Herzogs gab ein Fest, bei dem er Bekannte treffen würde. Auch seine Schwester Maria Aurora wollte kommen. Seit einigen Wochen war sie bei ihm in Hannover zu Besuch.

Es schneite. Immer wieder bildete sich auf dem Zylinder des Kutschers ein dickes weißes Polster. Doch der Schnee hatte auch sein Gutes. Er hellte die Nacht auf. Die Altstadtstraßen wurden zwar mittlerweile von dreihundert Laternen beleuchtet, außerhalb der alten Stadtmauern aber herrschte Finsternis. Und der Weg nach Linden war zwar bei gutem Wetter mit der Kutsche in zwanzig Minuten zu schaffen, führte aber durch Felder und Wiesen und war so holprig, dass immer die Gefahr bestand, von der Kopfsteinstraße abzukommen.

Doch schließlich war Linden erreicht. Aus dem Dunkel des Dorfes hob sich schon von weitem das Altensche Gut ab, das vor drei Jahren zu einem Luxusdomizil ausgebaut worden war und von Oberhofmarschall Platen und dessen Frau bewohnt wurde. Im Garten schnitten zahlreiche Laternen Lichtkegel in die Dunkelheit und machten das Herabschweben der Schneeflocken sichtbar. Licht fiel außerdem aus allen Fenstern des Schlösschens.

Kaum war Königsmarck aus seiner Kutsche gestiegen, hatte der Schnee ihn schon eingehüllt. Übermütig bombardierte er den Kutscher mit einem Schneeball und ließ seinen Blick an den Fenstern entlangwandern. Er schickte den Pagen vor, um seine Ankunft melden zu lassen. So musste er nicht lange warten.

Während er sich noch den Schnee von der Robe schüttelte, öffnete sich schon die große Eingangstür. Licht, Musik und Düfte strömten ihm entgegen. Die Hausherrin begrüßte ihn persönlich. Wie üblich war sie stark geschminkt, sie trug ein Prunkgewand aus Goldbrokat und grüner Seide. »Ich hatte gar nicht mehr mit Euch gerechnet. Aber tretet ein, Monsieur. Je später der Abend …«

»Ich hoffe, Euch nicht zu enttäuschen, Gnädigste«, erwiderte Königsmarck mit einer leichten Verbeugung.

Selbstverständlich konnte er der Platen nicht den Grund seiner späten Ankunft nennen. Doch sie schien es ohnehin zu ahnen. Natürlich nahm sie es ihm nach wie vor übel, dass er sie wegen dieser »jungen Gans« vernachlässigte. Schließlich hatte sie dafür gesorgt, dass er gleich nach seiner Ankunft in Hannover zum Obersten des Garderegiments ernannt worden war. Hatte dieser gewissenlose Kavalier denn schon vergessen, dass sie es gewesen war, Gräfin Klara Elisabeth von Platen, die ihm den Aufstieg am Hofe geebnet hatte?

Ja, anfangs hatte er ihr noch seine Dankbarkeit bezeugt. Wie oft hatten sie sich geliebt, nicht nur im Bett, sondern hinter fast jedem Strauch ihres Gartens. Er war wie ein Jungbrunnen für sie gewesen. Das war schon etwas anderes, als den welken, kraftlosen Herzog in Wallung zu versetzen. Dass sie ihren jungen Kavalier nach außen hin als künftigen Schwiegersohn vorstellte, war allgemein akzeptiert worden und hatte ihr einen schönen Vorwand verschafft. Doch mit all dem war es vorbei, seitdem der junge Oberst sich an die Prinzessin herangepirscht hatte. Die Affäre nagte an ihrem Selbstwertgefühl. Aber was nutzte es, dem untreuen Kavalier Vorhaltungen zu machen? Nun war er ja gekommen. Da galt es, die Gunst der Stunde zu nutzen. Sie gab sich einen Ruck und wies dem späten Gast den Weg zum Festsaal.

»Trinkt, tanzt und freut Euch des Lebens.«

Pauken und Trompeten, Flöten und Oboen mischten sich mit dem Krakeelen und Lachen von Betrunkenen. Bläuliche Rauchwolken wallten Königsmarck entgegen. Er musste genau hinsehen, um die Gäste mit den langen, wallenden Perücken zu erkennen; viele bekannte Gesichter waren darunter: Heinrich von Podewils, der fast achtzigjährige halbblinde Oberbefehlshaber den sie in ihren Briefen immer nur »Bonhomme« (Biedermann) nannten; der hoch betagte Kammerpräsident Otto Grote, in der Sprache der Briefe der gute Freund.

Etwas abseits hielt sich Premierminister Franz Ernst Platen, der Gatte der Gastgeberin; da war Christian, ein jüngerer Bruder des Erbprinzen Georg Ludwig, Maria von dem Bussche, die frühere Mätresse des Erbprinzen und natürlich der alte Herzog selbst.

Königsmarck vermied es, mit »Don Diego« zusammenzutreffen. Zum einen fürchtete er, dass die Gerüchte über seine Affäre mit Sophie Dorothea bereits an die Ohren des Fürsten gedrungen waren, zum anderen war er ja in den Augen Ernst Augusts der heimliche Liebhaber von dessen Mätresse.

Gern ließ sich Philipp Christoph dagegen von General Bielke heranwinken. Der schwedische Feldmarschall mit dem blonden Schnauzbart war immer gut für einen Scherz, auch wenn er es nicht lassen konnte, ihm seine Tochter als Heiratskandidatin ans Herz zu legen.

»Seid Ihr es leibhaftig oder ist es nur Euer Geist?«, begrüßte er den Landsmann.

»Es ist nur mein Leib, General«, erwiderte Königsmarck. »Mein Geist schläft schon.«

»Dann wird es aber Zeit, dass wir ihn wecken.«

Die Platen drückte ihm ein Glas Champagner in die Hand. »Lasst es Euch schmecke und wohl sein«, säuselte sie in breitem Hessisch.

Unterdessen sah Königsmarck, wie sich seine Schwester näherte, eine großgewachsene Frau mit blonden Locken. Ein tief ausgeschnittenes Ballkleid aus roter Seide unterstrich ihre Schönheit.

»Bruderherz, mit dir hatte ich gar nicht mehr gerechnet.«

»Man soll nie jemanden voreilig abschreiben.«

»Es heißt, dass du dich rar machst und dem Leben am Hofe allzu oft den Rücken kehrst«, stichelte Maria Aurora.

»Alles nur Gerede«, wehrte Philipp Christoph ab und leerte sein Champagnerglas. »Jetzt bin ich ja da.«

»Und wir sind sehr froh darüber, nicht wahr?«, fuhr die Platen dazwischen.

Ein Tusch kündigte die Darbietung einer italienischen Komödiantentruppe an. Erleichtert, nicht länger im Mittelpunkt dieser verkrampften Konversation zu stehen, gesellte Königsmarck sich den Gästen zu, die bereits einen Kreis um die Komödianten gebildet hatten. Nach drei Tänzen gaben die Akteure eine Stegreifkomödie zum Besten. Die schlüpfrigen Späße der Maskierten kamen bei den Betrunkenen gut an. Zum Abschluss bedankte sich das Publikum nicht nur bei den Schauspielern mit Beifall, sondern auch bei der Gastgeberin. Und die Gräfin genoss den Applaus und verbeugte sich, als habe sie selbst gerade ihre künstlerische Begabung unter Beweis gestellt.

Ehe er sich versah, hielt Königsmarck schon wieder ein Glas in der Hand, das diesmal nicht mit Sekt gefüllt war, sondern mit süßem Tokajerwein. Augenzwinkernd forderte ihn die Gastgeberin auf, mit ihr anzustoßen.

»Auf ein langes Leben, Herr Oberst.«

»Auf ein schönes Leben, Gräfin.«

Wieder ein Tusch. »Menuett«, verkündete der Kapellmeister. »Ich bitte Euer Gnaden, Aufstellung zu nehmen.«

Und ohne dass Königsmarck sich dagegen wehren konnte, ergriff die Platen seine Hand und führte ihn auf die Tanzfläche. Ein scharfer Geruch stieg ihm in die Nase. Es war das Parfüm, von dem die Gräfin wieder einmal reichlich Gebrauch gemacht hatte. Königsmarck fühlte sich wie betäubt davon, fürchtete, die Kontrolle über seine Schritte zu verlieren.

Er atmete auf, als der Tanz endlich vorbei war, und dankte dem Himmel, als der schon bedenklich schwankende Herzog auf seine Tanzpartnerin zusteuerte und ihn aus seiner Kavalierspflicht entließ.

Fluchtartig rettete er sich in den Nachbarraum mit den Spieltischen und ließ sich bereitwillig von Bielke zu einer Partie Lomber und einem Glas Wein überreden – mit am Tisch Graf Don Nicolo Montalban, der Geistliche im Kavaliersrock und hannoversche Hofpoet, der schon so sturzbetrunken war, dass er nur noch lallte und ständig seine Karten verlor. Königsmarck hielt ihn für einen Aufschneider, dem nicht zu trauen war. Zu Recht, wie sich später zeigen sollte.

Schnaps und Wein taten ihre Wirkung. Immer mehr Gäste verloren die Selbstbeherrschung. Bei einem Rundtanz stürzten mehrere Paare übereinander und wälzten sich am Boden. Der Herzog und die älteren Minister waren bereits gegangen, sodass für die Übriggebliebenen kein Grund mehr bestand, sich Zurückhaltung aufzuerlegen.

Ihren Höhepunkt erreichte die Stimmung mit einer Polonaise. Tische wurden zu einem Kreis zusammengeschoben, und der Kapellmeister lockte die Gesellschaft, die provisorische Tanzbühne zu besteigen. Mit Erfolg: Unter Johlen kletterte ein Gast nach dem anderen auf die Tische.

Königsmarck wäre am liebsten im Spielzimmer geblieben. Doch das erlaubte die Gastgeberin nicht. Sie schoss auf ihn zu und zerrte ihn mit.

Als die Musiker die ersten Takte eines Werbetanzes gespielt hatten, forderte der Kapellmeister die torkelnde Tanzgesellschaft auf, sich zu entkleiden. Die Festteilnehmer schienen nur darauf gewartet zu haben. Sofort begannen alle damit, Westen und Blusen, Hosen und Roben auszuziehen und den Umstehenden zuzuwerfen. Auch Mieder und Unterkleider flogen durch den Saal, sodass die Tanzgesellschaft am Ende nahezu nackt war. Männer wie Frauen, bekleidet nur noch mit Perücken. Die

Polonaise konnte beginnen. Schwankend bewegten sich die Herrschaften nach den Kommandos des Kapellmeisters vor und zurück, hielten sich aneinander fest, versuchten, die Balance zu halten – und sie strauchelten dennoch. Einer riss den anderen mit, sodass sich schließlich ein Haufen nackter Leiber kreischend am Boden wälzte. Auch Philipp war Teil dieses Knäuels, unter sich die Gräfin von Platen, die vom Tisch gesprungen war, ohne ihren Kavalier loszulassen. Sie landete weich, denn auf dem Boden lagen ja schon andere.

»Herrlisch«, stieß sie schnaufend hervor. »Wunderbar, das ist die wahre Lust, das einzisch wahre Leben.«

Sie riss Königsmarck an sich, um sich mit ihm in dem Leibergewirr zu vereinigen. Doch der ekelte sich vor der schwitzenden Frau mit der verwischten Schminke im Gesicht. Angewidert schob er sie von sich.

»Was ist los? Bin ich dir nicht mehr gut genug oder hast du dein Pulver schon verschossen?« Die Reichsgräfin war empört.

Philipp Christoph befreite sich aus ihrer Umklammerung. »Lass mich.«

Die Hausherrin war wie vom Schlag gerührt. »Lass mich«, äffte sie ihm nach. »Was soll das heißen? Was erlaubst du dir, du hergelaufener Possenreißer?«

»Ich sagte es schon: Lass mich in Ruhe! Es reicht!«

Die Platen war außer sich. »Was bildest du dir ein, du Narr?«, schrie sie ihn an. »Hast du schon vergessen, was ich für dich getan habe? Hast du schon vergessen, was du ohne mich bist? Aber ich werde es dir sagen: Ein Nichts bist du, ein erbärmliches Nichts.«

Die Gräfin war so außer sich, dass sie mit ihrem Geschrei manch einen der Nackten im Leibergewirr aus seinem Alkoholnebel riss. »Ich vernichte dich«, zeterte sie. »Mit meinen Fingern werde ich dich zerquetschen wie eine Fliege. Hörst du? Und jetzt verschwinde! Geh mir aus den Augen! Geh, geh …«

Sie begann zu schluchzen, sodass andere sich bemüßigt fühlten, sie zu trösten.

Königsmarck nutzte die allgemeine Bestürzung, um seine Kleider zusammenzusuchen. Und obwohl er immer noch seine

Weste und einen Schuh vermisste, floh er in seine Kutsche und ließ sich nach Hause chauffieren.

Es schneite immer noch.

Der Morgen graute bereits, als er eine halbe Stunde später sein Schlafgemach betrat. Er war noch so aufgewühlt, dass an Schlafen nicht zu denken war. Der Wutausbruch der Platen hallte in ihm nach. Sicherlich würde sie sich irgendwann wieder beruhigen. Doch er musste damit rechnen, dass ihm künftig Gefahr von dieser Dame drohte. Sie war zwar alt, aber sehr mächtig, wenn nicht gar die mächtigste Dame am hannoverschen Hofe. Bei allem Widerwillen – er musste eine Versöhnung herbeiführen.

Da war aber auch noch Sophie Dorothea. Keine Frage, sie würde von der nächtlichen Orgie erfahren. Auf den höfischen Klatsch war Verlass. Um den bösen Zungen zuvorzukommen, entschied er sich, ihr in einem Brief von dem Fest zu berichten. So konnte er seine eigene Rolle zumindest in einem günstigen Licht erscheinen lassen. Er schrieb:

»19. Februar 1692

Liebste!

Nachdem ich Sie verlassen hatte, fand ich eine ausgelassene Gesellschaft bei der Gräfin vor: Alles zechte beim Klang von Pauken und Trompeten. Aber ich langweilte mich so, dass ich lieber zwanzig Meilen weit weg gewesen wäre. Ich konnte meine schlechte Stimmung so wenig verbergen, dass M. B. (Monsieur Bielke) mich fragte, was ich hätte; denn ich wollte nicht einem einzigen Glas Wein die Schuld daran geben und tat es auch nicht. (…) Das Klirren der Gläser, der Krach der Pauken und Trompeten, vermischt mit dem süßen Ton der Flöten und dem lauten Geschrei der Betrunkenen, bildeten die verrückteste Harmonie von der Welt und verschafften mir die Gelegenheit, mich in einen Winkel zu verkriechen, um mich der Träumerei hinzugeben, während die anderen tanzten, sich teilweise auszogen und auf die Tische sprangen …«

Die Antwort ließ nicht lange auf sich warten. Die Prinzessin war gekränkt. Sie erinnerte Königsmarck daran, dass schon ihr Gatte sein Vergnügen in »Monplaisir« gesucht habe, ohne auf ihre Gefühle zu achten.

»Ich bin noch im Bett vor lauter Verzweiflung über das, was Sie mir angetan haben. Es zeigt so wenig Zartgefühl, dass ich ganz untröstlich bin. Ich hatte nichts dergleichen von Ihnen erwartet. Ein Blitzschlag hätte mich weniger überrascht. Ich wage Ihnen nicht zu sagen, was ich von Ihnen denke.
Leben Sie wohl, mein Herr, ich wünsche Ihnen alle Vergnügen der Welt. Ich zweifle nicht, dass Sie jeden Tag neue finden werden.«

Königsmarck wies alle Vorwürfe zurück, versicherte Sophie Dorothea, niemand anders zu lieben als sie allein und überzog die Reichsgräfin mit Spott. Dabei schonte er auch Sophie Dorotheas Schwiegermutter nicht. Bei einem Besuch in Linden habe Sophie ihre Gegenspielerin ganz bewusst in die grelle Sonne geführt, sodass ihr die Schminke aus dem Gesicht floss, schrieb er. »Die alte Hexe war so erhitzt, dass ihr die Farbe nur so über die Wangen tropfte.« Anerkennend kommentierte er: »Die Fürstin besitzt eine tüchtige Portion Bosheit. Besser hätte sie sich nicht an der Mätresse ihres Mannes rächen können.«

Trotz solcher Spötteleien wagte er es aber nicht, sich die Platen dauerhaft zur Feindin zu machen. Er besuchte weiterhin deren Feste und nahm bei all seinem beteuerten Widerwillen bereitwillig an den Orgien von »Monplaisir« teil.

Er revanchierte sich sogar, indem er in seinem Haus in der Osterstraße selbst Lustbarkeiten veranstaltete, zu denen er die Platen und andere Damen aus ihrer Umgebung einlud. Mit bitterer Ironie schrieb Sophie Dorothea, wie sehr sie dieses Verhalten kränke:

»Fühlen Sie sich nicht gebunden. Ich beschwöre Sie, denken Sie nur an Ihr Vergnügen und denken Sie gar nicht mehr an mich. Ich bin sicher, dass all diese Feste mit einer völligen Versöhnung zwischen Ihnen und der Gräfin Platen enden werden – oder auch mit einer neuen Liebe. Ohne sie ist ja keine Freude vollkommen, sie ist vielmehr das Salz jeden Vergnügens. Wenn Ihnen zu Ihrem

Glück nichts als meine guten Wünsche fehlen – die haben Sie in vollem Maße. Ich wünsche Ihnen von Herzen jede Glückseligkeit.«

Im Gegenzug nahm sich Sophie Dorothea die Freiheit, den Geliebten mit einer eigenen Affäre auf die Folter zu spannen:

»Der Zufall scheint mir zu einer kleinen Rache verhelfen zu wollen«, fügte sie in ihrem Brief maliziös an. »Er schickt mir einen jungen, sehr eleganten und prächtig herausgeputzten Baron aus Mainz. Sie haben sicher nichts dagegen, dass ich mir, um nicht vor Langeweile zu sterben, ein wenig Unterhaltung mit ihm mache. Ich rechne immer noch zu sehr auf Ihre Freundschaft, als dass ich glauben könnte, Sie missgönnten mir diesen kleinen Trost. Sie sehen, ich bin aufrichtiger als Sie. Denn obwohl Sie mir eine Andeutung über Ihr Fest machten, sagten Sie mir nichts von den Damen, noch dass die Platen dabei war.«

Damit hatte sie endgültig Königsmarcks Eifersucht geweckt.

»Gehen Sie nur, Grausame, und genießen Sie die Lust mit ihrem neuen Bettschatz. Es reicht Ihnen nicht, mich um jede Ruhe zu bringen, nein, Sie müssen mir auch die Ehre, den guten Ruf und alles, was ich auf der Welt habe, rauben. Habe ich nicht alles für Sie aufgegeben? Sie wissen, wie schlecht es um meine Angelegenheiten steht. Für einen Kuss von Ihnen habe ich alles geopfert, und jetzt sehe ich mich auf so schnöde Weise belohnt.«

Der Zorn der Prinzessin sollte sich bald legen und den Beteuerungen einer alles verzeihenden Liebe weichen. Auch der Ärger des Kavaliers war bald verflogen. Doch Eifersuchtsszenen dieser Art flammten immer wieder auf und nahmen in den Briefen zeitweise mehr Raum ein als die Liebeserklärungen.

Immer groteskere Formen nahm der Argwohn Königsmarcks an. Bei all dem schwang das Gefühl mit, wertlos zu sein, tief unter dem Stand des Erbprinzen und seiner hübschen Gemahlin zu stehen, malariakrank und unfruchtbar – ja unfruchtbar, denn so oft er auch mit einer Frau die Wonnen der Liebe teilte, nie ging daraus ein Kind hervor. Das machte zwar manches einfacher, nagte aber auch an seinem Selbstbewusstsein und nährte seine Eifersucht auf andere Männer. Schließlich forderte er Sophie Dorothea auf, ihm täglich Rechenschaft über ihr Tun und ihre Kontakte abzulegen.

Die Kurwürde

Die Kirchenglocken klangen an diesem Tag feierlicher, das Leineschloss nahm sich prunkvoller aus als an anderen Tagen. Herzog Ernst August sah sich am Ziel seiner Träume: Kaiser Leopold I. in Wien hatte den Weg für die Verleihung der neunten Kurwürde an den Welfenfürsten freigemacht. Am 22. Mai 1692 traf die kaiserliche Urkunde in Hannover ein. Einzelheiten mussten zwar noch geklärt werden, aber nun bestand kein Zweifel mehr, dass der Herzog in absehbarer Zeit mit den Mächtigsten an einem Tisch sitzen und sich mit dem Kurhut schmücken durfte. Selbstverständlich verlieh der Kaiser diese hohe Würde nicht ohne Gegenleistungen. Ernst August musste verbindlich erklären, dass sein Bündnis mit Frankreich der Vergangenheit angehörte. Und der Kaiser begnügte sich nicht mit einem Lippenbekenntnis, sondern verlangte, dass sich die cellesch-hannoverschen Truppen wieder aktiv am Kampf gegen die Invasionsarmee Ludwigs XIV. beteiligten. Umgehend hatte Ernst August sich mit dem englischen König, Wilhelm III., in Verbindung zu setzen, der als oberster Heerführer an der Spitze der kaiserlichen Allianz gegen Frankreich stand. Darüber hinaus musste sich Ernst August verpflichten, dem Kaiser ein Hilfskorps von rund 5000 Soldaten für den Ungarnkrieg gegen die Türken zu stellen – zwei Jahre hatte er dieses Regiment aus eigener Tasche zu erhalten und bei Bedarf die Gefallenen und Verwundeten zu ersetzen. Zu dieser kostspieligen Form der militärischen Unterstützung kamen stattliche Bargeldforderungen. 500 000 Gulden musste Ernst August dem Kaiser entrichten. Dafür blieb es ihm erspart, zum Katholizismus überzutreten. Doch Ernst August hatte den Katholiken in seinem Fürstentum uneingeschränkte

Religionsfreiheit zu gewähren und in Hannover eine Kirche zu bauen, die spätere Clemenskirche. In einer Sonderklausel versprach der Welfenherzog zudem für sich und seine Nachkommen, bei allen künftigen Kaiserwahlen seine Kurstimme dem Hause Österreich zu geben.

Nach monatelangen Verhandlungen, in denen auch die anderen Kurfürsten noch überzeugt werden mussten, traf am 28. Dezember 1692 schließlich der Kurier des Kaisers nach neuntägigem Ritt in Hannover ein und überbrachte die Botschaft: Die Verleihung der Kurwürde war mit dieser Investitur offiziell besiegelt.

In den Kirchen Hannovers wurden am folgenden Tag Dankgottesdienste abgehalten; mit Salutschüssen verkündete der Herzog auch seinen Landeskindern außerhalb der Stadtmauern, dass dies ein Tag der allergrößten Freude für ihn war. Auch durch seinen Hofmaler ließ Ernst August den Aufstieg verherrlichen. Auf einem Ölgemälde wird der frischgekürte Kurfürst förmlich in den Himmel gehoben. Über seinem Haupt schweben Engel, zu seinen Füßen kniet die Kriegsgöttin Athene und reicht ihm den Kurhut. Und ausgestattet mit Harnisch und Hermelin, Feldherrenstab und Bischofs-Krumme lässt der Fürst dieses Prunkgemäldes keinen Zweifel daran, dass er als weltlicher Herrscher und Oberhaupt des Bistums Osnabrück die allerhöchsten Ansprüche geltend macht.

Doch bei allem Jubel kamen am hannoverschen Hof auch Zweifel über den »teuersten Hut der Weltgeschichte« auf. Mit gemischten Gefühlen verfolgte besonders Sophie die Bemühungen ihres Mannes. Unbehagen bereitete ihr nicht nur, wie bereitwillig ihr Gatte nach allen Seiten hin Versprechungen machte und mit Geld um sich warf. Unbehagen bereitete ihr vor allem das Gefühl, dass der Kurhut mit dem Familienfrieden erkauft worden war. Die Zerschlagung der Prinzenverschwörung lag noch nicht lange zurück, die Wunden, die das familiäre Zerwürfnis über die Erstgeburtsordnung hinterlassen hatten, waren längst nicht verheilt. So empfand sie durchaus Verständnis für die spöttischen Betrachtungen, die ihre in Frankreich lebende Nichte anstellte. »Ich hätte mich an Onkels Stelle nicht zum Kurfürsten gemacht. Er war doch schon zuvor ein großer Herr, und es wäre besser gewesen, er hätte sein Geld behalten und sich damit vergnügt, anstatt es den Blackscheißern zu geben, die ihn doch nur hinhalten.« Auch für die Einigkeit im Hause sei es besser gewesen, Max die Souveränität nicht »abzuklauben«.

Mit bitterem Spott reagierte auch Königsmarck auf den Aufstieg der Herzogsfamilie. Nachdem die Investitur in Hannover verkündet worden war, schrieb er an Sophie Dorothea:

>»Kurprinzessin! Man darf Sie doch jetzt so anreden, denn vermutlich wird der Kurprinz Sie letzte Nacht mit diesem Ehrentitel ›investiert‹ haben. Sind seine Umarmungen schöner, seit er diesen Rang innehat? Ich kann nicht schlafen vor lauter Wut, dass ein Kurprinz mich der Wonnen meiner bezaubernden Geliebten beraubt.«*

Seinen Preis für die Verleihung der Kurwürde musste Philipp Christoph schon im Sommer 1692 zahlen. Im Juni 1692 wurde seine Einheit infolge der neuen Allianz mit Wilhelm III. nach Flandern verlegt, um sich am Feldzug gegen Ludwig XIV. zu beteiligen. Eine große Entfernung lag seither zwischen den Liebenden.

Spaziergang in Herrenhausen

Der Kies knirschte unter ihren Füßen. Das Plätschern der Großen Kaskade mischte sich mit Vogelgezwitscher und Flötentönen, die der Wind vom Schloss herüberwehte. Unablässig redete die Fürstin auf Sophie Dorothea ein, während sie mit ihr durch die endlosen Alleen der Herrenhäuser Gärten spazierte. Große Pläne beflügelten den Schritt der stolzen Dame. Erst am Vortag hatte sie den Gärtner des Königs von England empfangen, um sich von ihm bei der geplanten Erweiterung ihres Gartens beraten zu lassen. Ihren Gärtner Martin Charbonnier hatte sie eigens zur Fortbildung nach Holland geschickt – dahin, wo sie ihre Jugend verbracht hatte. »Die Oranier haben es verstanden, Gärten anzulegen, meine Kleine«, sagte sie. »Wunderschön diese Anlagen in Nieuburg, Honslaerdyk und Het Loo! Da muss man gar nicht nach Versailles fahren, glaub mir.«

»O gewiss.« Sophie Dorothea hatte nur mit halbem Ohr zugehört. Wie eine Schlafwandlerin folgte sie ihrer Schwiegermutter in ihren rosafarbenen Damastschuhen. In einem fort zeigte ihr die Fürstin mit ausgestrecktem Arm, wo sie dies und jenes pflanzen oder bauen wollte. »Hier wird der große Wasserspeicher stehen, mein Kind. Und da, siehst du, dort, wo die Büsche wuchern, dort werden wir unseren Rosengarten mit der Liebeslaube anlegen.«

Und weil Sophie Dorothea gedankenverloren auf den Boden starrte, hakte sie mit erhobener Stimme nach: »Dort! Dort drüben. Du guckst ja gar nicht hin. Wo bist du nur mit deinen Gedanken?«

Liebeslaube. Dieses Wort immerhin war bei Sophie Dorothea angekommen. Unwillkürlich fiel ihr dazu ein, dass sie sich hier vielleicht mal mit Philipp verabreden könnte. Aber schon im nächsten Moment war die Fürstin bei den Fontänen angelangt und dazu übergegangen, den tieferen Sinn und hohen, fast philosophischen Wert der Wasserspiele zu erläutern.

Die langen Brokatgewänder schleiften über Rasen und Kieswege. Immer wieder unterbrach die Fürstin ihren Redestrom, indem sie vorbeiflanierenden Hofdamen zunickte, die sich mit ihren Fächern pausenlos Frischluft zufächerten, obwohl ohnehin ein frischer Wind durch die Alleen wehte.

Zum festen Programmpunkt eines jeden Spaziergangs zählte ein Besuch des Gartentheaters – mochten Komödianten darin gerade ihre Künste zeigen oder nicht. Die Bühne bestand aus einem ummauerten Rechteck, das nach hinten hin anstieg. Vergoldete Bleifiguren und Taxuspyramiden bildeten den Abschluss von Hainbuchenhecken, die den Schauspielern zugleich als Kulisse und Umkleidekabine dienten. Vier Putten aus Sandstein, sie standen wie Eckpfeiler am Rand einer angeschlossen Hecke, verkörperten die Jahreszeiten. Stolz führte die Fürstin ihre Schwiegertochter auch in den »Königsbusch«. In diesem Heckenviertel waren erst 1691 Statuen aufgestellt worden, die die führenden Mitglieder der herzoglichen Familie darstellten: Ernst August, Sophie, Georg Ludwig und Sophie Dorothea.

»Ich hoffe, dass er sich nicht in so große Gefahr begibt«, bemerkte die Fürstin, indem sie auf das Abbild ihres Ältesten blickte. Georg Ludwig war mit seinem Regiment bereits auf dem Weg nach Flandern. Immer noch wirkte der Schmerz über den Tod ihrer beiden im Türkenkrieg gefallenen Söhne Philipp und Gustchen nach. Nur ungern hatte sie daher an der Parade in Tündern bei Hameln teilgenommen, mit der die hannoverschen Truppen vor ihrem Abmarsch in die Niederlande verabschiedet worden waren.

Auch Sophie Dorothea hatte den Soldaten zugewinkt, dabei aber weniger auf ihren Gatten, als auf den Geliebten geachtet, der eine ausgezeichnete Figur auf seinem Ross machte.

»Ich hatte gehofft, Sie nach der Parade wiederzusehen, wir hätten es in aller Ruhe tun können, der Réformeur (Georg Ludwig) war nicht da«, hatte sie Königsmarck geschrieben. »Diese

Idee spukte so sehr in meinem Kopf herum, dass ich zwei Nächte wartend am Fenster stand; in jedem Vorübergehenden glaubte ich Sie zu erkennen.«

Als hätte die Fürstin Sophie Dorotheas Gedanken erraten, lenkte sie plötzlich das Gespräch auf Königsmarck.

»Auch der Oberst hat ja nun wieder Gelegenheit, sich auf dem Schlachtfeld zu bewähren«, bemerkte sie. »Wirklich, ein schöner Mann. Er hat mir gefallen, wie er da auf seinem Pferd vorbeigetrabt ist. Ein stolzer Held vom Scheitel bis zur Sohle. Nicht wahr?«

Sophie Dorothea spürte, dass ihr die Röte ins Gesicht schoss. »O gewiss.«

»Wenn er seine Sache auf dem Feld genauso gut macht wie im Ballsaal, muss man sich um ihn und seine Leute keine Gedanken machen.«

Sophie Dorothea ließ ihre Augen über den Karpfenteich mit den schönen Seerosen schweifen und schwieg. Einerseits freute sie sich, ihre Schwiegermutter so freundlich über den Geliebten reden zu hören, andererseits fürchtete sie, ausgehorcht zu werden. Sie war heilfroh, als sich die Herzogin wieder der Planung ihres Großen Gartens zuwandte.

Mütterliche Ermahnung

Wenige Tage später spazierte Sophie Dorothea mit einer anderen Frau durch einen sehr viel kleineren Garten – an der Seite ihrer Mutter. Sie war mit dem hannoverschen Hof aufs Jagdschloss Bruchhausen, einem Dörfchen zwischen Nienburg und Verden, gefahren und dort mit ihren Eltern zusammengetroffen, die sich mit ihren Schwiegereltern neuerdings prächtig verstanden. Seitdem ihr Vater seinem Bruder Ernst August zur Kurwürde verholfen hatte, waren die Beziehungen zwischen Celle und Hannover hervorragend. Und Sophie Dorothea profitierte davon. Endlich war die Zeit vorbei, da schon die Erwähnung des Städtchens Celle Stirnrunzeln und hektisches Bemühen um einen Themenwechsel zur Folge hatte. Jetzt konnte sie ihrer Schwiegermutter ungeniert aus den Briefen vorlesen, in denen ihre Mutter ihr die Neuigkeiten aus Celle schilderte. Und es war selbstverständlich, dass man dem Celler Herzogspaar Gelegenheit gab, seine Enkelkinder zu sehen. Auch Georg August und die kleine Sophie Dorothea waren daher mit ihren Ammen und der kleinen Hofgesellschaft in die Wildnis von Bruchhausen kutschiert worden. Herzog Georg Wilhelm und seine Frau Eleonore machten sich einen Spaß daraus, die beiden mit Gewändern und Perücken auszustaffieren, und sie debattierten mit ihnen wie mit Erwachsenen.

Die Sonne schien. Das war in den Junitagen des Jahres 1692 keine Selbstverständlichkeit. Ein Schauer nach dem anderen war in den Wochen zuvor über die norddeutsche Tiefebene hinweggefegt. Viele Wege waren aufgeweicht und unpassierbar geworden, Pfützen wurden zu Seen, die Rinder- und Schweineherden versanken im Schlamm, das Getreide verfaulte auf den

Äckern, und längst schon waren die Weser und ihre Nebenflüsse über ihre Ufer getreten.

Sophie Dorothea drückte das ungemütliche Wetter aufs Gemüt. In Hannover konnte sie sich immerhin auf ein abendliches Singspiel im Opernhaus freuen oder mit ausländischen Gesandten plaudern.

Aber hier in Bruchhausen? Ganze Tage hatte sie schon damit zugebracht, mit den Hofdamen ihrer Mutter in dem kleinen, muffigen Schlösschen Tricktrack zu spielen. Wie langweilig das war, wie furchtbar langweilig!

An diesem Spätnachmittag aber schien endlich die Sonne. Ein Regenbogen spannte sich über dem nassen Land, zwischen graublauen Wolken, die im Sonnenschein wie Bühnenkulissen erstrahlten. Auch die Kinder lebten auf. Ausgelassen spielten Georg August und die kleine Sophie Dorothea mit ihren Ammen, Hofdamen und ihrer Mutter im Schlosspark.

Doch am Spätnachmittag legte die Herzogin Wert darauf, mit ihrer Tochter allein zu sein. Der Herzog war auf der Jagd, so konnte sie sich ungestört mit Sophie Dorothea bei einem Spaziergang unterhalten. Schon bald lenkte die Herzogin das Gespräch auf den Gardeoberst.

»Ein hübscher Junge, ohne Frage. Ich kann gut verstehen, dass du seine Gesellschaft schätzt, meine Liebe. Aber du solltest es nicht übertreiben.«

Sophie Dorothea errötete. Sie bemühte sich erst gar nicht, ihren Zorn zu verbergen.

»Wovon redest du, Mutter?«

»Das weißt du genau. Alle Welt spricht davon.«

»Alle Welt? Wovon? Was um alles in der W...«

»Beruhige dich. Ich hatte eigentlich geglaubt, dass wir keine Geheimnisse voreinander haben müssten. Glaub mir, Sophie Dorothea, du kannst mir vertrauen. Ich will dir nichts Böses, ganz im Gegenteil. Alles, was ich möchte, ist, dich glücklich zu sehen.«

»Glücklich? Wie kann ich glücklich sein mit einem Mann, der mir jeden Tag zu verstehen gibt, wie er mich verachtet. Du kannst dir nicht vorstellen, was ich ertragen muss. Georg Ludwig bemüht sich ja nicht einmal, seine Liebschaften vor mir zu verbergen..«

Sie begann zu weinen. Ihre Mutter nahm ihre Hand. Sophie Dorothea atmete tief durch, bevor sie weitersprach.

»Ich will dir von einem Vorfall erzählen, der schon einige Monate zurückliegt. Ich weiß nicht, wie es geschehen konnte, aber aus irgendwelchen Gründen hatte ich mich im Schloss verlaufen. Ich war in einen fremden Korridor geraten und neugierig, was sich hinter den vielen Türen befand. So öffnete ich eine Tür nach der anderen. Doch schon bei der dritten bereute ich es. Denn dahinter sah ich eine mir bekannte Frau mit einem Neugeborenen auf dem Arm: Melusine von der Schulenburg. Du kennst die blonde Bohnenstange. Du weißt, dass sie die Geliebte des Prinzen ist. Und in diesem Augenblick stehe ich nicht nur der Mätresse meines Gatten gegenüber, sondern auch noch der Frucht dieser Liebe. Und damit nicht genug: Im gleichen Zimmer steht der Vater des Neugeborenen, Georg Ludwig. Während ich die Tür öffne, streicht er dem Kind zärtlich über den Kopf. Natürlich hat er sofort seine Hand zurückgezogen. Aber glaub nicht, dass er sich schämte. O nein. ›Sophie Dorothea‹, herrschte er mich an. ›Was soll das? Warum spionierst du mir nach? Verschwinde!‹ Du kannst dir vorstellen, dass ich kein Wort herausbrachte. Ich schlug die Tür hinter mir zu und rannte fort, ich wollte einfach nur weg. Weit weg.«

»Du Ärmste, das muss schlimm gewesen sein.«

»Das war es. Dabei wusste ich, dass er zu der Bohnenstange geht. Alle Welt, wie du es ausdrückst, spricht davon. Aber dass er es wagt, in meiner Nähe das Balg zu tätscheln, das hat mich schon sehr verletzt.«

»Du hast Recht, Sophie Dorothea. Das war wirklich unerhört.«

»Ja, und nun kannst du vielleicht auch verstehen, wie glücklich es mich macht, von einem anderen Mann geliebt zu werden, wirklich geliebt.«

Die Herzogin seufzte. »Ich verstehe es wohl. Aber ich weiß auch, dass es nicht gut für dich ist. Du rennst in dein Verderben.«

»Mutter, mein Verderben ist es, an der Seite dieses Menschen leben zu müssen, ungeliebt und verachtet. Das ist mein Unglück. Ich will lieber sterben, als so weiterzuleben.«

»So darfst du nicht reden, Sophie Dorothea. Das Leben besteht nicht nur aus Liebe und Zärtlichkeit. Das Leben hat auch seine harten Seiten, ich habe es selbst erfahren. Aber es kommen auch wieder schöne Tage.«

Im angrenzenden Wald fielen Schüsse, Hundegebell war zu hören, die Jagdgesellschaft kam näher. Obwohl der größte Teil des Himmels immer noch strahlend blau war, schien die Kraft der Sonne nachzulassen. Ein neuer Regenschauer zog auf.

»Warum soll ich auf schöne Tage warten?«, entgegnete Sophie Dorothea. »Endlich weiß ich, warum es sich lohnt, morgens aus dem Bett zu steigen. Ich liebe und werde geliebt, Mutter.«

»Das hört sich alles sehr schön an. Aber was verbindet dich mit diesem Königsmarck denn außer schönen Worten und heimlichen Küssen? Du kennst den Mann doch gar nicht.«

»So darfst du nicht reden, Mutter. Natürlich würde auch ich mir wünschen, mehr Zeit mit dem Grafen zu verbringen. Aber du weißt, dass das nicht geht. Glaub mir, meine Liebe ist kein Luftgebilde, sie ist so real wie dieser Stall dort. Und diese Liebe ist ein Geschenk, ein Geschenk des Himmels, das man nicht mit Füßen zertreten darf.«

»Es ist eine Liebe, auf der kein Segen ruht. Du wirst teuer dafür zahlen müssen.«

»Für diese Liebe ist mir nichts zu teuer.«

»Du redest wie die Schwärmer in diesen italienischen Opern. Aber das Leben ist keine Oper, mein Kind. Du kannst nicht nur deinem Herzen folgen, du musst auch deinen Verstand gebrauchen. Und …«, sie stockte. »Du musst auch an diesen Königsmarck denken. Er steckt bis über beide Ohren in Schulden. Das kann dir doch nicht entgangen sein! Was diesem Mann fehlt, ist nicht die aussichtslose Liebe zu einer verheirateten Frau. Was dem fehlt, ist eine gute Partie, die ihm hilft, wieder aus seinem Schlamassel herauszukommen.«

Sophie Dorothea schüttelte den Kopf. »So darfst du nicht reden, Mutter. Ich ertrage das nicht.«

»Glaub mir, das Beste wäre es, wenn der Oberst die Tochter dieses schwedischen Generals Bielke zur Frau nimmt. Das würde manches erleichtern «

In diesem Moment kehrten die ersten Reiter der Jagdgesellschaft auf den Schlosshof zurück. Höchste Zeit für Mutter und Tochter, ihren Spaziergang zu beenden.

Doch das Gespräch wirkte fort, Sophie Dorothea war so aufgewühlt, dass sie in der Nacht keinen Schlaf fand. Sie wusste, ihre Mutter hatte Recht. Plötzlich bekam sie Angst, den Geliebten ins Unglück zu stürzen. Sie musste Verzicht üben. Noch in der gleichen Nacht wollte sie Königsmarck ihren Entschluss mitteilen, der jetzt nahe der niederländischen Stadt Venlo im Feldlager war.

Dabei musste sie an einen Brief denken, in dem er ihr erst vor einigen Wochen seine Meinung über ihre Mutter mitgeteilt hatte. »Ich halte sie für die falscheste Frau der Welt«, hatte er geschrieben. »Sie sagt mir tausend liebenswürdige Dinge und wendet gleichzeitig ihren ganzen Einfluss auf, mich bei Ihnen schlecht zu machen.«

Damit tat er ihrer Mutter selbstverständlich Unrecht. Doch unbegründet war sein Urteil auch wieder nicht. Denn letztlich lief der Rat ja darauf hinaus, sich von dem Geliebten zu trennen. Und das war doch unmöglich! Allein schon die Vorstellung, Philipp Christoph so lange nicht zu sehen, erfüllte sie mit Schwermut. So schrieb sie noch in der Nacht:

»22. Juni 1692, Bruchhausen
Mein einziges Glück liegt in dieser Einsamkeit darin, stets an Sie denken zu können. Wenn der Pedagogue (ihre Mutter) und der Grondeur (ihr Vater) mit mir sprechen, höre ich gar nicht hin. Meine Gedanken sind nur bei Ihnen.
Wenn ich daran denke, dass noch vier oder fünf Monate vergehen werden, ehe ich Sie wiedersehe, verfalle ich in eine Melancholie, die ich nicht verbergen kann. Tausend trübe Gedanken suchen mich heim, ich fürchte, dass man uns trennt und mir den Weg zum

Glück versperrt. Ich fühle, wie ich am Rande des Abgrundes ste-
he. Mit einem Wort: Wenn Sie wüssten, in welcher Verfassung ich
mich befinde, hätten Sie Mitleid mit mir.«

Im gleichen Brief berichtet Sophie Dorothea auch von der Anwesenheit ihres Schwagers Maximilian. Der Prinz hatte sich von der
Strafaktion nach der Aufdeckung seines Komplotts gegen den Vater bereits wieder erholt. Maxel vergnügte sich bei Jagdausflügen und nutzte die Abwesenheit seines Bruders, um seiner
Schwägerin nachzustellen. Sophia Dorothea versäumte es nicht,
den fernen Geliebten auch hiervon zu unterrichten. Doch sie betonte: »Ich habe ihn selbstverständlich zurückgewiesen, worauf
er sich bitter beklagte und mir böse Vorhaltungen machte.«

Briefe zwischen den Fronten

Es dauerte sieben Tage, bis Königsmark den Brief in seinem niederländischen Feldlager erhielt. Schon am 21. Juni hatte der ungeduldig wartende Kavalier in Venlo einen Brief an Sophie Dorothea geschrieben.

»21. Juni 1692, Venlo
Ich hatte bisher keinen Grund zu der Befürchtung, dass Sie mich vergessen haben. Aber seit der piemontesische und der österreichische Graf angekommen sind, kann ich an Ihrer Unbeständigkeit keinen Zweifel mehr hegen. Grausame Barbarin! Ist das Ihre Absicht, wenn Sie die Herzen der Männer in Fesseln legen? Sie haben es mit einem Mann zu tun, der Sie bis zum Wahnsinn geliebt hat, und Sie haben mich in dem Glauben gewiegt, dass Sie mich ebenso lieben. Ich habe meine Karriere und mein Glück für Sie vernachlässigt, und es reut mich nicht. Aber jetzt behandeln Sie mich so. Es ist unerhört! Glauben Sie jedoch nicht, dass ich dies so hinnehme. Nein, nein, mein Herz ist zu stolz, als dass es sich von Ihnen so hintergehen ließe, ich werde mich rächen oder sterben. Ja, ich werde mich auf eine Art rächen, dass die ganze Welt staunen soll ...«

Und dann verriet Königsmarck, was ihn so eifersüchtig machte: Georg Ludwig, ebenfalls in militärischer Mission in den Niederlanden, hatte ihm bei einem Essen erzählt, wie Sophie Dorothea ihre Zeit gestalte – zum Beispiel mit Komödien, die im Opernhaus gespielt würden. Ganz besonders empörte sich der Graf darüber, dass Sophie Dorothea sich mit Gästen des hannoverschen Hofes amüsierte.

»Sie wollten in Ihren Zimmern bleiben und über meine Abwesenheit weinen. Aber Ihr Zimmer das war das Opernhaus, und Ihre Tränen, die kamen Ihnen, weil Sie zuviel lachen mussten. Und anstatt im Lesen meiner Briefe Trost zu finden, fanden Sie ihn in den Schmeicheleien anderer. Es ist genug, ich kann nicht mehr daran denken.«

Auch der Brief, den Königsmarck vier Tage später schrieb, war mit Vorwürfen gespickt.

»25. Juni 1692, Venlo
Der ins Hauptquartier entsandte Leutnant brachte mir einen großen Packen Briefe mit. Ich war außer mir vor Freude, denn ich glaubte fest, ich würde auch Post von Ihnen darunter finden. Aber ich wurde arg enttäuscht. Es waren nur Briefe von Prinz Ernst, dem Feldmarschall und anderen, aber nichts von der Prinzessin. Die ganze Welt schreibt mir, nur Sie nicht. Aber ich habe schon so viel gesagt, dass ich nichts mehr hinzufügen mag. Nur noch eines: Ich habe erfahren, dass Sie auf dem Ball bei Colt (gemeint ist der britische Gesandte Sir William Dutton Colt) getanzt haben. Ich hoffe auf einen aufklärenden Brief. Doch Sie werden nicht entschuldigen können, dass Sie trotz der Ankunft der Fremden in Hannover geblieben sind. Sollte ich keine Nachricht von Ihnen bekommen, wird dies mein letzter Brief sein.«

Königsmarck konnte nicht wissen, dass bereits mehrere Briefe von Sophie Dorothea zu ihm unterwegs waren. Auch am 25. Juni 1692 schrieb die Prinzessin an ihn. Um zwei Uhr in der Nacht.

»25. Juni 1692, Bruchhausen
Gestern erfuhr ich von dem Tod von Lescours (Armand de Lescours, Hofmeister der Herzogin von Celle und Freund ihrer Hofdame Eleonore). Die Nachricht hat mich sehr bewegt, weil ich dabei an meinen Chevalier denken musste. Er war jung und gesund, und doch ist er jetzt tot. Sie können sich nicht vorstellen, in welche traurigen Gedanken mich diese Nachricht versetzt hat. Ich ängsti-

115

ge mich mehr denn je Ihretwegen. Wenn Sie mich wirklich lieben, so schonen Sie sich für mich. Was soll aus mir werden ohne Sie?«

Sophie Dorothea berichtete im selben Brief, dass ihre Eltern eine Reise planten, ihre Mutter sei leidend und beabsichtige, sich einer Badekur zu unterziehen. »Sie wollen Coeur gauche (Sophie Dorothea) mitnehmen. Ist Chevalier (Königsmarck) einverstanden?«

Wie von Königsmarck verlangt, gab Sophie Dorothea auch in diesem Brief einen Überblick über ihren Tagesablauf:

»Ich habe den ganzen Tag bei meiner Mutter verbracht, mein Vater war auf der Jagd und kam erst spät heim. Nach dem Souper führte er mich auf mein Zimmer. Jetzt ist es zwei Uhr, und ich bin sehr müde.«

Einen Tag später bekam Sophie Dorothea den ersten Brief, den Königsmarck ihr seit seiner Abreise geschrieben hatte. Sie war selig. Doch als sie die ersten Zeilen gelesen hatte, schlug ihre Stimmung um. Sie antwortete noch in der gleichen Nacht.

27. Juli 1692, Bruchhausen
»Ihre Vorwürfe treffen mich hart. Es kränkt mich tief, dass Sie an meiner Treue zweifeln. Als ungerecht empfinde ich es auch, wenn Sie mir Nachlässigkeit beim Schreiben vorhalten. Ich schreibe so oft ich kann. Das Problem liegt darin, dass wir uns an einem so entlegenen Ort befinden. Dadurch ist der Postweg erschwert. Hinzu kommt dieses furchtbare Hochwasser, das nicht weichen will. Es wird uns wohl dazu zwingen, noch eine ganze Woche hier zu bleiben.
Ich bin meistens von morgens bis abends mit meiner Mutter zusammen. Ständig warnt sie mich davor, mich meinen Neigungen hinzugeben. Ich sage dazu nichts als Amen.
Der biedere Chauvet (gemeint ist der cellische Feldmarschall Jeremia Chauvet) sagt, dass es bald zu einer großen Schlacht kommen könnte. Dies erfüllt mich mit großer Sorge. Sie müssen mir

*versprechen, gut auf sich acht zu geben. Sonst könnte ich nicht
mehr ruhig schlafen.«*

Der anhaltende Sommerregen behinderte nicht nur die Feldar-
beit, sondern auch den Feldzug gegen den Sonnenkönig. Der
Krieg wurde zur Schlammschlacht. So waren die Hannoveraner
gezwungen, bei Diest eine Marschpause einzulegen. Immerhin
erhielt Königsmarck hier in seinem Feldlager den ersten Brief
von Sophie Dorothea. Auch er war enttäuscht, vermisste vor allem Berichte über den Kontakt zwischen der Prinzessin und den
»Fremden« in Hannover. Dabei hatte Sophie Dorothea bereits
gehorsam über alles Rechenschaft abgelegt. Doch diese Briefe
waren noch nicht angekommen. Und Königsmarcks Eifersucht
wuchs.

*»29. Juni 1692, bei Diest
Vorgestern hatte ich im Kapuzinergarten eine längere Unterredung mit der Frau meines Oberstleutnants. Sie hat mich wegen
meiner unglücklichen Liebe verspottet und dabei angedeutet,
dass ein anderer – sie wollte den Namen nicht nennen – mehr
Glück hat als ich. Ich kann Ihnen nicht sagen, in welchen Zustand
mich dieses Gespräch versetzt hat. Ich möchte am liebsten sterben – aber als Christ und nicht in meiner Wut, die mir den Verstand raubt.
Sie schreiben mir, wie Sie Ihre Zeit nach dem 13. Juni verbracht
haben, doch der Reformeur (Georg Ludwig) ist bereits am 6. aufgebrochen. Was haben Sie in der Zwischenzeit getan? Sicher waren Fremde in Hannover, denn die Romaine (Herzogin Sophie) hat
Sie ja am 13. Juni mit in die Komödie genommen, und Komödie
wird ja bekanntlich in Hannover nur gespielt, wenn Fremde am
Hofe sind.
Sie schreiben, ›Wir wollen uns ewig lieben‹, doch während Sie das
schreiben, spukt Ihnen nur der kaiserliche Rittmeister im Kopf herum, der wohl eigens aus der Türkei gekommen ist, um Ihre Schönheit zu bewundern, wovon er die Türken in seiner Gefangenschaft
reden hörte! Was für ein verlogener Halunke! In Wirklichkeit ist
dieser Großprahler doch nur nach Hannover gekommen, um ein*

paar Dukaten für seine Ausrüstung zu ergattern, die er im Kampf gegen die Türken verloren hat.«

Wenige Stunden später erhielt Königsmarck weitere Post aus Antwerpen, doch keinen Brief von Sophie Dorothea. Sein Ärger veranlasste ihn zu einem Nachtrag:

> *»Ihre bisher eingetroffenen Briefe sind in weniger als einer halben Stunde zu lesen. Ich muss mich mit Ihrem Porträt trösten, ich stelle mir vor, wie Sie im Bett liegen, wenn ich es betrachte. Ach, ich wäre imstande den Krieg aufzugeben und Bürger von Hannover zu werden, wäre es mir vergönnt, Sie ganz für mich allein zu besitzen.*
>
> *Es geht das Gerücht, dass wir Mons angreifen werden. Ich möchte dort mein Grab finden, sollten Sie mir untreu werden.«*

Zur Eifersucht gesellte sich bei Königsmarck auch die Angst, dass die Affäre ans Licht kommen könnte. Er ermahnte Sophie Dorothea, in Bruchhausen gut auf ihre Briefe achtzugeben – beunruhigt, dass einer ihrer Briefe an ihn nicht mit dem üblichen Siegel verschlossen war, sondern mit einer Art Chiffre. Manches deutete darauf hin, dass die Briefe abgefangen, in einem Geheimkabinett gelesen und dann weitergeleitet wurden.

Um Sophie Dorothea die Gefahr vor Augen zu führen, schilderte Königsmarck ihr, was mit einem Brief geschehen war, den er Prinz Ernst August, dem jüngsten Bruder Georg Ludwigs, geschickt hatte. Der Adjutant Georg Ludwigs hatte den Brief abgefangen und seinem Herrn übergeben. Der Erbprinz habe ihn sofort geöffnet, glücklicherweise jedoch nur die ersten Zeilen gelesen und an den Absender zurückgeschickt.

> *»Großer Schaden hätte wohl kaum entstehen können. Dabei habe ich mich durchaus über einige Hofdamen lustig gemacht. Ein wenig frei geäußert habe ich mich unter anderem über die Choulenbourgen (Georg Ludwigs Mätresse Melusine von der Schulenburg). Was Sie mir über die Dame erzählt haben, hat mich wirklich sehr*

zum Lachen gebracht. Doch gar nicht lustig finde ich es, dass Sie trotz der Fremden in Hannover geblieben sind. Das ist unverzeihlich.«

Schließlich kamen zwei von Königsmarcks Briefen in Bruchhausen an. Statt der ersehnten Liebesbeteuerungen beherrschten jedoch Vorwürfe und Verdächtigungen die Zeilen. Sophie Dorothea machte aus ihrer Enttäuschung kein Hehl.

»30. Juni 1692, Bruchhausen

Beim Lesen all der harten Worte, mit denen Sie mich überhäufen, kann ich meine Tränen nicht zurückhalten. Ich frage mich: Welchen Anlass habe ich Ihnen gegeben, dass Sie eine so schlechte Meinung von mir haben? Wollen Sie mich dafür bestrafen, dass ich Sie mit solcher Ergebenheit geliebt habe? Dass ich alle Freunde, die ich in der Welt hatte, vernachlässigt und mich weder um die Mahnungen meiner Eltern noch um all das Unglück, das mir zustoßen kann, bekümmert habe? Nein, nichts ist mit dem Schmerz vergleichbar, den Sie mir zufügen, und ich könnte es nicht ertragen, dass Sie mich für fähig halten, nicht mehr zu all dem zu stehen, was ich Ihnen gelobt habe.

Sie machen mir lächerlicher Personen wegen Vorwürfe, dass ich sie zu Ihren Nebenbuhlern mache. Die Ehre, die Sie ihnen damit antun, verdienen sie gewiss nicht, und ich schäme mich, dass Sie mich zwingen, Sie ihretwegen zu beruhigen. Ich habe kaum mit dem Piemontesen gesprochen und mit dem Österreicher überhaupt nicht. Ich habe Ihnen mit größter Genauigkeit alles geschrieben, was ich getan habe, und bin bereit, jeden Eid, den Sie wünschen zu schwören, um Sie von meiner Unschuld zu überzeugen.

So glauben Sie es doch endlich und prägen Sie es sich fest ein, dass nichts auf der Welt jemals mein Gefühl für Sie wankend machen kann. Ich liebe Sie mehr, als ich Ihnen zu sagen vermöchte, und selbst wenn Sie mir Veranlassung gäben, es zu bereuen, fühle ich wohl, dass ich nicht ablassen könnte, Sie zu lieben. Aber Sie – Sie wollen Dienste beim Kurfürsten von Bayern annehmen und mich verlassen. Und das wegen eines Hirngespinsts.«

Die Vorhaltungen wühlten sie so auf, dass sie sich auch in den nächsten Briefen noch dagegen zur Wehr setzte. Es sei ihr einfach nicht möglich gewesen, sich dem Ball mit dem englischen Gesandten Colt zu entziehen, beteuerte sie. Als kränkend und ungerecht wies sie den Vorwurf zurück, wegen der Fremden noch so lange in Hannover geblieben zu sein. »Ich habe kaum mit ihnen gesprochen. Und sie waren auch längst schon wieder fort, als ich noch in Hannover war.«

Königsmarcks Mahnung zu größerer Vorsicht verstärkte zudem Sophie Dorotheas Angst vor einer Entdeckung. Diese Angst überschattete auch die bevorstehende Reise nach Celle – an den Ort ihrer Kindheit, den sie jetzt in Begleitung ihrer Eltern endlich wiedersehen durfte.

> »7. Juli 1692, Bruchhausen
> *Wir reisen morgen nach Celle ab, wo ich Briefe von Ihnen zu finden hoffe. Nichts brauche ich im Augenblick dringender, um mich aus meiner quälenden Ungeduld zu befreien. Ich finde keinen Augenblick Ruhe. Ich zittere bei dem Gedanken, dass unser Geheimnis verraten sein könnte. Aber am allermeisten fürchte ich Ihre Hitzigkeit, die jedes vernünftige Nachdenken verhindert. Sie werden mich verlassen, ohne sich auch nur zu vergewissern, ob ich wirklich schuldig bin. Die Unsicherheit, in der ich bin, macht mich ganz unglücklich, niemals habe ich soviel gelitten. Morgen werde ich wissen, woran ich bin.*
> *Wenn ich keinen Brief von Ihnen vorfinde, bin ich verloren. Leben Sie wohl. Niemals hat ein Mensch so geliebt, wie ich Sie liebe. Meine Leidenschaft wächst von Tag zu Tag, und ich werde eher sterben, als Sie verlieren.«*

Die Hoffnung erfüllte sich nicht. Wie geplant, begleitete Sophie Dorothea ihre Eltern nach Celle. Sie war gerührt, als sie ihr altes Schlafgemach wiedersah.

Ihre Mutter hatte es eigens für ihren kurzen Besuch herrichten lassen. Im Alkoven stand ihr früheres Bett mit dem himmelblauen Baldachin, auf einem Stuhl hockte ihre schöne Puppe mit dem Porzellangesicht, und wenn sie aus dem Fenster

sah, blickte sie auf die geliebten Linden und Buchen im Schloss-
garten.

Doch einen Brief des Geliebten erhielt sie auch in Celle nicht.
Schon gleich in der Nacht nach ihrer Ankunft schrieb sie enttäuscht an Königsmarck. Vor allem aber quälte sie die Ungewissheit. War Philipp Christoph ihr untreu geworden? Hatte ihn Verrat verstummen lassen?

Ein wenig Trost verschaffte ihr ein Brief seiner Schwester Maria Aurora. Die »Avanturiere« (Abenteuerin), wie sie in der
heimlichen Korrespondenz genannt wurde, schrieb, ihr Bruder
habe ihr gestanden, wie sehr er seine »Herzdame« liebe. Der
ganze Brief sei voll von Liebesbeteuerungen gewesen. »Nur
schade, dass sie mir den Brief nicht sandte«, schrieb Sophie Dorothea. Sie berichtete dem Geliebten auch von einer Stichelei.
Die »Discret« (Eleonore von dem Knesenbeck) sei von Hofdamen gefragt worden, ob sie sich nicht jetzt mit Königsmarck
schlagen müsse, da der sich so ausgezeichnet mit ihrer Herrin
verstehe.

Noch vier weitere Tage bangen Wartens überschatteten ihren
Aufenthalt in Celle. Am Morgen des 13. Juli kam die Erlösung.
Den Augen der Confidente war anzusehen, dass sie hinter ihrem
Rücken etwas ganz Wunderbares in Händen hielt, als sie ins An-
kleidezimmer der Prinzessin stürmte.

Sophie Dorothea küsste das Siegel. Endlich! Doch bei der Lektüre legte sich die Jubelstimmung schnell wieder. Erneut überzog Königsmarck sie mit seinen Verdächtigungen und Anklagen.
Je öfter sie aber den Brief las, desto mehr las sie Zärtlichkeit
aus den Zeilen. Um Königsmarcks Misstrauen zu zerstreuen,
listete sie ihm noch einmal penibel auf, wie sie in Hannover
ihre Tage zugebracht hatte.

»13. Juli 1692, Celle
Am Sonnabend kam Don Diego (Herzog Ernst August) wie gewöhn-
lich von Herrenhausen nach Hannover zurück, in seinem Gefolge
der Graf, der Sie so beunruhigt. Ich sprach jedoch nur sehr kurz
bei der Tafel mit ihm. Genauso war es am Sonntag, als er nach
dem Konzert unserem Spiel zuschaute …

Gott sei Dank ist mein Gedächtnis besser als das Ihre, denn ließe es mich einmal im Stich, so dass ich Ihnen nicht über jede Kleinigkeit Rechenschaft ablegen könnte, so wären Sie imstande, mich wegen eines Fliegenbeins zu schikanieren.

Noch einmal also in aller Deutlichkeit: Die schönen Augen des Grafen haben keinen Eindruck auf mich gemacht, ich habe aller Gefallsucht entsagt. Ach, Ihre Vorwürfe hinsichtlich meiner Koketterie machen mich ganz krank. So glauben Sie mir doch, ich habe für immer auf sie verzichtet, seit ich mich ganz Ihnen ergab.

Was die Frau Ihres Oberstleutnants von Lützow über mich sagt, kränkt mich zutiefst, wie Sie sich vorstellen können. Ich bitte Sie inständig: Geben Sie nichts darauf, es ist hohles Geschwätz. Und sollten Sie noch einmal mit der Dame sprechen, fragen Sie sie, welcher Kavalier es denn war, dem ich mich genähert haben soll. So wird deutlich werden, dass alles frei erfunden ist.

Wahrscheinlich steckt das »Fernrohr« (die Platen) hinter all dem. Ihretwegen war ich bereits fest davon überzeugt, rettungslos verloren zu sein. Aber auch wenn sich meine Vermutung als wahr herausgestellt hätte, hätte ich nicht den geringsten Gedanken daran verschwendet. Sie allein sind es, der mein Herz mit Sorge und Unruhe erfüllt.«

Endlich erhielt Königsmarck auch die Briefe, die Sophie Dorothea ihm von Bruchhausen aus geschrieben hatte. Am 13. Juli übergab ihm sein Page in Wavre, einem Städtchen zwischen Brüssel und Namur, ein Bündel mit fünf Briefen. Sofort entschuldigte er sich für seine Vorwürfe:

»Juli 1692, Wavre

Bitte verzeihen Sie mir, ich habe Ihnen Unrecht getan. Hätte ich nur so viel Verstand bewiesen wie Sie, dann hätte mir klar sein müssen, dass nicht etwa Ihre Untreue für das Ausbleiben der Briefe verantwortlich war, sondern allein die Säumigkeit der Post. Ich bin einverstanden, dass Sie Ihre Mutter bei der Badereise nach Wiesbaden begleiten, selbst wenn Sie nach Paris gingen, hätte ich keine Sorge. Nein, ich bin froh, dass Sie sich mit Pedagoge (Sophie Dorotheas Mutter) und Grondor (Sophie Dorotheas Vater) gut ste-

hen. Da Ihre Mutter die Partei der »Grosse Dongdong« (die Grä-
fin Platen) ergreift, werden Sie ohnehin keine Ruhe vor ihr haben.
Glücklich stimmt mich auch, dass Sie Prinz Maximilian albern fin-
den. Ich hoffe, dass »Colin« (Maxels Codename) Sie nie mehr be-
lästigen wird.«

Der Kavalier schilderte auch den Alltag im Feldlager. Und die
Schilderungen kreisten nicht nur um den Krieg, sondern erzähl-
ten auch von Vergnügungen. Schließlich befanden sich Männer
an der Seite Königsmarcks, die glanzvolle Abendgesellschaften
und Empfänge gewohnt waren – darunter der hannoversche
Erbprinz Georg Ludwig, dessen jüngster Bruder Ernst August,
Prinz Friedrich von Sachsen (August der Starke), Kurfürst Max
Emanuel von Bayern, der Herzog von Richmond, der englische
König Wilhelm III. und der Graf von Portland. Zudem waren etliche Damen mitgereist. Eine illustre Gesellschaft also, für die
ein Feldzug nicht auf Schlachtfelder begrenzt war, sondern auch
Ballsäle in fremden Städten einschloss. Denn wenn es dieser
Tage in Brabant auch zu einem Gemetzel mit Tausenden von To-
ten kam, so herrschte doch wenige Kilometer entfernt davon
tiefster Frieden.

»Seit sechs Tagen stehen wir nur vier Meilen vor Brüssel, aber ich
habe bisher noch nicht einmal daran gedacht, die Stadt zu besu-
chen. Gestern gab es dort ein großes Fest, das »Fest der Wunder«
genannt. Eigentlich sollte es nur von den Katholiken Brüssels be-
sucht werden. Doch der Kurfürst und alle hohen Herren unserer
Armee sind mit der Postkutsche hingefahren, auch etliche erlauch-
te Damen haben sich angeschlossen. Sogar meine Soldaten sind ge-
fahren. Aber ich habe nicht einmal mit dem Gedanken gespielt. Ich
schwöre es Ihnen, meine Liebste. Wenn ich nach Brüssel fahren
sollte, dann nur, um mir ein Armband mit Euerm Porträt machen
zu lassen.
Der Graf von Portland war übrigens sehr liebenswürdig zu mir. Er
hat mir versichert, dass der englische König viel von mir hält. Aber
ich denke selbstverständlich nicht daran, meinen Vorteil daraus zu
ziehen. Seien Sie versichert: Ich hege keinerlei Absicht, in die

Dienste Wilhelms III. zu treten. Denn alles, was mich noch mehr von Ihnen entfernen könnte, ist mir zuwider.

Erwähnen will ich aber noch, dass das Gespräch, das der Reformeur (Georg Ludwig) gestern mit dem englischen König geführt hat, sehr frostig verlaufen ist. Beide hatten sich offenbar nicht besonders viel zu sagen. Ich war selbst bei dem Gespräch nicht dabei, werde den Reformeur aber morgen zum Kurfürsten von Bayern begleiten.

Prinz Friedrich August (von Sachsen) wird von allen übers Ohr gehauen. Sie betrügen ihn beim Pferdekauf und nehmen ihm beim Kartenspiel sein Geld ab. Er hat schon tausend Pistolen verloren. Es fehlt ihm einfach an einem Ratgeber, und wenn es so weitergeht, wird er sich vollends ruinieren.«

Königsmarck wartete zwei Tage mit der Versendung, um Sophie Dorothea – in aller Bescheidenheit – auch einen Bericht von seinem Besuch beim englischen König geben zu können. So steckte er in das Kuvert zu dem Brief vom 13. Juli noch einen Nachtrag vom 15. Juli 1692.

»Gestern bin ich bei der Großen Armee gewesen. Wir haben dem Kurfürsten von Bayern unsere Aufwartung gemacht und sind danach erneut mit dem englischen König zusammengetroffen, der einen Spaziergang durch das Feldquartier machte. Um ihn war ein zahlreiches Gefolge von vornehmen Herrschaften, die aber alle recht unbedeutend aussahen. Wir erfuhren, dass wir bald zur Hauptarmee stoßen werden. Dies scheint den Reformeur (Georg Ludwig) mit großer Sorge zu erfüllen. Er hat große Mühe, seine Truppen zu regieren. Das zeigt, dass er nicht in der Lage ist, eine Armee zu führen. Ich hoffe, ich habe bald Gelegenheit, Ihnen mündlich mehr davon zu berichten.

Der bayerische Kurfürst erwies mir viel Aufmerksamkeit. Sein Benehmen war von vollkommener Höflichkeit und Freundlichkeit. Doch ich werde auch hieraus keinen Vorteil ziehen, sondern Ihnen treu bleiben. Nur Ihre Briefe und Ihr Porträt können mich über die lange Trennung hinwegtrösten.«

Am gleichen Tag war auch Sophie Dorothea mit einem Brief beschäftigt. Sie hatte ihrer Mutter mitgeteilt, dass sie müde sei und schlafen wolle und sich gleich nach dem Abendessen in ihr Schlafgemach zurückgezogen. Sie kleidete sich auch tatsächlich aus und schlüpfte in ihr Nachtgewand. Sie dachte aber gar nicht daran zu schlafen. Sie öffnete das Fenster, sodass sie die Nachtigall hören konnte, die in einer Linde des Celler Schlossparks sang. Sophie Dorothea fühlte sich zurückversetzt in ihre Kindheitstage. Der hannoversche Hof mit seinen Intrigen und Zwängen war weit weg. Wie von selbst bewegten sich ihre Gedanken dem Geliebten zu. So zog sie aus ihrer Kommode seinen letzten Brief, las ihn wieder und wieder und sah seine Vorhaltungen plötzlich in einem ganz anderen Licht. Dies musste sie ihm schreiben:

> *»15. Juli 1692, Celle*
> *Monsieur!*
> *Ich lese immer wieder Ihren Brief, alles in ihm gefällt mir, sogar Ihre Zornausbrüche und eifersüchtigen Einbildungen. Nur schonen Sie bitte Ihr schönes Haar. Die Locken stehen Ihnen zu gut, als dass sie der Schere zum Opfer fallen sollten.«*

Kaum hatte sie den Satz beendet, hörte sie Schritte. Es gelang ihr gerade noch, das Papier umzudrehen, bevor ihre Mutter hereinkam.

»Sophie Dorothea, ich hoffe, ich störe nicht. Ich wollte nur sehen, wie es dir geht. Du bist nach dem Essen so plötzlich verschwunden. Ich habe mir Sorgen gemacht.«

»Ach, dazu besteht wirklich kein Anlass, Mutter. Mir geht es gut. Die Nachtigall, hörst du, die Nachtigall, sie ließ mich nicht schlafen, und da habe ich noch ein wenig gelauscht und versucht, meine Empfindungen festzuhalten.«

Sie spürte, dass sie zitterte. Sie fürchtete, ihre Mutter würde nun auch lesen wollen, was sie da geschrieben hatte. Doch die Angst war übertrieben.

»Das ist schön, mein Kind«, erwiderte die Mutter. »Aber du siehst nicht gut aus. Fühlst du dich krank? Soll ich dir den Leibarzt schicken?«

»Oh, nicht nötig. Mir geht es gut, ich bin nur ein wenig müde.«

»Dann will ich dich nicht länger stören, schlaf gut, mein Kind. Gute Nacht.«

»Gute Nacht, Mutter.«

Kaum war ihre Mutter gegangen, setzte Sophie Dorothea ihren Brief fort. Sie berichtete dem Geliebten gleich von der Störung.

»Mein Herz klopft immer noch heftig, ich habe mich von dem Schrecken noch nicht erholt. Wahrscheinlich werde ich die ganze Nacht nicht zur Ruhe kommen. Dabei habe ich schon in der vorigen Nacht kaum geschlafen, da waren meine Gedanken bei Ihnen, und die Gedanken an Sie sind selbstverständlich angenehmer als der Schlaf.

Noch einmal: Der piemontesische Graf, der Sie so beschäftigt, ist mir lästig; ich kann es mir nicht versagen, noch einmal von ihm zu sprechen, obwohl er es nicht wert ist. Und ich schwöre Ihnen noch einmal, dass ich nicht die kleinste Unterhaltung mit ihm hatte, noch auch die geringste Lust zu einer solchen. Sie sollten sich schämen, sich wegen Leuten zu beunruhigen, die es nicht verdienen, dass man sie beachtet. Sie sollten Ihren eigenen Wert besser kennen. Sie stehen zu hoch über allen Menschen, als dass Sie einen Nebenbuhler fürchten müssten …«

Als sie fertig war, legte sie sich ins Bett. Noch einmal las sie die letzten Briefe, die Königsmarck ihr geschrieben hatte. Plötzlich wieder Schritte. Hastig stopfte sie die Briefe unter die Bettdecke und mühte sich, ihre Aufregung zu verbergen, als erneut ihre Mutter ans Bett trat.

»Ich bin einfach nicht zur Ruhe gekommen, ich habe mir Sorgen um dich gemacht. Du gefällst mir nicht, Sophie Dorothea. Sag mir, wenn dir etwas fehlt, versprichst du mir das?«

»Keine Angst, es ist alles in Ordnung. Ich kann nur nicht schlafen. Vielleicht ist es der Krieg in Brabant, der mich beunruhigt. Hier ist es so friedlich und still, und dort werden vielleicht bald Menschen sterben.«

»Es hat keinen Sinn, sich wegen dieses Feldzuges zu ängstigen, mein Kind. Und ich denke auch, dass alles gut werden wird. Wichtig ist nur, dass du gesund bleibst. Versuche also zu schlafen.«

Sophie Dorothea atmete auf, als sie endlich wieder allein war.

»Ich starb fast vor Angst«, schrieb sie Königsmarck. »Ich hasse diese Überraschungen, aber ich kann sie nicht verhindern.«

Die Schlacht bei Steenkerke

Bedrohungen ganz unterschiedlicher Art überschatteten die heimliche Liebe. Sophie Dorothea hatte Angst, entdeckt zu werden, und sie hatte Angst, ihren Geliebten im Krieg zu verlieren. Aus einem Brief Georg Ludwigs erfuhr sie, welche Gefahren sich mit der Schlacht bei Namur verbanden. Tief beunruhigt schrieb sie daraufhin an Königsmarck:

»Welche Qualen hat diese Nachricht über mich gebracht! Großer Gott! Ich denke an Euch, der Ihr in einer solchen Gefahr seid. Wie kann ich ruhig sein, wenn alles, was ich liebe, tödlicher Bedrohung ausgesetzt ist? Ich bete für Euch unzählige Gebete. Lebt wohl!«

Die Sorge war begründet. Nach dem Tanz in Brüssel stand ein ganz anderer Tanz bevor. Eine der verlustreichsten Schlachten des Jahrhunderts warf ihre Schatten voraus – die Schlacht bei Steenkerke. Der oberste Heerführer der Alliierten, der englische König Wilhelm III., war fest entschlossen, die Truppen Ludwigs XIV. vernichtend zu schlagen. Am Vorabend der Schlacht zog Königsmarck sich in sein Zelt zurück, um Sophie Dorothea die Situation zu schildern.

»2. August 1692, Lager von Hal
Ich hatte eigentlich vor, Ihnen morgen zu schreiben und Ihnen auf die Briefe, die ich mit der gleichen Post erhalten habe, in einem zu antworten. Doch ich sehe mich des Vergnügens verlustig gehen, da der König den Entschluss gefasst hat, morgen die französische Armee anzugreifen, die zwei Stunden von uns entfernt bei dem Ort Enghien steht. Zu jeder anderen Zeit hätte mich diese Nachricht

gefreut. Ich habe mein Leben hundertmal aufs Spiel gesetzt, aus Torheit oder aus Übermut, und ich kenne mich genug, um zu wissen, dass der Tod mich nie geschreckt hat – aber meine Göttin, was aus mir einen Hasenfuß macht, ist die Angst, Sie nicht wiederzusehen.

Glauben Sie dennoch nicht, dass Sie einen Hasenfuß zum Geliebten haben. Nein, meine Liebste. Da es nun einmal heißt, in die Schlacht zu gehen, werde ich mich mit Anstand schlagen, und ich hoffe sogar mit Auszeichnung. Aber, mein Herz, vergönnen Sie mir eine Bitte: Wenn mein Schicksal es so böse mit mir meinen sollte, dass ich einen Arm oder ein Bein verliere, so vergessen Sie mich nicht, und haben Sie ein wenig Güte für einen Bedauernswerten, dessen einzige Wonne es war, Sie zu lieben – für einen Menschen, der eine aufrichtige Anhänglichkeit für Sie empfunden hat und immer empfinden wird, wenn auch seine blindgeschossenen Augen, die von Ihnen so bezaubert waren, Sie vielleicht nicht mehr sehen werden.

Es schlägt zwölf Uhr vom Turm in Hal. Man schleppt schon Kugeln, Pulver und Lunten herbei. Das ist das Vorspiel für das Stück, das wir morgen spielen werden. Die Pflicht ruft mich, leben Sie wohl, mein liebenswürdiges Kind. Ach, wie bin ich zu beklagen.«

Kaum war die Tinte trocken, fielen die ersten Schüsse. Noch bevor der Morgen graute, begann der englische König seinen Überraschungsangriff. Von drei Seiten nahmen an diesem 3. August des Jahres 1692 seine alliierten Truppen die Franzosen in die Zange. Anfangs schienen sie mit ihrer Offensive auch Erfolg zu haben. Der französische General Luxemburg sah sich einer erdrückenden Übermacht gegenüber. Doch er wich nicht zurück, sondern forderte Verstärkung an. Die Franzosen leisteten erbitterten Widerstand. Die Kämpfe zogen sich den ganzen Tag lang hin, ohne dass eine Seite einen entscheidenden Vorteil erringen konnte. In vorderster Front fochten die Truppen der Engländer. Ihr Befehlshaber hatte offenbar die Stärke und Entschlossenheit des Gegners unterschätzt. Fünf englische Regimenter wurden auf dem Schlachtfeld bei Steenkerken förmlich in Stücke gehauen, niedergemäht von Säbeln und Bajonetten. Ein Blutbad ohnegleichen. Mehr als 14 000 Männer fanden in der Schlacht den Tod. Auch 7000 Franzosen wurden getötet oder schwer verwundet, doch die Truppen des Sonnenkönigs errangen am Ende den Sieg.

Der hannoversche General Georg Ludwig immerhin hielt seine Leute in Reserve und bewahrte sie so vor dem Gemetzel. Die Regimenter aus Celle dagegen kämpften – und erlitten hohe Verluste.

Durch einen Eilkurier erreichte die traurige Nachricht schon zwei Tage später den Celler Hof. »Die Enttäuschung hier ist riesig«, schrieb der englische Gesandte Colt nach London. »Man hatte mit einem Sieg gerechnet. Aber nun wird berichtet, dass ein Großteil ihrer Soldaten gefallen ist, viele ihrer Offiziere getötet oder verwundet wurden. Zahlreiche Menschen hat die Angst um Freunde in große Sorgen gestürzt.«

Auch Sophie Dorothea sorgte sich. Was war mit Philipp geschehen? Viele Tage wartete sie auf ein Lebenszeichen. In ihrer Angst schrieb sie einen Brief an den Mann, von dem sie hoffte, dass er noch lebte.

»Celle, 8. August 1692
Gleich nach dem Aufwachen habe ich erfahren, dass eine furchtbare Schlacht stattgefunden hat und Sie daran beteiligt waren. Stellen Sie sich vor, wie aufgewühlt ich bin. Jeder, der mich sieht, spürt es, denn ich kann meine Gefühle nicht verbergen. Ich bin in unvorstellbarer Sorge. Ich werde nicht ruhig schlafen können, bevor ich weiß, dass Sie außer Gefahr sind. Es scheint mir, als wäre jedes Gewehr auf Sie gerichtet. Großer Gott, was soll aus mir werden, wenn Ihnen etwas zustößt? Würde ich davon erfahren, würde ich jede Selbstbeherrschung verlieren und zu Ihnen eilen, um Sie zu pflegen und nie mehr zu verlassen.
Ich flehe Sie an: Setzen Sie mich in Zukunft nicht mehr solchen Ängsten aus – verlassen Sie mich nie mehr. Wenn Sie mich wirklich lieben, verbringen Sie den Rest des Lebens mit mir, lassen Sie uns ein Glück erschaffen, das im andern wohnt und von niemandem zerstört werden kann.

*Ich habe nicht das Herz, weiter zu schreiben. Ich bin so außer mir,
dass ich kaum mehr weiß, was ich schreibe. Ach, ich habe schon
so viele Tränen vergossen, seitdem Sie fort sind. Ich hasse König
Wilhelm, der der Grund von all dem ist. Was für eine Pein bereitet er mir, wenn er das Einzige auf der Welt, das ich liebe, so in
Gefahr bringt! Passen Sie auf sich auf! Denken Sie daran, dass
mein Leben mit dem Ihren verbunden ist. Sollten Sie sterben, würde ich keinen Augenblick weiterleben.«*

Auch am nächsten Tag ließ sie ihrem Ängsten wieder freien
Lauf: »Ich habe die ganze Nacht kein Auge zugemacht«, schrieb
sie. »Ich fühle mich so niedergeschlagen und schwermütig, dass
jeder mich für krank hält. Ich flehe Sie an im Namen der Liebe:
Setzen Sie mich nie mehr solchen Qualen aus, lassen Sie mich
nie mehr allein.«

Unterdessen war bereits ein Brief des Geliebten unterwegs.
Noch am Abend nach der verheerenden Schlacht hatte Königsmarck ein Lebenszeichen nach Celle geschickt.

»Hal, 3. August

*Ich bin noch einmal davongekommen. Unsere Truppen sind gar
nicht im Gefecht gewesen. Doch ich meldete mich freiwillig, um
Prinz Ferdinand Wilhelm von Württemberg zu begleiten und geriet so in das furchtbarste Feuer, das Sie sich vorstellen können.
Der Prinz forderte mich auf zu gehen, doch als einziger Freiwilli-
ger durfte ich mich natürlich nicht schonen.*

*Der Herzog von Celle hat leider sehr viele Männer verloren. Aber
ich will Ihnen nicht mehr darüber berichten, denn wahrscheinlich
haben Sie schon aus anderen Quellen davon erfahren. Eines aber
will ich Ihnen noch sagen: Gerade als wir losmarschierten, erhielt
ich einen neuen Brief von Ihnen. Ich trug ihn vor meinem Herzen
wie ein Schutzschild, bis die Schlacht vorbei war, und ich glaube,
es ist Ihr Brief gewesen, der mir das Leben gerettet hat.*

*Ich will Ihnen noch von einer Vorkehrung berichten, die ich am
Vorabend der Schlacht getroffen habe. Ich verschnürte all meine
Briefe von Ihnen zusammen mit Ihrem Porträt zu einem Paket und
übergab es meinem Offizier Daniel – mit der strikten Anweisung,*

es sofort zu verbrennen, falls ich getötet werden sollte. Aber wel-
che Freude! Ich kann die Briefe noch lesen, und meine Augen wer-
den das Vergnügen haben, in die Ihren zu blicken.«

Drei Tage, nachdem der Eilkurier dem Celler Hof die schreckli-
chen Nachrichten aus Brabant überbracht hatte, erhielt Sophie
Dorothea schließlich den erlösenden Brief Königsmarcks – zusammen mit dem anderen, den er am Vorabend der Schlacht geschrieben hatte. Sie antwortete gleich in der nächsten Nacht.

»Celle, 11. August
Welche Freude, Sie außerhalb der Gefahr zu wissen! Man muss lie-
ben wie ich liebe, um so zu fühlen. Ich verbrachte zwei Tage und
zwei Nächte in tödlichen Ängsten. Und jetzt gleich zwei Briefe auf
einmal! Ich bin überglücklich.
Aber ich muss auch mit Ihnen schimpfen, dass Sie sich ohne Not
der Gefahr ausgesetzt haben. Was habe ich Ihnen getan, dass Sie
mich so leichtfertig quälen? Wäre es nicht Ihre Pflicht gewesen,
sich für mich zu schützen? Ich habe nichts dagegen, wenn Sie Ihre
Ehre verteidigen, doch ich kann Ihnen nicht verzeihen, wenn Sie
unüberlegte Dinge tun wie ein verrückter Knabe. Was soll denn
aus mir werden, wenn ich Sie verliere? Denken Sie nie darüber
nach, dass mein Leben mit dem Ihrigen vollständig verbunden ist?
Ich hoffe, der Feldzug ist bald zu Ende.
Ohne Sie wäre mir das Leben unerträglich, und vier nackte Wän-
de würden mich glücklicher machen als ein Leben in der Welt.
Doch Gott sei dank bin ich jetzt frei von solch traurigen Gedanken.
Der gesamte Hof hat mich heute zu meiner heiteren Stimmung be-
glückwünscht. Die Dummköpfe glauben, der Reformeur (Georg
Ludwig) wäre der Grund dafür. Doch um Ihnen die Wahrheit zu sa-
gen: Ich habe nicht einen einzigen Gedanken an ihn verschwendet.
Ich bin unbeschreiblich froh darüber, dass Sie mir wieder freund-
lich gesonnen sind. Lassen Sie es immer so sein. Sie sind faszinie-
rend, liebenswürdig und vertrauensvoll – was kann eine Frau sich
mehr wünschen! Der einzige Wunsch, den ich habe, ist, Sie bald
zu sehen.

Gute Nacht. Es ist spät. Doch ich finde so viel Freude daran, Ihnen zu schreiben, dass ich noch die ganze Nacht damit fortfahren könnte. Aber die Confidente schläft gleich ein. Ich muss sie ins Bett schicken.

Lieben Sie mich so wie ich Sie liebe. Ich bin glücklicher, als Worte es ausdrücken könnten.«

Zerstreuungen nach der Schlacht

Verwesungsgeruch hing über dem Schlachtfeld von Steenkerken. Zerfetzte Leiber faulten unter der Sonne von Brabant. Die Überlebenden schafften es nicht, ihre toten Kameraden unter die Erde zu bringen. Verletzungen und Krankheiten machten ihnen zu schaffen, Vorbereitungen für eine neue Schlacht hielten sie in Trab. Der Schweiß lief den Soldaten in Strömen über die verdreckten Körper. Lähmende Hitze lag über dem Land – drückende Schwüle, die jeden Marsch zur Tortur werden ließ.

Die obersten Befehlshaber dagegen amüsierten sich schon wieder. Gleich am Abend nach der Schlacht war eine Gruppe um Friedrich August, dem Kurprinzen von Sachsen, in ein Bordell nach Brüssel gezogen. Königsmarck hatte sich dem Trupp angeschlossen und dem Champagner zugesprochen, dann aber angeblich darauf verzichtet, bei der anschließenden Orgie mitzumachen. Glaubt man seinem Brief, den er am 6. August 1692 Sophie Dorothea schrieb, tat sich besonders der Herzog von Richmond (Charles Lennox, der uneheliche Sohn des früheren englischen Königs Karls II.) dabei hervor.

> *»Er und Friedrich August trieben es toll mit den Dirnen. Nachdem sie alle möglichen Schweinereien durchprobiert hatten, wollte der Herzog von Richmond die Mädchen zwingen, es sich von einer Deutschen Dogge besorgen zu lassen. Sie verstehen mich. Ich meine, das heißt doch, die Ausschweifung etwas weit zu treiben ...«*

Immer wieder berichtete Königsmarck in seinen Briefen vom Herzog von Richmond, der sich mit derben Späßen und Alkoholexzessen in Szene setzte. Auch als Philipp Christoph am 3. September mit dem englischen König und anderen Noblen einen Spaziergang machte, torkelte der Herzog angeblich neben den Herrschaften her: »Er war voll wie eine Haubitze und trieb tausend Narrheiten.«

Auch Königsmarck nahm teil an solchen Besäufnissen. In seinen Briefen stellte er sich dagegen als Sittenwächter dar. So schrieb er am 16. September 1692 im Feldlager von Deynze, einem Ort in Ostflandern bei Gent:

>*Der Herzog von Richmond macht sich einen Spaß daraus, sich zu besaufen, und erfindet ganz neue Flüche. Neulich als ich mit ihm beim Grafen Egmont speiste, fluchte er abscheulicherweise: ›Beim Bauche Gottes, vollgestopft mit Aposteln.‹ Da haben Sie, woran sich unsere Jugend vergnügt. Ich bin ihr Schulmeister und spare nicht mit Tadel.*«

Auch nach einem Bordellbesuch mit dem Kurfürsten von Bayern mühte er sich, seine Sittsamkeit zu betonen:

>*Ich beschränkte mich aufs Essen und Trinken, der Kurfürst dagegen zog die armen Mädchen auf, bis ihnen die Tränen kamen. Sie wussten nicht, wer er war und sagten ihm tausend Unverschämtheiten, das ging so bis zwei Uhr nachts …*«

Und Königsmarck wird nicht müde, seine Treue und sexuelle Enthaltsamkeit hervorzuheben:

>*Ich habe Ihnen berichtet, dass ich betrunken gewesen bin. Glauben Sie aber deswegen nicht, dass ich fähig wäre, Ihnen untreu zu sein. Nein, mein Engel, nie ist mir auch nur der Gedanke daran gekommen. Daraus können Sie ersehen: Der einzige Grund, weshalb ich mich manchmal betrinke, ist, einen Vorwand für irgendeinen Schabernack zu haben.*«

An einem dieser Lagerabende stieg der Alkoholpegel derart, dass Philipp Christoph sich dazu verleiten ließ, seinen Saufkumpanen ein Lied vorzusingen, das er auf seine »Schöne« gemacht hatte.

»Wie heißt sie denn?«, fragte ihn einer der Kameraden.

»Léonisse«, gab Königsmarck zur Antwort – der Name einer Frauengestalt aus einem Roman von Jean de Bourbon, den der Graf auch in seinen Briefen als Decknamen für Sophie Dorothea benutzte.

»Wie hübsch«, erwiderte der Graf von Richmond. »Aber wir stoßen erst auf deine Léonisse an, wenn du das Glas zu userm Wohl erhoben hast.«

»Also, zum Wohle denn, ihr Lieben«, entgegnete Königsmarck, und mit großem Hallo ließ die Runde die geheimnisvolle Léonisse hochleben.

»Auf die unbekannte Schöne.«

Königsmarck versetzte der Umtrunk in eine so übermütige Stimmung, dass er ein rotes Bändchen, das er immer in seiner Taschenuhr trug, in seinem Weinglas versenkte, ein Andenken an Sophie Dorothea. Obwohl das schmutzige Band das Weinaroma nicht eben verfeinerte, genoss er den so veredelten Trunk mit ausladender Gebärde.

Bei solchen Zerstreuungen am Rande des Krieges freundete sich Königsmarck besonders mit Friedrich August von Sachsen an, der während des Feldzugs weniger durch militärische Heldentaten als durch private Fehlleistungen auffiel. In den Briefen aus Flandern konnte Sophie Dorothea sich ein genaues Bild von den Eskapaden des Prinzen machen. In einem Bericht vom 21. August 1692 war über August zu lesen:

»Als er einem Hammel den Kopf abschlagen wollte, hat er sich mit seinem Säbel verletzt und eine große Kopfwunde davongetragen. Ich besuche ihn täglich, er fühlt sich elend und liegt in einem schmutzigen Bett. Mit all den Bandagen um den Kopf und seinem grässlich zugerichteten Mund ist er kein erfreulicher Anblick. Aber er gehört zu der guten Sorte Prinzen. Ich wünschte, er würde Kurfürst, ich würde dann sehr bei ihm in Gnaden stehen.«

Königsmarcks Hoffnungen sollten sich erfüllen – zumindest teilweise. Schon bald trat sein Freund als Kurfürst von Sachsen die Nachfolge seines Vaters an und machte als August der Starke von sich reden. Den Feldzug in Flandern dagegen verließ er nicht als Held, sondern als Verlierer.

»Er ist abgerückt, ohne irgendjemandem auch nur ein Sterbenswörtchen zu sagen«, schrieb Königsmarck. »Seine Schulden summieren sich auf 15 000 Pistolen, 8000 davon schuldet er mir. Viele sind darum sehr schlecht auf ihn zu sprechen. Aber ich schätze ihn weiterhin sehr, obwohl sein Betragen teuflisch schlecht ist und er nicht gerade sehr viel Geist besitzt. Auch bei den Brüsseler Damen hat er nicht besonders viel Beifall gefunden. Sie sind gut beraten, wenn Sie ihm ebenfalls den Ihren versagen.«

Genüsslich schilderte Königsmarck in einem seiner nächsten Briefe, dass es Friedrich August nur mit großer Mühe gelungen sei, aus Brüssel zu flüchten. Denn dort wurde der hochverschuldete Prinz von einer aufgebrachten Menge bedrängt, weil er einem Juwelier angeblich ein Pulver gegeben hatte, das den Mann verrückt machte.

Zur Schadenfreude hatte Königsmarck aber keinen Grund, denn auch er verspielte ein Vermögen. Als Sophie Dorothea davon erfuhr, machte sie ihm keinerlei Vorhaltungen, sondern sprach ihm sogar ihr Mitgefühl aus: »Man kann nicht überall Glück haben. Möge Sie das Glück der Liebe über das Unglück im Spiel hinwegtrösten.«

Die Prinzessin machte sich unterdessen auf eine lange Reise. Sie begleitete ihre Mutter zu einer Kur ins Herzogtum Nassau. Auf dem Weg nach Wiesbaden machte die illustre Reisegesellschaft Station in Einbeck – Gelegenheit für Sophie Dorothea, endlich einen Brief an den Geliebten in Flandern zu schreiben. Darin bat sie um Verständnis, dass sie vorerst keine detaillierten Angaben über den Ablauf der vergangenen Tage machen könne. »Die Briefe könnten verloren gehen und in falsche Hände geraten«, schrieb sie. »Außerdem gibt es auch nicht sehr viel zu berichten.

Außer Essen, Trinken und Schlafen hat sich auf dieser Reise bisher nicht viel ereignet.«

Nach zwölf Tagen schließlich war das Reiseziel erreicht: Wiesbaden – ein verschlafener Kurort mit einigen Thermalquellen und vielen alten Leuten. Erschöpft quartierte sich Sophie Dorothea mit ihrer Mutter und den Hofdamen in einer abgelegenen Villa ein. »Wir befinden uns hier in einer wahren Einöde«, schrieb sie am 21. August 1692 an Königsmarck. »Das Haus gleicht einem Kloster, und hier ist niemand anders als wir. Sie können daher ganz beruhigt sein. Aber auch wenn die ganze Welt hier wäre, hätten Sie nichts zu befürchten.«

Und Sophie Dorothea ließ durchblicken, dass auch ihr Eifersucht nicht fremd war. Kurz bevor sie in Wiesbaden eingetroffen war, hatte ihr nämlich ein Eilbote einen Brief der Herzogin Sophie Charlotte von Sachsen-Eisenach übergeben, eine Verehrerin Königsmarcks, deren Aufdringlichkeit Sophie Dorothea schon eine ganze Weile ärgerte. Und nun besaß diese Dame, sie wird in den Briefen als »Marionette« geführt, auch noch die Unverfrorenheit, die Prinzessin um ein Treffen auf der Messe in Frankfurt zu bitten. Sophie Dorothea war empört: »Was bezweckt diese kleine Frau? Ich habe nichts mit ihr zu schaffen! Vielleicht will sie mich ins Unglück stürzen, sodass sie Sie ganz allein für sich hat. Aber sie soll nicht denken, dass ich etwas mit einer Idiotin wie ihr zu tun haben will, die sich dem nächstbesten Manne hingibt.«

Königsmarck versuchte seine »süße Dicke« im nächsten Brief zu beruhigen: »Was mir Friedrich August von der ›Marionette‹ erzählte, hat mich nicht sonderlich beeindruckt. Ich war ihrer schon vorher überdrüssig. Ihre Methoden entlarven sie als die Sorte Frau, die sie in Wirklichkeit ist.«

Gleichzeitig fürchtete der Kavalier in Kriegsdiensten, dass die Prinzessin ihn während ihrer Badereise vergessen könnte, und er war beunruhigt, weil Sophie Dorothea in Frankfurt mit dem Bruder der »Marionette« zusammentreffen würde, mit Herzog Friedrich Karl von Württemberg, der einst zu Sophie-Dorotheas Heiratskandidaten gezählt hatte. Mit bitterer Ironie empfahl Königsmarck seiner »Brünetten«, sich die gute Laune nicht durch Berichte von der Front verderben zu lassen. Denn: »Tränen und Traurigkeit passen nicht zu Messen und Bädern.«

Doch während Philipp bei König Wilhelm III. zu einem opulenten Frühstück geladen war, langweilte Sophie Dorothea sich in Wiesbaden. Entsprechend gereizt antwortete sie:

> »Wiesbaden, 30 August
>
> Vielleicht irre ich mich, aber ich sehe einen erheblichen ironischen Unterton in Ihrem Brief, der von Freundlichkeit weit entfernt ist. Da Sie mir offensichtlich unterstellen, ich sei nur hergekommen, um einen Kavalier zu treffen, sage ich Ihnen in aller Deutlichkeit: Ich verspüre keinen Wunsch, hier einen Mann zu treffen. Und es fällt mir auch nicht sonderlich schwer, Begegnungen solcher Art in Wiesbaden aus dem Weg zu gehen, denn es gibt keinen einzigen gut gekleideten Herrn in diesem Ort. Sie haben also keinerlei Grund, mich zu verdächtigen. Hier der Ablauf des gestrigen Tages: Ich spielte den ganzen Tag Karten mit meiner Mutter, ich verbrachte lange Zeit im Bett, ich machte mit den Damen einen Spaziergang, ich speiste zu Abend und ich ging ins Bett. Ich hoffe, Sie sind zufrieden.«

Schon vorher hatte Sophie Dorothea geklagt, wie langweilig die Menschen in Wiesbaden seien. »Wenn Sie einen Ort gesucht hätten, um mich vor der Welt zu verbergen, hätten Sie keinen besseren finden können als dieses Nest«, schrieb sie. »Es gibt hier keine Menschenseele, mit der es sich zu sprechen lohnte, und die Leute in unserer Umgebung sind alles andere als lebhafte Unterhalter.«

Nicht einmal in ihrer »Confidente« fand sie dieser Tage Trost. Denn Eleonore von dem Knesebeck hatte sich mehrere Tage wegen Unwohlseins ganz zurückgezogen. »Hier sind so viele kranke Leute, dass ich fürchte, bald selbst auch krank zu werden«, schrieb sie. Das einzige Vergnügen, das sie sich mit ihrer Mutter gönnte, war ein Besuch der Frankfurter Messe, die nur wenige Meilen entfernt war – keine Verkaufsschau, sondern mehr ein Jahrmarkt der oberen Schichten, ein Treffpunkt der vornehmen Welt. Doch die Stippvisite in Frankfurt verlief enttäuschend und wurde zusätzlich getrübt durch eine Verabredung mit der »Marionette«.

Einen Tag vor dem Treffen erstattete Sophie Dorothea dem Geliebten an der Front einen Zwischenbericht.

>*Frankfurt, 14. September 1692*
Seit zwei Stunden bin ich hier. Die Pédagogue (ihre Mutter) ist bei der Herzogin von Tarento abgestiegen, wo ich nur langweilige Gesichter gesehen habe. Von dort gingen wir auf die Messe, ohne jedoch irgend jemand aus unseren Kreisen zu treffen. Die Marionette und ihre schöne Halbschwester sind hier. Ich sehe sie aber erst morgen, worüber ich mich sehr freue. Denn so werde ich mich ausruhen können. Das habe ich dringend nötig, da ich die ganze Nacht kein Auge zugetan habe. Die halbe Nacht habe ich damit verbracht, Ihnen zu schreiben, und die andere Hälfte, mich über die abscheuliche Stelle in Ihrem Brief zu grämen. Ich bitte Sie sehr dringlich, mir nicht wieder ähnlichen Anlass zu solchem Kummer zu geben, denn ich bin sehr empfindlich in diesem Punkt ... Ich hoffe, dass ich weder den Landgrafen noch sonst jemanden zu sehen brauche, jedenfalls habe ich kein Verlangen danach.«

Königsmarck misstraute den Berichten. Er argwöhnte nach wie vor, dass Sophie Dorothea, in Frankfurt ihren Verehrer, Herzog Friedrich Karl von Württemberg, treffen wollte, und er machte ihr wütende Vorhaltungen. Sogar in einem Brief an Eleonore von dem Knesebeck beklagt er sich über die »Lustreise« nach Frankfurt: »Sie irren sich nicht: Der Messebesuch ärgert mich. Besonders, weil ich so gebettelt und gebeten hatte, dass sie nicht fahren sollte. Ich finde es wirklich nicht gerecht: Hat sie mich nicht gedrängt, nicht so oft nach Brüssel zu fahren?«

Der einzige Lichtblick für Philipp war, dass sich die Badereise allmählich dem Ende näherte. Das gleiche galt für den Feldzug. So hofften beide auf ein baldiges Wiedersehen. Doch auch Ende September war für Königsmarck immer noch nicht absehbar, wann er nach Hannover zurückkehren würde. Er fürchtete, dass er von Sophie Dorothea getrennt werden sollte. Um das zu verhindern, wollte er beim hannoverschen Oberbefehlshaber Podewils eine Besuchsgenehmigung erbitten. Doch die Chancen standen nicht gut. Gewarnt war er bereits durch seine Schwestern. Sie waren von Podewils im Namen des Herzogs aufgefordert worden, einen Bogen um Hannover zu machen, als sie die Absicht äußerten, bei einer geplanten Reise von Hamburg nach Quedlinburg in der Residenzstadt eine längere Ruhepause einzulegen. Als Grund gab Podewils an, Maria Aurora, die ältere Schwester Königsmarcks, habe während des letzten Karnevals am hannoverschen Hof Unfrieden gestiftet – ein Vorwurf, den Maria Aurora entrüstet zurückwies.

Königsmarck vermutete, dass die Maßregelung auf die Einwirkung der Platen zurückging. Für ihn war klar, dass die Mätresse des Herzogs auch in seiner Schwester eine Konkurrentin sah und um ihre Machtstellung bangte. Der Graf war besorgt: »Ich werde Podewils fragen, ob mir diese Geschichte beim Herzog geschadet hat und er meinen Abschied erwartet.«

Vorerst aber hatte Königsmarck noch 3000 Soldaten zu führen. Und während er Sophie Dorothea in den Vergnügungstempeln Frankfurts wähnte, war er gezwungen, die Strapaze eines langen Marsches auf sich zu nehmen. Vier Tage später zog er Bilanz:

»Nach einem Marsch von 36 Stunden ohne Pause sind wir in Gavere (15 Kilometer südlich von Gent) eingetroffen. Einige von meinen Leuten sind unterwegs von den Pferden gefallen, andere haben Fieber und Kolik.«

Auch diverse Schlägereien deuteten aus Sicht Königsmarcks darauf hin, dass die Stimmung in der Truppe den Nullpunkt erreicht hatte. Zwei Offiziere hätten sich den Schädel einschlagen wollen, schrieb er. »Aber es ging nicht etwa um eine Schönheit, sondern nur um eine Bauernhütte.«

Angesichts dieses Elends empörten ihn die vermeintlichen Eskapaden der Geliebten doppelt. Voller Sarkasmus schlug er Sophie Dorothea vor, nach Flandern zu kommen. Sie könne ihre amourösen Triumphe auch in diesem »Unglücksland« feiern. »Hier können Sie Könige, Kurfürsten und Prinzen erobern und an der Spitze unserer Armee die Feinde derart in Ekstase versetzen, dass sie wie die Fliegen umfallen.«

Sophie Dorothea fand die Offerte nur mäßig witzig. Sie kehrte zurück in die norddeutsche Tiefebene. Zunächst begleitete sie ihre Mutter nach Ebstorf bei Celle, wo ihr Vater sich bei der Jagd vergnügte. Tagelang wartete sie hier auf Post des Geliebten, beunruhigt durch Nachrichten aus Hannover. Denn durch die Residenzstadt geisterte das Gerücht, Königsmarck habe versucht, seine Schwester Maria Aurora in seinem Haus in der Osterstraße einzuquartieren. So habe er sich einen Vorwand verschafft, hieß es, um Sophie Dorothea gefahrlos in seinen vier Wänden zu empfangen – nach außen hin als Besucherin ihrer Freundin Maria Aurora.

Entsetzt berichtete Sophie Dorothea in ihrem Brief vom 8. Oktober 1692, ihre Schwägerin, die Kurfürstin von Brandenburg, habe ihr geschrieben, dass man Königsmarck von ihr entfernen wolle.

»Wenn Gram töten könnte, wäre ich längst gestorben. Ich kann nicht mehr schlafen, und ich kann nichts mehr essen.«

Gefährliches Wiedersehen

Der Winter rückte heran. Mit den Temperaturen sank auch die Stimmung. Alle Urlaubsgesuche, die Königsmarck an den hannoverschen Hof richtete, wurden abgewiesen. Ärger und Enttäuschung spiegelten sich in seinen Briefen. Wenn er Sophie Dorothea nicht der Untreue und Koketterie bezichtigte, fluchte er über die »Drecksnester«, in die ihn der Feldzug führte. Am 27. Oktober 1692 schrieb er aus einem Feldlager nahe der belgischen Stadt Diest:

»Ich bin hier am verfluchtesten Ort der Welt, von aller Verbindung abgeschnitten. Keiner meiner Wünsche wird mir hier erfüllt, weder bekomme ich Briefe von Ihnen noch erhalte ich Urlaub von meinem Regiment. Ich habe heute meine gesamte Equipage nach Hannover geschickt und warte nur noch auf den Befehl des Feldmarschalls. Sowie ich die Urlaubsgenehmigung habe, werde ich mir sofort ein Postpferd nehmen und dahin reiten, wo meine Liebste mich erwartet. Sollte mir der Urlaub aus Schikane verweigert werden, quittiere ich den Dienst. Vielleicht können wir uns dann ja wenigstens heimlich treffen.«

Er wartete weiter auf den Marschbefehl nach Hannover. Während über seinen Kameraden ein wahrer Segen von Urlaubsbewilligungen niederging, ging er selbst leer aus. Wohl zu Recht vermutete er, dass man ihn von seiner »Léonisse« fernhalten wolle.

An einem besonders grauen Novembertag schließlich machte er sich eigenmächtig auf den Weg. Er täuschte einen Malariaanfall vor, zog sich in sein Zelt zurück und stahl sich fort. Buchstäblich bei Nacht und Nebel schwang er sich auf das nächstbeste Pferd. Sechs Tage und Nächte war er unterwegs.

Während seiner Reise bezog er Quartier in einem Dorf, auf dem eine merkwürdig bedrückte Stimmung lastete. Kein Kindergeschrei auf den Straßen, keine Dorfbewohner, die sich nach seinem Ziel erkundigten. Gesenkten Hauptes schlurften die Leute über die Dorfwege, nahezu schweigend saßen sich die wenigen Gäste im Dorfkrug gegenüber.

»Geht es hier immer so trübsinnig zu?«, fragte Königsmarck den Wirt.

Der schüttelte zuerst nur den Kopf. Dann setzte er zu einer Erklärung an. »Nein, so war es hier nicht immer. Aber zurzeit ist uns nicht zum Lachen zumute, mein Herr. Unglück ist über das Dorf gekommen.«

Und dann erzählte der Wirt dem Besucher in schleppendem Ton, dass eine Dorfbewohnerin als Kindsmörderin verurteilt worden sei. Am nächsten Tag schon solle die Mutter von sechs Kindern hingerichtet werden – ertränkt in der nahen Weser.

»Das ist ja schrecklich«, sagte Königsmarck. »Wie kam denn die Frau dazu, ihr Kind zu töten?«

»Es war von einem andern Mann, das arme Ding. Sie hat es erstickt, gleich nachdem sie es heimlich zur Welt gebracht hat. Eine Nachbarin hat es spitz gekriegt und dem Mann erzählt. Ja und dann …« Der Wirt holte tief Luft. »Dann nahm die Gerechtigkeit ihren Lauf.«

Königsmarck rührte die Geschichte. »Hat denn niemand versucht, Gnade für die arme Frau zu erwirken?«

»Eine ganze Abordnung ist zum Gerichtsschulzen gezogen. Sogar der eigene Mann war bereit, seiner Frau zu verzeihen. Doch das alles war zwecklos, und morgen muss die Frau sterben. Zusammen mit einer Katze soll sie in einem Korb ersäuft werden.«

»Zusammen mit einer Katze?«

Der Wirt presste die Lippen zusammen und nickte. »Das ist so Brauch. Die Kinder weinen von morgens bis abends.«

Die Tragödie ging Königsmarck so nahe, dass er seit längerer Zeit erstmals für viele Stunden von seinem eigenen Elend abge

144

lenkt war. Auch am folgenden Morgen, als er seinen Ritt fortsetzte, hing ihm die Geschichte nach.

Doch je näher Hannover rückte, desto mehr verblasste der Gedanke an die Kindsmörderin. Die Vorfreude stellte alles andere in den Schatten.

Am 6. November – er war noch einige Meilen von Hannover entfernt – kündigte er seine Ankunft an.

»Ich kann kommen, ohne dass mich jemand sieht und mich solange verborgen halten, wie Sie es wünschen. Ich werde auf das gewohnte Zeichen warten. Leben Sie wohl! Ich sehne mich nach der Stunde unseres Wiedersehens.«

Er bat um eine kurze Antwort der Confidente, die sein Sekretär Georg Konrad Hildebrand in der Osterstraße für ihn entgegennehmen sollte. Seine Weiterreise verzögerte sich jedoch unerwartet, da er nicht so schnell ein neues Postpferd bekam.

Am 8. November endlich hatte er Hannover erreicht. Kurz vor Einbruch der Dunkelheit ritt er durch das Steintor. Sein Gesicht war von einem Bart überwuchert, sein kastanienbraunes Haar verfilzt, seine rote Uniform schlammbespritzt.

Er quartierte sich im »Weißen Hirschen« ein, einer Schänke in der Schmiedestraße. Der Magen krampfte sich ihm zusammen, als ihn der Wirt in die verstaubte Dachkammer führte. Doch er hatte keine Wahl; in sein Haus in der Osterstraße zurückzukehren, wäre zu gefährlich gewesen. Er hatte sich schließlich unerlaubt von der Truppe entfernt. So kritzelte er schnell einige Zeilen für seinen Sekretär auf ein Stück Papier.

»Bringt das sofort in die Osterstraße«, forderte er die Wirtin auf und drückte ihr einen Taler in die Hand. Eindringlich ermahnte er die Frau, keinesfalls jemandem von diesem Auftrag oder seiner Anwesenheit zu erzählen. »Habt Ihr mich verstanden?«

Die Wirtin spürte, dass sie einen hohen Herrn vor sich hatte und antwortete mit einem Knicks.

Als das erledigt war, schrieb Königsmarck einen kurzen Brief an Sophie Dorothea. Obwohl er vor Müdigkeit kaum mehr die Augen offen halten konnte, lautete der Kernsatz: »Ich bin bereit, mich Ihnen zu Füßen zu werfen, noch heute Nacht.«

Kurze Zeit später erschien sein Page mit einem Korb frischer Kleidung, Puder, Parfüm und zwei Perücken, vor allem aber, um den Brief auf dem üblichen Wege der Confidente im Leineschloss zu überbringen.

Die Antwort kam umgehend. Die Umstände waren günstig: Georg Ludwig war auf Reisen und wurde erst am nächsten Tag zurück erwartet.

Königsmarck trug immer noch seinen Bart. Sophie Dorothea hatte ihn in einem ihrer Brief dringend gebeten, ihn sich keineswegs abnehmen zu lassen. Aber wie würde sie jetzt auf sein wildes Aussehen reagieren? Würde sie ihn nicht abstoßend finden?

Nein, sie fand ihren bärtigen Liebhaber durchaus nicht abstoßend.

»Ich bin der glücklichste Mann auf der Welt«, schrieb Königsmarck der Geliebten am nächsten Morgen. »Fortuna, die mir so oft den Rücken zuwandte, hat mir wieder ihr Gesicht gezeigt. Und es hat mir zugelächelt. Der Himmel sei gesegnet, wenn unsere Sorgen in dieser Weise enden könnten und wir künftig so leben dürften, wie wir es uns wünschten. Sie können sicher sein, dass ich in der vergangenen Nacht gut geschlafen habe, denn wie Sie gesehen haben, hat mich die Müdigkeit förmlich niedergedrückt. Aber ich glaube, Sie haben Verständnis für einen Mann, der überwältigt ist von Liebe, Gram und tausend anderen Empfindungen.

Die letzte Nacht hat mich zum glücklichsten und zufriedensten Mann der Welt gemacht. Ihre Umarmungen bewiesen mir Ihre Zärtlichkeit, und ich kann nicht mehr an Ihrer Liebe zweifeln.«

Trotz des Wiedersehens war Königsmarcks Glück nicht ungetrübt. Einstweilen nämlich hielt er es noch für geboten, sich tagsüber in seinem Versteck aufzuhalten, anstatt sich von seinen Bediensteten in der Osterstraße verwöhnen zu lassen. Bei all dem Kneipenlärm und Gestank, der zu ihm heraufstieg, versuchte er, auf seinem Strohsack ein wenig Schlaf zu finden. Gewissen Trost spendete ihm die Vorfreude auf die nächste Nacht. Briefe der Geliebten halfen ihm, die Wartezeit erträglicher zu gestalten. Und er zögerte nicht, jede Botschaft, umgehend zu beantworten. So schrieb er am 10. November:

»Als ich mich von meinem Strohsack erhob, den ich für den weichsten der Erde halte, brachte man mir Ihren Brief. Er bestätigt mir, dass ich die liebenswürdigste und beständigste Person von der Welt gefunden habe. Mit Ihren tausend schönen Eigenschaften verdienen Sie es, im Kreis der Göttinnen aufgenommen zu werden. Aber was Sie vor allen anderen Ihres Geschlechts am meisten auszeichnet, ist Ihre Treue, und gerade diese hätte man doch sonst sicherlich bei Ihnen vergebens gesucht.«

Wie in der Vergangenheit war aber auch dieser Brief nicht nur von glühender Liebe diktiert. Wieder stand die Gräfin von Platen wie ein böser Geist zwischen dem heimlichen Paar. Sophie Dorothea hatte zuvor geschrieben, jemand habe ihr empfohlen, sich mit der Mätresse des Herzogs zu versöhnen: »Wenn Herzog Ernst August mir den Auftrag dazu erteilte, würde ich ihm selbstverständlich sofort gehorchen, aber ich weiß nicht, warum das vonnöten sein soll. Denn ich bin mit der betreffenden Person ja gar nicht verfeindet.«

Königsmarck antwortete:

»Sie haben die Güte, mich nach meiner Meinung zu befragen, und Sie versichern mir, dass Sie sonst diese Gemeinheit nicht begehen würden. Also: Ich werde Ihnen niemals raten, sie zu begehen. Aber vermutlich wollen Sie mich auch nur auf die Probe stellen. Wenn ich täte, was Sie beabsichtigen, würden Sie mich vermutlich verachten, und das mit Recht. Aber bilden Sie sich nicht ein, dass ich es tun werde. Hier ist mein Schlachtfeld, und ich werde nicht einen viertel Zoll breit zurückweichen – auch um aller Gräfinnen der Welt willen nicht. Ich will ihr (der Platen) gern tausend Höflichkeiten erweisen und mich freundlich zeigen wie früher, wenn sie es ebenso macht. Aber niemals werde ich ihr sagen, dass ich sie liebe. Nein, schlagen Sie sich das aus dem Kopf, das werde ich nie

in meinem Leben tun. Und ich kann mir nicht denken, dass Sie mir
dazu den Rat geben. Pfui, das wäre unter Ihrer Würde.«

Nicht nur der Ärger mit seiner einstigen Gönnerin setzte ihm zu. Königsmarck quälten auch andere Sorgen. Er war eigenmächtig nach Hannover gekommen. Verbotenerweise. Hätte man ihn entdeckt, wäre er als Deserteur verhaftet worden. Doch er setzte weiter auf sein Glück. Und anders als wie so oft beim Kartenspiel gewann er am Ende. Als Schutzpatron erwies sich der greise Feldmarschall, dem die Verliebten in ihren Briefen den Decknamen »Bonhomme« gegeben hatten. Podewils nutzte den Umstand, dass Herzog Ernst August gerade bei seinem Bruder in Celle weilte und verschaffte Königsmarck rückwirkend eine Urlaubsgenehmigung, er erteilte ihm sogar offiziell die Order in Hannover zu bleiben.

Nach fünf Tagen konnte Königsmarck endlich in sein Domizil in der Osterstraße zurückkehren. Doch aller Komfort und Luxus, all das gute Essen und Trinken änderten nur wenig daran, dass sich der Hauptinhalt seines Lebens weiter auf die Nacht konzentrierte.

Der Tag hielt immer mehr Gefahren bereit. Mahnungen und Warnsignale häuften sich. Die Welt teilte sich für Königsmarck und Sophie Dorothea in Eingeweihte und Spione, Verbündete und mögliche Verräter, Mitwisser und solche, die keinesfalls etwas wissen durften. Wem konnte man noch trauen? Wo war man noch sicher? Man sah sich und durfte sich doch nicht ansehen. Man traf sich beim Lustspiel im Opernhaus und tat, als kenne man sich nicht. Blicke, Tuscheleien, Warnungen, »gutgemeinte« Ratschläge. Und dann die tägliche Sorge um die Briefe. Wehe, es ging einer verloren oder geriet in die falschen Hände! Kam ein Brief verspätet an oder war ein Siegel erbrochen worden, musste befürchtet werden, dass die Schattengestalten wieder zugeschlagen hatten und neues Belastungsmaterial anhäuften.

Als Königin dieses dunklen Reichs warf die Reichsgräfin von Platen ihren Schatten über alle Lebensbereiche. Mochte sie noch so huldvoll die Arme ausbreiten, noch so freundlich tun, immer musste man auf der Hut vor ihr sein. Denn insgeheim sandte sie ihre Spitzel aus, intrigierte, schmiedete Rachepläne. »Hexe«, nannte Königsmarck sie.

»Wenn ich der Herr der Schöpfung wäre, so würde ich sie den Bären zum Fraß vorwerfen, Löwen müssten ihr Hexenblut trinken und Tiger ihr das niederträchtige Herz aus der Brust reißen, Tag und Nacht wäre ich auf der Suche nach neuen Folterqualen für sie.«

Bei all ihrer Macht aber war Klara Elisabeth von Platen letztlich doch nur eine Mätresse – bekleidete also eine Stellung, die mit zahlreichen Kränkungen verbunden war, und dies umso mehr, als das Alter sich bemerkbar machte. Die größte Demütigung bereitete ihr Königsmarck. Erst ließ er sich von ihr becircen und aushalten, dann stieß er sie zurück und wandte sich einer Jüngeren zu.

Sie reagierte mit Hass, tödlichem Hass – Gefühlsregungen, die den Liebenden nicht verborgen blieben. Wie aber sollten sie sich dazu verhalten? Sollte Königsmarck sich ihr in die Arme werfen? Keinesfalls durften sie ihren Zorn noch mehr entflammen. So verstand es sich von selbst, dass sie ihre Verbundenheit nicht mehr in aller Öffentlichkeit zeigen konnten – auch mit Rücksicht auf Sophie Dorotheas Familie.

Dabei hätte die Prinzessin, die sich nun bald Kurprinzessin nennen durfte, ihrem Gemahl gegenüber kein schlechtes Gewissen haben müssen. Während Sophie Dorothea von Ängsten geplagt wurde, zeugte Georg Ludwig mit seiner Geliebten Melusine ein zweites Kind: eine Tochter, die auf den Namen Petronella Melusine getauft wurde.

Und der Kurprinz machte sich gar keine Mühe, seine Liebschaft geheim zu halten. Sophie Dorothea dagegen konnte ihren Geliebten nicht einmal mehr im Schutze der Nacht ungefährdet empfangen.

Dennoch fieberte sie den nächtlichen Verabredungen entgegen – ebenso wie Königsmarck, der im November des Jahres 1692 schrieb:

»Was würde ich darum geben, es Mitternacht schlagen zu hören. Tragen Sie Sorge, Eau de la reine d'Hongrie (Wasser der Königin von Ungarn) bereit zu halten, damit die allzu große Freude mich nicht ohnmächtig macht. Ich werde heute abend die liebenswürdigste Frau von der Welt umarmen, ich werde ihre reizenden Lippen küssen, ich werde das Glück haben, Ihre Knie zu umfassen ... Wahrhaftig, Madame, ich werde vor Freude sterben.«

Kalte Nacht und heißer Karneval

Es war die Nacht vom 27. auf den 28. Dezember 1692. In der Wiener Hofburg liefen die letzten Vorgespräche zur Verleihung der Kurwürde an Hannover, die englisch-niederländische Flotte unter Führung Wilhelms III. hatte der Seestreitmacht des Sonnenkönigs bei Kap la Hague eine empfindliche Niederlage beigebracht.

Philipp Christoph von Königsmarck beschäftigte dies alles mit keinem Gedanken. Der Graf war auf dem Weg zu seiner Liebsten, begleitet von seinem Mohren. Der kleine Muselmann, den er als Beute aus dem Türkenkrieg mitgebracht hatte, trug ihm die Laterne. Die Straßenlaternen der Altstadt waren wie üblich bereits um 23 Uhr vom Laternenanzünder gelöscht worden. Wer später ohne eigene Leuchte angetroffen wurde, musste mit einer Strafe rechnen.

Eisiger Ostwind fegte durch die Gassen. Die Sterne funkelten, Eisschollen trieben über die Leine, die Tümpel in der Aegidienmasch waren ebenso gefroren wie die Stadtgräben.

Die Glocken der Marktkirche durchbrachen die nächtliche Stille. Eine halbe Stunde vor Mitternacht. Beim letzten Glockenschlag stand Königsmarck wie verabredet unter dem vertrauten Fenster des Leineschlosses. Und wie gewohnt pfiff er die Erkennungsmelodie, das Leitmotiv aus »Folie d'Espagne«. Doch kein Licht zeigte sich im Fenster der ersten Etage, die Tür blieb verschlossen. Er trippelte auf und ab, starrte auf das Fenster, pfiff erneut. Vergebens.

»Verdammt, was soll denn das?«, fluchte er vor sich hin. »Was zum Teufel hat das zu bedeuten?«

»Mein Herr, Ihr versündigt Euch«, rügte ihn sein Mohr. »Ihr sollt nicht fluchen. Allah ist groß, Allah verlässt Euch nicht.«

»Was geht mich dein Allah an, du Wicht. Hier geht es nicht um Allah, sondern um ein Weib, aber davon verstehst du sowieso nichts.«

»Aber …«

»Nichts aber …«

Königsmarck mochte den kleinen Mann, schätzte dessen Verstand, liebte es, sich mit dem exotischen Begleiter bei Bällen und Empfängen zu zeigen. Doch in dieser Nacht fehlte es ihm an der Ruhe, sich auf einen Disput mit dem sittenstrengen Kerl einzulassen. Noch einmal pfiff er seine Melodie, die nun schon gar nicht mehr fröhlich klang, sondern noch falscher als sonst.

Doch nichts regte sich. Was bildete sich diese Dame ein! Er schlotterte vor Kälte, rieb sich die Oberarme, bedeckte das Gesicht mit den Händen, versuchte sich mit seinem Atem zu wärmen. Aber es war alles umsonst. Die Kälte kroch ihm unter das Wams. Trotz seiner Kalbslederhandschuhe fühlten sich seine Finger klamm an. In einem fort trippelte er auf und ab. Immer ungeduldiger, immer wütender.

Die Glocken der Marktkirche schlugen zur Mitternacht, und immer noch war im Schloss alles finster. Die Laterne erlosch, und der Mohr hatte kein Fläschchen mit schwedischem Heringstran dabei, um die Leuchte wieder zum Brennen zu bringen.

»Fahr zur Hölle«, fuhr er den Mohren an. »Wenn du mir nicht leuchten kannst, kannst du auch gleich verschwinden. Ich brauche dich hier nicht.«

»Wie Ihr befehlt, Herr.« Im nächsten Moment war der Mohr auch schon verschwunden.

Königsmarck konnte es nicht fassen. Was war geschehen? Hatte Sophie Dorothea die Verabredung vergessen? War Georg Ludwig überraschend zu ihr ins Bett geschlüpft? War Verrat im Spiel?

So viele Fragen. Doch das Schweigen der frostigen Nacht war unerbittlich. Er erinnerte sich, wie kühl, wie gleichgültig Sophie Dorothea ihm am Abend im Salon gegenübergetreten war, wo sie mit anderen Damen eine Partie Bassette gespielt hatte. Sicher, es war vereinbart, dass man sich in der Öffentlichkeit zurückhielt, um den Gerüchten keine neue Nahrung zu geben.

Aber sie hatte nicht einmal von ihren Karten aufgeblickt, als er sie gegrüßt hatte. Nein, so weit musste man es doch wohl nicht treiben.

Immer wieder pfiff er die Erkennungsmelodie, phantasierte die wildesten Erklärungen für das Ausbleiben der Confidente und der Prinzessin aus, starrte verzweifelt in den Sternenhimmel. Aber keine himmlische Macht sandte ihm ein Zeichen. Stattdessen wurde der Nachtwächter auf sein Fluchen und Pfeifen aufmerksam.

Er hatte ihn gar nicht kommen sehen, da riss ihn auch schon die drohende Stimme aus seinen Selbstgesprächen: »Was macht Ihr hier für einen Lärm?«

Er starrte den Mann an, als käme er von einem anderen Planeten. Dann polterte er wütend zurück. »Das geht dich gar nichts an, du Nachteule.«

»Was erlaubst du dir, Galgenstrick«, erwiderte der Nachtwächter. »Wenn du nicht sofort zur Vernunft kommst, rufe ich die Soldaten.« Um den Ernst seiner Worte zu untermauern, zog er auch schon sein Horn hervor.

Doch Königsmarck ließ sich davon nicht beeindrucken. »Was nimmst du dir raus, du Schurke? Weißt du eigentlich, wer vor dir steht? Von mir aus kannst du die Soldaten gern rufen, sie werden dich in den Kerker schmeißen. Nicht mich. Denn ich bin ihr Vorgesetzter.«

»Dass ich nicht lache.«

»Das Lachen wird dir schon vergehen. Aber los, worauf wartest du? Tute die Soldaten herbei! Auf dass sie dir den Marsch blasen.«

Unterdessen war der Nachtwächter näher an Königsmarck herangetreten und hatte sein Gesicht beleuchtet. Die nächste Frage klang schon ehrerbietiger: »Wer seid Ihr?«

»Eigentlich geht's dich ja nichts an. Aber weil es schon so spät ist und so bitterkalt, will ich dir meinen Namen verraten: Philipp Christoph Graf von Königsmarck, Gardeoberst im Dienst des Herzogs von Hannover.«

Der Nachtwächter war so beeindruckt, dass er darauf verzichtete, nach einem Dokument zu fragen. »Dann, äh, solltet Ihr nicht mehr so lange auf der Straße herumstehen. Die Nacht ist kalt.«

Die Glocken der Marktkirche schlugen zur ersten Stunde des neuen Tages. Nach der Begegnung mit dem Nachtwächter hatte Königsmarck endgültig die Lust verloren, noch länger auf die Prinzessin zu warten. Durchgefroren, wütend und enttäuscht machte er sich auf den Heimweg. Das Vertrauen, das Sophie Dorothea ihm mit ihren Umarmungen und zärtlichen Worten in den vergangenen Tagen wiedergegeben hatte, war Eifersucht und Argwohn gewichen. Noch bevor er schlafen ging, schrieb er ihr einen wütenden Brief.

>   »Donnerstag, 2 Stunden nach Mitternacht, 28. Dezember 1692
>   Ihr Benehmen ist wenig liebenswürdig. Erst gewähren Sie mir ein Stelldichein und dann lassen Sie den, der auf das verabredete Zeichen wartet, in der Kälte halbtot frieren. Nehmen Sie zur Kenntnis, dass ich von halb zwölf bis ein Uhr nachts wartend auf der Straße gestanden habe. Ich weiß nicht, was ich davon halten soll. Aber kann ich nach diesem Vorfall noch länger an Ihrer Unbeständigkeit zweifeln? Sie haben mich schon den ganzen Abend keines Blickes gewürdigt. Haben Sie nicht absichtlich vermieden, mit mir zu spielen? Sie wollen mich los sein, aber ich werde den Anfang machen und mich von Ihnen trennen. Leben Sie denn wohl, ich reise morgen nach Hamburg ab (auf sein Gut in Eppendorf bei Hamburg).«

Am nächsten Morgen entschloss er sich zu einem Nachtrag, unsicher, ob er in seiner Wut nicht etwas weit gegangen war.

>   »Ich konnte die ganze Nacht nicht schlafen und hatte Zeit, Überlegungen anzustellen, die mich todtraurig stimmen. Aber dann habe ich mich daran erinnert, dass ich Ihnen geschworen habe, Sie nicht Hals über Kopf zu verlassen, sondern Ihre Gründe anzuhören, bevor ich von Ihnen scheide. Das ist der einzige Grund, weshalb ich heute noch hier bleibe.«

Die Vorwürfe erwiesen sich als ungerechtfertigt, Königsmarck war für seinen Ärger selbst verantwortlich gewesen. Sophie Dorothea hatte ihn erst in der nächsten Nacht erwartet. Die Botschaft war eindeutig, Königsmarck hatte nur zu flüchtig gelesen. So musste er sich entschuldigen, und wie immer nahm Sophie Dorothea die Entschuldigung gern an.

Doch die Versöhnung ging unter im allgemeinen Jubel über die offizielle Verleihung der Kurwürde. Schon am 29. Dezember fand in Hannover ein »herrliches Dankfest« statt, wie die Historiker später berichten sollten. In allen Kirchen wurde das Tedeum gesungen, aus allen Kanonen auf den Stadtwällen Salut geschossen. Nur für wenige Tage dämpften Schreckensnachrichten von einem französischen Vorstoß in Flandern die Jubelstimmung.

Dann gingen die Freudenfeiern in den Karneval über – einen Karneval, der von Mitte Januar bis zum 10. März dauerte und alles übertraf, was Hannover jemals erlebt hatte. Schon in den vergangenen Jahren war während der »tollen Tage« manches an Lustbarkeiten aufgeboten worden, das dem Herzog einen Ersatz für seine kostspieligen Reisen nach Venedig bieten sollte. Doch der Karneval des Jahres 1693 stellte alles in den Schatten. Der Herzog ordnete an, dass Geld dabei keine Rolle spielen dürfe. Der neue Glanz der kurfürstlichen Würde sollte der ganzen Welt vor Augen geführt werden. Die Residenzstadt verwandelte sich zeitweise in einen einzigen Ballsaal. Soupers, Bälle, Redouten, Maskeraden – das sonst so nüchterne Hannover, das nicht nur geographisch »an der Leine« lag, stürzte sich in einen fast südländischen Trubel. Standesunterschiede spielten dabei kaum mehr eine Rolle. Herzogin Sophie brachte es auf den Punkt: »Im Maskenball ist kein Rang, denn man macht alle Zeit bunte Reihe.«

Natürlich kam kein Bauer zum Maskenball ins Schloss, doch alle Angehörigen der höheren Schichten – Kaufleute, Militärs, Hofbeamte –, die anstelle einer Waffe eine Maske trugen, erhielten zu bestimmten Zeiten die Erlaubnis, die Festsäle im Schloss zu betreten. Sie durften ihr Glück am Spieltisch versuchen oder ihre Knochen zum Takt eines der vielen Orchester bewegen. Bei solchen »Wirtschaften« wurde jedem sein Platz und Partner durch das Los zugeteilt.

Einer der Höhepunkte war der Umzug, der sich am 1. Februar 1693 durch die Stadt bewegte. »Die alten Teutschen«, lautete das Motto. Begleitet von Musikanten und Spaßmachern zeigten sich Angehörige des Hofes und ihre Gäste in Ritterrüstungen und Reifröcken, mit spanischen Halskrausen und Federhüten auf Triumphwagen. Der Umzug hielt an der Marktkirche, wo aus den Röhren eines eigens dafür aufgebauten Brunnens Rot- und Weißwein floss. Zum glanzvollen Finale unterhielt der Philosoph Leibniz die Karnevalsgesellschaft im Rittersaal mit einem Gedicht aus vielen, vielen Versen. Damit war der Umzug zu Ende, und der Tanz begann. Er dauerte bis zum frühen Morgen.

Vierzig Köche, etliche Bratenmeister, der französische Mundkoch, Pastetenbäcker und Süßspeisenspezialisten schufteten in der Schlossküche, um den Appetit der ausgelassenen Schar zu stillen. Sechzig Hasen, acht Rehe, fünf Hirsche, zehn Wildsauen und zweihundert Hühner wurden pro Woche von der Hofschlächterei verarbeitet. An zehn Tischen wurde täglich bei festlicher Tafelmusik serviert, und auf jeder Tafel hatten elf Schüsseln zu stehen. Vorspeise: warme Pastete von Lerchen oder Ragout vom Kalb, Hechtsuppe oder Hirschohren mit ausgebrochenen Krebsschwänzen und Pistazien, Hühner, gekochte Ochsenzunge und Karauschen mit Rahm und Kümmel. Beim zweiten Gang konnte man wählen zwischen Hirschbraten und Haselhühnern, gebratenem Auerhahn und Stör, Schnepfen, Hasen, Tauben. Und zum Nachtisch wurde Zitronentorte, Pistaziencreme, Spritzkuchen und Konfekt gereicht.

Zur Verdauung durfte sich die Karnevalsgesellschaft bei Darbietungen in Oper und Schauspielhaus amüsieren. Künstler aus Frankreich und Italien verstärkten das Stammpersonal. So hatte der Hof für eine Stargage von 1200 Talern die berühmte Primadonna Agnete Landini aus Rom verpflichtet. Und Kapellmeister Agostini Steffani schrieb zur Feier des grandiosen Kur-Karnevals die Musik für eine neue Oper: »La Libertà oder Der in seiner Freiheit vergnügte Alkibiades« – die Geschichte eines athenischen Feldherren. Das Opernhaus glänzte in Gold- und Rottönen, zwölf Mohren mit prächtigen Turbanen standen als

Fackelträger vor dem unteren Logenkranz, bevor die »opera grande« am 3. Februar 1693 ihre Uraufführung erlebte.

Herzog Ernst August empfing die höchsten Vertreter des Heiligen Römischen Reiches Deutscher Nation.

Königsmarck litt Höllenqualen bei dem Gedanken, dass seine Prinzessin sich von der Kur-Euphorie infizieren lassen und zu ihrem Gatten zurückkehren könnte. Schon die Vorstellung, dass Sophie Dorothea ständig von fremden Fürsten und Kavalieren umgeben war, bereitete ihm schlaflose Nächte. Man wusste ja, wie leicht es sich bei Hofe paarte und galante Tändeleien in Liebesnächten endeten.

Reichlich Anschauungsunterricht hierfür lieferten die Bälle der Gräfin Platen, auf denen sich Königsmarck auch während dieser Karnevalssaison wieder zeigte – zumeist kostümiert als Großwesir. Und der Graf sah es auch als seine gesellschaftliche Pflicht an, zu eigenen Festen zu laden. Bisweilen ging es in seinem Haus in der Osterstraße ähnlich zu wie im Lustschlösschen »Monplaisir«. Kreischend ließen die Gäste auch hier ihre Hüllen fallen, um nackend über die Tische zu hüpfen. Auch betagte Respektspersonen ließen sich von dem frivolen Reigen mitreißen.

Eine Ausnahme machte nur Königsmarcks Mohr. Als ihn die Ballbesucher aufforderten, ebenfalls Turban und Kleider abzulegen, erwiderte er ernst: »Das verbietet mir meine Religion« – eine Antwort, die mit johlendem Gelächter quittiert wurde und als geflügeltes Wort die tollen Tage überdauerte.

Den Abschluss der Karnevalsfeierlichkeiten bildete am Fastnachtsdienstag die »große Wirtschaft«: vier so genannte Quadrillen – kostümierte Gästegruppen, die in Kontertänzen die Antike, den Orient, die altdeutsche Vorzeit und das heimische Bauerntum darstellten. Eine wichtige Rolle dabei übernahm Sophie Dorothea. Die Kurprinzessin führte den »Orient« an, und es war kein Zufall, wer sich dieser Quadrille anschloss: ihre Mutter Eleonore als Sultanin, Philipp Christoph als Großwesir, dessen Schwester Maria Aurora als Gemahlin des Großpropheten und Eleonore von dem Knesebeck als Sklavin. Sophie Dorothea gefiel sich als orientalische Prinzessin, und mancher Zuschauer hatte den Eindruck, als wolle sie ihrer Schwägerin, der Kurfürstin von Brandenburg, die ebenfalls eine Quadrille anführte, die Schau stehlen.

Aschermittwoch aber war alles vorbei. Kaum war der Rausch verflogen, schlug der Jubel in Katerstimmung um. Ernst August musste feststellen, dass die horrenden Kosten zur Erlangung der Kurwürde sowie die Ausgaben für den Karneval ein großes Loch in den Staatssäckel gerissen hatten. Zudem war auch für ihn nicht zu übersehen, dass bei weitem nicht alle deutschen Fürsten seine Kurwürde anerkannten. Unter Führung von »Vetter Tönis«, Herzog Anton Ulrich von Wolfenbüttel, formierte sich eine Fürstenopposition gegen die neunte Kur. Und während der Krieg gegen die Franzosen fortdauerte, rüsteten sich zu allem Überfluss die Dänen bei Ratzeburg zu einem neuen Einmarsch ins Herzogtum Celle.

Königsmarck erhielt das Kommando über ein Dragonerregiment, das sich im Landesinnern für den Verteidigungsfall bereit zu halten hatte. Auf einen Einsatzbefehl wartete er aber vergeblich. Der Herzog schien keinen großen Wert mehr auf seine Dienste zu legen. Während Kurprinz Georg Ludwig in Flandern den Oberbefehl über die hannoverschen Truppen übernahm und eine neue Schlacht gegen die Franzosen vorbereitete, war Philipp in Hannover zur Tatenlosigkeit verurteilt. Außerordentlich kühl, feindselig fast, behandelte ihn seit einiger Zeit Herzog Ernst August. Für Königsmarck ein untrügliches Zeichen, dass er wegen seiner Beziehung zu Sophie Dorothea endgültig in Ungnade gefallen war. Und es fehlte nicht an neuen Warnsignalen: Briefe verschwanden, Ermahnungen steigerten sich zu Drohungen. So gab Königsmarck schließlich dem Drängen der kurfürstlichen Familie nach und zog vorübergehend auf sein Gut in Eppendorf bei Hamburg. Als er im Mai nach Hannover zurückkehrte, war Sophie Dorothea fort. Ihre Schwiegereltern hatten sie mit nach Linsburg genommen, auf das kleine, abgelegene Jagdschloss der Welfen am Grinderwald bei Nienburg.

Dies alles konnte indessen das Paar nicht trennen, ganz im Gegenteil. Der Mangel an Gelegenheiten beflügelte die Fantasie, und aus der Not erwuchs ein neuer Gedanke: der Gedanke an eine gemeinsame Flucht.

Landpartie

Der erzwungene Müßiggang hatte für Königsmarck auch seine angenehmen Seiten. Während der heißen Junitage des Jahres 1693 konnte er täglich ein ausgedehntes Bad in der Leine nehmen oder aus dem Fenster seines Hauses in der Osterstraße Schwalben schießen. Und neben der gelegentlichen Inspektion seiner Soldaten fand er ausreichend Zeit, sich an höfischen Spazierfahrten zu beteiligen oder sich von der Gräfin Platen zu geselligen Abenden auf das Lustschlösschen in Linden einladen zu lassen. Doch er sehnte sich nach Sophie Dorothea.

Und die langweilte sich während der Sommerwochen auf dem Jagdschlösschen in Linsburg noch mehr als der Geliebte in Hannover. Ihre Tage schleppten sich dahin: lange Spaziergänge, öde Ausflüge; abends Kartenspiel und Plaudereien mit der Kurfürstin Sophie, dem zudringlichen Schwager Maximilian, mit Reichsfreiherr Grote, seiner Frau Anna Dorothea, General Weyhe und all den anderen Herrschaften, die ihr so gleichgültig waren wie die Fische im Meer. Nicht einmal ihre Schwiegermutter genoss den Aufenthalt in dem kleinen Schlösschen am Rande der großen Buchen- und Eichenwälder. Während Ernst August mit seinen Hofleuten und Hunden Hirschen nachstellte, quälte sich Sophie, ihre Tage mit Sinn zu erfüllen. »Wir befinden uns hier in einer sehr großen Wildnis, die mir wenig Freude bereitet«, klagte sie in einem ihrer Briefe aus Linsburg.

Ähnlich klangen die Briefe, die Sophie Dorothea nachts an den Geliebten in Hannover schrieb. Eines der Hauptärgernisse war wieder Maxel. Nun sollte der lästige Schwager auch noch im leerstehenden Zimmer Georg Ludwigs einquartiert werden, also in unmittelbarer Nachbarschaft der Prinzessin. »Ich war so böse, wie ich mich nicht erinnere jemals gewesen zu sein«, schrieb Sophie Dorothea. Nur mit großer Kraftanstrengung und unter Hinzuziehung ihres Schwiegervaters sei es ihr schließlich gelungen, diese »prächtige Einquartierung« rückgängig zu machen, teilte sie Königsmarck mit: »Sie wären sehr zufrieden mit mir gewesen, so laut und energisch habe ich gesprochen.«

Eine erfreuliche Mitteilung konnte sie dem Geliebten acht Tage später machen. Ihre Schwiegereltern planten, für zwei Tage nach Bruchhausen auf das Jagdschloss ihres Vaters zu fahren. So ergab sich überraschend eine günstige Gelegenheit für ein Treffen.

> »Linsburg, 16. Juni 1693
> *Mein größter Herzenswunsch ist, Sie wiederzusehen. Und wie ich Ihnen bereits mitteilte, wird dies leicht möglich sein. Die Confidente schläft in dem kleinen Raum neben dem meinen. Sie können durch die Hinterpforte kommen und vierundzwanzig Stunden ohne jede Gefahr bleiben. Ich gehe jeden Abend allein mit der Confidente unter den Bäumen nahe am Haus spazieren. Ich werde dort zwischen zehn und zwölf Uhr nach Ihnen Ausschau halten und auf das gewohnte Signal warten. Die Hintertür der Palisade ist immer offen.«*

Königsmarck machte sich sofort auf den Weg. Feldmarschall Podewils hatte ihm eine Order erteilt, die es ihm ermöglichte, in dienstlichem Auftrag nach Linsburg zu fahren. Er quartierte sich im Gasthof ein und ließ Sophie Dorothea wissen, wie er sich auf das Treffen freute.

> »Linsburg, 16. Juni 1693
> *Ich beeile mich, Ihnen mitzuteilen, dass ich hier bin. Meine Stimmung hat sich schlagartig verbessert. Ich kann nur noch daran denken, dass wir uns bald in den Armen liegen. Welche Freude!
> Seitdem wir uns getrennt haben, hatte ich mir einen Bart wachsen lassen. Aber jetzt bin ich sauber rasiert und habe bereits mit lachender Miene Madame Grote einen Besuch abgestattet, der meine Freude selbstverständlich nicht entgangen ist. Lasst alle Welt singen: ›Der Kavalier trägt den Sieg davon‹.«*

Am nächsten Morgen bestätigte er die Einzelheiten des Rendez-
vous.

> »*Linsburg, Sonnabend, 17. Juni 1693*
> *Ich sterbe vor Sehnsucht. Also dann morgen Abend um zehn Uhr.*
> *Ich werde von ferne die ›Folies d' Espagne‹ pfeifen. Wenn ich es*
> *recht verstanden habe, meinen Sie die Stelle zwischen dem Wohn-*
> *haus und dem Stall, in dem früher die Pferde des Prinzen standen.*
> *Ich werde um zehn Uhr dort sein.*«

Im Laufe des Sonntags wurde die Hitze immer drückender. Der
Kurfürst war mit seiner Frau, etlichen Hofdamen und dem größten Teil seiner Jagdgesellschaft wie geplant nach Bruchhausen
gefahren, so dass Sophie Dorothea mit Eleonore fast ganz allein
in Linsburg war – sah man einmal von dem Dienstpersonal ab.

Auch der Abend brachte keine Abkühlung. Die Luft schien
stillzustehen. Feuchtwarm und drückend. Ein Gewitter zog auf.
Als Sophie Dorothea mit ihrem Kammerfräulein gegen zehn Uhr
aus dem Haus zu ihrem Abendspaziergang aufbrach, blitze es in
der Ferne schon.

Sophie Dorothea war unablässig damit beschäftigt, mit ihrem
Fächer Mücken und Bremsen zu verscheuchen.

Die beiden Frauen wechselten kaum ein Wort, ihre ganze Aufmerksamkeit war darauf gerichtet, aus dem Wispern und
Grummeln dieser Juninacht das vertraute Pfeifen herauszu-
lauschen. Doch sie hörten es nur donnern. Die Kurprinzessin
schrak zusammen, als hinter der großen Kastanie ein Blitz nie-
derfuhr und fast zeitgleich ein ungeheures Krachen den Schlosspark erschütterte. Unterdessen lösten sich die ersten Tropfen,
Wind kam auf, sodass die Baumwipfel bedrohlich zu rauschen
begannen.

Sollte dieses Gewitter die so lange herbeigesehnte Verabredung zunichte machen? Sophie Dorothea verfluchte die graublauen Wolkenberge, die sich da am Himmel auftürmten. Lange konnte sie ihren Spaziergang unter diesen Umständen nicht
mehr fortsetzen. Als sie ihrer Begleiterin jedoch gerade einen
resignierten Blick zugeworfen hatte, hörte sie etwas, das ihr in

diesem Unwetter wie die schönste Musik der Welt erschien: die Anfangsmelodie der »Folies d' Espagne« – so falsch gepfiffen, wie nur einer es zuwege brachte: Philipp Christoph. Mit stummem Lächeln forderte sie ihr Kammerfräulein auf, den Gast hinter der Palisade ins Haus zu geleiten.

Die Confidente rannte, als ginge es um ihr Leben. Ein weiterer Blitz zerriss die graublaue Dämmerung. Jetzt bestand auch für Sophie Dorothea kein Grund mehr, sich länger der Gefahr auszusetzen. Und bevor sich der Regen zum Wolkenbruch steigerte, flüchtete sie sich ins Haus. Klitschnass, aber glücklich warf sie sich in die Arme des ebenfalls durchnässten Besuchers.

Der Regen peitschte gegen die Fenster, Donnerschläge ließen die Kerzen erzittern und brachten das feine Porzellan in der Glasvitrine zum Klirren. Kräftige Windböen fegten durch den Schlosspark, und rüttelten an den Fensterklappen. Doch für die Liebenden war dieses Tosen nicht mehr als Hintergrundmusik ihrer Wiedersehensfeier. Sie achteten nicht auf den Donner, nicht auf das Heulen des Windes, sondern nur auf den Atem des anderen. Und während sich das Gewitter allmählich legte, servierte Sophie Dorothea ihrem Besucher einen Mitternachtsimbiss mit kaltem Wildschweinbraten, Birnenkompott und Tokajerwein. Nur noch fernes Grollen war zu hören, als die beiden ihre Gläser erhoben.

Doch das Glück währte nur kurz. Gegen zwei Uhr nachts wurden die Liebenden durch Stimmen und Hufgetrappel im Schlosspark aufgeschreckt. Was hatte das zu bedeuten?

Es blieb keine Zeit darüber nachzudenken. Eine letzte heftige Umarmung, dann sprang Philipp aus dem Bett und zog sich hastig an. Das Risiko war zu groß, darüber waren sich beide einig. Sophie Dorothea schlüpfte in ihr rotes Seidenkleid und brachte den Besucher zum Hinterausgang.

»Sei vorsichtig, mein Liebster.«

»Wann sehen wir uns wieder?«

»Bald. Ich schicke dir Nachricht.«

Ein flüchtiger Kuss, dann verschwand der Kavalier in der Dunkelheit. Es war so finster, dass er den Durchgang im Palisadenzaun nicht fand. Königsmarck stolperte über einen abgebrochenen Ast, horchte ängstlich auf das entfernte Stimmengewirr, rannte in einen nassen Busch, fluchte, hielt Ausschau nach einer Lücke in der hohen Befestigung. Plötzlich rief jemand: »Da! Da hinten ist jemand.«

Königsmarck sah, dass zwei Männer auf ihn zugerannt kamen. Panisch ergriff er die Flucht, stürmte noch tiefer in die Finsternis, nur weg von seinen Verfolgern, nur weit weg. Doch es hatte den Anschein, als habe er die Männer mit seiner Flucht erst richtig auf sich aufmerksam gemacht. Sie blieben ihm auf den Fersen, er hörte, wie sie keuchten, sich atemlos anfeuerten, nur ja nicht locker zu lassen. Sie kamen näher. Ihm schien, dass es zwecklos war, weiter davonzulaufen, Herzstiche machten ihm zu schaffen. Da zwängte er sich kurzentschlossen in einen Johannisbeerbusch, hielt den Atem an und ließ sie an sich vorbeirennen. Durchnässt von den tropfenden Blättern schlug er daraufhin die Gegenrichtung ein und schlich zurück zum Zaun. Als er endlich das Schlupfloch gefunden hatte, graute schon der Morgen.

Sophie Dorothea erfuhr noch in der gleichen Nacht den Grund für den Tumult im Schlosspark. Der Schmied hatte beobachtet, wie Königsmarck – für ihn ein Fremder – am Abend zum Zaun geschlichen war. Sowie das Gewitter vorbei gewesen war, hatte der Schmied den Hofmarschall aus dem Bett geholt, der wiederum alle verfügbaren Knechte und Diener zu einer nächtlichen Suchaktion zusammentrommelte. Schließlich klopfte es auch an Sophie Dorotheas Tür, und Eleonore öffnete drei Männern, die den Verdacht hegten, der Einbrecher sei in den Trakt der Kurprinzessin geflüchtet.

»Hier ist niemand außer zwei Frauen, die Ihr um den Schlaf gebracht habt«, herrschte die Confidente die Männer an.

Doch damit gaben sie sich nicht zufrieden. Erst nachdem sie mit ihren Laternen den Korridor und einige angrenzende Zimmer durchsucht hatten, zogen sie ab.

Als Königsmarck durch einen Brief Sophie Dorotheas von all dem erfuhr, war er bereits wieder in Hannover. In einem Antwortbrief schilderte er, was ihm selbst nach dem übereilten Aufbruch widerfahren war.

»23. Juni 1693, Hannover
Nachdem ich Ihren Brief gelesen habe, zittere ich, in welche Ge-
fahr ich Sie gebracht habe. Gott, wie nahe sind wir unserem Ver-
derben gewesen!
Es gleicht wirklich einem Roman, und kaum einer, würde es glau-
ben, wenn man es erzählte. Ich wusste nicht, warum so viele Leu-
te überall in Bewegung waren und zwei mir sogar folgten. Ich glaub-
te erst, es geschähe ohne Absicht. Aber nun sehe ich wohl, dass
ich es meinen Beinen zu verdanken habe, dass sie mich nicht er-
reicht haben. Sie waren die Veranlassung, dass ich mich verirrt
und mein Pferd erst um vier Uhr wiedergefunden habe. Denken Sie
sich, wie viel Zeit ich gebraucht haben muss, nach rechts und nach
links hin zu laufen. Die Gnade, die der Allmächtige uns bei diesem
Zusammentreffen erwiesen hat, ist groß.
Denken Sie nur, wie leicht wir hätten verloren sein können. Zum
Glück hat mich niemand erkannt. Der lange Fußmarsch und die
göttlichen Umarmungen zuvor haben mich so erhitzt, dass ich ei-
nen Eimer Wasser trinken musste, um meinen Durst zu löschen.«

Sophie Dorothea war inzwischen zu ihren Eltern nach Bruchhausen umgezogen. Während ihr Vater mit seinen Hofleuten zur
Beizjagd ausgerückt war, spazierte sie mit ihrer Mutter durch
den Schlosspark. Das Gespräch kreiste wieder um Königsmarck. Doch anders als sonst zeigte die Herzogin von Celle jetzt
Verständnis für die »Affäre« ihrer Tochter. Und als Sophie Dorothea ihr berichtete, dass Georg Ludwig weiterhin ungeniert im
Schloss mit seiner Mätresse verkehre und sich seinen beiden unehelichen Kindern zärtlicher widmete als seinen ehelichen,
konnte Eleonore ihre Wut nicht länger zurückhalten. »Es ist
empörend! Ich werde den Armen 2000 Taler spenden, wenn
dieser verdammte Kerl den Soldatentod stirbt.«

Sophie Dorothea drückte ihrer Mutter die Hand. Endlich, endlich fühlte sie sich verstanden. Und da sich ihre Mutter schon so
eindrucksvoll auf ihre Seite gestellt hatte, wagte sie noch einen
weiteren Schritt.

»Du glaubst gar nicht, wie glücklich du mich machst«, sagte
sie. »Aber warum sollen wir auf den Tod warten? Es gibt doch

eine Lösung, bei der wir alle das Leben behalten – und vermutlich glücklicher leben als bisher. Ich muss fort aus Hannover, ich will nicht mehr mit der Angst aufwachen und mit der Angst ins Bett gehen. Ich will meine Liebe nicht länger verstecken und wie eine schlechte Schauspielerin durch die Welt schleichen. Ich muss fort – wir wollen fort von hier. Für den Grafen und mich gibt es keine Zukunft in Hannover.«

»Sophie Dorothea, was hast du vor?«

»Da man uns nicht ziehen lassen wird, müssen wir fliehen. Wir haben keine andere Wahl. Glaub mir Mutter, niemand am Hof wird uns vermissen. Georg Ludwig kann endlich seine Bohnenstange zum Traualtar führen und muss sich nicht mehr über seine untreue Gemahlin ärgern und …«

»Und wo wollt ihr hin? Wovon wollt ihr leben?«

»Das wird sich schon finden. Der Graf hat viele Freunde, außerdem Landbesitz …«

»Landbesitz? Überschuldete Güter, meinst du. Nein, von dieser Seite hast du nichts zu erwarten.«

»Ich brauche nicht viel, Mutter. Ein Leben ohne Angst, ein Leben mit Philipp ist mir wichtiger als ein Schloss voller Goldtruhen.«

»Das sagt sich so leicht. Und was wird aus den Kindern?«

»Es kann nur besser werden. Meine Kinder sind mir doch ohnehin entzogen …«

So ging es noch eine Weile weiter, bis schließlich die Jagdgesellschaft mit Hörnerklang und Hufgetrappel heimkehrte und die Damen sich zur Vorbereitung auf das Abendessen zurückzogen. Als Sophie Dorothea spät am Abend mit ihrem Kammerfräulein spazieren ging, berichtete sie ihr voller Zuversicht von den Neuigkeiten: »Alles wird gut werden, ich spüre es.«

Beim Spaziergang am nächsten Tag kam die Herzogin von Celle sofort auf den Fluchtplan zurück.

»Ich habe heute nacht kein Auge zugetan. Dabei bin ich zu einem Entschluss gekommen. Ich glaube, du hast Recht: Deine Ehe ist verloren. Und ich will nicht länger zusehen, wie du ins Unglück rennst. Eine Trennung ist unvermeidlich, wie auch immer.«

Sophie Dorothea spürte nicht, dass leichter Nieselregen eingesetzt hatte, bemerkte auch nicht, dass sich eine Kutsche dem Jagdschloss näherte. Gebannt lauschte sie auf die Worte ihrer Mutter.

»Ich werde euch helfen«, fuhr die Herzogin fort. »Ich kann natürlich nicht die Kasse des Herzogtums plündern. Aber ich werde Schmuck verkaufen, und ich kann versuchen, ein wenig Geld bei den Bürgern und Handwerkern von Celle zu sammeln. Ich denke, es ist nicht ganz abwegig zu hoffen, dass die Stände dir ein kleines Geschenk machen – vielleicht als Ausgleich dafür, dass sie sich bei deiner Hochzeit so knauserig gezeigt haben. Um die 30 000 Taler müsste man auf diese Weise zusammenbekommen, meine ich. Ich habe bereits mit unserem Bernstorff gesprochen. Er hat mir seine Unterstützung zugesagt.«

Sophie Dorothea meinte zu träumen. Nicht nur ihre Mutter war bereit, ihr den Weg in die Freiheit zu ebnen, sondern sogar einer wie dieser Bernstorff, dem sie nie so recht getraut hatte. Doch nun wollte sie nicht länger an dessen Glaubwürdigkeit zweifeln. Einzig ihr Vater weigerte sich noch, den Trennungsplan mitzutragen. Aber den würde sie auch noch auf ihre Seite ziehen, da war sie ganz sicher.

Beflügelt von den unverhofften Aussichten schrieb sie gleich in der Nacht:

»23. Juli 1693, Bruchhausen
Ich bin nur beschäftigt mit meinen Plänen. Meine Mutter hat eine Sache begonnen, die sehr gut ist, wenn sie gelingt. Sie will, dass die Stände von Celle mir ein Geschenk von 30 000 Talern machen sollen. Sie hat darüber bereits mit dem Grafen Bernstorff gesprochen. Und der hat versprochen, keine Mühe zu sparen. Er versichert mir tausendmal seine Freundschaft und Dienstwilligkeit, und sagt, dass man ihn nur gebrauchen möge. Er will mich besuchen, und ich glaube, dass Sie dies sehr gern sehen werden. Es ist sicher: Wenn es mir gelingt, Bernstorff für mich zu gewinnen, wird mir auch mein Vater jeden Wunsch erfüllen. Man muss es auf diese Weise versuchen.«

Die Nervosität wächst

Königsmarck hätte eigentlich allen Grund gehabt, sich über die Entwicklung zu freuen. Während seine Schulden immer drückender wurden, entzog ihm der schwedische König ein Gut nach dem andern. Doch anstatt in Jubel über die Neuigkeiten aus Celle auszubrechen, beschlichen ihn Skepsis und Angst. Wunder gab es nach seiner Überzeugung nur in Märchen, in der Wirklichkeit war bei wunderbaren Versprechungen immer äußerste Vorsicht geboten. Schon dass die Herzogin von Celle 2000 Taler für den Soldatentod Georg Ludwigs an die Armen spenden wolle, veranlasste ihn nicht zu einem Freudensprung. »Solch fromme Wünsche helfen uns nicht weiter«, schrieb er. Und dass die Herzogin von Celle mit Hilfe Bernstorffs 30 000 Taler sammeln könnte, war für ihn nicht mehr als eine Schnapsidee. Oder schlimmer noch: eine Falle. Bernstorff stand schließlich im Verdacht, als bezahlter Spitzel für den hannoverschen Kurfürsten zu arbeiten. »Der Mann ist falsch wie der Teufel«, mahnte Königsmarck. »Man darf ihm nicht trauen, auch wenn er der Prinzessin noch so schöne Augen macht.«

Zu dem Misstrauen gesellte sich bei Königsmarck das demütigende Gefühl, immer weiter zu sinken und als ruinierter Edelmann von der Gnade anderer abhängig zu werden. »Alles scheint sich gegen mich zu verschwören«, klagte er im gleichen Brief. »Der schwedische König raubt mir meine Güter, Freunde verraten mich, meine Familie fällt mir in den Rücken, und wenn es um Beförderungen geht, so gibt es zwanzig Leute, die mich dabei überspringen. Ach, ich bin in einen Schiffbruch ohne Rettung auf Hilfe geraten.«

Während der Graf und die Prinzessin von einer Liebe ohne Angst träumten, bangten Tausende hannoverscher Soldaten um ihr Leben. Gleich an drei Fronten wurde es in diesem Sommer brenzlig: auf dem Balkan im Kampf gegen die Türken, in Flandern im Krieg gegen die Franzosen und im Herzogtum Lauenburg in Erwartung einer Offensive der Dänen. Erhebliche Verluste waren zu beklagen, als ein Korps von rund 4000 Hannoveranern und 1000 Celler Soldaten den Versuch unternahm, den Türken die Stadt und Festung Belgrad zu entreißen. Noch viel größer war die Zahl der Toten in Flandern, wo unter dem Oberbefehl von Kurprinz Georg Ludwig ein hannoversch-cellisches Korps mit vierzehn Kavallerieregimentern und sechzehn Bataillonen kämpfte. Als am 29. Juli 1693 die Franzosen unter ihrem Marschall Herzog de Luxembourg angriffen, kam es zu einem Gemetzel, bei dem auf Seiten der Alliierten 18 000 Männer starben oder schwer verwundet wurden. Allein die Hannoveraner hatten 1141 Gefallene zu beklagen.

»Ich bin drei Nächte und Tage ohne Schlafen und Essen gewesen aus Sorgen für meine drei Söhne, denn wir vernahmen aus Holland die böse Zeitung, dass König Wilhelm die Schlacht verloren habe«, schrieb Kurfürstin Sophie am 28. Juli an die Raugräfin Luise, ihre Nichte. »Gestern haben wir Nachricht erhalten, dass Gott meine drei Söhne wunderbarerweise bewahrt hat. Meinem ältesten Sohn (Georg Ludwig) ist der Hacken vom Schuh mit einer Stückkugel abgeschossen worden. Beim Rückzug wurde er mit seinem Pferd ins Wasser gestoßen. Weiß selber nicht, wie er wieder rausgekommen ist …«

Besorgt blickten Kurfürst Ernst August und sein Bruder in Celle auch nach Ratzeburg, wo ein Angriff der Dänen drohte – unterstützt von »Vetter Tönis« in Wolfenbüttel, der den Dänen angeblich den Festungsplan von Ratzeburg zugespielt hatte.

Sophie Dorothea aber hatte andere Sorgen. Sie begleitete ihre Eltern von Bruchhausen nach Celle – vom Jagdschloss in die vertrauten Mauern ihrer Kindheit. Doch ihr Glück wurde getrübt. Sie musste erkennen, dass sich die Dinge nicht so entwickelten wie erhofft. Ihr Vater weigerte sich, dem neuen Kurs seiner Frau

zu folgen. Die Unstimmigkeiten steigerten sich zu einem Ehe-
krach. Sophie Dorothea erlebte mit, wie ihre Eltern sich wegen
eines unehelichen Kindes von Georg Ludwig böse Worte an den
Kopf warfen.

»Zwei Menschen, die allein die Liebe zusammengeführt hat,
zankten sich zwei Stunden um eine solche Kleinigkeit und drohten, einander zu verlassen«, schrieb sie Königsmarck. »Mittlerweile haben sie sich versöhnt, aber bei meiner Mutter ist eine
starke Verstimmung gegen meinen Vater zurückgeblieben. Was
wird sie für mich ausrichten können, wenn sie sich nicht einmal
in dieser Sache durchzusetzen vermochte? Kein Zweifel: Mein
Vater ist über alle Maßen hart, auf ihn ist nicht zu zählen.«

Da sich die 30 000 Taler-Spende durch die Celler Stände immer
mehr zum Luftschloss verflüchtigte, hielt Sophie Dorothea Ausschau nach anderen Geldquellen. So studierte sie ihren Heirats-
vertrag, um zu sehen, was sie im Falle einer Scheidung zu erwarten hatte. Das Ergebnis war ernüchternd:

> *»19. Juli 1693, Celle*
> *Ich habe gestern meinen Heiratsvertrag durchgelesen: Er könnte*
> *nicht ungünstiger für mich sein. Der Prinz kann über mein gesam-*
> *tes Vermögen verfügen und mir sogar meine Rente streitig machen.*
> *Ich war so niedergeschlagen, dass mir die Tränen in die Augen tra-*
> *ten.«*

Es war nicht nur der Ehevertrag, der Sophie Dorothea zu schaffen machte. Auch Königsmarcks Misstrauen bereitete ihr schlaflose Nächte. Die ewigen Vorhaltungen ließen ihren Ton gereiz-
ter werden:

> *»Es ist einfach nicht wahr, dass ich alle Tage in die Komödie gehe*
> *und mir dort etwas von fremden Männern ins Ohr flüstern lasse.*
> *Es ist überhaupt erst zweimal Komödie gespielt worden, seitdem*
> *ich hier bin, und beide Male war ich allein mit meinem Vater in*
> *seiner Loge …«*

Königsmarck ließ sich von dem »scharmanten Brief« nicht besänftigen. Dabei gab er Sophie Dorothea selbst Grund zur Eifersucht. Denn er vertrieb sich weiter die Zeit, indem er an Lustbarkeiten und Landpartien der Gräfin Platen teilnahm oder selbst Gesellschaften in seinem Haus gab. Dass es sich dabei um Besäufnisse und Sexorgien handelte, wies er stets entrüstet zurück. Stattdessen beteuerte er, dass er all diese Lustbarkeiten in seinem Haus nur veranstalte, um die Platen ruhigzustellen. Wie groß seine Angst vor der Gräfin war, ließ er am 21. Juli 1693 in einem Brief durchblicken:

> *»In der vorigen Nacht habe ich geträumt, dass man mich enthauptet hat, weil man mich mit Ihnen überraschte. Meine Richter waren der Kurprinz Georg Ludwig, Kammerpräsident Grote und Bonhomme (Podewils). Eine zweite Nacht wie dieses Fegefeuer möchte ich nicht erleben. Mein Kammerdiener fand mich in Schweiß gebadet und hörte mich rufen: ›Wo ist sie? Wo ist sie?‹«*

Die Nervosität wuchs. Königsmarck regte sich darüber auf, dass sein Personal die Fliegen ins Haus lockte, beschimpfte seine Köchin als Sudelmagd. Zusätzliche Nahrung erhielt die ständige Gereiztheit dadurch, dass der Oberst täglich auf einen Marschbefehl wartete, um mit seinem Dragonerregiment den Dänen Paroli zu bieten. Der Kurfürst hatte ihn zum Kommandanten von Lüneburg gemacht, doch der Abmarsch verzögerte sich.

Ende Juli schließlich kam der Marschbefehl. Die Dänen waren bei Lauenburg an der Elbe aufmarschiert, Königsmarck erhielt den Auftrag, sie am Überqueren des Stromes zu hindern. Der lange Tross setzte sich in Bewegung – ein Reiterregiment in frischen Uniformen: grauen Röcken und Mänteln mit roten Aufschlägen, gelbem Lederzeug und schwarzen Hüten.

Unmittelbar vor seinem Abmarsch war Königsmarck in Herrenhausen noch ein kurzes Treffen mit Sophie Dorothea vergönnt, die soeben von Celle nach Hannover zurückgekehrt war. Doch zum Austausch von Zärtlichkeiten bestand zwischen Hainbuchenhecken und Buchsbaumrabatten nur wenig Gelegenheit. Aus Furcht entdeckt zu werden, veranlasste Sophie Dorothea ihren Kavalier, das Weite zu suchen. Als Königsmarck wenige Tage später auf dem Weg nach Lüneburg in Celle Station machte, wurde er zwar im Schloss zum Abendessen empfangen, doch da Sophie Dorothea in Herrenhausen weilte, musste er mit ihren Eltern vorlieb nehmen. Er ertränkte seinen Verdruss in Schnaps und Wein. »Ich habe mich auch mit der Herzogin unterhalten«, schrieb er später während einer Marschpause. »Ich war aber so berauscht, dass ich gar nicht mehr weiß, worüber wir gesprochen haben.«

Es folgten lange Märsche mit Übernachtungen in lausigen Quartieren, bis der Oberst mit seinen Dragonern schließlich Lüneburg passiert und das Elbdörfchen Artlenburg erreicht hatte. »Ich bin seit vorgestern Nacht um 12 Uhr ununterbrochen im Sattel«, teilte er nach seiner Ankunft Sophie Dorothea mit. »Ich habe zwölf Meilen zurückgelegt, ohne den Fuß auf die Erde zu setzen. Geschehen ist hier noch nichts. Man kann mit den Dänen reden. Nur der Fluss trennt uns von ihnen. Soviel über den Krieg, sprechen wir lieber von der Liebe.«

In seinem Tagebuch notierte er: »Dienstag und Mittwoch nur Männer gesehen. Auch ihr Vater, der Herzog von Celle, hat uns an der Elbe einen Besuch abgestattet. Gestern habe ich alles vorbereiten lassen, um die Dänen am Übertritt zu hindern. In der Nacht gab es einen Alarm. Hatte den Anschein, als würden die Dänen mit ihren Schiffen eine Brücke über den Fluss bilden. Aber es war keine Gefahr. Heute läuft der Waffenstillstand ab. Der Krieg könnte beginnen.«

Unerwarteter Besuch

Während an der Elbe die Kanonen in Stellung gebracht wurden, tobte an der Leine ein Krieg mit anderen Waffen. An einem schwülwarmen Dienstagnachmittag im August 1693 erhielt Sophie Dorothea im Leineschloss unerwarteten Besuch – von einer Dame, die ihr manch schlaflose Nacht beschert hatte: Klara Elisabeth von Platen. Die Reichsgräfin tat, als sei sie Sophie Dorotheas beste Freundin.

»Liebste Prinzessin«, führte sie sich in ihrem breiten Hessisch ein. »Wir haben so lange nit mehr miteinander geschwätzt. Man wird sich ja ganz fremd. Ich find, dagegen sollten wir etwas tun, gell. Und deswegen bin ich hier. Ich hoffe, ich stör nit allzu sehr.«

»O nein, Ihr seid selbstverständlich willkommen, liebste Gräfin. Nehmt doch bitte Platz. Was darf ich Euch anbieten? Heiße Schokolade? Ein Glas Wein?«

»Keine Umstände. Aber eine Schokolade wäre mir recht.«

Die Gräfin schien sich mit Eau de Cologne regelrecht übergossen zu haben. Sie gefiel sich in einem purpurroten, kunstblumenverzierten Seidenkleid mit Puffärmeln und Reifrock, das mehr zu einem Ball als zu einer Plauderei gepasst hätte. Dazu trug sie grüne Damastschuhe und eine sicher sehr teure Perlenkette. Ihre Wangen hatte sie wie üblich weiß gepudert und mit zwei schwarzen Schönheitspflästerchen geziert, ihre hellbraunen Kunstlocken waren zu einer Hochfrisur aufgesteckt.

Sophie Dorothea konnte sich nicht erinnern, jemals einem so mächtigen Busen gegenübergesessen zu haben. Und das spitzenbesetzte Dekolleté ließ außerordentlich tief blicken. Die Brüste der vornehmen Dame hoben und senkten sich, während die kleinen Augen ihr Gegenüber regelrecht durchbohrten.

»Schön, dass wir endlich einmal beisammensitzen«, begann sie. »Ihr macht Euch rar, meine Liebste, allzu rar.«

Die Prinzessin zuckte mit einem verlegenen Lächeln die Achseln. »Ich bin einfach nicht so repräsentabel wie Ihr, Gräfin.«

»Ach was redet Ihr da! Ihr seid eine Majestät, gesegnet mit dem allerschönsten Liebreiz der Natur, glaubt mir. Ihr habt allen Grund, Euch zu zeigen, gell.«

Mit solchen Höflichkeiten quälte sich die Konversation noch eine ganze Weile dahin. Schließlich kam die Platen zu ihrem eigentlichen Anliegen.

Noch am selben Abend schilderte Sophie Dorothea dem Geliebten im Feldlager die Begegnung.

»Dienstag, 1. August 1693, Hannover
Die Platen war bei mir. Wir haben drei Stunden bei privatem Geplauder verbracht. Das wichtigste Ergebnis des Gesprächs ist: Sie weiß von den Vorhaltungen, die mir die Kurfürstin im vergangenen Jahr Ihretwegen gemacht hat. Dabei ist deutlich geworden, dass nicht der Kurfürst mit der Kurfürstin gesprochen hat, wie diese mir hat einreden wollen, sondern umgekehrt: Sie hat ihm in den Ohren gelegen. Der Kurfürst soll niemals ein Wort darüber verloren haben. Sie, Kurfürstin Sophie, dagegen soll zu mehreren Personen gesagt haben, sie habe mich wegen meines Umgangs mit Ihnen gewarnt, weil ich mir sonst schaden würde.
Weiter ermahnte die Platen mich, mein Benehmen zu ändern. Sie wies mich darauf hin, dass ich ein allzu zurückgezogenes Leben führe und damit alle Welt vor den Kopf stoße. Man beklage sich, dass ich niemand Beachtung schenke und mit keinem Menschen spräche. Ich machte mir keine Vorstellung, was man alles von mir rede. Denn man finde es unnatürlich, dass eine junge Frau wie ich auf jeden gesellschaftlichen Verkehr verzichte und suche nach dem Grund dafür.
Ich entgegnete der Gräfin, dass ich jedermann gleich behandle. Da ich mich mit keinem unterhielte, wer es auch sei – was ich absichtlich täte, um niemanden zu kränken – so habe auch niemand Grund, sich zu beklagen.

Mehrmals sprach die Gräfin auch von Ihnen. Mir scheint, sie tut
es nur allzu gern. Sie rühmte Ihre Artigkeiten, und sie kündigte an,
dass sie zu Ihnen nach Lüneburg reisen wolle, worüber Sie vermut-
lich sehr froh sein würden …
Schließlich trennten wir uns in aller Herzlichkeit, und niemals wur-
de eine Freundschaft durch so viele Schwüre bekräftigt, wie sie
mir schwor.
Ich muss jetzt zu Bett gehen. Ich schlafe schlecht in letzter Zeit, und
das entkräftet mich. Aber wie soll man schlafen, wenn man einen
großen Jungen wie Sie im Kopf hat.«

Der »große Junge« war irritiert.

> »Artlenburg, 6. August 1693
Ich würde Sie gern zusammen gesehen haben – eine hochmütige
Dame wie die Platen zusammen mit einem schüchternen Kind
wie Sie! Ich bin sehr überrascht, dass sie allein zu Ihnen gekom-
men ist.
Ich bin dagegen nicht im Geringsten darüber überrascht, wie sie
von mir gesprochen hat. Ihre Schamlosigkeit kennt keine Grenzen!
Wenn ich ihr etwas Freundliches gesagt habe, dann immer in ei-
ner sehr belanglosen Art und Weise – und in einer Zeit, in der ich
mit Ihnen im Streit lag. Klagen Sie nicht über mein Naturell, ich
beschwöre Sie: Niemand kann höflicher sein, als ich es bin, und
ich lerne sogar, mich in Geduld zu fassen. Aber Sie wissen, dass
ich die Platen mit einem tödlichen Hass verabscheue, und es ist mir
vollkommen egal, ob sie hierher kommt oder nicht. Ich bin viel zu
sehr von der Liebe beherrscht, die ich für Sie empfinde.
Recht hat die Platen aber vermutlich in ihrer Meinung über die
Kurfürstin. Sie müssen sehr vorsichtig sein. Der Kurfürst ist wahr-
scheinlich wirklich viel zu stolz, um mit seiner Frau über Dinge zu
sprechen, von denen die Kurfürstin Ihnen berichtet hat. Ich wun-
dere mich, dass Sie sich immer noch so um die Kurfürstin bemü-
hen, sie wird früher oder später Ihr Ruin sein. Wenn ich an Ihrer
Stelle wäre, hätte ich sie längst zum Teufel geschickt, anstatt sie
weiter zu meinen besten Freundinnen zu zählen, so wie Sie es tun.
Sie hat Ihnen schon so viele Lügen erzählt, dass ich auch nicht glau-

ben kann, dass sie mit dem Kurfürsten über Prinz Max gesprochen hat, der sich ständig an Sie heranschleicht.

Hätten Sie meinen Rat beherzigt, hätten Sie der Platen keinerlei Rechenschaft über Ihr Verhalten geben müssen. Sie hätten immer nur in aller Knappheit antworten brauchen: ›Ich tue, was mir gefällt.‹ Das wäre besser gewesen. Ich hoffe, Sie sind klug genug, ihr künftig nichts mehr zu sagen, das Ihnen auch nur den geringsten Schaden zufügen könnte. Gott schütze Sie vor ihr. Denn Sie müssen sie als eine Ihrer größten Feindinnen betrachten.«

Königsmarck stand an vorderster Front. Mit einem Angriff der Dänen war täglich zu rechnen. »Wir stehen hier sehr unter Druck«, schrieb er am 17. August aus Artlenburg. »Der Waffenstillstand ist gebrochen. Es sieht aus, als könnten wir schon morgen unter Beschuss geraten. Für den Fall, dass mir etwas zustoßen sollte, habe ich Anweisung gegeben, die Briefe und Ihr Porträt zu verbrennen.

Auf meinen Patrouillenritten Tag und Nacht habe ich reichlich Gelegenheit zum Nachdenken. Ich sehe Sie immer vor mir, ich betrachte Sie im Geist vom Kopf bis zu den Füßen und finde alles an Ihnen vollkommen.«

Unterdessen besetzten die Dänen das Herzogtum Lauenburg und belagerten Ratzeburg. Die eingeschlossenen Soldaten der Welfenbrüder verwandelten die Stadt in eine Festung. Am 31. August 1693 schließlich begannen die Dänen mit dem Bombardement. Sie feuerten aus achtzig Geschützen. Die meist aus Fachwerk erbauten strohgedeckten Wohnhäuser brannten ab bis auf den Grund, nur noch die Schornsteine ragten am Ende aus den qualmenden Trümmern. König Christian V. von Dänemark beobachtete den Angriff persönlich.

Doch es gelang den Cellern und Hannoveranern, die Festung zu halten und sich mit den Dänen auf einen Waffenstillstand zu einigen. Bei den anschließenden Verhandlungen der Kriegsparteien in Hamburg kam es zu einem Todesfall: Der hannoversche Verhandlungsführer Otto Grote brach während einer Gesprächsrunde zusammen und starb. Auch im Übrigen nahmen die Gespräche aus Welfensicht keinen günstigen Verlauf. Ernst August und Georg Wilhelm sahen am Ende keine andere Möglichkeit, als die Festung Ratzeburg aufzugeben und mit den Dänen einen Vergleich zu schließen. Immerhin erklärten sich die Besatzer bereit, das Herzogtum Lauenburg wieder zu räumen.

Doch der Abzug der Dänen zog sich in die Länge, sodass Königsmarck mit seinem Regiment an der Elbe vorerst die Stellung halten musste. Der Oberst vertrieb sich weiterhin die Zeit, indem er lange Briefe an seine Geliebte in Herrenhausen schrieb. Dabei kam die Idee auf, sich irgendwo in der Nähe heimlich zu treffen – zum Beispiel im Jagdschloss in der Göhrde. Unglückseligerweise kehrte jedoch Sophie Dorotheas Gemahl aus Flandern zurück.

Königsmarck ließ seinem Ärger freien Lauf:

»Artlenburg, 19. September 1693
Da der Prinz den Wunsch geäußert hat, dass Sie nach Hannover zurückkehren sollen, hat es für Sie keinen Sinn, daran zu denken, nach Ebstorf oder in die Göhrde zu reisen. Wenn es stimmt, dass Sie einen solchen Abscheu gegen den »Störenfried« empfinden, so haben Sie mein volles Mitgefühl.
Ja, der Prinz ist eines dieser Ungeheuer, von denen ich Sie mit größter Freude befreien würde. Sollte er Ihnen ein weiteres Kind machen, würde ich mich in der Elbe ertränken.«

Doch Georg Ludwig dachte offenbar gar nicht mehr daran, seiner Frau ein weiteres Kind zu machen. Der Kurprinz musste sich dieser Tage nicht nur seiner Melusine widmen, er musste auch seine frühere Mätresse trösten. Denn Maria Katharina von dem Bussche hatte ihren Mann verloren. Der hannoversche General war in der Schlacht bei Neerwinden gefallen. So sah es der hannoversche Heerführer als seine Aufgabe an, sich der Witwe anzunehmen, der er einmal so nahe gestanden hatte.

Zu neuen Ufern

Ende Oktober kehrte Königsmarck mit seinem Dragoner-regiment von der Elbe an die Leine zurück. Doch das erhoffte Wiedersehen fand nicht statt. Denn Sophie Dorothea weilte in Celle bei ihren Eltern. Wenige Tage vor der Heimkehr des Geliebten war ihre Schwiegermutter mit ihr aufgebrochen. Offenkundig setzt jemand alles daran, Begegnungen der Liebenden zu verhindern. Und es war Sophie Dorothea unmöglich, dagegen aufzubegehren.

Verzweifelt ließ Königsmarck unterdessen nichts unversucht, seine Vermögenslage zu verbessern. Die Gläubiger bedrängten ihn immer heftiger. Aber woher nehmen? »Schafft Geld«, lautete die immerwiederkehrende Aufforderung, die der nach wie vor verschwenderische Edelmann an seinen Sekretär Hildebrand richtete. »Schafft Geld.« So musste sich der unauffällige Mann mit der goldblonden Perücke ein weiteres Mal zum Hofjuden Lefmann Berens begeben, um einen Kredit auszuhandeln. Und als Königsmarck ihm schließlich von seinem Gut in Eppendorf alle wichtigen Papiere mitgebracht hatte und endlich Einblick in seine Finanzen gewährte, blieb dem getreuen Konrad nichts anderes als die Feststellung: »Es sieht nicht gut aus.«

Das war noch geschmeichelt. Denn der bescheidene Soldatensold und die Einkünfte aus den verbliebenen Gütern deckten die hohen Ausgaben für die 29 Bediensteten, den Haushalt, die luxuriöse Lebensführung und den Unterhalt der Familienangehörigen schon lange nicht mehr. Alle Schulden hätten bezahlt werden können, wäre es Königsmarck gelungen, die 100 000 Taler einzutreiben, die das herzogliche Haus Holstein-Gottorp bereits seinem Großvater schuldig geblieben war. Doch der Schuldner konnte eine Stundung vom Kaiser persönlich vorweisen. Ähnlich schwierig war es mit einer Summe von 40 000 Talern, die ihm sein fideler Kriegskamerad Friedrich August von Sachsen schuldete. Der Prinz dachte offenbar gar nicht daran, die Spielschulden zu begleichen. Und bisher war er dazu wohl auch nicht in der Lage gewesen. Denn die Staatskasse verwaltete sein älterer Bruder Johann Georg, der als Kurfürst an der Spitze des Landes stand. Und der verwandte allen Ehrgeiz darauf, seine Mätresse zu verwöhnen: das Fräulein Sibylle von Niedschütz, eine bildschöne Wienerin, die gemeinsam mit ihrer Mutter Sachsen ausplünderte.

Doch im Frühjahr 1694 starb Sibylle von Niedschütz an den Pocken. Das Volk jubelte. Kurfürst Johann Georg aber erschütterte der Todesfall derart, dass er in seiner Trauer die Arme um den Leichnam seiner Geliebten schlang und sich wie ein Rasender weigerte, von der Toten abzulassen. Erst als sich vor dem Schloss eine große Menschenmenge zusammenrottete, weil das Gerücht umging, der Fürst sei Opfer einer Hexerei geworden, ließ Johann Georg sich von der Geliebten trennen. Es vergingen nur wenige Tage, bis er ebenfalls an Pocken erkrankte und seiner Sybille ins Grab folgte. Das Volk war überzeugt, dass die »Hexe« ihn sich geholt habe.

Zur Freude seiner Untertanen folgte ihm am 7. Mai 1694 sein jüngerer Bruder Friedrich August auf den Fürstenthron – ein lebenslustiger, kraftvoller Kerl mit strahlenden Augen und schwarzen Locken, der sich von dem Flandern-Feldzug längst wieder erholt hatte und als »August der Starke« in die Geschichte eingehen sollte.

Königsmarck verfolgte den Aufstieg seines einstigen Saufkumpanen mit Freude. Dass der gleiche Kerl, mit dem er so manche Lagernacht verbracht hatte, plötzlich an der Spitze seines Kurfürstentums stand, ließ hoffen. Zumindest war es jetzt nicht mehr aussichtslos, die alten Spielschulden einzutreiben. So entschloss er sich, im Mai 1694 nach Dresden aufzubrechen.

August empfing ihn wie einen alten Freund. Und der stämmige Kurfürst, er war noch keine 25 Jahre alt, beglich zwar nicht seine Spielschulden, doch er ernannte den Weggefährten zum

Generalmajor. Das Jahresgehalt in Höhe von 2400 Talern, das Königsmarck damit zustand, war fast doppelt so hoch wie der Sold, den er in hannoverschen Diensten als Oberst bezog, ohne Aussicht auf Beförderung.

Seine Eignung für den neuen Posten musste er bei »Kriegsspielen« beweisen, die gleichzeitig der Belustigung des Dresdner Hofes dienten. Bei einem dieser Wettbewerbe hatten sich die Teilnehmer mit rohen Eiern zu bombardieren. Dabei ging es so ausgelassen zu, dass ein Ei um ein Haar Philipp Christophs Auge getroffen hätte. »Solche Kinderpossen sollen dort viel vorgehen«, kommentierte die hannoversche Kurfürstin in einem ihrer Briefe.

Häufig waren derartige »Kriegsspiele« das Vorspiel zu Besäufnissen. Auch bei einem Bankett zu Ehren Königsmarcks wurde reichlich gebechert. Besonders ungehemmt trank der Gast aus Hannover. Der Alkohol half ihm, all den Ballast abzuwerfen, der ihn in den vergangenen Wochen und Monaten so niedergedrückt hatte: die ständige Angst vor Entdeckung, die Eifersucht, die Furcht vor dem Bankrott ...

Wieder und wieder erhob er das Glas, um lallend einen Trinkspruch nach dem andern zum Besten zu geben. »Auf die kursächsische Reiterei, meine Freunde.«

»Auf unseren Drachentöter von der Leine«, erwiderte August.

»Auf den neuen Kurfürsten von Sachsen.«

»Auf den größten Herzensbrecher im Heiligen Römischen Reich Deutscher Nation«, rief August der Starke und erhob sein Glas. »Auf den verwegensten Frauenbezwinger zwischen Nordsee und Alpen.«

Dieses Stichwort musste Königsmarck natürlich aufgreifen.

»Frauenbezwinger? Sprecht mir nicht von den Frauen. Zur Hölle mit den Weibern. Die haben mich ins Unglück gestürzt und zwar ganz mächtig.«

»Erzählt«, feuerten ihn die Trinkkumpane an. »Spannt uns nicht auf die Folter. Was ist mit den Frauen in Hannover?«

»Was soll sein? Die Frauen in Hannover sind wahrscheinlich genauso liebestoll und falsch, so hübsch und so hässlich wie die Weiber hier bei Euch in Dresden. Aber eine ist in Hannover darunter, die wirft ihren Schatten auf alles – eine Hexe, kann ich Euch sagen, eine wahre Hexe.«

»Von wem sprichst du?«, hakte August nach. »Du machst uns neugierig.«

»Du kennst sie, diesen Drachen, die Mätresse unseres Kurfürsten. Gott schütze ihn vor dem Biest.«

»Ist das die Vettel, die ihm den Kurhut aufgesetzt hat?«, warf ein General ein und erntete grunzendes Gelächter.

»Die Platen hat unserm Fürsten nicht nur den Kurhut aufgesetzt, mein Freund. Die hat dem schon ganz andere Narrenkappen übergestülpt«, fuhr Königsmarck fort. »Natürlich begnügt sie sich nicht mit Don Diego. Die Dame ist heiß auf Männer.«

»Graf Königsmarck spricht aus Erfahrung«, rief August in die Runde.

»Erzählt«, tönte es sofort wieder. »Erzählt.«

»Ist doch bekannt. Wer in Hannover was werden will, kommt an der Reichsgräfin nicht vorbei. Ich sag's ja: Die Dame ist eine Hexe – eine Hexe mit dicker Schminke im Gesicht.«

»Merkwürdig, dass Euerm Kurfürsten das entgeht«, warf einer ein.

»Ach, dem Kurfürsten entgeht manches. Die Platen hat ihn in der Hand, vollkommen in der Hand, die spielt mit ihm wie ein Puppenspieler mit seiner Hanswurst-Puppe. Oh ja, für Ernst August ist sie immer noch eine große Schönheit. Dabei nützen ihr auch die Milchbäder schon lange nichts mehr. Sie ist verwelkt, Leute. Eine verwelkte Rose mit stachligem Stiel, sag ich Euch. Und wenn sie geht, dann meint man, dass sie zuviel getrunken hat, so schwerfällig wankt sie durch die Salons.«

Und dann erhob er sich und demonstrierte, wie die Platen ihren massigen Körper fortbewegte und mit dem Hintern wackelte. Johlen, Applaus und schallendes Gelächter begleiteten die Darbietung.

»Du bist ja ein richtiger Komödiant«, rief August, augenzwinkernd fügte er hinzu: »Aber mir ist zu Ohren gekommen, dass es in Hannover auch sehr charmante Frauen geben soll.«

»Warum erzählt Ihr uns nichts von diesen Weibsbildern«, warf ein vorwitziger Baron ein. »Habt ihr Angst, dass wir sie Euch wegholen, hehehe?«

»Da gibt es nichts zu erzählen«, sagte Königsmarck, plötzlich ganz ernst. Doch dann nahm er einen Schluck Wein und fuhr fort. »Aber natürlich, Ihr habt Recht, es gibt auch schöne Frauen in Hannover. Leider liegt die schönste in Fesseln, in goldenen Fesseln.«

»Fesseln? Wovon sprichst du?«

»Von den Fesseln der Ehe. Die Dame, die ich meine, ist mit einem Ungeheuer verheiratet. Und dieses Monstrum hält sie gefangen.«

»Wäre es nicht deine Pflicht als Kavalier, die Dame von dem Drachen zu befreien?«

»Du sagst es, und ich werde es tun, so wahr ich Philipp Christoph von Königsmarck heiße.«

»Das ist ein Wort. Aber wird sich das Ungeheuer dies denn auch gefallen lassen? Niemand, der auf sich hält, lässt sich ungestraft sein Weib stehlen.«

»Der Kerl, von dem ich hier spreche, hat nicht nur ein Weib. Der hat einen ganzen Harem. Und darunter ist eine, die ihm sowieso viel mehr zugetan ist als seine Gemahlin: die schöne Melusine, eine wahre Bohnenstange – dumm wie die Nacht und geil wie Nachbars Kätzchen.«

Wieder erntete er donnerndes Gelächter. Doch nicht jeder, der ihm zuprostete, stand auch auf seiner Seite. Zumindest einer der Festteilnehmer dachte schon darüber nach, in welchen Worten er den Inhalt des Gehörten zu einem hübschen Bericht zusammenfassen konnte. Denn der hannoversche Kurfürst hatte auch in Dresden einen Horchposten – gerade im Feindesland Sachsen konnte sich schnell etwas zusammenbrauen.

Und so erhielten schon wenige Tage später die maßgeblichen Kreise an der Leine Nachricht von Königsmarcks Sticheleien.

Der Kurfürst schäumte, die Platen kochte vor Wut. »Wie lange wollt Ihr Euch das eigentlich noch bieten lassen?«, zischte sie Ernst August zu. »Der unverschämte Mensch hat sein Leben schon lange verwirkt. Zertreten muss man die Kanaille. Zertreten wie einen Wurm.«

Auch Melusine von der Schulenburg, sonst eher friedfertig und geduldig, war empört. Der Kurprinz hatte große Mühe, sie zu besänftigen – ganz davon abgesehen, dass er selbst vor Zorn bebte.

Wutentbrannt stürmte er daher gleich ins Gemach Sophie Dorotheas und warf ihr vor, mit einem so »verworfenen, hinterhältigen Menschen« wie Königsmarck intimen Umgang zu pflegen.

»Ist dir eigentlich klar, dass du mich überall zum Gespött machst, du Kokotte? Ist dir das klar?«

»Ich? Ich mache dich zum Gespött? Das scheint mir nicht nötig zu sein«, entgegnete Sophie Dorothea. »Zum Gespött machst du dich selbst.«

Darauf stürzte Georg Ludwig auf sie, packte ihre Schultern mit beiden Händen und schüttelte sie. »Wie kannst du es wagen? Du Hure!«

Erst als die Knesenbeck den Raum betrat, ließ er von seiner Frau ab und ging, indem er die Tür hinter sich zuschlug.

Als Sophie Dorothea sich gefasst hatte, stand ihr Entschluss fest. Sie wollte zurück zu ihren Eltern nach Celle. Sie beschränkte sich darauf, ihrer Schwiegermutter mit wenigen Zeilen eine kurze Mitteilung zu machen. Die Kurfürstin eilte sofort zu ihr, um sich für das Verhalten ihres Sohnes zu entschuldigen. Doch Sophie Dorothea ließ sich nicht darauf ein.

Noch in der Nacht brach sie mit ihrem Kammerfräulein auf, und schon gegen acht Uhr morgens rasselte ihre Kutsche über den Celler Schlosshof.

Ihr Mutter zeigte Verständnis, ihr Vater redete dagegen auf sie ein, sich so schnell wie möglich wieder mit Georg Ludwig zu versöhnen. »Das sind Turbulenzen. So etwas kommt in jeder Ehe vor. Da reißt man sich zusammen, und dann geht es wieder.«

Sophie Dorothea wollte widersprechen, aber zu einer klärenden Aussprache kam es nicht. Der Heideherzog war wieder einmal auf dem Weg zur Jagd und daher in Eile.

Einige Tage später siedelte Sophie Dorothea mit ihren Eltern auf das Jagdschloss Bruchhausen über. Hier ermahnte ihr Vater sie eindringlich, Georg Ludwig die Treue zu halten. Doch sie schüttelte nur den Kopf.

Verständnis fand Sophie Dorothea indessen bei ihrer Schwiegermutter. Kurfürstin Sophie schrieb, dass sie ihren Sohn gescholten habe. Dass es wirklich Unrecht sei, sie, die Prinzessin, für das ungebührliche Benehmen dieses unverschämten Grafen verantwortlich zu machen. »Wir würden uns sehr glücklich schätzen, wenn Sie uns die Freude machten, uns auf Ihrem Rückweg von Bruchhausen in Herrenhausen aufzusuchen, Ew. Liebden.«

Doch Sophie Dorothea dachte gar nicht daran. Noch gut waren ihr die Mahnungen im Ohr, die Philipp Christoph ihr in Bezug auf die Kurfürstin zugeraunt hatte. So fuhr sie mit ihrer Kutsche an Herrenhausen vorbei und steuerte direkt das Leineschloss an. Denn Königsmarck hatte seine Heimkehr angekündigt, und ihr Mann beabsichtigte, seine Schwester Sophie Charlotte in Berlin zu besuchen. Eine Gelegenheit, die es zu nutzen galt.

Vor seiner Abreise nach Berlin zeigte sich Georg Ludwig außergewöhnlich höflich. Er entschuldigte sich zwar nicht für seinen Wutausbruch, erkundigte sich aber höflich nach Sophie Dorotheas Aufenthalt in Bruchhausen. Und dann versetzte er seine Gemahlin in einen wahren Glückstaumel.

»Ich meine, wir sollten uns einmal ernsthaft über unsere Zukunft unterhalten«, begann er. »Wir können nicht länger unsere Augen vor der Wirklichkeit verschließen. Ich spreche vom Zustand unserer Ehe. Sie ist gescheitert, da wirst du mir sicher nicht widersprechen. Vermutlich war sie von Anbeginn zum Scheitern verurteilt. Wir sollten diesen unerfreulichen Zustand daher beenden, möglichst bald beenden ...«

Sophie Dorothea meinte ihren Ohren nicht zu trauen. Georg Ludwig schlug selbst vor, wonach sie sich seit Jahren sehnte! Es war nicht zu glauben.

»Ich werde deinen Vater um sein Einverständnis bitten. Bist du einverstanden?«

»Oh sicher, gewiss.«

Sie war wie betäubt. Unfähig, auch nur einen zusammenhängenden Satz zu formulieren. Fragen bestürmten sie, doch sie wagte es nicht, sie auszusprechen. Zu groß war ihre Furcht, dass Georg Ludwig seinen Vorschlag gleich wieder zurückziehen konnte.

Als sie wieder allein war, versuchte sie sich die Konsequenzen einer Scheidung auszumalen. Alle Fluchtpläne würden vielleicht mit einem Schlage überflüssig werden. Warum fliehen, wenn es vielleicht schon bald auf legale Weise möglich war, ein neues Leben an der Seite des Geliebten zu beginnen? An ihren Ehevertrag dachte sie dabei nicht mehr. Dass bei einer Scheidung das Herzogtum und ihr Vermögen ihrem Mann zufiel, spielte in ihren Zukunftsplänen keine Rolle. Der so wunderbar aufgeblühte Traum von Freiheit duldete keine kleinlichen Bedenken. Sofort informierte sie Königsmarck über die neue Entwicklung.

Doch der Graf, inzwischen nach Hannover zurückgekehrt war, blieb skeptisch. »Das ist eine Falle«, warnte er bei der nächsten Begegnung. »Wir dürfen uns nicht von unserm Weg abbringen lassen, und unsere Aussichten sind gut – besser denn je.«

Dann berichtete er Sophie Dorothea von seinen Erfolgen in Dresden und warnte sie erneut, nur ja nichts auf die Beteuerungen ihres Mannes zu geben.

Tatsächlich schien Georg Ludwigs Scheidungsplan auch kaum durchsetzbar. Schon als der Sekretär des Kurprinzen beim Herzog von Celle vorsprach, zeichnete sich die Antwort Georg Wilhelms ab, eindeutig und unmissverständlich: Nein.

Rendezvous mit tödlichem Ausgang

Drückende Schwüle lag über der Stadt, als Philipp Christoph von Königsmarck am Abend des 1. Juli 1694 gegen 22.30 Uhr sein Haus in der Osterstraße verließ und auf das Leineschloss zusteuerte. Es war Sonntag, die kurfürstliche Familie war von der Sommerresidenz Herrenhausen ins Leineschloss herübergekommen, um am abendlichen Sonntagsgottesdienst in der Schlosskirche teilzunehmen.

Der Kavalier trug leichte Straßenkleidung: eine graue Leinwandhose, ein weißes Wams, einen braunen Regenrock. Keine Perücke. Mehrere Bürger, die ihn auf diesem Weg beobachteten, berichteten später, er habe auch keinen Degen mit sich geführt.

Wozu auch? Er hatte ja nicht die Absicht, ein Duell auszufechten, sondern seine Geliebte zu besuchen.

Von weither war der Klang von Gamben und Krummhörnern zu hören. Eine Hochzeit? Das feuchtfröhliche Ende einer Lustpartie? Königsmarck war viel zu sehr in seine Gedanken versunken, um darüber nachzugrübeln. Bald würde sich in Hannover herumgesprochen haben, dass er in Dresden zum Generalmajor ernannt worden war. Bisher hatte er noch den Schein wahren können, dass er am 15. Juli für Hannover ins Feld zog – ein weiteres Mal nach Flandern. In seinem Haus in der Osterstraße wurde schon gepackt. Wie lange würde er noch geheim halten können, dass nicht Flandern das Ziel seiner Reise war? Wie lange ließ sich noch verbergen, dass er nicht allein zu reisen gedachte, sondern mit Sophie Dorothea? Gedankenverloren strich er sich über seine braunen Locken, während er mit klackernden Schritten den Altstädter Markt überquerte.

Sophie Dorothea. Würde sie ihn wirklich begleiten? Würde sie tatsächlich ihr Luxusleben im Schloss aufgeben, um sich auf das Abenteuer eines ungesicherten Daseins einzulassen? Nicht einmal das war sicher.

Er schrak zusammen. Schritte hallten über das Kopfsteinpflaster. Er meinte, verfolgt zu werden, blickte sich um. Nichts, keine Menschenseele. Es war offenbar nur der Hall seiner Schritte gewesen, den er gehört hatte.

So ging es ihm dauernd dieser Tage. Nie zuvor während seiner Zeit in Hannover hatte er so stark das Gefühl gehabt, beobachtet zu werden wie nach seiner Rückkehr aus Dresden. Die Bedrohung war unsichtbar, aber spürbar. Tag und Nacht. Tausend Augen schienen über ihn zu wachen. Wie ungezwungen heiter war das Leben im Vergleich dazu in Dresden gewesen!

Zu allem Überfluss hatte ihn in den vergangenen Tagen auch noch ein Fieberanfall aufs Bett geworfen. Nur die Aussicht auf ein Treffen mit Sophie Dorothea hatte die bleierne Schwere vertrieben.

Die Gelegenheit musste genutzt werden. Der Prinz weilte immer noch in Berlin bei seiner Schwester und seinem Schwager Friedrich III., dem Kurfürsten von Brandenburg. Dennoch war Königsmarck auf der Hut. Denn mehr noch als den »Reformeur« fürchtete er die Platen, vor deren Spitzeln niemand sicher sein konnte.

Als er von der Dammstraße in die Leinstraße einbog, war ihm, als ob dunkle Gestalten in einen Hauseingang huschten. Ein Schatten, ganz deutlich. Doch nun gab es kein Zurück mehr. Das Schloss lag vor ihm, bald würde er bei Sophie Dorothea sein.

Er eilte zum einstigen Klosterflügel und pfiff die vertraute Melodie aus »Folies d' Espagne«. Hinter dem Fenster erschien ein Licht: Sophie Dorotheas Kammerfräulein signalisierte mit einer Kerze, dass die Luft rein war.

So setzte er seinen Weg fort: zum Opernhaus, durch den Bühneneingang, über den Schnürboden zur Geheimtür in den langen Korridor. Dort erwartete ihn Eleonore und führte ihn zu Sophie Dorothea.

Ohne ein Wort der Begrüßung fielen sich die beiden in die Arme und versanken in ihren Liebkosungen.

Flüsternd, als wenn die Wände Ohren hätten, raunten sie sich Zärtlichkeiten zu.

Wie Klänge aus einer anderen Welt erschienen ihnen die Kirchenglocken, die die Mitternacht einläuteten.

Erst als es bereits auf drei Uhr in der Frühe zuging, lösten sie sich aus ihren Umarmungen und sprachen erneut das Thema an, das sie in den Stunden zuvor noch aus ihrem Bewusstsein zu verdrängen versucht hatten: die Einzelheiten ihrer Flucht. In drei Tagen schon wollten sie Hannover verlassen.

»Es eilt«, drängte Philipp Christoph. »Wenn der Prinz aus Berlin zurück ist, müssen wir fort sein.«

»Es ist nicht recht, aber wir haben keine andere Wahl«, sagte Sophie Dorothea. »Es wird gelingen.«

»Es muss gelingen, und recht ist es auch. Unsere Liebe hat uns Gott geschenkt, sie zählt mehr als die hohlen Gesetze der Menschen.«

Die Prinzessin seufzte. »Wahrscheinlich hast du recht. Aber meine Kinder werden mir dennoch fehlen.«

»Deine Kinder! Wie kannst du ihnen nahe sein, wenn du in einem Gefängnis lebst wie hier?«

Auch wenn der Raum nur von wenigen Kerzen beleuchtet war, konnte Sophie Dorothea sehen, wie der Zorn eine Furche in Königsmarcks Stirn grub. »Ich habe es geahnt: Im letzten Moment kommen dir Bedenken, und unser Plan von einem neuen Leben stürzt ein wie ein Kartenhaus.«

Sophie Dorothea schüttelte den Kopf. »Du verstehst mich falsch, ich will ja mit dir gehen, aber …«

»Aber, aber, aber! Aber du kannst nicht, willst du sagen? Wunderbar! Ich habe es immer schon gewusst: Du kannst dich nicht von deinem Luxusleben trennen, hängst an deinen Kindern und deinem Mann, den du nur Scheusal nennst, um mir etwas vorzuspielen. Ach, es ist alles nur Komödie. Billige Komödie. Du spielst mir etwas vor. Komödie! Nichts als Komödie!«

»Du bist ungerecht, ich will ja mit dir …«

»Wirklich? Warum dann die Bedenken?«

»Warum musst du mich so quälen?«

Die Glocken der Schlosskirche verkündeten, dass es drei Uhr geworden war.

»Es wird Zeit. Ich muss aufbrechen, bevor es hell wird.«

»Die Zeit vergeht, und wir streiten um Nichts.«.

»Vielleicht hast du Recht. Wir sollten aufhören, uns die Sorgen herbeizureden. Wir haben allen Grund, froh zu sein. Glaub mir, bald werden wir uns immer so lieben können wie in dieser Nacht.«

»Gott gebe, dass du Recht behältst.«

Königsmarck umarmte die Prinzessin so fest, als wollte er deren Zweifel erdrücken. Und der Aufbruch führte die Liebenden wieder zusammen.

»Bis morgen, zur gleichen Stunde«, sagte Königsmarck.

»Bis morgen, ich zähle die Minuten.«

Der Morgen dämmerte schon, als die Confidente Philipp Christoph zur Geheimtür zurückführte. Graues Licht fiel von Osten her durch die Schlossfenster. »Die Zeit vergeht, und wir streiten um Nichts.« Wie ein Echo hallten Sophie Dorotheas Worte in ihm nach.

Eine Schwarzdrossel flötete ihr Morgenlied.

Das war das letzte, was Königsmarck hörte, bevor er die Geheimtür hinter sich schloss und ins dunkle Bühnenhaus trat. Geisterhaft zeichneten sich im Schein seiner Laterne vor ihm die gesichtslosen Puppen mit den Theaterkostümen ab: Könige, Königinnen, Ritter, seltsame Fabelwesen.

Was war das? Er horchte auf, gewann das dumpfe Gefühl, nicht allein zu sein. Atmete da jemand? Was war das für ein scharren und knistern? Er erstarrte, redete sich aber sogleich ein, dass er sich alles nur einbilde. Doch dann erschauerte er erneut. Der Holzboden knarrte hinter ihm. Er wandte sich um. Fast im selben Moment spürte er schon den Schlag. Ein heftiger Schmerz stieg von der Schulter auf. Im Licht der Laterne, die er noch krampfhaft in der Hand hielt, entdeckte er mehrere Männer. Sie bedrängten ihn von drei Seiten. Zwei alte Freunde waren darunter. Aber da war auch ein Mann, den er eher seinen Feinden zurechnete: Don Nicoló Montalban, unverkennbar.

»Was hat das zu …?«

Bevor er den Satz beenden konnte, hieb Montalban mit seinem Degen auf ihn ein, schrammte, da er sich instinktiv abwandte, aber nur seinen Oberarm. Königsmarck versuchte den Angreifer mit dem Fuß abzuwehren, erreichte ihn auch mit der Stiefelspitze. Doch seine Lage war hoffnungslos. Denn gleich nach seinem Befreiungsversuch traf ihn ein zweiter Schlag. Und der warf ihn zu Boden.

Ein Dolch bohrte sich von hinten in seinen Nackenmuskel, ein zweiter Stich traf die Halsschlagader. Er stöhnte auf, verkrampfte sich, mühte sich mit letzter Kraft aufzustehen. Doch da traf ihn ein weiterer Streich, und diesmal durchbohrte eine Degenspitze seine Brust.

Blut lief über den staubigen Boden. Wie in einem letzten Kampf bäumte sich der Körper des tödlich Verletzten noch einmal auf. Dann sackte er in sich zusammen.

Sofort begannen die Männer, den Leichnam in einen großen Sack zu stopfen. Als sie die Sackenden mit einer Kordel verschnürt hatten, schulterten sie ihr Gepäck, schleppten es durch den Hintereingang des Bühnenhauses und erreichten so die Leine, die hinter der Schlossanlage vorbeifloss. Mit dem noch warmen Körper des toten Grafen auf den Schultern eilten sie hinter der Schlossmauer auf die Klickmühle zu.

Als sie am Mühlenkolk angelangt waren, befüllten sie den Sack, der sich mittlerweile rot gefärbt hatte, mit schweren Steinen und hievten ihn in ein Boot. Sie ruderten zur tiefsten Stelle des Kolks und entledigten sich ihrer Last. Gurgelnd versank der schwere Sack im schwarzen Wasser.

Nachsorge

Graf Philipp Christoph von Königsmarck schien sich in Luft aufgelöst zu haben. Vier Tage nach seinem Verschwinden erstattete
sein Sekretär Georg Konrad Hildebrand eine Vermisstenanzeige
bei Heinrich von Podewils, dem Oberbefehlshaber des hannoverschen Heeres und Vorgesetzten Königsmarcks. »Wir sind in großer Sorge«, sagte Hildebrand. »Am Abend des 1. Juli habe ich ihn
zuletzt gesehen. Eigentlich wollte er die Nacht in seinem Haus bleiben, aber dann ist er doch fortgegangen. Es muss zwischen zehn
und elf Uhr abends gewesen sein. Was sollen wir nur tun?«

Der alte Feldmarschall mahnte zur Ruhe. »Macht man nicht
so viel Lärm und haltet auch das Gesinde zum Stillschweigen an.
Der wird sich schon wieder anfinden.«

Gleichwohl ließ Podewils alles protokollieren. Die Vermisstenanzeige fand ihren Niederschlag in einem »Faktum«:

»Der Sekretär des Grafen Königsmarck meldete am 5. Juli
1694 dem General-Feldmarschall von Podewils, dass er seinen
Herrn vermisse. Folgendes soll sich nach dem Bericht des Sekre-
tärs zugetragen haben: Am Nachmittag des 1. Juli habe sich der
Graf sehr beunruhigt gezeigt, am Abend dann Schreibmateria-
lien gefordert. Er habe die ganze Nacht zu schreiben, teilte er
mit, seine Leute sollten nur ruhig zu Bett gehen. Als der Sekretär jedoch später aus seinem Fenster blickte, habe er bemerkt,
dass der Graf ausgegangen sei – und zwar ohne auch nur einen
einzigen Menschen bei sich zu haben. Und er sei eben nicht wieder zurückgekehrt. Für seine Domestiken sei es nun durchaus
nichts Ungewöhnliches, dass der Graf zuweilen ausging, bisweilen sogar ein paar Nächte fortblieb. Doch dieses Mal erschien
dem Sekretär seine Abwesenheit als viel zu lang und er wisse

nicht, was er davon halten sollte. Er frage sich, ob sein Herr noch lebe oder was ihm sonst widerfahren sein könne. Daher frage er den General-Feldmarschall um Rat, was zu tun sei und wie er sich wegen des Grafen Wertgegenständen und anderer ihm zugehöriger Sachen zu verhalten habe.

Der General-Feldmarschall hat dies Seiner Kurfürstlichen Durchlaucht gemeldet.«

Der Sekretär beließ es nicht bei der Vermisstenmeldung. In seiner Not wandte sich Hildebrand auch an Königsmarcks Schwester:

»Madame! In einzig unglücklicher Lage sehe ich mich genötigt, Ihnen zuvörderst eine traurige Nachricht mitzuteilen: Ich weiß nicht, was aus dem Herrn Grafen, Ihrem geliebten Bruder, geworden ist. Er ging nach der Aussage seines Kammerdieners am Sonntagabend nach zehn Uhr ganz allein aus seiner Wohnung, ohne bis jetzt zurückzukehren, und versetzte mich in die größte Sorge – in die lebhafteste Unruhe, in die ein Sterblicher geraten kann. Was mir das Herz zerreißt, ist, dass ich ihn in Ungewissheit über sein Schicksal verlor. Ich weiß nicht, ob eine grausame, verräterische Hand, geheim, auf welsche Art durch einige Dolchstiche ihn mir geraubt oder welches bejammernswerte Los ihn getroffen hat. Ich möchte immer umherlaufen, ihn zu suchen. Aber ich weiß nicht, wohin ich mich wenden soll oder welche Schritte ich wagen darf, um den Beteiligten nicht zu schaden. Folge ich meinen Gedanken und lasse ich meinem Verdacht freien Lauf, so finde ich den Grafen nicht lebendig. Keine Überlegung führt mich aus diesem Labyrinth heraus. Ich lege den Finger auf den Mund, und überlasse es dem Höchsten, ein Rätsel zu lösen, das mich mit Schrecken erfüllt.«

Hildebrand zweifelte nicht mehr daran, dass sein Herr einem Mordanschlag des hannoverschen Fürstenhofes zum Opfer gefallen war. Für ihn stand fest:

»Ein sächsischer General verliert das Leben auf eine schreckliche Weise, vor der ich erbebe; er verliert es mitten in einer Residenz

in vollem Frieden an einem Ort, wo man ihn vor der Annahme des neuen Dienstverhältnisses hätte treffen können, wenn man ihn zu treffen beabsichtigte. Welch schwarze, schreckliche, grausame Schandtat! Der letzte Königsmarck fällt unter der Hand eines elenden Meuchelmörders, und aller Glanz eines erlauchten Hauses erlischt mit ihm. Wie notwendig ist es, eine so verabscheuenswerte Fährte zu verfolgen! Zögern Sie noch, meine Damen, Ihre Stimme zu erheben, und treibt Sie nicht Ihr Inneres, hierher zu eilen, um den Schleier zu lüften, unter dem beispiellose Bosheit ihr Spiel treibt?«

Der Sekretär ahnte bereits, dass der vermutete Mord mit der Liebesaffäre zu tun haben könnte. So erinnerte er sich der Anweisung Königsmarcks, im Falle seines Todes sofort sämtliche Briefe verschwinden zu lassen, die die Prinzessin belasten könnten. Hildebrand musste nicht lange suchen. Er fand das kleine, mit gelbem Band umwickelte Kästchen mit den Briefen im Sekretär des Grafen in der obersten Schublade. Und es gelang ihm, das Päckchen durch einen zuverlässigen Diener aus der Stadt zu schaffen. Wie sich später zeigen sollte, enthielt das Kästchen nicht nur Briefe Sophie Dorotheas, sondern auch Briefe Königsmarcks. Denn der hatte sich einen großen Teil seiner Billets von der Empfängerin aus Sicherheitsgründen zurücksenden lassen.

Die Briefe landeten zum Teil bei Königsmarcks Güterverwalter Friedrich Adolf Hansen in Glückstadt und zum Teil bei seinem Schwager Karl Gustav Lewenhaupt. Die Korrespondenz der letzten sieben bis acht Monate dagegen fiel der kurfürstlichen Regierung in die Hände.

Die Razzia ließ nicht lange auf sich warten. Unmittelbar nachdem Hildebrandt das Kästchen beiseite geschafft hatte, ließ Ernst August Königsmarcks Haus durchsuchen und beschlagnahmte dabei Briefe, die nicht in fremde Hände kommen sollten, wie man erklärte. Der übrige Nachlass wurde versiegelt und erst nach drei Monaten freigegeben.

Von Anfang an behandelte der Kurfürst den Fall wie eine Staatsaffäre und verhängte eine Nachrichtensperre. Er ließ die Schlosswachen verstärken und die Leinebrücke zum Schlosshof auch tagsüber sperren. Offenbar wurde mit einem Angriff aus Dresden gerechnet, einer Racheaktion. Denn schon bald drängte August der Starke den hannoverschen Kurfürsten, Auskunft über den Verbleib Königsmarcks zu geben, der als Generalmajor im Dienst des Kurfürstentums Sachsen stehe. Königsmarcks Schwester Maria Aurora, sie hatte inzwischen eine Affäre mit August begonnen, äußerte den Verdacht, ihr Bruder werde gefangen gehalten und richtete ebenfalls Anfragen an den hannoverschen Hof. Gemeinsam mit ihrer Schwester schrieb sie an den Kurfürsten von Hannover:

»Die traurige Nachricht, die uns über das Verschwinden unseres Bruders aus der Residenz Eurer Kurfürstlichen Durchlaucht zugekommen ist, lässt uns seit zwölf Tagen in Ungewissheit über sein Schicksal. Wir sind zwei über dieses schmerzliche Ereignis bis zum Tode niedergedrückte Schwestern; wir wissen nichts von etwa stattgehabten Vorfällen noch von getroffenen Anordnungen; doch glauben wir an die Schuldlosigkeit unseres Bruders. Was ihm daher auch begegnet sein mag, so sind wir doch gewiss, dass er sich durch keine schlechte Handlung dieses Unglück zugezogen hat. Desto größer ist unser Vertrauen auf Ew. Kurfürstliche Durchlaucht bei der untertänigsten Bitte, mit erbarmenden Blicken auf unsere erlöschende Familie zu schauen und uns zu sagen, was wir in dieser unglücklichen Lage zu tun haben.«

Die Antwort fiel nichtssagend aus. Das kurfürstliche Haus ließ nur lapidar verlauten, »dass wir von Königsmarcks Verbleib keine Wissenschaft und ihn nicht in unserer Gewalt haben«. Das Gerücht, dass der Hof den Grafen gefangen halte, war gleich wenige Tage nach Königsmarcks Verschwinden aufgekommen.

Um derartige Gerüchte zu widerlegen, setzte der hannoversche Hof eine öffentliche Untersuchung in Szene. Zu diesem Zweck wurden auch Personen vorgeladen, die den Grafen noch nach seinem Verschwinden gesehen haben wollten. Als sich zeigte, dass die Aussagen auf tönernen Füßen standen, wurden die vermeintlichen Zeugen zurechtgewiesen und mit einigen Tagen Haft bestraft. Die Schwester der Confidente, sie hatte behauptet, Königsmarck sitze in einem Keller des Schlosses, wurde sogar des Landes verwiesen. So »entlarvte« die hannoversche Regierung die Gerüchte als »fabulöses Geschwätz liederlicher Leute«.

Doch die Spekulationen um einen Auftragsmord im Leineschloss brachte sie damit nicht zum Verstummen. Wie ein Lauffeuer verbreiteten sich die Mutmaßungen an deutschen Fürstenhöfen und europäischen Königshäusern.

Auch Kurfürstin Sophie, die eher dazu neigte, die unerfreuliche Affäre durch Schweigen zu übergehen, sah sich veranlasst, in einem Brief an die Raugräfin Luise auf die Gerüchte einzugehen. Am 15. Juli 1694 schrieb sie in Herrenhausen an ihre Nichte:

>*»Ich habe zu antworten auf zwei von Ihnen sehr freundliche Schreiben, bin aber ziemlich verärgert gewesen über Sachen, zu denen ich mich nicht äußern möchte. Auf dem Holzmarkt, wo man hier alle solche Neuigkeiten erfahren kann, erzählt man sich schon, dass die Hexen von Dresden Königsmarck weggeführt haben. Denn seit mehr als vierzehn Tagen ist er weg, und kein Mensch weiß, wo er hingekommen ist.*
>
>*Mein Sohn, der Kurprinz, vergnügt sich immer noch bei seiner Schwester (in Berlin). Er weiß von nichts und wird wohl sehr überrascht von dem sein, was hier vorgefallen ist. Er wird sich mit anderen Helden trösten müssen, denen ähnliches widerfahren ist. So ist es auch dem Prinzen von Londé nicht besser ergangen, und vermutlich wird die Gemahlin meines Sohnes das selbe Schicksal erleiden, das dessen Gemahlin zu erleiden hatte (Die Gemahlin Ludwigs II. von Londé, eine Nichte Richelieus, wurde wegen ehelicher Untreue ins Gefängnis gesperrt, wo sie schließlich starb.).«*

Zur Verbreitung der Gerüchte und spärlichen Nachrichten trugen in erster Linie die Gesandten bei, die die Herrscher Europas im Umfeld der Affäre unterhielten. Besonders intensiv tauschten sich die britischen Diplomaten James Cresset (in Celle) und George Stepney (in Dresden) über die Vorgänge im Leineschloss aus. Und schon bald stand für die beiden fest, dass

Königsmarck mit Billigung des hannoverschen Fürstenhofes erdolcht worden war. »Gift und Dolch werden hier so heimisch wie in Italien«, berichtete der Dresdner Gesandte Stepney am 27. Juli 1694 seinem Celler Kollegen Cresset. »Diese Fürsten sind in Italien gewesen und verstehen ihren Machiavelli besser als das Evangelium. Sie haben gelernt, dass es eine Narretei ist, nur halbschlecht zu sein. So kann man sich darauf verlassen, dass sie die schmutzige Affäre zu Ende führen.« Bereits am 10. Juli hatte Stepney vermutet: »Sie machten's mit ihm wie sein Bruder es mit Thomas Thymne gemacht hat (Königsmarcks Bruder ließ angeblich den reichen Londoner Thymne durch Killer töten); vielleicht ist eine hohe Dame die Ursache seines Unglücks.«

Mit dieser hohen Dame war Klara Elisabeth von Platen gemeint. Die Mätresse des Fürsten hatte den umlaufenden Gerüchten zufolge die Fäden im Hintergrund gezogen, den Killern vor der Tat »gehörig zu trinken« gegeben, sie angefeuert und ihnen strengste Geheimhaltung eingeschärft. Und als der sterbende Königsmarck sich am Boden krümmte und um Erbarmen flehte, soll ihm die grausame Gräfin mit einem Tritt den Mund geschlossen haben.

Doch das waren alles nur Gerüchte.

An die besten Informationen gelangte der dänische Vertreter Otto Mencken, der in Wolfenbüttel bei Herzog Anton Ulrich seinen Diplomatendienst versah und somit Zugang zu allen Spitzelerkenntnissen hatte, die den hannoverschen Hof belasteten.

Der dänische Gesandte war daher einer der ersten, der die Namen der vier Hofleute erfuhr, die Königsmarck überfallen hatten: Oberkammerjunker Wilken von Klencke, Philipp Adam Freiherr von Eltz, Kammerjunker Johann Christoph von Stubenvol und Graf Don Nicoló Montalban. Während Königsmarck mit den beiden Erstgenannten zeitweise befreundet war, zählten Stubenvol und Montalban zu seinen Gegnern. Stubenvol war in erster Ehe mit der Italienerin Laura di Montecalvo verheiratet, einer unehelichen Tochter Ernst Augusts. Königsmarck hatte Stubenvol immer als Prahlhans und elenden Aufschneider bezeichnet.

Noch verhasster war ihm Montalban. Der »Priester im Kavaliersrock« begleitete die Herzogin Sophie und ihre Söhne auf Reisen, verfasste Operntexte und genoss auf diese Weise große Freiheiten. Fühlte er sich in seiner Eitelkeit verletzt, neigte er zur Gewalttätigkeit. In einem Fall soll er einer Hofdame derart hart ins Gesicht geschlagen haben, dass die Dame aus der Nase blutete. Königsmarck rechnete Montalban der »Bande« der Italiener in Hannover zu, jener »schwarzhaarigen, bleichen Männern mit dem Tigerherzen«.

Bald verdichtete sich der Verdacht, dass Montalban den tödlichen Streich geführt hatte. Denn der hoch verschuldete Graf war offenkundig fürstlich entlohnt worden. Insgesamt 15 000 Taler, etwa hundert Jahresgehälter eines durchschnittlichen Hofmusikers, sollen ihm für die Bluttat zugeflossen sein. Schon kurze Zeit später verschwand er aus Hannover. Er kehrte nach Mantua zurück, wo er bereits 1695 starb.

Sophie Dorothea bekam von all dem nicht viel mit. Sie suchte Feldmarschall Podewils auf, erfuhr dabei aber nur, dass nichts Genaues bekannt sei. Lediglich die Gerüchte drangen zu ihr vor.

Dass Königsmarck bei einem Duell ums Leben gekommen sein sollte, wie man ihr gleich am Tag nach seinem Verschwinden weismachen wollte, verwarf sie ins Reich der Märchen. Wo war denn dann seine Leiche geblieben? Und warum wussten seine Leute nichts von dem Duell?

Je länger die Ungewissheit dauerte, desto stärker keimte ein Verdacht in ihr auf. In ihrer Sorge wandte sie sich an einen Freund, an Albrecht Philipp von dem Bussche, den einstigen Erzieher ihres Mannes. Nachdem der sie im Leineschloss besucht hatte, bat sie ihn in einem Brief um Hilfe:

»Ich habe darüber nachgedacht, mein Herr, was ich Ihnen erzählt habe. Ich zittere, wenn der G(raf) K(önigsmarck) in den Händen der bewussten Dame (Gräfin Platen) ist, dass es ihm ans Leben geht. Haben Sie die Güte, sich dieser Angelegenheit anzunehmen? Warten wir einige Tage, um völlig von dem Schicksal des armen Grafen unterrichtet zu sein. Ich überlasse jedoch alles Ihrer Klug-

heit, denn in dem Zustand, worin ich mich befinde, kann ich mei-
nen Verstand nicht zusammennehmen.
Sophie Dorothea.«

Anstatt Klarheit zu schaffen, ging der hannoversche Hof in die Offensive. Hofbeamte durchsuchten Sophie Dorotheas Gemächer nach weiteren Briefen, die den Ehebruch belegen sollten. Schon die abgefangenen Postsendungen hatten keinen Zweifel an der Affäre gelassen. In weiser Voraussicht hatte die Prinzessin gleich nach Königsmarcks Verschwinden alle Briefe, die sie finden konnte, versteckt, doch die Leute des Herzogs suchten gründlich. Und sie wurden fündig. Sie entdeckten auch die Briefe, die unter Spielkarten gemischt oder hinter Gardinen versteckt waren.

Kaum waren die Briefe ausgewertet, ließ Ernst August Sophie Dorothea unter Hausarrest stellen. Noch strenger verfuhr der Hof mit ihrer Verbündeten. Bereits am Abend des 12. Juli wurde Eleonore von dem Knesebeck im Leineschloss festgenommen und in den Schlosskerker gebracht. Unmittelbar nach ihrer Festnahme unterzogen sie Premierminister Graf Ernst von Platen und Vizekanzler Ludolf Hugo einem scharfen Verhör. Dabei legten sie ihr die beschlagnahmten Liebesbriefe vor.

»Auf welchem Wege habt Ihr diese Briefe weitergeleitet? Was hat diese Passage hier zu bedeuten? Wer hat sich die Chiffren ausgedacht?«, fragten sie. Doch Eleonore gestand nur ein, was nicht mehr zu leugnen war.

»Wo sind die anderen Briefe? Habt Ihr sie verbrannt?«

Die Confidente zuckte die Achseln. »Sie haben Sie ja gefunden, wie kann ich sie da verbrannt haben.«

»Hat die Kurprinzessin nicht gemerkt, dass der Graf verloren war, als er an jenem Abend ausgeblieben ist?«

Laut Protokoll antwortete Eleonore: »Nein, es kam jemand in ihre Vorkammer und sagte, der Graf hätte sich mit einem Grafen Lippe geschlagen, der hätte ihn totgestochen.«

»Wie reagierte die Kurprinzessin darauf?«

»Sie war sehr betrübt darum.«

Sophie Dorothea sah sich von Feinden und Verschwörern umgeben. Immer mehr verfestigte sich ihr Verdacht, dass die Gräfin Platen ihrem Geliebten Gewalt angetan hatte – und zwar mit Billigung, wenn nicht gar Unterstützung des Kurfürsten und ihres Mannes Georg Ludwig.

Doch sie kam nicht dazu, die Drahtzieher zur Rede zu stellen. Sie geriet selbst unter Druck. Wenn der Name Königsmarcks auch nicht mehr erwähnt wurde, so hielt man ihr gleichwohl vor, die Ehe gebrochen zu haben.

Fast täglich trafen jetzt Minister aus Celle und Hannover zusammen, um über die Konsequenzen zu beraten. Maßgeblich dabei waren die Meinungen ihres Schwiegervaters und ihres Vaters. Schließlich war man sich einig: Ein Scheidungsverfahren sollte eingeleitet werden. Um den Namen Königsmarcks aus dem Spiel zu lassen, wollte man jedoch auf den Vorwurf des Ehebruchs verzichten. Stattdessen hielt man der Prinzessin »böswilliges Verlassen« vor. Um den Vorwurf zu rechtfertigten, inszenierte der hannoversche Hof die angebliche Flucht Sophie Dorotheas selbst.

Am Abend des 27. Juli fährt vor dem Leineschloss eine Kutsche vor. »Eure Eltern lassen Euch abholen«, wird Sophie Dorothea mitgeteilt. »Nehmt nur das Nötigste mit, Euer Gepäck wird nachgebracht.«

Sophie Dorothea ist erstaunt, aber gleichzeitig froh. Nach diesen quälenden Tagen ist es ihr mehr als recht, aus der vergifteten Atmosphäre des Leineschlosses herauszukommen. Arglos besteigt sie die Kutsche. Die Fahrt, wird ihr gesagt, gehe nach Bruchhausen.

Es hat den Anschein, als sei das Jagdschloss ihres Vaters wirklich das Ziel der Fahrt.

Die Kutsche passiert die üblichen Stationen. Die Nacht bricht herein, Regen kommt auf, es pladdert nur so aufs Kutschendach. Müde von dem ewigen Geschaukel schläft die Prinzessin ein.

Als sie erwacht, steht die Kutsche. Der Kutschenschlag wird geöffnet. Verschlafen und verwirrt blickt Sophie Dorothea in die Augen eines Hofbeamten, der ihre Fahrt mit einer eigenen Kutsche begleitet hat. »Ich bitte Euch auszusteigen, Durchlaucht«, sagt der Mann. »Wir sind am Ziel.«

»Schon?« Sophie Dorothea meint zu träumen. Der enge Schlosshof ist ihr völlig fremd, das bucklige Kopfsteinpflaster weist keinerlei Ähnlichkeit mit dem Park vor dem Jagdschloss in Bruchhausen auf.

Das Ziel ist dennoch erreicht. Die Prinzessin ist getäuscht worden. Ziel der Reise war von vornherein nicht Bruchhausen, sondern das Amtshaus Ahlden: ein trister Fachwerkbau hinter der Alten Leine, einem Altarm der Aller, umgeben von Gräben und einem Wall; ein großes, schmuckloses Haus am Rande sumpfiger Wiesen, das »Schloss« genannt wird, diese Bezeichnung aber eigentlich nicht verdient.

»Was soll das? Was soll ich hier?«, protestiert Sophie Dorothea – immer noch mehr verwirrt als empört.

»Befehl von Seiner Kurfürstlichen Durchlaucht. Es steht mir nicht an, Erläuterungen abzugeben«, erwidert der Hofbeamte. »Bitte folgt mir.«

»Was untersteht ihr Euch?«

Doch die Prinzessin muss feststellen, dass jeder Widerstand zwecklos ist. Hinter ihrer Kutsche ist ein Trupp Soldaten aufmarschiert, eine bewaffnete Eskorte, die sie notfalls mit Zwang in dieses Fachwerkschlösschen geleiten wird.

Um der drohenden Gewalt zuvorzukommen, leistet Sophie Dorothea der Aufforderung Folge. Wie betäubt lässt sie sich zu der Steintreppe mit den grünlich bemoosten Stufen führen.

Während sich die Prinzessin in der Allermarsch einer neuen Stufe ihres Alptraums zubewegt, verbreitet der kurfürstliche Hof in Hannover seine Version von ihrem Aufenthalt in Ahlden. Die offizielle Version. Danach hat Sophie Dorothea den Versuch unternommen, zu ihren Eltern nach Bruchhausen zu flüchten und ist unterwegs gefasst und in Ahlden gefangen gesetzt worden.

Arrest in Ahlden

Der Regen hielt an. Obwohl es erst Ende Juli war, schien sich der Sommer schon verabschiedet zu haben. Es hatte den Anschein, als habe der Regen alle Farben ausgewaschen. Grau nahm sich die Allermarsch hinter dem Schloss aus. Grau wirkten die strohgedeckten Häuser dieses gottverlassenen Dorfes. Grau waren selbst die großen Vögel, die am Rande der Alten Leine entlang staksten. Doch auch der schönste Sonnenschein hätte Sophie Dorothea in diesen Tagen nicht aufgeheitert. Sie sah keinen Sinn mehr darin, ihren winzigen Alkoven zu verlassen. Auch nach dem Erwachen lag sie noch stundenlang im Bett hinter dem zugezogenen Brokatvorhang.

Niemand, dem sie vertraute, wurde zu ihr vorgelassen, weder ihre Mutter noch ihre Confidente und auch ihre Kinder nicht. Keine Besuche, kein Briefverkehr. Und der, den sie liebte, war spurlos verschwunden. Immer wieder betete sie: »Hilf, lieber Gott, hilf, dass der Graf noch am Leben ist; dass er bald kommt, um mich aus diesem Verlies zu befreien.«

Doch allen Gebeten zum Trotz sank ihre Hoffnung. Sie fühlte sich mutlos und leer, von aller Welt verlassen.

»Das Essen ist angerichtet, gnädige Frau«, rief Madame de la Bessière, die ihr als Hofdame zugedacht war. Doch sie reagierte gar nicht.

Wozu aufstehen? Wozu essen? Das Schloss erschien ihr wie ein Gefängnis. Ringsherum Wasser, stinkende Gräben, alles gesellschaftliche Leben ausgesperrt. Die Aussichten? Trist. Und das war durchaus wörtlich zu nehmen. Von ihren Fenstern blickte Sophie Dorothea auf der einen Seite über kleine Gärten hinweg auf die Dorfkirche und einige Fachwerkhäuser, auf der anderen Seite auf die Brücke, die über die Alte Leine führte – eine winzige holprige Brücke, über die der Weg nur 500 Meter weiter ging, um von einer Allerfähre unterbrochen zu werden. Dahinter lag der Gutshof Hudemühlen.

Doch für Sophie Dorothea war alles unerreichbar. In ihrem 28. Lebensjahr hatte sich ihre Welt auf dieses »Schloss« verengt. Schon der muffige Geruch. Die weiß gekalkten Wände, die schiefen Dielen, die knarrende Holztreppe, die einsilbigen, mürrisch und feindselig dreinblickenden Bediensteten. Man hatte ihr im Obergeschoss des Nordflügels provisorisch sechs Räume hergerichtet, Teppiche, Möbel, Spiegel, Bilder, Uhren hergeschafft. Aber das alles wirkte sehr lieblos.

»Ihr müsst essen, gnädige Frau«, rief die Hofdame wieder. »Wir können Euch doch nicht verhungern lassen.«

Warum eigentlich nicht?

Nach mehrmaligem Drängen erhob sich Sophie Dorothea dann aber doch schwerfällig, um die Holztreppen herabzusteigen und im Speisesaal an dem großen Tisch Platz zu nehmen, der allein für sie gedeckt war. Es fehlte an nichts: Suppe, Pasteten, Karpfen, Krebse, Braten von Hühnern, Hirschen und Kaninchen, Pudding, Konfekt und Wein. Doch schon nach wenigen Bissen ließ die Prinzessin die Gabel sinken. Nur den Wein ließ sie nicht stehen, der half ihr, die trüben Gedanken zu ertränken.

»Ist es recht?«, fragte der Schlosskommandant, der ihr während des Abendessens pflichtschuldig seine Aufwartung machte.

Sie ließ die Frage unbeantwortet. Sie fühlte sich von dem Mann wie eine Verbrecherin behandelt. Kontrolliert, schikaniert, gemaßregelt. Als sie ihn gebeten hatte, einen Brief an ihre Mutter schreiben zu dürfen, hatte er gleich den Kopf geschüttelt und sich auf seine Vorschriften berufen. Dabei kannte sie den Mann aus Celle. Es war der Oberfalkenmeister ihres Vaters, Etienne Maxuel Sieur de la Fortière. Sie kannte den Franzosen seit Kindheitstagen. Wie oft hatte er ihr die großen Vögel mit den scharfen Krallen vorgeführt. Aber wie durch einen bösen Zauber hatte er sich jetzt in einen Kerkermeister verwandelt. Und das Schlimmste war Sophie Dorothea nicht einmal bekannt. Denn die Vorschriften, auf die er sich berief, stammten von ihrem eigenen Vater. Schon zwei Tage nach ihrer Inhaftierung hatte der Herzog von Celle eine Instruktion erlassen, die es dem Schlosskommandanten zur Pflicht machte, die Prinzessin und ihr Gefolge in jeder Hinsicht von der Außenwelt abzusperren. Aus neun Punkten bestanden diese Anweisungen:

»1. Da es meine Absicht ist, dass meine Tochter in Ahlden bleiben soll und keinerlei Verbindung weder durch Briefe noch mit anderen Mitteln hat, mit wem auch immer, bis sie zu ihren Pflichten zum Kurprinzen zurückkehrt, obliegt es dem Seigneur de la Fortière, umzusetzen, was ich mit dieser Anordnung befohlen habe. … Nur Briefe, die von meiner eigenen Hand abgezeichnet sind, dürfen ihr ausgehändigt werden, ebenso darf er keinen Brief meiner Tochter ohne meine ausdrückliche Erlaubnis befördern.

2. Auch das gesamte Personal soll angewiesen werden, dass jeder Brief, den sie erhält oder der das Schloss verlässt, vorher dem Seigneur de la Fortière vorgelegt werden muss, bei Androhung der Todesstrafe.

3. Alle Briefe, die für irgend einen der Dienstboten ankommen oder abgesandt werden, müssen vom Kommandanten gelesen und mit seinem Siegel genehmigt werden. Beim geringsten Verdacht werden die Briefe direkt an mich gesandt.

4. Der Kommandant kann alle Personen durchsuchen lassen beim leisesten Verdacht, dass sie versuchen könnten, verbotene Nachrichten oder Briefe zu überbringen.

5. Niemand außer denen, die meiner Tochter aufwarten, darf ohne meine spezielle Erlaubnis das Schloss betreten. Die Dienstboten dürfen keine Gespräche mit Fremden führen.

6. Das Personal darf nicht ohne Erlaubnis das Schloss verlassen.

7. Meine Tochter darf das Schloss nur für einen Spaziergang im Garten verlassen, dabei muss sie von Seigneur de la Fortière begleitet werden.

8. Falls meine Tochter ihre Mahlzeiten außerhalb ihrer Räume einnehmen möchte, hat sie die Erlaubnis, das unter Aufsicht des Kommandanten zu tun.

9. *Seigneur de la Fortière hat die Befugnis, Wachoffiziere einzu-*
stellen, um die Befehle, die ich gab, auszuführen und strenge
Maßnahmen für die exakte Ausführung des oben Aufgeführten
zu erlassen.«

Eleonore d'Olbreuse war entsetzt. Ihr war unbegreiflich, dass
ihr Mann seine eigene Tochter wie eine Gefangene behandelte.
»Was hat sie denn Schlimmes getan?«, fragte sie.

»Das weißt du so gut wie ich«, erwiderte Georg Wilhelm
scharf. »Sie hat die Ehe gebrochen, sie hat die Ehre ihres Mannes aufs Schändlichste verletzt, sie hat Schande über ihre Familie und ihr Land gebracht. Die Briefe sprechen eine deutliche
Sprache.«

»Ich fasse es nicht! Wer ist denn schuld daran? Wer hat sie in
diese Ehe hineingetrieben? Wer? Und wer spricht über die Affären ihres Mannes? Was ist mit den Kindern, die dieser Kerl
mit seiner Mätresse gezeugt hat?«

»Eleonore«, herrschte Georg Wilhelm sie an. »Ich verbiete dir,
in diesem Ton von dem Kurprinzen zu sprechen.«

»Wenn mir nicht zum Weinen wäre, würde ich laut lachen.
Über die Affären des Herrn Prinzen darf nicht geredet werden,
aber von unserer Tochter sprichst du, als wäre sie eine Hure. Es
ist erbärmlich.«

Die Gespräche drehten sich im Kreis. Der Heideherzog war
tief gekränkt, dass seine Tochter ihn derart enttäuscht hatte. Er
meinte, vor einem Scherbenhaufen zu stehen. Denn es war absehbar, dass mit der drohenden Scheidung das komplette Herzogtum dem Hause seines Bruders und seines Neffen zufiel.

Und die Herzogin war verbittert über die Unnachgiebigkeit ihres Mannes. Ganz besonders verletzte es sie, dass es noch nicht
einmal ihr erlaubt war, Sophie Dorothea einen Besuch abzustatten. Um der Verbannten wenigstens ein Mindestmaß von Trost
zu spenden, schickte sie den Geistlichen der französisch-refor-
mierten Gemeinde, Joseph de Casaucau nach Ahlden. Sophie
Dorothea hatte in den vergangenen Tagen immer mehr Zuflucht
zu ihrem christlichen Glauben gesucht. Doch der Bericht, den
der Pastor seinem Patron in Celle lieferte, stimmte nicht sehr

zuversichtlich. »Als ich hier ankam, habe ich sie weit weg in Gedanken und am Rande der Verzweiflung vorgefunden«, schrieb Casaucau. Vermutlich im Bestreben, den Vater milde zu stimmen, fügte der Geistliche an: »Sie ist zu dem sicheren Entschluss gelangt, sowohl ihren Fehler als auch die Gerechtigkeit der Strafe anzuerkennen, die ihr auferlegt wird.«

Um Sophie Dorothea zu einem Schuldeingeständnis zu bringen, hatte ihr Vater seine Minister Andreas von Bernstorff und Paul Joachim von Bülow ausgesandt.

Doch die Prinzessin blockte das Gespräch ab. »Ich weiß nicht, was Sie von mir wollen, ich bin mir keiner Verfehlung bewusst. Wenn ohnehin alles beschlossen ist, warum soll ich dann mit Euch sprechen?«

»Es gibt sehr viel zu besprechen«, widersprach Bernstorff. »Und Ihr tätet gut daran, Vernunft anzunehmen.«

»Vernunft? Nennt Ihr es Vernunft, den Lügen beizustimmen, die über mich in Umlauf gebracht worden sind.«

»Sind es wirklich Lügen, die Euch hierher geführt haben, Prinzessin?«, hakte Bülow in väterlichem Ton nach. »Wir sind im Besitz von Briefen, die mit Sicherheit von Eurer Hand stammen, und diese Briefe sprechen eine eindeutige Sprache.«

Sophie Dorothea schlug die Hände über die Augen.

»Ich glaube, es ist besser, Ihr kommt erst einmal zur Ruhe«, sagte Bülow. »Wir lassen Euch eine Stunde allein und setzen dann unser Gespräch fort. Seid Ihr einverstanden?«

Sophie Dorothea antwortete nicht. Ihr Schweigen wurde als Zustimmung gewertet. Nachdem sich die Minister zurückgezogen hatten, schickten sie ihr den Geistlichen. Casaucau sprach fast zwei Stunden mit der weinenden Prinzessin, legte ihr besänftigend die Hand auf die Schulter, betete mit ihr.

Das Gespräch mit den Celler Ministern konnte erst am folgenden Tag fortgesetzt werden. Und Sophie Dorothea gab ihren Widerstand auf. Sie zeigte sich schuldbewusst und reumütig, räumte ein, Königsmarck geschrieben und sich mit ihm getroffen zu haben. Doch sie bestritt mit aller Kraft, die ihr noch zur Verfügung stand, Intimverkehr mit ihm gehabt zu haben: »Ich habe die Ehe nicht gebrochen. So glaubt mir doch! Die Ehe ist mir heilig.«

»Prinzessin, Ihr leugnet, was alle Welt bereits weiß«, redete Bernstorff auf sie ein. »Wenn Ihr schon reinen Tisch macht, solltet Ihr uns auch die ganze Wahrheit sagen.«

Sophie Dorothea erinnerte sich, wie Königsmarck sie vor diesem Mann gewarnt hatte. »Teufel« hatte er den Minister genannt: »falsch bis ins Mark«. Der funkelnde Blick ihres Gegenübers ließ sie an dem Urteil nicht mehr zweifeln. Keine Frage, Durchtriebenheit drückte sich in diesen Augen aus, skrupellose Zielstrebigkeit. Das einzige, was Bernstorff aus der Fassung brachte, waren die Fliegen, die ihn umschwärmten. In einem fort war er damit beschäftigt, sie zu verscheuchen. Doch sie kehrten immer wieder zu ihm zurück.

Stumm, fast apathisch nahm Sophie Dorothea zur Kenntnis, dass ohne ihr Zutun bereits die öffentliche Behandlung der »Affäre« eingeleitet war: das Scheidungsverfahren. Verschämt, aber gleichwohl bestimmt wies sie dann aber doch darauf hin, dass auch ihr Mann nicht ohne Schuld sei. »Er hat mich nie ins Herz geschlossen. Ich glaube, was er für mich empfunden hat, war mehr Abscheu als Liebe …«

Dann versagte ihr wieder die Stimme.

Am 5. August 1694 fassten die beiden Minister das Ergebnis der Unterredungen in einem Protokoll zusammen:

»Der Anlass der Reise war, 1. der Prinzessin den wahren Zustand der Sache zu sagen, dass alles vollkommen aufgedeckt und also nicht abzuleugnen wäre …, 2. ihr zu sagen, was öffentlich bekannt gemacht werden würde und wie sie auch selbst sich in der Öffentlichkeit äußern sollte und dass sie sich bei der anstehenden Scheidung zu beherrschen habe. Sie bezeugte die größte Reue von der Welt, erklärte sich selbst für schuldig, anerkannte alles, was ihr geschehen und noch mehr verdient zu haben. Sie bittet um Vergebung, setzt großes Vertrauen in den Kurfürsten. Vor dem Kurprinzen scheint sie sich zu fürchten.

Zunächst wollte sie leugnen, eine Missetat begangen zu haben, erkannte dann aber, dass die äußeren Anzeichen so beschaffen seien, dass jedermann sie selbst daraus verurteilen müsste, und ihre Unschuld in diesem Fall zu nichts anderem als zu ihrer inneren Genugtuung dienen könnte. Gleichwohl leugnete sie, dass er nachts in ihrer Kammer gewesen sei.

In die Trennung ergebe sie sich, erkenne, dass es wohl nicht anders sein könnte, meinte, die wenige Zuneigung, vielmehr Aversion, die der Prinz seit Jahren für sie gehabt hat, hätte sie in dieses Unglück gebracht ... Der Kurprinz hätte vor seiner Abreise nach Berlin gesagt: ›Es ist zu viel geschehen, um uns weiter Zwang aufzuerlegen – ich werde nach meiner Rückkehr Ihrem Herrn Vater schreiben und ihn ersuchen, uns zu trennen.‹ Nun solle man ihr sagen, wie sie sich zu verhalten habe und sie werde alles tun, was man von ihr verlange. Sie hielt es für eine große Glückseligkeit, dass Gott sie durch dieses Unglück von der Welt abziehe und ihr somit Gelegenheit gebe, sich auf ihr Seelenheil zu besinnen. Sie hofft, nun ein Beispiel der Demut zu sein, so wie sie vorher das eines Skandals war.«

Die Gefangennahme der Kurprinzessin schlug hohe Wellen. Die europäischen Königshöfe ließen sich über alle Entwicklungen durch ihre Berichterstatter informieren. James Cresset, der englische Gesandte an den Welfenhöfen, bezog sogar Quartier in Walsrode, einer Kleinstadt bei Ahlden, um den Ort der Verbannung selbst in Augenschein nehmen zu können. Von dort aus hielt er den englischen König durch seine Berichte aus Ahlden und Umgebung auf dem Laufenden. Am 14. August 1694 meldete er:

»Der Stand unserer unseligen Geschichte ist unverändert, die Scheidung schreitet voran, und wir sind alle sehr beschämt. Ich bin zweimal mit dem Herzog in der Nähe des Hauses, in dem die Prinzessin heute gefangen gehalten wird, auf Jagd gewesen. Wie mir zu Ohren gekommen ist, soll sie bald wieder auf hannoversches Gebiet gebracht werden. Mit der nächsten Post werde ich berichten, was ich darüber beim Herzog in Erfahrung bringen kann. Derzeit gibt es nichts Neues. Alle Dinge nehmen sich recht tragisch aus.«

Am kurfürstlichen Hof in Hannover sah man es gar nicht gern, dass die Affäre so viel Staub aufwirbelte. Der Kampf um die Anerkennung der Kurwürde war schließlich noch nicht ausgefochten. Und besonders mit Blick auf die nicht ganz aussichtslosen Hoffnungen auf den englischen Thron waren die Skandalmeldungen über die kurfürstliche Familie alles andere als erfreulich. Dies empfand auch die Kurfürstin so, die ein äußerst feines Gespür für Stimmungen auf dem Feld der Diplomatie hatte. Sophie stimmte mit ihrem Mann darin überein, nur ja nicht noch mehr Öl ins Feuer zu gießen und daher auf öffentliche Erklärungen wenn irgend möglich zu verzichten. Nur gegenüber vertrauten Familienangehörigen wurde die Fürstin deutlich. In einem Brief an ihre Nichte Luise schrieb sie am 3. August in ihrer Sommerresidenz Herrenhausen:

»Ich habe mir schon gedacht, dass das, was hier vorgegangen ist, ein großes Geschrei in der Welt machen würde. Man kann den Leuten das Maul nicht stopfen. Es ist ein Abgesandter des Kurfürsten von Sachsen hier, der meinen Herrn bedrängt, Königsmarck herauszugeben. Doch mein herzlieber Herr hat dem Kurfürsten von Sachsen versichert, dass dies nicht in seiner Macht steht. Ich denke aber nicht, dass der Kurfürst uns deswegen einen Streit vom Zaun brechen wird ...«

Auch wenn kein Krieg drohte: Von Gelassenheit konnte keine Rede sein. Eine Hauskonferenz jagte die nächste. Die herzoglichen Brüder Ernst August und Georg Wilhelm trafen sich immer wieder auf halber Strecke zwischen Hannover und Celle auf dem Posthof in Engensen, um über das weitere Vorgehen zu beraten. Dabei ging es in erster Linie um Details des Scheidungsverfahrens. Dass eine Trennung unabdingbar war, stand schnell fest. Daraus machte auch die Kurfürstin kein Hehl. Am 26. August 1694 schrieb sie ihrer Nichte Luise:

»Weil die Kurprinzessin ihren Herrn nicht leiden konnte, haben beide Väter es für gut gefunden, sie von ihm zu trennen.«

Klärungsbedürftig waren nur noch die Einzelheiten. Das Ergebnis der Beratungen wurde schließlich in einem Abkommen festgehalten, das Ernst August und Georg Wilhelm am 8. und 11. September ratifizierten. Dieser »Acte de disgrace« (Vertrag über ein Missgeschick) sah vor, dass die Scheidung vor einem Sondergericht verhandelt werden sollte, dessen Zusammensetzung beide Seiten zu gleichen Teilen repräsentierte. Dabei kam es den Herzögen jedoch nur darauf an, nach außen hin den Anschein von Rechtmäßigkeit zu wahren. Wie mit Sophie Dorothea zu verfahren war, hatten sie längst entschieden. Genau geregelt war vor allem die Höhe des Unterhalts: Danach sollten Sophie Dorothea pro Jahr 8000 Taler zufließen. Nach dem Tode Georg Wilhelms war diese Summe auf 12 000 Taler zu erhöhen und von ihrem 40. Lebensjahr an – »wenn ihr«, wie ihr Vater sich ausdrückte, »die Narrheiten aus dem Kopf gekommen sind« – auf 18 000 Taler.

Selbstverständlich wollte man Sophie Dorothea das Geld nicht zur freien Verfügung überlassen. Denn Kernpunkt des Abkommens war ja die Übereinkunft, die Prinzessin auch nach ihrer Scheidung gefangen zu halten – und zwar lebenslang und ohne Gerichtsurteil. Ihr Vater erklärte sich bereit, für die Überwachung zu sorgen.

Das Schicksal der Confidente

Während Sophie Dorothea wie eine Mastgans in Ahlden gehalten wurde, war ihre Verbündete Eleonore von dem Knesebeck im Leineschloss weiterhin bei schmaler Kost »scharfen Verhören« ausgesetzt. Hofbeamte drohten ihr sogar die Folter an. Willkürlich wechselten die Geheimen Räte bei den Verhören die Anrede. Einmal sprachen sie Eleonore als Hofdame an, dann wieder wie eine Stallmagd. Doch die Confidente ließ sich nicht einschüchtern.

»Wer verbirgt sich hinter der Ziffer 120, gnädige Dame?«, herrschte sie ein junger Mann mit brustlanger Allongeperücke an, der in Begleitung eines deutlich älteren Herren mit zerfurchtem Gesicht erschienen war.

»Was für eine Frage! Ihr wisst es doch bereits.«

»Wir möchten es aber gern von Euch hören.«

Eleonore schwieg.

»Sollen wir dir auf die Sprünge helfen?«

»Also gut. Ich verrate kein Geheimnis, wenn ich Euch sage, dass der Graf von Königsmarck mit dieser Zahl bezeichnet wird.«

»Ausgezeichnet. Warum nicht gleich so? Denkt nicht, dass Ihr uns hier Komödie vorspielen könnt. Es ist alles aufgedeckt. Wie lange ging es schon so, dass die beiden sich, äh, geliebt haben?«

»Sie haben sich von Jugend auf geliebt. Schon als sie noch Kinder waren, haben sie sich hinter der Gardine versteckt und geküsst.«

»Wie alt ist die Prinzessin denn da gewesen?«

»Neun oder zehn Jahre.«

»Und das hat bis heute gedauert?«

»Ja, das hat immer gewährt, darum ist der Graf jetzt auch hier in den Dienst gegangen.«

»Und wann ist es ernst geworden?«

»Was meint Ihr damit?«

»Das kannst du dir wohl denken.«

»Ich kann mir manches denken. Trotzdem verstehe ich Eure Frage nicht. Aber wenn damit gemeint sein soll, dass die beiden miteinander das Bett geteilt haben, dann fällt mir die Antwort leicht: Niemals.«

Die Geheimen Räte reagierten mit ungläubigem Kopfschütteln. Sie fragten nicht nur nach Fakten, sie forderten das inhaftierte Hoffräulein auch auf, ihre Meinung zu der Ehetragödie zu sagen.

»Ist nicht Königsmarck daran schuld, dass die Kurprinzessin dem Kurprinzen so übel mitgespielt hat?«

»Nein. Die beiden haben sich schon in den Haaren gelegen, lange bevor der Graf aufgetaucht ist. Schon in Venedig gab es Streit, schon damals hat die Prinzessin in Erwägung gezogen, sich von dem Kurprinzen scheiden zu lassen.«

»Interessant. Was mögen denn wohl die Gründe dafür gewesen sein?«

»So tief habe ich auch nicht ins Herz der beiden blicken können.«

»Der Graf soll der Kurprinzessin die Ehe versprochen haben. Was wisst Ihr darüber?«

»Nichts.«

»Wie nah sind sich die beiden gekommen.«

»Ich war nicht dabei.«

»Die Kurprinzessin hat uns aber manches dazu gesagt.«

»Dann wird sie sicher auch mehr wissen als ich.«

Der ältere der Geheimen Räte räusperte sich und setzte zu einem neuen Versuch an: »Wir haben selbstverständlich nicht nur mit der Kurprinzessin gesprochen. Auch andere Personen bezeugen, dass der Graf in ihrem Schlafgemach gewesen ist. Wollt Ihr das etwa bestreiten?«

»Da gibt es nichts zu bestreiten, denn da war nichts. Wie wäre das wohl auch möglich gewesen, wenn dort ständig drei Kammerfrauen und zwei Kammerdiener ein- und ausgingen?«

Die Geheimen Räte tauschten entnervte Blicke. Doch sie ließen nicht locker.

»Nun ist es ja zweifelsfrei erwiesen, dass der Graf in die Gemächer der Prinzessin gekommen ist. Wenn wir die Briefe richtig verstanden haben, dann seid Ihr ihm dabei behilflich gewesen.«

»Ich? Niemals.«

»Wer hat ihm denn die Tür geöffnet?«

»Ich weiß es nicht.«

»Ich glaube, Ihr wisst sehr viel mehr, als Ihr uns hier verraten wollt. Ihr sollt dem Grafen sehr nahe gestanden haben.«

»Sicherlich werdet Ihr mir als nächstes vorhalten, dass ich auch mit ihm im Bett gelegen habe. Das alles ist einfach nur ungeheuer komisch.«

Und dann brach sie in ein Lachen aus, das wie Weinen klang.

»Ich habe den Eindruck, du nimmst uns nicht ernst. Weißt du eigentlich, wer hier vor dir sitzt?

»Oh, das weiß ich wohl. Ich ehre und respektiere Euch.«

»Ehren und Respektieren ist nicht nötig. Aber du solltest bedenken, dass wir hier nicht zum Spaß sind, sondern auf Befehl unseres Herrn. Und du tätest gut daran, wenn du endlich alles bekennen würdest, was du weißt.«

»Was ich weiß, habe ich längst bekannt. Wenn Ihr mir nicht glauben, kann ich es auch nicht ändern.«

»Wir werden schon Mittel finden, es aus dir herauszubekommen.«

»Ihr droht mir? Das wird nichts helfen. Ihre kurfürstliche Durchlaucht können mich sterben machen, wenn Ihr wollt, ich bin in Euern Händen, das weiß ich wohl. Doch ich werde deswegen nichts erfinden.«

Der Geheime Rat stieß erneut einen Seufzer aus und schüttelte ungeduldig den Kopf. So ergriff wieder der jüngere Kollege das Wort.

»Uns ist zu Ohren gekommen, dass du die Kurprinzessin gegen ihren Gemahl aufgehetzt hast.« Der Beamte verschränkte die Arme vor der Brust und nahm die Gefangene ins Visier. »Was hast du uns dazu zu sagen?«

»Nichts. Denn es ist alles erlogen.«

»Wir haben aber zahlreiche Aussagen darüber. Des Weiteren wurde uns berichtet, dass du die Kurprinzessin auch zu anderen Torheiten verleitet hast. Du würdest dir selbst einen großen Gefallen tun, wenn du endlich gestehen würdest. Du weißt ja: Gnade kann nur dem zuteil werden, der sich bußfertig zeigt.«

Doch Eleonore schwieg – auch als sie mit dem schwersten Vorwurf konfrontiert wurde: »Deine eigene Magd hat dich beschuldigt, dass du den Kurprinzen mit Gift ums Leben bringen wolltest. Was hast du uns dazu zu sagen?«

»Lüge, alles Lüge. Welche Verbrechen wollt Ihr mir denn noch auf den Hals lügen?«

Bei all diesen Verhören stand die Annahme im Hintergrund, dass Eleonore von dem Knesebeck eine entscheidende Rolle in der Liebesaffäre gespielt hatte. Beweise dafür fanden sich in den beschlagnahmten Briefen. Der gesamte Briefwechsel war durch ihre Hände gegangen, sie wurde darin namentlich erwähnt, zum Teil unter Decknamen geführt, die häufig mit »K« begannen wie »Mlle. Krumbugeln«, zum Teil unter der Chiffre »214«. Sie brachte die Briefe Sophie Dorotheas auf den Weg, ließ sie mit der Post befördern oder auch Königsmarck direkt in die Garderobe bringen, wo sie dann zusammengefaltet in seinen Hut oder seine Handschuhe gesteckt wurden. Und sie diente nicht nur als »Postillon d'Amour«, sondern machte sich auch in anderer Weise nützlich. Sie gab Königsmarck durch verabredete Zeichen zu verstehen, wann der Weg frei war, bereitete ihm Gastmähler, warnte, wenn Gefahr im Verzuge war. Sie fügte den Briefen ihrer Herrin persönliche Absätze hinzu, schrieb Königsmarck selbst kurze Briefe und erhielt von dem Grafen, der sie als »gute Freundin« bezeichnete, auch eigene Billets. Sie nahm Anteil an den Nöten und Freuden der Liebenden, ließ bisweilen aber auch Gefühlsregungen durchblicken, die auf ein eigenes Liebesleben hindeuteten – oft belastet durch depressive Stimmungen. Sie war durchaus mehr als nur die Randfigur einer höfischen Affäre.

Eleonore von dem Knesebeck entstammte einem alten Adelsgeschlecht aus dem östlichen Niedersachsen. Sie wurde vermut-

lich 1655 geboren, wuchs auf im braunschweigischen Nordsteim-
ke in der Nähe von Helmstedt, verlor im Alter von 18 Jahren ihren Vater und war dadurch gezwungen, sich früh einen Hof-
dienst zu suchen. Sie war rund zehn Jahre älter als Sophie Dorothea, der sie seit 1677 diente – für ein Jahresgehalt, das sich
anfangs bei 100 Talern bewegte und auch später nur geringfügig
erhöht wurde. Als sie Sophie Dorothea 1682 nach Hannover begleitete, bezog sie 150 Taler im Jahr. Dabei stellte sie ihr ganzes
Leben in den Dienst der Prinzessin. Und sie hielt Sophie Dorothea auch nach der Trennung die Treue. Die Verhörprotokolle
und von ihr selbst nachträglich aufgezeichneten Vernehmungen
während der Haft dokumentieren, dass sie sich hartnäckig weigerte, die Prinzessin zu belasten. Dies hatte zur Folge, dass sie
vom kurfürstlichen Hof zum Sündenbock gemacht wurde. Besonders die Kurfürstin betrachtete sie als Drahtzieherin. Nach
den Verhören im Leineschloss wurde sie deswegen ohne Gerichtsurteil als Staatsgefangene hinter Schloss und Riegel
gebracht.

Am 5. August 1694 überführte man sie auf einem alten Ackerwagen von Hannover in das gut 30 Kilometer entfernte Städtchen Springe am Deister. Das Amtshaus, in dem sie hier gefangen gesetzt wurde, lag, umschlossen von Wall und Graben, hinter dem weitläufigen Domänenhof am südöstlichen Rand des
Ortes.

Als sie eintraf, war bereits alles vorbereitet: die Palisaden der
Wallbefestigung waren ausgebessert, Brücken und Tore verstärkt worden. Dennoch war die Absperrung nicht lückenlos.
Denn es gelang Eleonore, Kontakt zu Familienangehörigen aufzunehmen, die nach Springe geeilt waren, um ihr zu helfen. Bereits am 12. August berichtete der Springer Amtmann Christoph
von Wintheim in einer Mitteilung an die hannoversche Regierung, es seien verkleidete »Mannspersonen« aufgetaucht – mit
grauen Röcken, die ihnen nicht passten und unter denen feine
Hosen und Strümpfe sichtbar geworden seien. Diese Verdächti-
gen hätten sich im Ort herumgetrieben und nach der Inhaftier-
ten gefragt. Zwei gleichfalls verkleidete Frauen, die sich als Spit-

zenkrämerinnen ausgegeben hätten, seien in den Domänenhof neben dem Amtshaus eingedrungen. »Die Gefangene im Amtshaus schuldet uns noch acht Taler«, hätten sie beteuert. Doch man habe sich darauf nicht eingelassen. Als man sie vertreiben wollte, hätte eine der Frauen zum Fenster der Knesebeck hin auf Französisch gerufen: »Eleonore! Hörst du mich? Wir haben 10 000 Taler Bürgschaft für deine Freilassung geboten, wir warten noch auf einen Bescheid.«

Daraufhin wurde die Frau zum Schweigen gebracht und vorübergehend in Gewahrsam genommen. Als der Amtmann sie zur Rede stellte, gab sie sich als »Wartsfrau« der Knesebeck aus. Doch dem Mann fiel auf, dass sie der Gefangenen ähnlich sah. Und wirklich, die verkleidete Frau entpuppte sich als Eleonores Schwester Juliane Sibylle, die am 26. Juli 1694 eine Bittschrift aufgesetzt und inzwischen die gesamte Familie mobilisiert hatte. In mehreren Eingaben boten seither Angehörige Bürgschaften an und baten um Besuchsgenehmigungen und Aufklärung über die Haftgründe. Gleichzeitig schrieben Verwandte auch an den mit den hannoverschen Welfen verfeindeten Wolfenbütteler Hof. Sie drängten darauf, den Kaiser in Wien einzuschalten.

Dies führte zwar nicht zum Erfolg, alarmierte aber die Regierung in Hannover. Schon bald setzte sich hier die Meinung durch, dass das Amtshaus in Springe völlig ungeeignet sei, um die Gefangene zuverlässig von der Außenwelt abzuschotten. So kam die Idee auf, die Knesebeck auf die Bergfeste Scharzfels zu verlegen, eine Burg auf einem steilen Felsen am Südrand des Harzes. Doch das brauchte seine Zeit. Bevor auf der Burg ein »kommodes und sicheres Gemach« hergerichtet war, verschärfte man erst einmal die Isolationshaft in Springe. Der Amtmann ließ die Fenster des Arrestraums mit Brettern versperren, so dass die Gefangene mit niemandem mehr sprechen konnte.

Eleonore zog sich in diesem Arrestzimmer – später sprach sie von »Mordgrube« – immer mehr in sich selbst zurück. Alle »harten« Speisen ließ sie stehen, verlangte lediglich Aquavit und Nähzeug. Amtmann Wintheim stellte bald erste Anzeichen einer Haftpsychose fest: »Die Hände waren ihr eiskalt, sie redete gar geschwinde, die Augen standen ihr starr im Kopf …«

Immer wieder beteuerte die Gefangene ihre Unschuld und äußerte die Befürchtung, in Depressionen zu versinken. In einem fort habe sie gefragt, wo sich die Kurprinzessin aufhalte oder ob Königsmarck noch am Leben sei, berichtete der Amtmann an die Geheimen Räte in Hannover. Doch er habe sich auf kein Gespräch eingelassen.

Am 4. September tauchte Eleonores Schwester erneut in Springe auf, jetzt in Begleitung ihrer Mutter. Über Wall und Graben hinweg versuchten die beiden Frauen mit der Gefangenen in Kontakt zu treten. Doch ihre Rufe erreichten Eleonore nicht. Der Amtmann beschränkte sich darauf, die Frauen abzudrängen. Die hannoversche Regierung rügte ihn später scharf dafür, dass er sie hatte laufen lassen, und erteilte den Befehl, künftig jeden festzunehmen, der sich der Gefangenen nähere – verkleidet oder unverkleidet.

Als der Winter hereinbrach, klagte Eleonore über die Kälte und verlangte nach wärmerer Kleidung. Der Wunsch wurde ihr gewährt. Entsprochen wurde auch ihrer Bitte, von einem Pastor das Abendmahl empfangen zu dürfen.

Amtmann von Wintheim blieb weiter wachsam. Der Burggraben war inzwischen zugefroren und stellte somit kein Hindernis mehr für drohende Kontakt- und Befreiungsversuche dar, zudem mussten die Wachen vor dem Zimmer der Gefangenen wegen der Kälte abgezogen werden. Also wies der Beamte seine vorgesetzten Stellen in Hannover auf die neuen Sicherheitsprobleme hin und drängte, die Gefangene endlich auf die Bergfeste Scharzfels zu verlegen.

Am 31. Januar 1695 schließlich kam der Befehl, den Abtransport der Gefangenen vorzubereiten. Begleitet von drei Soldaten wurde Eleonore wenige Tage später in einem verschlossenen Wagen nach Scharzfels überführt. Am 3. Februar schlossen sich hinter ihr die schweren Tore der Bergfestung.

Der Prozess

Der Scheidungsprozess stand bevor. Das Gericht tagte in Hannover, doch Sophie Dorothea wurde nach Lauenau am Rande des Weserberglands verlegt – ganz in die Nähe von Springe. Anders als ihr früheres Hoffräulein konnte die Kurprinzessin natürlich nicht auf einem Ackerwagen befördert werden. Mit einer sechsspännigen Staatskarosse ließen die Regisseure des Scheidungsverfahrens sie am 31. August 1694 in Ahlden abholen, um sie zu ihrem neuen Quartier zu kutschieren – begleitet von einem Trupp von dreißig berittenen Wachsoldaten und einem Gefolge, das auf zwei weitere Kutschen verteilt war.

Die Hofdame de la Bessière und Pastor Casaucau leisteten ihr während der Fahrt Gesellschaft. »Ihr werdet sehen«, sagte Madame de la Bessière, »wenn Ihr den Prozess hinter Euch habt, wendet sich alles zum Guten.« Der Pastor reichte ihr ein Büchlein mit erbaulichen Geschichten über Menschen, die ihr zum Vorbild dienen sollten, Menschen, die das irdische Jammertal durchschritten hatten und daran gewachsen waren.

Sie bedankte sich und blätterte in der Schrift herum. Ihre Gedanken schossen wild hin und her. Sie fragte sich, warum man sie ins Weserbergland brachte, obwohl das Scheidungsgericht in Hannover tagte. War sie schon so tief gesunken, dass für sie im Leineschloss kein Platz mehr war? Warum hatte man sie nicht in Ahlden gelassen? War dem Kurfürsten daran gelegen, sie auf hannoversches Gebiet zu überführen, um sie in seiner Gewalt zu haben? Andererseits war auch wohl von ihrem Vater, dem Herzog von Celle, keine Gnade zu erwarten. Dieser Gedanke erfüllte sie mit Schmerz.

Und dann die Frage, wie sie sich im Prozess verhalten sollte. Die Abgesandten aus Celle hatten ihr bei ihrem Besuch in Ahlden eingeschärft, nur ja kein Geschrei zu machen, damit die Wogen sich allmählich glätteten. Hieß das, dass sie alle Anschuldigungen widerspruchslos hinnehmen sollte? Dass sie kein Wort darüber verlieren durfte, wie sie unter den Demütigungen ihres Mannes gelitten hatte? Dass der Kurprinz sich das Recht nehmen konnte, die Ehe zu brechen, während ihr die Liebe zu Königsmarck als Verbrechen angelastet wurde? Was erlaubten sich diese Herrschaften eigentlich! Zuerst ermordeten sie den Menschen, der ihr mehr bedeutet hatte als irgend jemand auf der Welt, und dann nahmen diese Mörder sie als Hauptleidtragende auch noch gefangen und stellten sie vor Gericht!

Ihre Hände verkrampften sich zu Fäusten, während die Kutsche an spätsommerlichen Feldern und Wiesen vorbeirumpelte. Gedankenverloren schüttelte sie den Kopf. Nein, es hatte keinen Sinn, gegen das Unvermeidliche aufzubegehren. Wahrscheinlich war es wirklich das Beste, alles zu tun, was von ihr erwartet wurde. Dann war wenigstens zu hoffen, dass sich die Verhöre nicht ewig hinzogen. Die Scheidung, die sicher am Ende stand, hatte sie sich doch schon lange gewünscht. Dass man ihr die Schuld an allem zuschieben würde, musste sie hinnehmen. Schließlich hatte sie Gottes Gebot gebrochen. Sie faltete die Hände, um Vergebung zu erbitten. Der Geistliche, der sie beobachtete, legte ihr eine Hand auf die Schulter. »So ist es recht.«

Die Luft in der Kutsche war stickig. Schweißgeruch mischte sich mit den Düften des Parfüms, das sich die Reisenden auf Nacken und Handgelenke rieben.

Allmählich wurde es Abend. Die Sonne versank wie ein brennender Ball. Nebelschleier senkten sich über die Wiesen. Die Kutsche rumpelte über die Kopfsteinstraßen von Neustadt am Rübenberge, verlangsamte die Fahrt und hielt schließlich. Der Pferdewechsel war fällig. Im Posthof war bereits der Tisch für die Prinzessin und ihr Gefolge gedeckt. Doch Sophie Dorothea hatte keinen Appetit. »Die Abendluft ist so erfrischend«, sagte sie. »Ist es gestattet, einen kleinen Spaziergang zu unternehmen?«

Oberfalkenmeister de la Fortière schüttelte den Kopf. »Wir haben strengen Befehl, Eurer kurfürstlichen Durchlaucht keinerlei Ausgang zu gewähren.«

Sie wusste, dass Widerspruch sinnlos war.

Nach einer Nachtfahrt und einer weiteren Tagesreise war das Ziel erreicht. Gegen sechs Uhr abends fuhr die Kutsche in Laue-nau über die Schlossbrücke. Hinter hohen Wällen erhob sich die Wasserburg des Städtchens, ihr künftiges Quartier.

Sie war erleichtert, endlich die Kutsche verlassen zu können und zeigte sich zufrieden mit dem Gemach, das ihr auf der Burg angewiesen wurde. Leider war es sehr dunkel, da der hohe Wall seinen Schatten auf die Fenster warf und die Aussicht versperrte. Dabei schien der Abend wieder schön zu werden.

Sophie Dorothea bat um Erlaubnis, spazieren zu gehen. »Ich fürchte, dass ich Fieber bekomme, wenn ich mich jetzt nicht auslüften kann«, klagte sie. Vergebens.

»Es tut mir leid, aber wir haben eindeutige Anweisungen«, antwortete ihr in schwäbischem Dialekt eine Frau, die sie zuvor nie gesehen hatte. Es war Susanne Juliane von Wackerbarth, gebo-rene von Berlichingen, Ehefrau von Oberstleutnant August Hein-rich von Wackerbarth, der kurz zuvor den Auftrag erhalten hat-te, künftig ihre Überwachung zu übernehmen. Wackerbarth war zu diesem Zeitpunkt noch als Begleiter des hannoverschen Prin-zen Maximilian im Piemont, um im Dienste des Kaisers einen Feldzug gegen die Franzosen zu führen. Noch bevor er selbst in Lauenau eingetroffen war, hatte die hannoversche Regierung sei-ne Frau mit der Aufgabe betraut, »beständig um die Prinzessin zu sein, auf ihre Person, Gesundheit, Tafel und Aufwartung zu achten« und vor allem die Gefangene zu überwachen. Dazu ge-hörte auch die Unterdrückung aller Verbindungen zur Außen-welt und die Kontrolle der deutschsprachigen Korrespondenz des Personals.

Sophie Dorothea war nicht sehr glücklich darüber, dass diese Schwäbin künftig die Stelle Madame de la Bessères übernehmen sollte. Da die Hofmeisterin des Französischen nicht mächtig war, forderte sie die Prinzessin zu allem Überfluss auch noch auf, mit ihrem Gefolge künftig Deutsch zu reden. Doch das ging zu weit:

Sophie Dorothea ließ sich nicht darauf ein. Französisch war schließlich ihre Muttersprache.

Georg Wilhelm und Ernst August hatten sich darauf geeinigt, dass die Betreuer der Prinzessin zu gleichen Teilen aus Hannover und Celle gestellt wurden. Auf Celler Seite standen der Prediger Casaucau, der Kammerdiener Jacques Angeau, die Hofdame de la Bessière und der Küchenschreiber Dombé; auf hannoverscher Seite die Kammerfrau Merima, die Waschfrau Clara, ein Lakai, ein türkischer Page, ein Kutscher und ein Vorreiter. Auch die Zusammensetzung des Ehegerichts entsprach den Vereinbarungen der Herzöge. Es setzte sich aus geistlichen und staatlichen Würdenträgern zusammen, die für das Verfahren von ihren Dienstpflichten entbunden wurden. Den Vorsitz übernahm einer der ranghöchsten unter den Geheimen Räten in Hannover: Albrecht Philipp von dem Bussche, der frühere Erzieher Georg Ludwigs, der auch immer ein gutes Verhältnis zu Sophie Dorothea gehabt hatte. Als Verteidiger stellte man der Ehebrecherin den Celler Hofrat Rudolf Thies zur Seite.

So gaben sich die Herzöge alle Mühe, den Eindruck eines rechtmäßigen Verfahrens zu erwecken. Da man sich aber schon auf das Ergebnis geeinigt hatte, war der Prozess nicht mehr als eine Farce.

Die Herzöge trafen sich im August und September 1694 fast täglich bei der Jagd in der Göhrde. Die Abstimmung hinter den Kulissen lief während der ersten Prozesstage perfekt. Diskret und einträchtig führten die fürstlichen Väter Regie. Als die Jagdzeit aber vorüber war und die Brüder nicht mehr täglich zusammentrafen, kam es prompt zu Meinungsverschiedenheiten. Der Herzog von Celle sah eine Scheidung auf einmal als nicht mehr erstrebenswert an, wusste er doch, dass damit laut Ehevertrag spätestens nach seinem Tode das Herzogtum Georg Ludwig zufiel – einschließlich der persönlichen Besitzungen seiner Tochter im Lüneburgischen. Georg Wilhelm wollte deshalb keine förmliche Scheidung, sondern nur eine Trennung von Bett und Tisch. Doch Ernst August ließ sich darauf nicht ein. Er bestand auf einer Verurteilung der Ehebrecherin.

Selbst ein bescheidener Vorstoß von Celler Seite wurde abgeschmettert: Minister Bernstorff bat darum, das Scheidungsurteil lediglich zu hinterlegen, nicht aber zu veröffentlichen. Doch Hannover winkte ab:

»Wie es wohl bekannt ist, war nach sorgfältigen Überlegungen entschieden worden, dass das hohe Ansehen des Kurprinzen, der Prinzessin selbst und ihrer Kinder bewahrt werden sollte und ebenso unser Allergnädigstes selbst und ihrer Eltern. Darum ist die Veröffentlichung des Urteils unvermeidlich, denn unter anderen Umständen wäre jede Möglichkeit, den Scheidungsfall zu interpretieren, der Ungerechtigkeit und dem Vorurteil ausgeliefert.«

Georg Wilhelm gab sich geschlagen. Dass das Ansehen seiner Enkelkinder durch die Affäre beschmutzt würde, wollte natürlich auch er verhindern.

So nahm der Prozess seinen Lauf. Das Ehegericht stellte Sophie Dorothea die Anklageschrift zu und forderte sie zur schriftlichen Stellungnahme auf. Bei einer mündlichen Antwort hätte die Gefahr bestanden, dass die Kurprinzessin auch die Verfehlungen ihres Mannes zur Sprache gebracht hätte. Dies sollte vermieden werden. Um Sophie Dorothea bei der Abfassung ihrer Erklärung zu »beraten«, entsandte das Ehegericht zwei Geheime Räte nach Lauenau. Sie sollten die Prinzessin dazu bewegen, »jede weitere Schärfe« zu vermeiden.

Das war durchaus im Sinne Sophie Dorotheas. Ihr ging es vor allem darum, das elende Verfahren so schnell wie möglich hinter sich zu bringen – und von Georg Ludwig geschieden zu werden. Gemeinsam mit ihrem Anwalt Thies verfasste sie daher am 26. September 1694 ihre erste schriftliche Stellungnahme.

»Im übrigen erklären wir«, heißt es darin, »dass wir bei der schon viele Male abgegebenen Erklärung bleiben, unserem Ehegemahl nimmer ehelich beiwohnen wollen und selber nichts verlangen, als dass die von unserem Ehegemahl gesuchte Ehescheidung gänzlich erfolgen möge.«

Dem hannoverschen Hofjuristen und Vize-Kanzler Ludolf Hugo reichte das nicht. Er schrieb die Erklärung um und legte sie zuerst den Geheimen Räten in Hannover und dann der Prinzessin zur Genehmigung vor. Sophie Dorothea unterschrieb, ohne zu zögern. Sie konnte es kaum erwarten, endlich frei zu sein. Sie wusste ja nicht, dass sie mit ihrer Unterschrift ihre lebenslange Gefangenschaft bestätigte.

Ganz so glatt sollte es dann aber doch nicht laufen. Die geistlichen Mitglieder des Ehegerichts machten Bedenken gegen die Scheidung geltend und bestanden auf einem Versöhnungsversuch. Ein aus der Sicht der kurfürstlichen Regierung in Hannover äußerst heikles Unterfangen, zumal klar war, dass die Ehe unter allen Umständen geschieden werden sollte.

Die beiden Angehörigen des Ehegerichts, die daraufhin zum Versöhnungstermin nach Lauenau entsandt wurden, waren darüber informiert, sowohl Kammerrat von dem Bussche als auch Generalsuperintendent Gerard Wolter Molanus, Abt zu Loccum. Gleichwohl mühten sich beide, die Ehebrecherin gemäß ihrer Mission zum Einlenken zu bewegen.

»Bedenken Sie, in welchem Vergnügen Sie bisher gelebt haben und in der Zukunft weiter leben könnten, wenn Sie sich entschließen würden, zu Ihrem Ehegemahl zurückzukehren und ihm ehelich beizuwohnen«, drängte der Kammerrat.

Die Vorstellung, mit Georg Ludwig wieder das Bett teilen zu müssen, verursachte Sophie Dorothea nichts als Widerwillen. »Meine unveränderte Meinung ist, dass ich nicht wieder zu meinem Gemahl zurückkehren möchte«, entgegnete sie mit leiser, aber fester Stimme. »Ich habe mich ganz in Gottes Hand gegeben und bin auch weiterhin bereit, alles hinzunehmen, was der Herr mir zugedacht hat.«

Kammerrat von dem Bussche betrachtete sie mit traurigen Augen. Lange Zeit war er so etwas wie ihr väterlicher Freund gewesen. Als Vorsitzender des Ehegerichts aber lasteten andere Verpflichtungen auf ihm. Mit einem Seufzer übergab er an Molanus.

Der Geistliche erinnerte Sophie Dorothea an die Heiligkeit der Ehe und gab zu bedenken, dass ihre Kinder unter der Scheidung leiden könnten.

»Die Sache ist so schwerwiegend, dass man sie sich wirklich gut und reiflich überlegen muss. Sie müssen nicht denken, dass

Sie von Ihrer einmal gefassten Meinung nicht mehr abweichen können. Wenn Sie klar sehen, dass Ihre Entscheidung Gott und seinem Wort entgegensteht, dann wäre es sogar löblich, davon abzuweichen.«

Sophie Dorothea wirkte noch blasser als sonst, doch ihr Atem ging ruhig. »Ich habe mir die Sache lange überlegt, sehr lange«, sagte sie. »Ich habe mein Gewissen befragt und Gott um Beistand gebeten, und so kann ich nicht anders, als bei meinem Entschluss zu bleiben.«

Hofrat Thies fürchtete, dass dies seiner Mandantin schaden könnte. Er hoffte inständig, Molanus werde sie fragen, warum sie denn so unbedingt von ihrem Mann geschieden werden wolle, sodass dann endlich einmal auch Gelegenheit bestünde, die Verfehlungen des Kurprinzen zur Sprache zu bringen. Doch die erhoffte Frage blieb ungestellt.

Stattdessen malte der Abt der Prinzessin die drohenden Strafen aus: »Sie sind jung, Prinzessin, und werden, so Gott will, noch lange leben. Sind Sie sich wirklich im Klaren darüber, was es bedeuten könnte, wenn Sie als schuldiger Teil, aus diesem Verfahren hervorgehen?«

Sophie Dorothea schwieg.

»Es bedeutet, dass Sie sich, so lange der unschuldige Teil lebt, der Vereinigung mit einem anderen Mann zu enthalten haben. Sind Sie sich dessen bewusst?«

Sophie Dorothea verzog keine Miene. Wie schon seit Beginn der Anhörung saß sie den beiden Besuchern aus Hannover in aufrechter Haltung mit gefalteten Händen gegenüber. Ohne ihren Anwalt anzublicken oder gar um Rat zu fragen, setzte sie nach einigen Atemzügen zu einer Antwort an:

»Ich weiß wohl, dass die Strafe hart sein wird, und ich den größten Schaden erleide. Aber das ist besser, als wenn ich Schaden an meiner Seele nehme. Und so ist es denn auch besser, wenn ich in Zukunft allein bleibe. Vielleicht habe ich die Welt bisher zu viel geliebt. Da ist es denn gut, wenn Gott mich davon abzieht.«

Molanus unternahm einen weiteren Versuch: »Noch ist es Zeit, allem Unheil zu entgehen. Wir dürfen uns die Augen nicht selbst verblenden, nur aus Angst, die Gnade Gottes zu verlieren. Gott richtet uns nicht, wie wir Menschen es uns einbilden.«

Diesmal antwortete Sophie Dorothea sofort: »Ich habe schon so viel überlegt, dass es keines weiteren Überlegens mehr bedarf.«

Thies rieb sich bedrückt die Stirn. Der Verlauf der Anhörung gefiel ihm nicht. Sophie Dorothea bestätigte alle Vorurteile. Ob »böswilliges Verlassen« oder »Verweigerung der ehelichen Beiwohnung« – alles, was man ihr vorhielt, schien sie selbst zu untermauern. Und niemand fragte, warum sie denn so begierig darauf war, von ihrem Mann geschieden zu werden. Gern hätte er ihr selbst die Frage vorgelegt. Aber konnte er es wagen, den hohen Herren aus Hannover in die Parade zu fahren? Besser nicht. So beschränkte er sich darauf, seine Mandantin zu fragen, ob sie noch etwas hinzuzufügen habe. Sophie Dorothea verneinte.

Daraufhin nickte Kammerrat von dem Bussche allen Beteiligten zu und erklärte die Sitzung für beendet.

Das letzte Wort hatte der Kurprinz. Da Georg Ludwig nicht als Verursacher der Ehekrise angeklagt war, begnügte man sich damit, ihm die Erklärung Sophie Dorotheas mit der Bitte um Stellungnahme zuzuleiten. Bereits zwei Tage später lag die Antwort vor. »Der Kurprinz hat die Angelegenheit lange reiflich und gewissenhaft bei sich überlegt«, teilte sein Rechtsbeistand mit. »Er ist nicht ohne schmerzliche Empfindungen dazu gekommen, sich zu einer solchen Extremität zu entschließen.« Er habe alles versucht, »die Kurprinzessin zu besseren Gedanken zu bringen.« Doch vergebens. Somit, so schloss der Anwalt des Prinzen, sei die Schuld der Kurprinzessin wohl eindeutig erwiesen.

Einem Schuldspruch stand nun nichts mehr im Wege. Doch die Einzelheiten führten im Celler Schloss zu einem neuen Zerwürfnis. Herzogin Eleonore drohte, ihren Mann zu verlassen, sollte er sich nicht für eine Milderung des Urteils einsetzen. Und Georg Wilhelm lenkte tatsächlich ein. Er beauftragte den Anwalt seiner Tochter, dem geplanten Verbot der Wiederverheiratung zu widersprechen. Endlich konnte Thies damit seinem Unmut über das Verfahren Luft machen. Sein Protest fiel so heftig aus, dass sich das Ehegericht veranlasst sah, die Urteilsverkündung zu verschieben und neu zu beraten.

Das wiederum stieß am kurfürstlichen Hof in Hannover auf Unverständnis und Ärger. Um Druck auf das Ehegericht auszuüben, ließ Ernst August durch seinen Rechtsexperten und Vizekanzler Hugo einen geharnischten Kommentar aufsetzen.

»1. Die Kurprinzessin hat üble Absichten verspüren lassen. Sie hat, wie bewiesen, heimlich aus dem Lande ziehen wollen und hätte sich selbst und das Haus in ewige Schimpf und Schande gebracht. Das hätte nicht geschehen können, ohne dass die am Ruin des Hauses interessierten mächtigen Gegner dies ausgenützt hätten, um ihre üblen Absichten auszuführen. Das Haus (Hannover) wäre in solche Verwirrung und Gefahr geraten, dass man nicht ohne Schrecken daran denken kann. Es ist nur der Güte Gottes zu danken, dass dies verhindert wurde. Es ist zu bedenken, was von einer Person zu erwarten wäre, die zu solchen Ungeheuerlichkeiten entschlossen war und wie hochnötig es sei, dass ihr die Wiederverheiratung verboten wird ...

2. Die Herren Deputierten werden selbst festgestellt haben, wie sehr die Kurprinzessin nach der Scheidung verlangt. Hätte sie ein gutes Gemüt, müsste es sie sehr bedrücken, dass sie ihren eigenen Vater so betrübt hat, dass sie denjenigen, die sie gleichsam auf Händen getragen haben, so großes Übel zugefügt hat und ferner zufügen wird. (...) Sie sollte sich auch ihrer Kinder erbarmen, (...) denn wenn eine Mutter über die Trennung von ihrem Mann, womit auch die Trennung von ihren Kindern verbunden ist, Verlangen und Freude bezeugt, so ist zu ermessen, was von ihr zu erwarten ist. Man weiß, dass sie verschiedentlich gesagt hat, sie wolle lieber eine Marquise in Frankreich als Kurprinzessin zu Braunschweig-Lüneburg sein ...

3. Sie hat eine nachsichtige Mutter. Dieselbe begreift den Sachverhalt des Falles nicht, urteilt deshalb nicht richtig, zeigt wenig Zuneigung gegen dies Kurhaus (von Hannover) ...

4. Die Feinde des Hauses werden nicht ruhen. Man hat schon Nachricht, dass sie gespannt auf den Ausgang des Verfahrens

warten. Es ist eine Sache, mit der sie dem Haus den größten Nachteil zufügen können ...«

In einem Schlussabsatz wandte sich Vizekanzler Hugo direkt an die Richter:

»Das hochehrenwerte Haus (Hannover) hat seine Sicherheit und Würde in Ihre Hände gelegt, meine hohen Herren Richter, im Vertrauen auf Ihre Lebensklugheit. Ihr Land und unschuldige Menschen haben Ihnen die Gefahren dargestellt, die sie bedrohen und erbitten Ihre Hilfe ...«

Der Vorstoß wirkte: Am 28. Dezember 1694 fällte das Ehegericht den erwünschten Schuldspruch:

»Dekret der kurfürstlichen Konsistorial- und Kirchenräte in Ehesachen des durchlauchtigsten Fürsten und Herrn, Herrn Georg Ludwig, Herzog zu Braunschweig und Lüneburg, entgegen und wider Dero Ehegemahl, die durchlauchtigste Fürstin und Frau, Frau Sophie Dorothea, Herzogin von Braunschweig und Lüneburg, Kurprinzessin, erkennen und sprechen wir (...), dass die von Seiten der Kurprinzessin Durchlaucht angebrachten schriftlichen und mündlichen Erklärungen (...) für eine beständige Verweigerung der ehelichen Treue und Beiwohnung, mithin für eine vorsätzliche Flucht zu werten sei.«

Folglich wurde es Sophie Dorothea untersagt, jemals wieder eine Ehe einzugehen, während man Georg Ludwig als »unschuldigem Teil« dieses Recht ausdrücklich zubilligte.

Hofrat Thies überbrachte Sophie Dorothea das Urteil am letzten Tag des Jahres 1694. Sie erklärte sofort in schriftlicher Form, dass sie das Urteil annehme und ihren Anwalt, mit dem sie »in Gnaden zufrieden« sei, von seinen Pflichten entbinde. Zugleich äußerte sie die Hoffnung, von ihrem Vater und Schwiegervater großzügige Vergebung zu erlangen, da sie sich mit ihren Aussagen allen Wünschen gefügt habe.

Schon vorher hatte sie in Hannover den größten Teil ihrer kostbaren Kleider verkaufen lassen. Sie ziehe es vor, künftig in Schwarz zu gehen, teilte sie mit.

Unterdessen begann in Hannover Anfang Januar 1695 der Karneval. »They can't live without it«, kommentierte Sir James Cresset. »Sie können nicht ohne.« Der englische Gesandte an den Welfenhöfen monierte, dass der hannoversche Hof nicht nur über die »Schande« der Scheidung hinwegtanze, sondern auch den Tod der englischen Königin Mary, Ehefrau Williams III., mit ihrem munteren Karnevalstreiben übergehe. Die Stuart-Nachfahrin, eine Base der hannoverschen Kurfürstin, war im Alter von 32 Jahren an den Pocken gestorben.

Cresset hatte etwas übertrieben. Auf den Todesfall in London reagierte der hannoversche Hof durchaus. »Das Tanzen ist durch diese betrübte Zeitung gehemmt worden, die zwei Opern werden aber noch gespielt«, teilte Kurfürstin Sophie ihrer Nichte Luise am 13. Januar 1695 mit. Nur am Rande erwähnte sie in ihrem Brief die Scheidung: »Das Urteil lautet, dass mein Sohn wieder heiraten darf, die Prinzessin aber nicht. Man betet nicht mehr für sie im Kirchengebet, weder in Celle noch in Hannover ...«

Sie wurde nicht nur aus dem Kirchengebet getilgt. Sie wurde auf allen Ebenen zur Unperson erklärt. Sämtliche Titel wurden ihr aberkannt, aus allen Dokumenten des kurfürstlichen Hofes wurde ihr Name gestrichen. Sogar vom cellischen Hof wurde sie ausgeschlossen. In Hannover durfte fortan nicht einmal ihr Name mehr erwähnt werden – auch von ihren Kindern nicht.

Ihr Sohn war elf, ihre Tochter sieben Jahre alt. Die Erziehung der beiden lag von Anfang an in den Händen der Kurfürstin. Für die Ausbildung der Prinzenkinder war seit 1692 in leitender Stellung Hofkavalier Philipp Adam von Eltz verantwortlich, jener Edelmann, der an der Ermordung Königsmarcks beteiligt gewesen war. Gottesfurcht war in einer offiziellen Weisung als oberstes Erziehungsziel festgeschrieben. Der gleiche Mann, der den Geliebten Sophie Dorotheas umgebracht hatte, leitete deren

Kinder dazu an, jede Mahlzeit mit einem Gebet zu beginnen und zu beenden. Wagten es die Kinder nach ihrer Mutter zu fragen, bekamen sie allenfalls vage, ausweichende Antworten zu hören, wenn nicht gar eine Rüge. Nur wenn sie zu Besuch in Celle waren, konnten sie mit Großmutter Eleonore heimlich über ihre Mutter sprechen – sehr zum Ärger ihres Vaters, der diese Besuche bald unterband.

Sophie Dorothea fühlte sich wie eine Ausgestoßene. Ihr wurde untersagt, sich weiterhin »Prinzessin von Celle« oder gar »Kurprinzessin von Hannover« zu nennen. Der Titel, den sie stattdessen erhielt, trug noch zusätzlich zu ihrer Verhöhnung bei: »Prinzessin von Ahlden«.

Ahlden – auf dieses kleine Dorf an der Aller sollte sich künftig ihr Lebensraum beschränken. Doch nach dem Ende des Scheidungsverfahrens erschien ihr jeder Ort besser als Lauenau. Sie konnte es gar nicht erwarten, das Städtchen zu verlassen. Da das Schloss Ahlden aber erst noch für ihre dauerhafte Aufnahme hergerichtet werden musste, zog sich der Aufenthalt in der Wasserburg in die Länge. Auch mit Blick auf die verschneiten Straßen zögerte man, die lange Kutschfahrt in die Heide anzutreten.

Sophie Dorothea beklagte sich bitter über die Wartezeit. Selbst ihr Vater verlor Ende Februar die Geduld und verlangte, die Überführung endlich vorzunehmen.

Schließlich wurde für den 7. März die Abreise anberaumt. Die Prinzessin atmete auf. »Jetzt hängt der Himmel voller Geigen, dass wir Lauenau endlich verlassen«, berichtete einen Tag vor der Abfahrt ihr oberster Bewacher Wackerbarth nach Hannover. »Morgen früh um halb sieben werden wir von hier aufbrechen.« Doch der Schlosskommandant schränkte ein: »Wie fröhlich sie sich auch stellt, sieht man doch, dass ihre innere Betrübnis groß sein muss.«

Auch Liselotte von der Pfalz, die Nichte ihrer Schwiegermutter, machte sich Gedanken über den Gemütszustand Sophie Dorotheas. »Ich glaube«, schrieb sie ihrer Tante in Hannover, »dass die launische Prinzessin nach Ahlden gewollt hat, weil sie hoffte, dass sie dann wieder in ihres Herrn Vaters Land (Celle) wäre, und dass er es nicht übers Herz brächte, sie lange Zeit dort zu lassen, ohne sie wiederzusehen – und dass sie dann bei einem Wiedersehen ihren Frieden mit ihm schließen, Gnade finden und auf freien Fuß kommen werde …«

In der Tat. Sophie Dorothea war voller Zuversicht, als sie am frühen Morgen des 7. März 1695 die Kutsche bestieg. Und als nach dem Pferdewechsel in Neustadt am Rübenberge Celler Wachsoldaten das Geleit des Zuges übernahmen, sandte sie ein Dankgebet zum Himmel.

Im goldenen Käfig

Als sie nach zwei Tagen am Abend des 8. März 1695 in ihrer Kutsche die Brücke der Alten Leine überquerte, erschien ihr das rote Fachwerkschlösschen hinter dem Wall freundlicher als bei ihrer ersten Ankunft in Ahlden. Der Glanz der untergehenden Sonne ließ das Amtshaus im schönsten Licht erscheinen. Der sumpfig-faulige Gestank hing zwar immer noch über dem Schlosshof, doch Sophie Dorothea rümpfte deswegen nicht mehr die Nase. Sie nahm den Geruch als Frühlingsduft.

Die sechs Räume im ersten Stock des Nordflügels waren neu eingerichtet worden, klein, aber fein: Vorgemach, Esszimmer, Audienzraum, Spiegelzimmer, Kabinett und Schlafgemach mit Alkoven und Toilettenkammer. Eine Etage tiefer waren die Bediensteten untergebracht, im Südflügel fanden sich die Küchen- und Wirtschaftsräume. Der Hofmeister bewohnte das Erdgeschoss des Westflügels. Der Querbau, der den Schlosshof, von Osten her begrenzte, beherbergte die Pferdeställe. Die Gesellschaftsdamen bewohnten das Dachgeschoss – darunter auch Madame de la Bessière, die Sophie Dorothea während der Rückfahrt wieder Gesellschaft in der Kutsche geleistet hatte. Auch Pastor Casaucau hatte ihr Trost zugesprochen. Der Geistliche aus Celle war nun ganz nach Ahlden abgeordnet worden. Madame de la Bessière las ihr nach Wunsch aus der Bibel vor, Casaucau hielt morgens und abends Andachten ab.

Zudem sorgten etliche Hofbedienstete für Sophie Dorotheas Wohl: zwei Hofdamen, zwei Hofdiener, zwei Kammerdiener, zwei Pagen, vierzehn Lakaien, drei Köche, ein Mundschenk, ein Bäcker, ein Fleischer, zwei Jäger und eine Modistin – alles Personen, die von Sophie Dorotheas Vater und seinen Leuten ausgewählt worden waren, allesamt bei Androhung harter Strafen darauf eingeschworen, die nach wie vor strengen Abschirmungsvorschriften zu beachten. Denn bei allem Prunk konnte der kleine Hofstaat nicht darüber hinwegtäuschen, dass es sich bei dem »Schloss« um ein feudales Gefängnis handelte. Schließlich war die Wachmannschaft größer als die Domestikenschar: Rund vierzig Soldaten hatte der Heideherzog dauerhaft in Ahlden stationiert.

Und Schlosskommandant Wackerbarth war entschlossen, sich an die Anweisungen aus Celle zu halten. Als Sophie Dorothea um einen Spaziergang bat, erlaubte er ihr nur einen Hofgang von einer halben Stunde.

»Befehl von oben, da kann ich leider gar nichts machen, Durchlaucht.«

Wackerbarth kam ihr noch unzugänglicher vor als sein Vorgänger. Gern wäre sie auf dem Wall spazieren gegangen, um einen Blick in die Umgebung zu werfen. Aber daran war nicht zu denken. So trübte sich ihre Stimmung ein, während sie in ihren roten Samtschuhen auf dem Schlosshof umhertrippelte, von allen Seiten durch Backsteingemäuer umschlossen.

Ein wenig Ablenkung fand sie bei der Abendtafel. Der Tisch war reich gedeckt. Nach der Rindfleischsuppe mit Klößen gab es gebratene Kalbsbrust, Ragout von Tauben, einen Junghasen, Grill von jungen Hühnern, gedünstete Artischocken, Gebäck und Konfekt, dazu einen großen Krug Burgunderwein.

Fast zwei Stunden speiste sie im Schein der vielen Kerzen – ganz allein an einem großen Eichentisch. Ermutigt von einem Vorkoster, bedient von einem Großaufgebot von Lakaien, die unter stummen Verbeugungen eine Speise nach der andern servierten, Teller und Schüsseln abräumten und Wein nachschenkten.

Nur Oberstleutnant Wackerbarth fühlte sich zwischendurch bemüßigt, als Herr des Hauses, ein männlich-joviales Wort an die Speisende zu richten. »Recht so, Madame, stärken Sie sich! Essen hält Leib und Seele zusammen.«

Sophie Dorothea nickte nur. Sie legte keinen Wert auf die Gesellschaft dieses Menschen, der sie kurz zuvor noch so gemaßregelt hatte.

Nur hin und wieder blickte sie in die toten Glasaugen eines weißen Hirschen, dessen ausgestopfter Kopf an der Wand hing. Im übrigen war sie mit sich allein, während sich ihr Magen füllte und der Alkohol ihr zu Kopfe stieg.

Nach dem Abendessen las Madame de la Bessière ihr aus der biblischen Passionsgeschichte vor. Zum Kartenspielen fühlte sich Sophie Dorothea zu müde. Sie zog es vor, ihr Schlafgemach aufzusuchen. Mit Befremden bemerkte sie, dass zwei Soldaten vor der Tür standen. »Was soll das?«, fragte sie die Männer. »Habt ihr Angst, dass ich euch weglaufe?«

Aber die Soldaten blieben stumm. Der alte Kammerdiener Jacques Angeau, der sie schon als Kind in Celle bedient hatte, zuckte die Achseln und murmelte: »Pardon, Madame, Befehl.«

»Befehl, Befehl. Wer erteilt denn solche Befehle?«

»Es steht mir eigentlich nicht zu, darüber zu sprechen«, antwortete der fromme Kammerdiener. »Aber alle Befehle kommen vom Herzog in Celle, Euerm Herrn Vater.«

Sophie Dorothea traf die Antwort wie ein Schlag.

Die Bewachung war verstärkt worden. Neun Posten sicherten nachts das Schloss: zwei vor Sophie Dorotheas Gemächern, einer an der Treppe, einer am inneren Tor, zwei auf dem Wall und einer am äußeren Tor, das kurz nach Sonnenaufgang geöffnet und bei Einbruch der Dunkelheit geschlossen wurde.

Fast alle Soldaten waren außerhalb des Schlosses in Ahlden in Dienstwohnungen untergebracht, später auch im Nachbarort Hudemühlen. Für den Wachdienst wurden vorzugsweise Männer ausgewählt, die für den Kriegsdienst nicht geeignet waren; darunter Deserteure und vorbestrafte Diebe, grobe Kerle zumeist, die bald im Dorf Missfallen erregten, weil sie das Federvieh der Bauern stahlen oder Frauen belästigten. Da sie auch als Wachposten unzuverlässig waren, klagte Wackerbarth wiederholt über Sicherheitsprobleme. Doch er erreichte damit nichts.

Sophie Dorothea empfand die Anwesenheit der vielen Wachposten als demütigend. Das einzige Tröstliche dabei war die Hoffnung, dass alles nur vorübergehend sei. Undenkbar, dass ihr Vater ihr dies auf Dauer zumuten konnte. Gleich am nächsten Tag wollte sie ihrer Mutter schreiben und auf ein Ende der

Verbannung drängen. Der Briefverkehr wurde zwar immer noch zensiert, doch sie durfte immerhin schreiben. Während Sophie Dorothea den Brief bereits in Gedanken formulierte, schlief sie ein.

Als sie sich am nächsten Morgen ankleiden ließ, schlug Regen an die Fenster. Graue dunkle Wolken hatten sich vor die Frühlingssonne geschoben. Der Wetterumschwung drückte Sophie Dorothea zusätzlich aufs Gemüt. Auch Frau Wackerbarth, die sich schwäbelnd erkundigte, wie sie geschlafen habe, trug nicht zu ihrer Aufheiterung bei. Als es ihr endlich gelungen war, die aufdringliche Dame wegzuschicken, bat sie Madame de la Bessière, ihr aus der Bibel vorzulesen. Die Wahl der Hofdame fiel auf die Geschichte »Von der großen Bedrängnis«: »Wo das Aas ist, da sammeln sich die Geier«, hieß es am Ende. »Aber du, Herr, sei nicht ferne; meine Stärke, eile mir zu helfen.«

Der Regen dauerte an. Aller und Leine stiegen über die Ufer, auf den Wiesen der Umgebung bildeten sich Seen, die bald zu einer großen grauen Wasserfläche wurden. Sophie Dorothea hätte sich wie am Meer fühlen können. Doch dieses Frühlingshochwasser hatte nichts von der Weite eines Ozeans, es setzte ihr noch engere Grenzen. Der Betrieb der Allerfähre war eingestellt, kein Pferdefuhrwerk, keine Kutsche rumpelte mehr über die Brücke der Alten Leine. Sophie Dorothea lebte wie auf einer Insel – fernab der großen weiten Welt mit ihren Oboenklängen und rauschenden Festen.

Da war es schon ein Lichtblick, wenn mit einem Kahn die Post herübergebracht wurde und ein Brief von ihrer Mutter in Celle dabei war.

»Liebste Tochter, ich denke von morgens bis abends an Dich, mein Herz weint, wenn meine Gedanken bei Dir sind.« Mit diesen oder ähnlichen Worten begannen alle Briefe. Vieles von dem, was folgte, war von der Zensur eingeschwärzt. Sophie Dorothea konnte noch lesen, dass ihre Mutter sie ermahnte, nur ja die Hoffnung nicht zu verlieren. Aber worauf sich ihre Hoffnung stützen sollte, das erfuhr sie nicht.

Die Herzogin unternahm gar nicht erst den Versuch, ihrer Tochter von den vielen vergeblichen Gesprächen mit ihrem

Mann zu berichten. Sie schrieb auch nichts über ihre heimlichen Bemühungen, mit Herzog Anton Ulrich in Wolfenbüttel oder gar dem englischen König in Kontakt zu treten, um durch diplomatischen Druck das Los der Verbannten zum Besseren zu wenden. Schon die Andeutung eines Hoffnungsschimmers wurde als Verstoß betrachtet und gestrichen.

Aber Sophie Dorothea schöpfte selbst aus den Streichungen noch Kraft und Zuversicht. Denn vermutlich hatten die Hofbeamten die Passagen ja gerade geschwärzt, weil sich darin die Möglichkeit einer bevorstehenden Befreiung ankündigte. So beflügelte gerade das Unlesbare ihre Fantasie.

Auch an ihren Vater schrieb Sophie Dorothea. Sie bezichtigte sich selbst schlimmer Verfehlungen, gelobte Reue, bat um Vergebung: »Mein Vater, auf den Knien meines Herzens bitte ich Euch, mir die Gnade des Erbarmens nicht länger zu verwehren ...« Doch nie erhielt sie Antwort.

Und so gingen ihre Tage dahin in Kummer und Langeweile, aufflackernder Hoffnung und lähmender Enttäuschung. Das Hochwasser zog wieder ab und hinterließ eine stinkende Schlammschicht, die Frühlingssonne schien und brachte die Wiesenblumen zum Blühen – Salbei und Braunelle, Kuckucks- und Sumpfdotterblumen. Auf der Alten Leine schnatterten die Enten, auf dem Schlossdach klapperten die Störche.

Endlich fuhren auch wieder Kutschen über die Brücke. Doch niemals lenkte ein Kutscher seine Pferde auf den Schlosshof, um die Verbannte aus ihrem Gefängnis zu befreien. Es kamen nur Handwerker und Händler, Hofbeamte und Soldaten. Unter den Schlossbesuchern waren auch Jäger, die frisches Wildbret anlieferten: Hirsche, Rehe, Hasen, Wildschweine, Wachteln, Schnepfen, Wildenten, Rebhühner, Birkhühner – alles, was Wald und Wiesen an essbaren Geschöpfen hergaben. Auch die Bauern versorgten sie mit ihren Erzeugnissen: mit geschlachteten Kälbern, Rindern, Hühnern, Eiern oder Petersilie und Schnittlauch.

Und was sich nicht aus der Umgebung beschaffen ließ, das konnte sich die Prinzessin aus der weiten Welt bringen lassen: Wein aus Ungarn und Burgund, Schokolade aus Holland, Gewürze aus dem Orient. An Geld fehlte es schließlich nicht.

Um sich den Zwangsaufenthalt so angenehm wie möglich zu machen, begann sie auch schon bald damit, sich Schmuck und kostbare Kleider zu bestellen – Spitzen aus Brüssel, Ringe aus Amsterdam, Reifröcke aus Paris. Warum sollte sie sich länger in Schwarz hüllen? Demut, dies ließ sogar ihr calvinistischer Seelsorger gelten, war schließlich eine innere Einstellung und keine Kleiderfrage.

So blieb sie zwar eine Gefangene, hüllte sich aber nicht in graue Kattunkittel, sondern in Seidenkleider; und anstelle von eisernen Ketten trug sie Diamantenkolliers.

Nach einigen Wochen wurde auf Drängen ihrer Mutter die Zeitbegrenzung für den Hofgang aufgehoben. Nun konnte sie bei Tageslicht so lange frische Luft schnappen, wie sie wollte. Und sie machte reichlich Gebrauch davon, und sie ließ Blumen und Sträucher pflanzen, um den Schlosshof zu verschönern. Doch die Aussicht blieb begrenzt.

Die beste Aussicht hatte sie noch von den Fenstern ihres Gemachs in der ersten Etage des Nordflügels. Von hier aus beobachtete sie, wie die Bauern ihre Schafe, Schweine und Kühe auf die Wiesen trieben, wie sie mit einem Pferd, einer Kuh oder aus eigener Kraft ihre kleinen Felder pflügten, Korn und Gras mähten. Sie beobachtete den Fischer, der im Morgengrauen mit seinem Kahn über die Alte Leine glitt, um seine Reusen zu kontrollieren. Sie sah, wie Jungen Gänse jagten, wie kleine Mädchen in Pfützen patschten und Schiffe aus Borke bauten, beobachtete, wie Betrunkene aus dem Wirtshaus torkelten, wie die Dorfbewohner zur Kirche gingen. Sie sah die Armut und die Not, aber sie beneidete die Bauern und Handwerker auch um ihr kleines Leben. Die wussten, warum sie morgens aufstanden. Die wurden geliebt, gingen aus und kehrten immer wieder in ihr warmes Nest zurück. Sie dagegen war eine Verstoßene, deren Leben jeden Sinn verloren hatte – eine Mastgans im goldenen Käfig.

So verfolgte die Gefangene von ihren Fenstern aus den Wechsel der Jahreszeiten, als säße sie in der fürstlichen Loge des hannoverschen Opernhauses: Sie hörte die Frösche quaken, sah, wie die Schwalben ihre Nester bauten und ihre Jungen versorgten. Sie beobachtete, wie das Gras unter der heißen Sommersonne verdorrte und von Gewitterregen zu neuem Leben erweckt wurde, wie der Wind über das Wasser strich und die Seerosen zum Tanzen brachte. Sie hörte, wie die Krähen das Ende des Sommers verkündeten, verfolgte die Wildgänse, die in wohlgeordneter Formation in Richtung Süden flogen. Ihr klagender Schrei ging ihr durch und durch. Was hatten diese Gänse denn zu klagen? Die durften doch quer durch die Welt fliegen.

Und Prinz Eugen schlug die Türken und August der Starke ließ sich zum König von Polen krönen. Und der hannoversche Kurfürst beklagte sich beim englischen König über die hannoverfeindlichen Ausfälle des Gesandten Cresset und erreichte dessen Abberufung.

Sophie Dorothea spürte unterdessen auf der Haut, wie der Winter herannahte – mit Nebel, Nachtfrösten, und Raureif, mit Regentagen und Hochwasser. Als sie eines Morgens im Dezember aus dem Fenster blickte, sah sie, dass das Schloss von einer großen Eisfläche umgeben war. Das Hochwasser war gefroren. Damit war das Dorf komplett von der Außenwelt abgeschnitten. Denn nun konnte auch niemand mehr mit dem Kahn herüberrudern, und zum Laufen war die Eisschicht noch zu dünn. Nachts hörte sie, wie das Eis knackte und das Echo des hohltönenden Bebens in Wellen über das gefrorene Hochwasser lief. Sie hasste das Eis. Es setzte das Werk ihrer Feinde fort, steigerte ihre Gefangenschaft zu vollständiger Isolation.

Sie beschäftigte sich mit Handarbeit, stickte und klöppelte, wie sie es als Mädchen in Celle gelernt hatte, verzierte Decken, Sitzbezüge und Tücher. Schließlich war das Eis so dick, dass sich die ersten Menschen herüberwagten, um Post und Proviant zu bringen. Leider hielt der Zustand nicht lange an. Tauwetter setzte ein und machte die Wege wieder unpassierbar. Es dauerte lange, bis das Hochwasser endlich abgezogen war und sich Kutschen über die verschlammte Poststraße wagten.

Einer der ersten war der Celler Leibarzt Dr. Scott. Sophie Dorothea war an einer fiebrigen Erkältung mit Husten und Halsschmerzen erkrankt. Ein Eilbote war ausgesandt worden, um ärztliche Hilfe zu holen. Es bestand strenge Weisung, im Krankheitsfall keine Zeit verstreichen zu lassen. Über den wahren Grund wurde nicht offen gesprochen, aber es war ein offenes Geheimnis, dass die Prophezeiung jener Wahrsagerin aus Venedig hinter der Sorge um das Wohl der Prinzessin stand. Die Alte vom Markusplatz hatte Georg Ludwig ja vorhergesagt, dass er seiner Frau schon bald nach ihrem Tod ins Grab folgen werde.

Sophie Dorothea war froh, als der Winter vorüber war. Die helle Jahreszeit war ihr lieber als die düsteren Wintertage. Bisweilen erschien ihr das Vogelgezwitscher, das sich rund um das Schloss erhob, wie Musik. Und als sie einmal allein während der Abenddämmerung in ihrem Kabinett über einer Handarbeit saß und sich in Tagträumen verlor, geschah es, dass sie aus dem Gezwitscher eine Melodie herauszuhören meinte – die Melodie aus »Folies d'Espagne«, die ihr Geliebter einst gepfiffen hatte. Und dann horchte sie in sich hinein und überlegte, wie es wäre, wenn er wirklich käme. Wer wusste denn, ob er wirklich tot war. Sein Leichnam war ja nie gefunden worden. Vielleicht war er geflüchtet, hielt sich irgendwo verborgen und wartete nur auf seine Chance, um zu seiner Geliebten vorzudringen ...

Unsinn! Kinderei! Da gab es nichts mehr zu hoffen. Und vermutlich hätte es sie nicht einmal glücklicher gemacht, wenn sich die irreale Hoffnung erfüllt hätte. Denn in manchen Momenten erschien ihr die Liebe zu diesem schönen Grafen wie eine kindische Schwärmerei. Ein Traummann. Ja, das war er wohl. Aber sicher kein Mann fürs Leben.

Zu ihrer Freude erweiterte sich im April 1696 ihr Bewegungsraum. Nach Verhandlungen zwischen Hannover und Celle wurde ihr gestattet, an bestimmten Tagen begleitete Kutschfahrten in die Umgebung zu unternehmen. Und sie setzte sich mit ihrem Wunsch durch, selbst eine kleine Kalesche zu lenken. Man beschaffte ihr einen Einspänner und erlaubte ihr, sich damit im Umkreis von zwei Kilometern vom Schloss zu bewegen. Anfangs fiel es ihr noch schwer, dem Pferd ihren Willen aufzuzwingen. Doch sie erwies sich als gelehrig, und bald schon konnte es ihr nicht schnell genug gehen. Sie knallte mit der Peitsche, als kämpfe sie um den Sieg bei einem Rennen. Sie genoss es, mit dem leichten Kabriolett zwischen den Wiesen hindurch bis zum Wald des Nachbardorfs Büchten zu fahren. Es machte ihr gar nichts aus, wenn sie von den heftigen Stößen auf den holprigen Wegen auf- und abhüpfte, sie lachte, wenn die Reiher verschreckt aus den Gräben aufflogen. »Hü, hopp«, rief sie ihrem Pferd zu. »Lauf, lauf.« Sie freute sich, wenn ihr der Wind um die Ohren wehte; und sie jubelte, wenn es ihr gelang, ihren berittenen Wachtrupp abzuhängen.

Eigentlich sollte Oberstleutnant Wackerbarth sie begleiten. Doch der konnte mit ihrem Tempo nicht mithalten. Daher wurde das Wachkommando in den Sommermonaten eigens durch ein halbes Dutzend Dragoner verstärkt, von denen jeweils zwei die Prinzessin bei ihren Ausfahrten zu begleiten und jede Annäherung von Fremden zu verhindern hatten.

Sophie Dorothea machte es den Reitern nicht leicht. Die Kutschfahrten waren für sie zu einem Stück Freiheit geworden, und da setzte sie alles daran, sie so weit wie möglich auszudehnen. Am besten gefiel es ihr während der Abenddämmerung. Dabei hatte Wackerbarth strikte Anweisung, sie keinesfalls während der Dunkelheit fahren zu lassen.

Die Kutschfahrten gaben ihr neuen Auftrieb, weiteten ihren Horizont. Endlich konnte sie das Dorf Ahlden und seine Umgebung kennen lernen: die Wiesen mit ihren schönen Bachläufen, Tümpeln und Weißdornhecken, die Ahldener Schlenke, diesen sumpfigen Erlen- und Buchenwald mit seinen Reiherhorsten; die Windmühle und den Galgenberg, die Gärten und Felder der Ahldener Bauern. Gern wäre sie noch weiter gefahren, tief hinein in die Wälder, in denen man Wölfe heulen hörte. Doch ihr Radius war begrenzt.

Inzwischen war ihr noch eine andere Erleichterung gewährt worden. Ihre Mutter hatte die Erlaubnis erhalten, sie in Ahlden zu besuchen. Und als die Herzogin bei ihrem ersten Besuch vorfuhr, hatte sie ein ganz besonderes Geschenk dabei: Rebhühner, die der Herzog persönlich geschossen hatte. »Glaub mir«, sagte sie. »Im Grund seines Herzens bist du immer noch sein Ein und Alles, und er leidet, weil er es dir nicht sagen kann.«

Die übrigen Nachrichten waren nicht so ermutigend: eine Aufhebung oder wesentliche Milderung der Haft war nicht in Sicht. Das hannoversche Fürstenhaus zeigte keine Bereitschaft zu einem Entgegenkommen. Im Gegenteil. Man protestierte bei der nächsten Hauskonferenz gegen den Besuch der Herzogin in Ahlden, sprach von einem schweren Verstoß gegen die Vereinbarungen. Doch der Herzog in Celle ließ seine Frau auch weiterhin fahren.

Zumindest die hannoversche Kurfürstin zeigte Verständnis. Sophie betrachtete die Ahlden-Besuche ihrer Schwägerin mit Wohlwollen – ebenso wie ihre am französischen Hof lebende Nichte. Liselotte von der Pfalz fand, dass die Herzogin von Celle dies ihrer Tochter schuldig sei, da sie sie so übel »à la française« erzogen habe: »Sie ist schuldig an all ihrem Unglück«, kommentierte sie. »Das kommt davon.«

Andere Vertreter der hannoverschen Kurfürstenfamilie stuften dagegen den Einfluss der »Madame« als schädlich ein und bemühten sich nach Kräften, Sophie Dorotheas Kinder von der Herzogin von Celle fernzuhalten. »Denk dir«, berichtete Eleonore ihrer Tochter. »Als dein Sohn im Juni nach langem Hin und Her endlich seinen Großvater bei der Jagd in Bruchhausen besuchen durfte, mussten wir dem Kurfürsten in Hannover hoch und heilig versprechen, dass er nicht mit mir in Kontakt kommt. Sie behandeln mich, als hätte ich eine ansteckende Krankheit. Sie haben Angst, dass ich die Kinder gegen sie aufhetze. Dabei hätte ich wirklich nicht übel Lust, ihnen zu sagen, welch großes Unrecht ihrer Mutter geschieht.«

Sophie Dorothea senkte den Kopf. »Es ist eine Schande.«

Aber die Herzogin brachte auch ermutigende Neuigkeiten. Während der treue Kammerdiener Jacques Angeau darauf achtete, dass niemand in den Raum kam, zeigte sie ihr einen Brief des Herzogs von Wolfenbüttel. Anton Ulrich sagte ihr darin seine Unterstützung zu. »Man könnte glauben, dass eine Person sehr kriminell gehandelt hat, da sie von allen, die ihr am nächsten stehen, verlassen wurde«, schrieb der Herzog, der sich daran erinnerte, dass Sophie Dorothea einst mit seinem Sohn verlobt gewesen war, den dann der Tod auf dem Schlachtfeld ereilt hatte. »Sie wissen, dass unter solchen Umständen das Herz sich bindet und verwandtschaftliche Gefühle für immer bestehen bleiben. Unter diesem Aspekt biete ich Ihnen an, alles, was in meinen Kräften steht, zu tun, um Ihre Angelegenheiten zu erleichtern ...«

Leider deutete Anton Ulrich auch an, dass seine Beziehung zum hannoverschen Herzog nach wie vor sehr schlecht sei, so dass er auf direktem Wege nichts tun könne. Immerhin versprach der Wolfenbütteler, seine diplomatischen Möglichkeiten zu nutzen.

Der Fluch der bösen Tat

Es war, als wäre nach der Verbannung Sophie Dorotheas ein Schatten auf das Leineschloss gefallen. Jahrelang hatte Ernst August um die Kurwürde gekämpft, aber jetzt, da er sein Ziel erreicht hatte, machte ihm die hohe Ehre nur wenig Freude. Sachsen, Wolfenbüttel und Dänemark verweigerten ihm weiterhin die Anerkennung, der Krieg mit Frankreich nahm kein Ende, und dann auch noch die familiären Probleme. Es fiel ihm schwer, seiner Schwiegertochter und Nichte so hart und unnachgiebig gegenüberzutreten, denn er hatte Sophie Dorothea ja eigentlich gern. Die Erinnerungen an die Zeit in Venedig waren immer noch lebendig. Es ließ ihn nicht kalt, wenn sie ihn jetzt in ihren Briefen um Vergebung anflehte, sogar anbot, zu Georg Ludwig zurückzukehren, falls der bereit sei, sich von seinen Mätressen zu trennen. »Geliefert und gelesen«, mit dieser Formel ließ er im Stile eines Buchhalters lediglich den Empfang solcher Briefe bestätigen. Nur ausnahmsweise übermittelte er eine kurze Erklärung wie diese: »Wir möchten wünschen, dass die Sachen nicht also ergangen wären, dass dasjenige geschehen wäre, was geschehen ist. Nachdem aber das Werk in den gegenwärtigen Stand gekommen ist, lassen Wohlfahrt, Respekt und Ehre des fürstlichen Hauses nicht zu, von den getroffenen Vereinbarungen abzuweichen ...«

Ernst August litt selbst unter der Strenge, die ihm die staatspolitischen Zwänge abforderten, und er begann, unter der Last seines Amtes zu stöhnen.

Die Gäste des Karnevals im Jahre 1695 erlebten ihn als zurückhaltenden, bisweilen sogar bedrückten Gastgeber. Von dem Übermut und der Ausgelassenheit, die er in früheren Jahren als

»Hanswurst« an den Tag gelegt hatte, war nichts mehr zu spüren. Hartnäckig hielt sich das Gerücht, der Kurfürst habe den Wunsch geäußert, abzudanken und nach Venedig zu ziehen.

Dass dies mehr als nur ein Gerücht war, bestätigte seine Frau Sophie im August 1696 in einem Brief an ihre Nichte Luise. Ihren »Herrn«, hieß es darin, ziehe es in die Einsamkeit, er habe seinem ältesten Sohn alle »Kammer- und Landsachen« übergeben und sich in die Stille des Grinderwaldes nach Linsburg begeben.

Manch einer am Hof rieb sich erstaunt die Augen: Der Mann, der sich wenige Jahre zuvor noch mit Pomp und Verschwendung als großer Herrscher in Szene gesetzt hatte, versank in Melancholie. Nicht einmal an Besuchen der Gräfin Platen zeigte er mehr Interesse. Keine Kartenspiele, keine frivole Plauderei. Kein Tanz, keine Lustbarkeiten.

Mit Sorge beobachtete Ernst August, dass sein Sohn Georg Ludwig mit der Tochter der Platen verkehrte – mit Sophie Charlotte, die ja auch seine Tochter war. Gern hätte er den Ältesten darüber aufgeklärt, dass er sich seine Halbschwester zur Geliebten machte. Aber was sollte er Georg Ludwig sagen? Und: Hätte es etwas geändert?

Die düstere Stimmung schwächte seine Abwehrkräfte und verstärkte damit auch die körperlichen Gebrechen, die dem Kurfürsten in seinem 66. Lebensjahr zu schaffen machten. Schon früher hatte er über Brustbeschwerden geklagt, war wegen angeblicher Darmblutungen behandelt worden. Weitere Beschwerden stellten sich mit der zunehmenden Korpulenz ein. Sein in Westfalen ansässiger Arzt Rüdiger von Westhoven riet ihm, fette und blähende Speise sowie frisches Bier zu meiden und verordnete ihm ein verdauungsförderndes Medikament. Im übrigen tröstete ihn der Doktor mit seiner Zahlenmystik über die Altersbeschwerden hinweg. Da der Körper sich alle sieben, der Geist alle neun Jahre erneuere, habe er mit 63 Jahren – 7 x 9 – den Höhepunkt seines Lebens erreicht: die Kurwürde. Ein neuer Höhepunkt sei mit 81 Jahren – 9 x 9 – zu erwarten.

Doch Ernst August fiel es immer schwerer, an solche Berechnungen zu glauben. Nach einer erfolglosen Kur in Wiesbaden im

Jahre 1694 nahmen die Beschwerden weiter zu. Er litt unter Schwindelanfällen, glaubte auf einem Auge blind zu werden. Beim Karneval im Jahre 1696 war er nur noch ein Schatten seiner selbst. Erschöpft musste er sich bereits nach wenigen Tanzschritten setzen. Im Mai des gleichen Jahres konnte er kaum noch gehen. Und nicht einmal der Karlsbader Sprudel, den er in großen Mengen trank, half ihm wieder auf die Beine. Gegen den Rat seiner Ärzte entschloss er sich, noch einmal eine Badereise zu machen. Eigentlich wollte ihn seine Frau nach Wiesbaden begleiten, doch dann verzichtete sie beleidigt auf die Teilnahme. Denn trotz seiner angeschlagenen Gesundheit hatte es sich Ernst August nicht ausreden lassen, »einen Haufen anderer Damen von besserer Gesellschaft« mitzunehmen, wie Sophie ihrer Nichte Luise klagte. Neben der Gräfin Platen war unter den Begleiterinnen auch eine junge Hofdame.

Doch die Schöne erwies sich nicht als Jungbrunnen. Ernst August kam kränker aus Wiesbaden zurück, als er gestartet war. Er erlitt einen leichten Schlaganfall, der zu einer Sprachstörung führte. Zeitweise brachte er kein einziges Wort mehr heraus. Sein Mund hing schief, Gehen und Stehen fielen ihm schwer. Nur mit größter Anstrengung gelang es ihm, seinen Schwiegersohn, Friedrich III. von Brandenburg, zu empfangen, der auf der Durchreise in Hannover seine Aufwartung machte. »Jeden Augenblick drohte er zusammenzubrechen«, vermeldete der dänische Botschafter Otto Mencken.

In seiner Todesfurcht zeichnete der kranke Kurfürst das Testament ab, das er vor fast zehn Jahren aufgesetzt hatte. »Nur um zu beweisen, dass er noch lebte«, wie Mencken bemerkte, reiste er Anfang August 1696 noch einmal zu seinem Bruder nach Celle, bevor er sich ganz in die Einsamkeit des Grinderwaldes bei Linsburg zurückzog – wie ein angeschossenes Tier, das sich zum Sterben ins Dickicht verkriecht.

In seiner Sorge um das Leben des Kurfürsten konsultierte der Hof alle medizinischen Kapazitäten von Rang. Dabei wandte man sich auch an den berühmten Amsterdamer Arzt Justus Schrader, dessen Brüder Chilian und Christoph als hohe Beamte im Dienst des Celler Hofes standen. Da Schrader in Amsterdam unabkömmlich war, erstattete er eine Ferndiagnose: Er vermutete eine schwere Verdauungsstörung, empfahl dem Kranken kleinere, aber häufigere Mahlzeiten, riet ihm, rohe, zähe, saure und hitzige Speisen wie auch Bouillon zu meiden und das Tabakrauchen auf zwei Pfeifen pro Tag zu beschränken. Anstelle des Kaffees legte er dem Fürsten nahe, lieber Schokolade zu trinken und sich im übrigen an leichtem roten Bordeaux gütlich zu tun. Moderate Bewegung und ein fröhliches Gemüt könnten nach Einschätzung des Amsterdamer Experten die Genesung entscheidend befördern. Als tiefere Ursache der Krankheit diagnostizierte Schrader eine seelisch bedingte Erschöpfung der »balsamischen Nervensäfte«. Als Therapie empfahl er »angenehme Zerstreuungen und vergnügliche Beschäftigungen« wie zum Beispiel geruhsame Spaziergänge oder –ritte.

Ernst August versuchte alles. Doch sein körperlicher Verfall war schon so weit fortgeschritten, dass er einen Ausritt gleich wieder abbrechen musste. Trotz seines Siechtums war er aber immer noch vom Jagdfieber beseelt. Daher errichtete man in der Umgebung des Jagdschlosses Linsburg mit großem Aufwand ein Gehege und verschaffte ihm die Möglichkeit, von einer offenen Kutsche aus eingefangene Hirsche zu schießen.

Ein Bild, das sich auf keinem Jagdgemälde findet: Mit zitternder Hand zielt der Kurfürst auf einen Hirsch mit mächtigem Geweih, der von einem Haufen Rüben angelockt worden ist. Die Kalesche des Kurfürsten ist hinter einen Busch gefahren worden, keine fünfzig Meter vom Hirsch entfernt. Dennoch fällt es dem kranken Fürsten schwer, das edle Tier ins Visier zu nehmen. Seine Hände gehorchen ihm nicht mehr. Schließlich verliert er die Geduld und drückt ab. Der Hirsch ist nur durch einen Streifschuss getroffen, sodass er noch einen Fluchtversuch unternehmen kann. Sofort setzt ihm der Oberhofjäger nach, um seinen Qualen mit einem Fangschuss ein Ende zu bereiten.

Bei späteren Jagdausflügen musste sich ein Jäger im Gebüsch verstecken, um möglichst zeitgleich mit dem Fürsten einen Schuss abzufeuern, damit der Hirsch auch wirklich fiel und Ernst August das Erfolgserlebnis eines Treffers vergönnt war.

Nach seinen kurzen Jagdausflügen fiel er immer gleich wieder in sich zusammen. Seine Ärzte stritten sich um die richtige Diagnose und Behandlung. Aber es half alles nichts. »Don Diego«, wie Königsmarck und Sophie Dorothea ihn einst genannt hatten, versank in Schwermut, musste sich tragen lassen und litt an Sehstörungen. Im Dezember 1696 wurde er das erste Mal totgesagt, im Januar 1697 zum zweiten Mal.

Doch er widerlegte alle voreiligen Todesmeldungen. Im März nahm er gemeinsam mit seiner Frau sogar an der Hochzeit des jungen Platen teil. Im Mai hatte sich sein Zustand soweit gebessert, dass er in Herrenhausen mit Sophie im Garten spazieren gehen und abends kleine Kutschfahrten unternehmen konnte. Mit dem Sprechen allerdings wurde es nicht besser. Nur mühsam konnte er sich noch mit seiner Frau und seinen Ministern verständigen. Bisweilen brachte er keine Silbe mehr heraus.

Immer neue Wunderheiler boten an, ihm wieder auf die Beine zu helfen. Ein Braunschweiger Goldschmied namens Du Nort pries die Heilkraft seiner Balsampillen. Und obwohl der Gräfin Platen sehr übel geworden war, als sie davon gekostet hatte, schluckte der kranke Kurfürst sie. Natürlich ohne Erfolg. Seine Frau war schon vorher skeptisch gewesen. »Ich habe die Geduld verloren, all die Scharlatanerie mit anzusehen und anzuhören«, klagte sie.

Im August 1697 raffte sich Ernst August bei einem Besuch seiner Tochter Sophie Charlotte noch einmal auf, um eine Opernaufführung im Schloss zu besuchen. Wenige Wochen später erlitt er einen neuen Schlaganfall, der ihn weiter schwächte. So übernahm sein Sohn Georg Ludwig nach und nach sämtliche Regierungsgeschäfte und unterzeichnete »im Namen und von wegen unseres Herrn Vaters Gnaden«.

Es ging unaufhörlich bergab. Eine schwere Durchblutungsstörung führte Ende Oktober 1697 zur Lähmung der rechten Körperseite, und als er sich davon wieder erholt und unvorsichtigerweise ein kaltes Bier getrunken hatte, warf es ihn erneut nieder, sodass er mehrere Tage wie tot lag.

Eine leichte Besserung trat im November ein. Leibniz, der mit den Ärzten und der Kurfürstin in Kontakt stand, berichtete er habe gut geschlafen, stark abgeführt und mit großem Appetit gehacktes Taubenfleisch gegessen. Doch die Besserung war nur von kurzer Dauer. Bald schon hustete er wieder, litt unter Atemnot und Appetitlosigkeit.

Zwei Frauen waren ständig um ihn: seine Tochter Sophie Charlotte, die in dieser Zeit von Berlin nach Hannover übergesiedelt war, und vor allem die Kurfürstin. Ungeachtet aller Kränkungen und Demütigungen, die ihr der untreue Gatte in früheren Jahren zugefügt hatte, war sie jetzt bis zur Selbstaufopferung für den Todkranken da. Sie tupfte ihm den Schweiß von der Stirn, reichte ihm Wasser und Wein, rief die Dienstboden, um ihm den Stuhlgang zu erleichtern, hörte sich seine Klagen und Seufzer an. Tag und Nacht pflegte sie ihren Mann, sodass sie kaum selbst mehr zum Schlafen kam. Schwager Georg Wilhelm beschwor sie, nicht ihre eigene Gesundheit zu ruinieren, sich ihrer Familie und ihren Freunden zu erhalten. Doch Sophie ließ sich nicht beirren.

Nur im August 1697 erlaubte sie sich einige freie Tage. Der russische Zar weilte im Hannöverschen. Bei einer Reise durch den Westen hatte Peter der Große in Coppenbrügge bei Hameln Station gemacht. Da konnte die Kurfürstin gar nicht anders, als dem russischen Herrscher ihre Ehre zu erweisen. Gemeinsam mit ihrer Tochter, ihren jüngeren Söhnen sowie Enkelsohn Georg August und Enkeltochter Sophie Dorothea machte sie sich auf den Weg.

Und das Treffen enttäuschte die Hannoveraner nicht. Vier Stunden tafelten Sophie und ihr Anhang mit dem Zaren in der Spiegelburg. Dabei fand die Kurfürstin Gelegenheit zu einem anregenden Gespräch. Ganz zwanglos und schlagfertig beantwortete ihr der Russe jede Frage, teils auf holländisch – Sophie beherrschte fünf Fremdsprachen –, teils über seinen Dolmetscher. Als die Fürstin wissen wollte, ob er auch so ein leidenschaftlicher Jäger wie ihr Mann sei, schüttelte der Zar lachend den Kopf und zählte seine Lieblingsbeschäftigungen auf: »Meine große Leidenschaft ist die Navigation«, verkündete er. »Auch ein Feuerwerk bereitet mir viel Vergnügen. Die größte Freude aber macht mir das Bauen – und nicht nur als Bauherr, sondern auch praktisch.«

Zum Beweis zeigte er seine Hände und ließ die Damen die harten Schwielen fühlen, die er sich bei der Arbeit auf Baustellen erworben hatte.

Auch sonst ließ es der Zar nicht an Körperkontakten fehlen. Die kleine Sophie Dorothea nahm er so zärtlich in den Arm, dass ihr Kopfputz »große Not litt«, wie die Großmutter später mit mildem Lächeln berichtete.

Verblüfft waren die Hannoveraner vor allem, als Peter der Große seinen Sekretär anwies, die Türen zu schließen und niemanden mehr hinauszulassen. Was hatte das zu bedeuten? Der Zar gab die Antwort selbst: Aus großen Pokalen flößte er jedem einen Schluck Wein ein. Wenn er dabei einen Toast auf die Gesundheit seines Gegenübers ausbrachte, hatte sich die ganze Gesellschaft zu erheben und mitzutrinken.

»Gezondheid«, rief er in seinem etwas harten Holländisch.

»À votre santé«, erwiderte Sophie.

Worauf der Zar mit dem russischen Trinkspruch nachlegte: »Na sdarowje, meine Freunde.«

Kaum hatte er sein Glas abgesetzt, fragte er in die Runde: »Und wie sagt man auf Deutsch?«

»Zum Wohle«, antwortete die Kurfürstin etwas verschämt.

»Summ Wolle«, echote der Zar, und alles lachte herzlich.

Nebenbei beschäftigte sich der Herrscher der Russen fortwährend mit vier Kleinwüchsigen, seinen »Zwergen«, wie er sie nannte. Er behandelte sie wie lebendiges Spielzeug. Während er seinen Liebling liebevoll küsste und zwickte, fegte er einen anderen scherzhaft mit dem Besen fort.

»Der Zar ist ein langer, schöner Herr, von Gesicht recht hübsch«, bemerkte die Kurfürstin später. »Ganz was Extraordinäres.« Obwohl er so oft das Glas erhob, habe er sich nicht betrunken. Seine Tischmanieren allerdings könnten besser sein. So wusste er offenbar nichts mit einer Serviette anzufangen. »Es hat ihm wohl nie einer gezeigt«, meinte die Tochter der Kurfürstin.

Auch an höfische Musik war der Zar offenkundig nicht gewöhnt. Als die Hannoveraner ihn nach dem Essen mit italienischem Gesang unterhalten wollten, gestand er ihnen: »Ehrlich gesagt, ich mache mir nicht viel daraus.«

Dafür liebe er es aber zu tanzen. Er wolle ihnen gleich selbst zeigen, wie man sich in Russland vergnüge. Doch bevor er seinem Balalaikaspieler befahl, in die Saiten zu greifen, forderte er die Kurfürstin und ihr Gefolge auf, ihm vorzuführen, wie man in Hannover tanze. Und er ließ sich nicht lange bitten. Die Korsettgestänge der hannoverschen Damen sollen ihm beim Tanzen vorgekommen sein wie »harte Knochen«.

Bis vier Uhr morgens amüsierte sich Sophie mit dem Zaren. Dann kehrte sie mit ihrer Familie nach Herrenhausen zurück, um sich wieder ihrem Mann zuzuwenden.

In der Nacht vom 2. auf den 3. Februar 1698 schließlich starb der Kurfürst. Nachdem der Kranke am Vortag stundenlang am ganzen Körper gezittert und gebebt hatte, blieb sein Herz in den frühen Morgenstunden stehen.

In der Nacht zum 7. Februar wurde der Tote in feierlichem Zug von Herrenhausen nach Hannover überführt und im Leineschloss aufgebahrt. Zwölf Hofleute und zwölf Leibgardisten übernahmen unter dem Befehl von zwei Offizieren in regelmäßigem Wechsel die Totenwache.

Obwohl sich Ernst August ein schlichtes Begräbnis gewünscht hatte, zogen die Geheimen Räte bei der Beisetzung am 3. April alle Register der höfischen Trauerdramaturgie. Den ganzen Tag läuteten in der Stadt die Totenglocken, durchbrochen von den Musketensalven der Infanterie. Die eigentliche Trauerfeier begann erst um sechs Uhr abends in der Schlosskirche. Die Trauergäste hatten sich bereits zwei Stunden vorher versammelt, unter ihnen der neue Kurfürst Georg Ludwig mit seinen Kindern Georg August und Sophie Dorothea.

Kurfürstin Sophie blieb der Trauerfeier fern. So mussten auch das Herzogspaar aus Celle und Sophie Charlotte, die Tochter des Verstorbenen, mit ihrem Mann Friedrich III. nicht eingeladen werden – ein kleines Zugeständnis an den Wunsch Ernst Augusts, zeremoniellen Aufwand zu vermeiden.

Unter Glockengeläut und Kanonendonner trugen schließlich sechzehn Offiziere den Sarg mit dem toten Kurfürsten ins Grabgewölbe des Leineschlosses, begleitet von sechzehn Fackelträgern. Bevor die Tür der Gruft verschlossen wurde, ließ man den Sarg noch einmal öffnen und den Leibchirurgen einen letzten Blick auf den Leichnam werfen.

In allen Kirchen des Herzogtums wurden am folgenden Sonntag Trauergottesdienste abgehalten. Als Predigttext waren Verse aus dem 1. Buch der Makkabäer vorgesehen: »Und Simeon regierte sehr wohl und tat dem Land viel Gutes.«

Zu denen, die in der Stille trauerten, zählte Klara Elisabeth von Platen. Schon lange vor dem Ableben »Don Diegos« hatte man nichts mehr von seiner einst so mächtigen Geliebten gehört. Die Reichsgräfin hatte sich immer mehr in ihr Schlösschen »Monplaisir« in Linden zurückgezogen. Bedrückt von Krankheit und Depression hatte Ernst August in seinen letzten Lebensjahren nur noch selten ihre Gesellschaft gesucht. Sie war ihm zwar noch im Jahre 1696 zur Kur nach Wiesbaden gefolgt, hatte dabei aber wieder einmal im Schatten einer Jüngeren gestanden. Nein, sie mochte sich noch so pudern und parfümieren, noch so prächtige Kleider, noch so glitzernden Diamantenschmuck anlegen, ihr Stern war verloschen. Sie war außer Kurs geraten – das ausgediente Püppchen einer vergangenen Epoche. Und sie litt unter diesem Abstieg. Litt Höllenqualen.

Schon gleich nach dem Mord an Königsmarck hatte sie an Strahlkraft verloren. Es galt am hannoverschen Hof als offenes Geheimnis, dass sie bei der Bluttat die Fäden gezogen hatte. Und da sowohl Königsmarck als auch Sophie Dorothea beliebt waren, musste sie sich feindselige Blicke gefallen lassen. Sie spürte, dass die Menschen ihr aus dem Wege gingen und hinter ihrem Rücken tuschelten. So zeigte sie sich immer seltener auf dem gesellschaftlichen Parkett und umgab sich nur noch mit Vertrauten. Sicher, sie war nach der Kurfürstin immer noch die reichste Frau im ganzen Herzogtum. Doch die teuren Geschenke des Geliebten blieben aus, und mit den luxuriösen Reisen war es ohnehin vorbei.

Dass ihr Ehemann nach wie vor das hohe Amt des Premierministers bekleidete und in seinem Obermarschallhaus direkt neben dem Schloss am Holzmarkt wie ein kleiner König residierte, tröstete sie nur wenig. Franz Ernst von Platen war für sie stets ein außerordentlich langweiliger Mensch gewesen, sein Amt hatte ihr nur das nötige Podest verschafft, um sich selbst zu präsentieren. Aber wozu das jetzt alles noch? Warum sollte sie sich zeigen, wenn alle Welt sie für eine Hexe hielt oder – noch schlimmer – für eine abgetakelte alte Schachtel?

Zusätzlichen Kummer machten ihr ihre Kinder. Ihr Sohn Ernst August erwies sich als Spieler und Trunkenbold, als ungebärdig und brutal. Ihre Tochter Sophie Charlotte tändelte mit ihrem Halbbruder Georg Ludwig herum.

Nein, das Leben hatte für die »grosse Dongdong«, wie Königsmarck und Sophie Dorothea sie in ihren Briefen genannt hatten, seinen Reiz verloren. Und ähnlich wie bei Ernst August ging auch bei ihr die wachsende Schwermut einher mit körperlichem Verfall. Sie litt unter Durchblutungsstörungen und erblindete auf einem Auge. Besonders schwer traf sie im Februar 1699 ein Schlaganfall. Danach war sie linksseitig gelähmt. »Die Gräfin hat Herzensängste und Konvulsionen«, schrieb Sophie an ihre Nichte Luise. »Der linke Arm und die Hand sind lahm, das rechte Auge und der Mund ganz verzogen. Man lässt sie zur Ader und setzt spanische Fliegen an, was ihr das Leben noch einmal gerettet und auch den Verstand wieder gebracht hat.«

Die Kurfürstin beschränkte sich nicht darauf, den Verfallsprozess zu protokollieren, sie brachte auch die Größe auf, ihre einstige Nebenbuhlerin zu umsorgen. Fast täglich besuchte sie die Schwerkranke. »Sie ist sehr unruhig, küsste mir gestern die Hand und weinte sehr«, notierte sie in einem Brief an Luise. »Früher habe ich sie ein ganzes Jahr nicht gesehen, nun gehe ich aus Mitleid jeden Tag zu ihr.«

Nicht alle waren zu solchem Mitleid fähig. Sophies Nichte Liselotte, die Herzogin von Orleans, wertete die Erkrankung der Platen als Strafe des Himmels: »Für dieses Weib«, schrieb sie, »muss der Ehrgeiz eine Leidenschaft sein, und wer das hat, den kann nichts vergnügen als das Regieren. Darum hat sie sich nicht wieder erholen können.«

Die todkranke Gräfin legte großen Wert darauf, Besucher nur noch in verdunkelten Räumen zu empfangen. Niemand sollte sehen, welch verheerende Spuren Krankheit und Alter hinterlassen hatten. Sie erschrak ja selbst, wenn sie ihr welkes Gesicht im Spiegel betrachtete und bemerkte, wie ihr büschelweise das Haar ausfiel.

Wie später berichtet wurde, gestand die Platen ihrem Mann in dieser schweren Zeit auch ihre größte Schandtat: die Mitwirkung am Königsmarck-Mord. Doch dafür gibt es keine Belege.

Fest steht: Am 1. Februar 1700 wurde die Gräfin von ihren Leiden erlöst. Oberhofprediger David Rupert Erythropel umriss in seiner Leichenpredigt ihren Lebensweg nur in wenigen dürren Worten. Ausführlich schilderte er dagegen ihre langen Qualen.

Die Befreiung

Man sah die Hand vor Augen nicht. Die Nacht zum 5. November war außergewöhnlich dunkel. Ein Sturm fegte schwarzgraue Wolkenfetzen über den Himmel. Dennoch unternahm der Dachdecker Hans Veit Rentsch in dieser Spätherbstnacht des Jahres 1697 den Versuch, Eleonore von dem Knesebeck aus ihrer Felsenfestung Scharzfels am Südrand des Harzes zu befreien.

Zielstrebig stiefelte der Dachdecker durch den finsteren Bergwald, erkletterte den steilen Felsen, überwand die Mauer der Festung und schlich sich auf den Dachboden, um über dem Gemach der Knesebeck ein Loch in die Zimmerdecke zu brechen. Er hatte die Örtlichkeiten vorher genau ausgekundschaftet. Schließlich verdiente der Mann aus Herzberg seinen Lebensunterhalt damit, im Auftrage der Behörden Dacharbeiten auszuführen. Er galt als zuverlässig. Tollkühne Eskapaden traute man ihm nicht zu, es war bekannt, dass er eine Frau und sechs Kinder zu versorgen hatte. Niemand hätte es für möglich gehalten, dass er wegen einer fremden Frau über Nacht seine Familie verlassen würde. Doch alle Welt sollte sich wundern.

Hans Veit Rentsch hatte Eleonore von dem Knesebeck kennen gelernt, als er mit Dacharbeiten auf dem Scharzfels beschäftigt gewesen war. Die Gefangene in der Fürstenstube hatte ihm ihr Leid geklagt. Über die Kälte im Winter, die sich auch durch den ständig qualmenden Ofen nicht vertreiben ließ. Über die nächtlichen Sommergewitter, die ihr Angst machten. Über die Stürme, die an den Fensterläden rüttelten. Und vor allem über die große Ungerechtigkeit, die ihr widerfahren war. Dass man sie ohne Gerichtsurteil auf unabsehbare Zeit gefangen hielt, obwohl sie kein Verbrechen begangen hatte. Dass ihre Mutter und

Schwestern zehn Eingaben beim Kurfürsten in Hannover eingereicht hatten, um ihre Freilassung zu erwirken, und alles umsonst gewesen war. Dass sie das Opfer einer unglaublichen Affäre geworden war. Dass man ihr wertvollen Schmuck und andere Habseligkeiten wie zwei kleine venezianische Spiegel gestohlen hatte …

Der Dachdecker konnte gar nicht genug bekommen von den Geschichten. Und schon bald empfand er Mitgefühl mit der Eingesperrten. Dass er sich dann zu der Befreiungsaktion bereitfand, hatte aber wohl vor allem mit der Belohnung zu tun, die ihm Eleonores Familie versprach – ganz abgesehen davon, dass es mit seiner Ehe auch nicht zum Besten stand und es ihm nicht schwer fiel, seiner Familie den Rücken zu kehren.

So stieg er aufs Dach der Felsenfestung und besprach mit Eleonore alle Einzelheiten der Befreiung. Dabei schmuggelte er auch Briefe aus der Festung heraus, die an die Organisatoren der Flucht adressiert waren, zu denen unter anderem Königsmarcks Schwester Maria Aurora gehörte. Die Geheimoperation begeisterte den Dachdecker derart, dass er schon im Oktober im Wirtshaus durchblicken ließ: »Der Vogel auf dem Scharzfels wird bald ausfliegen.« Später wurde bekannt, dass er sich auf dem Markt in Gieboldehausen am Sonntag vor seiner Unternehmung eine größere Zahl von Hanfstricken gekauft hatte.

Das Loch in der Zimmerdecke war nur vierzig mal sechzig Zentimeter groß. Aber es war groß genug, um die Confidente hindurchzuziehen. Und Eleonore nahm sogar noch einen Teil ihrer Habe mit, darunter eine kupferne Bettpfanne und vier Pfund Wachslichter.

Der Wind heulte, als sich die Gefangene vom Zeughausboden abseilte – zunächst auf die Klippe und dann auf den Fuß des Felsens. Eine Höhe von 26 Metern immerhin überwand sie auf diese Weise.

Als sie mit ihrem Befreier den Garten unterhalb des Felsens erreicht hatte, wurde sie von vier Reitern in Empfang genommen. Die Männer, die sie bei der nächsten Etappe unterstützen sollten, hatten sich bis ein Uhr nach Mitternacht im Krug der nahegelegenen Gemeinde Barbis aufgehalten und sich als Offiziere auf der Heimreise aus Ungarn ausgegeben. Der Anführer der Truppe war als königlich polnischer Kammerjunker verkleidet. Doch Eleonore erkannte gleich, dass es ihr Schwager Hans Friedrich von Metzsch war. Erschöpft fiel sie dem Retter in die Arme.

Die Landesgrenze war nicht weit. Eine gute Stunde hätte ausgereicht, um das Gebiet des hannoverschen Kurfürstentums zu verlassen; das brandenburgische Sachsa war nahe, und Walkenried gehörte schon zu Wolfenbüttel. Doch der Befreiungstrupp wählte eine sehr viel weitere Strecke, die in Richtung Nordwesten über Osterode auf das Territorium Wolfenbüttels führte. 25 bis 30 Kilometer hatte Eleonore so auf dem Rücken eines Pferdes zurückzulegen – ein Ritt, der ihr nach der dreijährigen Haftzeit hart zusetzte. Erst in Herrhausen bei Seesen wartete eine Kutsche, um sie nach Braunschweig zu bringen.

Dachdecker Rentsch hatte sich unterdessen bereits mit seiner Belohnung davongestohlen.

Als die Bewacher das verwaiste Gemach der Festung Scharzfels in Augenschein nahmen, erlebten sie eine Überraschung: Alle Wände und Türen waren mit Sprüchen und Reimen beschrieben. Da Eleonore über kein Schreibzeug verfügte, hatte sie zu Kohle und Kreide gegriffen. Da stand zum Beispiel:

>>*Tag und Nacht bin ich alleine,*
die mir lieb sein, dürfen nicht
auf Befehl der stolzen Feinde
nähern sich mir zum Gesicht.<<

Auch heftige Verwünschungen waren an den Wänden zu lesen – zum Teil sogar mit Anspielungen auf die Ermordung Königsmarcks.

>>*Darum strenger Gott, ich klage*
bei Dir diese Mörder an,
hör' durch Christum, was ich sage,
strafe, was sie bös getan,

253

lass den Bischofs-Hirten fehlen
mich, Dein Schaf, noch so zu quälen.«

Mit dem »Bischofs-Hirten« dürfte Kurfürst Ernst August gemeint sein, der zu dieser Zeit noch lebte und auch als Fürstbischof von Osnabrück amtierte. Namentlich nannte die Gefangene Ernst August nicht. Sonst jedoch ließ sie es an Deutlichkeit
nicht fehlen, verfluchte alle, die sie ins Unglück gestürzt hatten.

Auch ihre Hoffnung auf Befreiung brachte sie in Versform:

> *»Zerbrich, zerbrich Schlösser, Türen,*
> *starker Gott, zerschmettre Du*
> *Riegel, Mauern, lass mich führen*
> *Deine Engel, dass ich nu*
> *Mit Dir kann vom Felsen springen,*
> *Lass' den Wächtern nicht gelingen,*
> *Diese meine Flucht zu sehen,*
> *Wie Elisa lass mich gehen.«*

Der zuständige Amtmann, der für die unzulängliche Kontrolle
des Haftraums hart gerügt wurde, musste zur Strafe alles abschreiben. Mehr als dreißig Folioseiten kamen dabei zusammen.

Unterdessen nutzte Eleonore ihre Freiheit, um die Schmähun-
gen gegen die kurfürstliche Familie und ihre Trabanten fortzu-
setzen. Besonders drastisch malte sie die Orgien der Gräfin Platen und deren Grausamkeit aus. Otto Menckens, der dänische
Gesandte in Wolfenbüttel, der über Herzog Anton Ulrich Zugang
zu den Schriften erhielt, berichtete, dass sie Dinge über den
hannoverschen Hof verbreite, die so abscheulich seien, dass
man sie nicht wiedergeben könne.

Da die hannoversche Regierung die Briefe des Diplomaten ab-
fangen und abschreiben ließ, war sie über die Attacken des einstigen Kammerfräuleins informiert. Sofort setzte Hannover eine
Belohnung von 2000 Talern zur Ergreifung der Geflüchteten aus
und versuchte, bei den angrenzenden Fürstentümern einen
Haftbefehl zu erwirken. Jedoch vergeblich. Nicht einmal Friedrich III. von Brandenburg, der Schwiegersohn des hannover-

schen Kurfürsten, fand sich dazu bereit, war doch auch ihm nicht einsichtig, welch schwerer Verbrechen sich die Gesuchte schuldig gemacht haben sollte.

Daraufhin beauftragte die hannoversche Regierung ihren Meisterspion Oberst Arnd Wilhelm von Pape, die Knesebeck wieder einzufangen. Die Gelegenheit schien günstig. Denn Eleonore beabsichtigte, nach Wien zu fahren, um von Kaiser Leopold I. einen Schutzbrief zu erbitten. Wie ein Spürhund heftete sich der Spion an die Fersen der Geflüchteten. Doch Eleonore erwies sich als geschickter. Nicht einmal in Celle, wo sie Herzog Georg Wilhelm – vergebens – um Unterstützung bat, ließ sie sich von Pape und seinen Häschern überrumpeln. So gelang es ihr, Wien zu erreichen, und sie erhielt vom Kaiser die erhoffte Protektion. Der Schutzbrief stellte ausdrücklich fest, dass ihr Unrecht widerfahren war.

Der Protest aus Hannover blieb erfolglos. Der kranke Kurfürst hielt es schließlich für das Klügste, Eleonore von dem Knesebeck laufen zu lassen.

Der Zorn der Confidente wurde dadurch nicht geringer. Nicht einmal der Tod des Fürsten stimmte sie versöhnlich. Nachdem sie vom Ableben Ernst Augusts erfahren hatte, bekundete sie dessen Bruder in Celle zwar ihr Beileid, doch im Kern lief das Kondolenzschreiben auf eine Entschädigungsforderung hinaus. Eindringlich schilderte sie dem Herzog, wie standhaft sie die Unschuld seiner Tochter vertreten und dadurch schlimme Torturen während ihrer Haftzeit erlitten habe, gar nicht zu reden von den Vermögensverlusten, die sie auf 1766 Taler bezifferte.

Die Klage hatte Erfolg. Am 12. März 1698 überbrachte ihr der Wolfenbüttelsche Hofjude Philipp Arens im Auftrage des Celler Hofes 780 Taler. Als Spenderin war Prinzessin Sophie Dorothea aufgeführt.

Eleonore von dem Knesebeck gab sich mit dieser Summe nicht zufrieden. Sie stellte weitere Forderungen.

Hafturlaub

Auch Sophie Dorothea war in dieser Zeit damit beschäftigt, eine Bittschrift abzufassen. Nach Ernst Augusts Tod hatte sie einen neuen Adressaten: Georg Ludwig, den neuen Kurfürsten, der gerade dabei war, die marode Staatskasse zu sanieren, indem er unter anderem das komplette Opernpersonal entließ. Im Grunde ihres Herzens verabscheute sie diesen Mann immer noch. Bisweilen rief sie sich aber auch die wenigen schönen Augenblicke in Erinnerung, die sie mit ihm verband – zum Beispiel die Liebesnacht in Venedig. Selbstverständlich dachte sie nicht ernsthaft daran, zu Georg Ludwig zurückzukehren. Aber sie kam einfach nicht daran vorbei, dass ihr früherer Gemahl nach dem Machtwechsel im Leineschloss zur Schlüsselfigur ihres weiteren Schicksals geworden war. So entschloss sie sich, ihren Stolz zu überwinden, setzte sich an ihren elegant geschwungenen Sekretär aus Nussbaum und Esche und schrieb einen Brief mit dem einzigen Ziel, Georg Ludwig milde zu stimmen.

Immer wieder musste sie sich zwingen, ihre ganze Aufmerksamkeit auf den Bogen Papier zu richten, der vor ihr lag. Sie brauchte mehrere Anläufe. Hatte sie drei Seiten geschrieben, knüllte sie das Papier zusammen. Schließlich war sie es leid. Mochte das alles auch noch so verlogen klingen, der Brief musste geschrieben werden. Nachdem sie Georg Ludwig ihr Beileid ausgesprochen hatte, nahm sie bereitwillig alle Schuld auf sich und flehte um Gnade und Vergebung:

»Ich bitte Sie inständig, mir meine Fehler der Vergangenheit zu verzeihen und die Ernsthaftigkeit meines Bedauerns anzuerken-

nen ... Erlauben Sie mir, Sie zu sehen und meine geliebten Kinder zu umarmen. Danach werde ich zufrieden sterben.«

Ihre Hoffnung erfüllte sich nicht. Georg Ludwig würdigte das Gnadengesuch mit keiner Zeile. Seine Geheimen Räte verbreiten in Celle, dass er »sehr betreten« gewesen sei, eine Antwort aber nicht für angemessen halte. Die Kurfürstin stimmte mit ihrem Sohn darin überein, dass es nicht ratsam sei, sich auf eine »Briefwechslung« einzulassen. Sophie ließ der einstigen Schwiegertochter nur durch ihren obersten Bewacher Wackerbarth ausrichten, »dass Gott die Prinzessin bei Gesundheit erhalten und das ganze durchlauchtigste Haus vor ferneren Trauerfällen bewahren möge«.

Untertänigsten Dank! Auf diese Glückwünsche konnte sie gut verzichten!

Nach dem langen vergeblichen Warten auf eine positive Antwort fühlte sie sich noch niedergeschlagener, noch mutloser als zuvor. Was sollte sie denn tun, wenn nicht einmal eine solche Selbstanklage und Demütigung gewürdigt wurde!

»Bamm, bamm«, tönte die große Standuhr mit dem weiß-goldenen Zifferblatt und der verschnörkelten Säule aus Kirschbaum und Rosenholz-Intarsien. »Ding, ding«, fiel die zierliche Kaminuhr im Nebenraum ein, während die altdeutsche Wanduhr noch mit der üblichen Verspätung dabei war, würgend und schnarrend ihre dunklen Glockenschläge anzukündigen. So verging eine Stunde nach der anderen und hinterließ immer nur das dumpfe Empfinden, dass das Leben woanders spielte.

Sophie Dorothea ließ sich aus der Bibel vorlesen und stickte Ornamente in Altardecken, sie plauderte mit ihren Hofdamen über Belanglosigkeiten, aß Rehbraten und Taubenpasteten.

Und es kamen drückend heiße Sommertage und Frostnächte mit Eisblumen an den Fenstern, das Laub fiel von den Bäumen und die Bäume begrünten sich neu. Sophie Dorothea hauchte Gucklöcher ins Fenstereis und atmete auf, wenn das Hochwasser abzog und sie endlich wieder mit ihrer kleinen Kutsche ausfahren konnte – über den Galgenberg in die Ahldener Schlenke, vorbei an Weißdornbüschen und grasenden Kühen.

Zu den Lichtpunkten ihres Lebens zählten die Besuche ihrer Mutter. Oft ging es darum, ausländische Mächte als Bündnispartner zu gewinnen.

Spannende Neuigkeiten gab es im Oktober 1698. Kurz zuvor war der englische König Wilhelm III. mit dem Herzog von Celle in der Göhrde auf die Pirsch gegangen. Die Sauenjagd war bei dem fortwährenden Regen enttäuschend verlaufen. Auch der Hirsch, den die Bauern in die Elbe gehetzt und gefangen hatten, bereicherte die Strecke nicht. Die herrschaftliche Jagdgesellschaft beschloss, das erschöpfte Tier mit einer Ohrmarke zu versehen und wieder laufen zu lassen. Interessanter war für Sophie Dorothea, was ihre Mutter mit dem königlichen Jagdgast aus England am Rande des Jagdgeschehens besprochen hatte. »Er hat mir zugesagt, dass er mit deinem Vater spricht«, erzählte Eleonore. »Er war sehr bewegt, das war deutlich zu spüren.« Verbindlicheres sei ihm leider nicht zu entlocken gewesen, er habe schnell das Thema gewechselt. »Wahrscheinlich haben sie ihn wieder vorgewarnt wie beim letzten Mal.«

Tatsächlich hatte Georg Ludwig einen seiner Diplomaten beauftragt, dem englischen König entgegenzufahren und klarzumachen, dass die Herzogin von Celle alles unternehmen werde, um seine Unterstützung für die Befreiung Sophie Dorotheas zu erwirken. Der König solle besser gar nicht darauf eingehen. So legte Wilhelm III. denn wohl auch nur ein Lippenbekenntnis ab, um die Gesprächspartnerin zufrieden zu stellen. Sehr viel offener reagierte er, als Eleonore auf die englische Thronfolge zu sprechen kam. Der Philosoph Leibniz hatte sie gedrängt, das Thema anzusprechen – auch mit Blick auf ihre Enkelkinder, die aus Anlass des hohen Besuchs mit ihrer Großmama Sophie nach Celle kutschiert worden waren, um dem Monarchen vorgestellt zu werden.

Wilhelm III. zeigte sich entzückt. Der König äußerte sich lobend über die beiden Kinder, und er gab Eleonore recht, dass es an der Zeit sei, die Stuart-Nachfahrin Sophie mit ihren Nachkommen in die englische Thronfolgeordnung aufzunehmen. Vielleicht konnte man die »Sache« sogar etwas vorantreiben, indem man die elfjährige Sophie Dorothea mit dem Herzog von Gloucester verlobte, dem Sohn seiner Schwägerin Anna. Dass der Prinz gerade erst seinen achten Geburtstag gefeiert hatte, war dabei von untergeordneter Bedeutung.

»Wir haben fast zwei Stunden miteinander gesprochen«, berichtete die Herzogin von Celle. »Glaub mir, der König steht auf unserer Seite.«

Sophie Dorothea war irritiert. Warum machte sich ihre Mutter zur Fürsprecherin ihrer Schwiegermutter? Warum ließ sie sich für die Machtgelüste der Hannoveraner einspannen? Fraglos schön war es dagegen, dass ihre Kinder einer solch glorreichen Zukunft entgegengingen. Wenn sie schon selbst ihre Tage in diesem Allerdorf fristen musste, sollten wenigstens ihre Nachkommen den Platz einnehmen, der ihnen gebührte.

Neue Hoffnung schöpfte Sophie Dorothea, als die Herzogin sie im Juli 1700 in Ahlden besuchte, wenige Monate nach dem Tod der Gräfin Platen. Sie hatte schon gespürt, dass Wackerbarth und seine Leute in großer Unruhe waren. Die Wachposten waren verstärkt, ihre Kutschfahrten untersagt worden. Beim Abendessen erfuhr sie den Grund: Die Sachsen waren ins Lüneburgische eingefallen. Während die hannoverschen und Celler Truppen in einem neuen Feldzug gegen Dänemark in Holstein standen, war ein sächsisch-dänischer Stoßtrupp von 4000 Mann von Süden her über die Grenze gekommen und hatte große Verwüstungen angerichtet. Die Angreifer waren zwar zurückgedrängt worden, hatten aber Angst und Schrecken verbreitet. Was wollte Kurfürst August der Starke, mittlerweile König von Polen, im Land der Welfen? Sofort erinnerte man sich an die Freundschaft, die August mit Königsmarck verbunden hatte – und an sein Drängen, das rätselhafte Verschwinden des frisch ernannten Sachsengenerals Königsmarck aufzuklären. Dachte dieser sächsische Herkules jetzt etwa daran, die einstige Geliebte seines toten Kumpanen zu befreien? Die Sorge war groß. Vor allem in Ahlden.

Die Herzogin von Celle indessen beobachtete die allgemeine Nervosität mit Freude. Die Gerüchte ließen hoffen. »Man kann nicht wissen, was die Sachsen im Sinn haben«, sagte sie zu Sophie Dorothea. »Aber der König von Polen ist immer dein guter Freund gewesen. Jetzt fürchten sie, dass er dich befreien will. Damit könnte einiges in Bewegung geraten.«

»Das macht mir alles Angst«, erwiderte Sophie Dorothea. »Aber vielleicht hast du Recht, Gottes Wege sind unerfindlich.«

Das Gespräch wurde belauscht und nach Celle gemeldet. Herzog Georg Wilhelm war alarmiert. Er reagierte sofort, und ließ seine Tochter ohne Absprache mit Hannover nach Celle überführen, um sie besser vor dem drohenden Befreiungsversuch der Sachsen sichern zu können. Seine Frau widersprach ausnahmsweise nicht. Eleonore hätte zwar nichts dagegen gehabt, wenn August der Starke ihre Tochter aus diesem trostlosen Dorf herausgeholt hätte. Doch die andere Variante war ihr fast noch sympathischer: Wenn Sophie Dorothea erst einmal in Celle war, würde ihr Gatte sie bestimmt nicht wieder in die Verbannung zurückschicken. So begleitete Eleonore ihre Tochter noch am 18. Juli nach Celle – beschirmt von einer großen Wachkompanie.

Die Hoffnung, dass es nun endlich zu einem versöhnlichen Gespräch zwischen Vater und Tochter kommen würde, erfüllte sich aber nicht. Georg Wilhelm zog es vor, Sophie Dorothea aus dem Weg zu gehen. Als sie das Celler Schloss erreichte, war der Schlossherr schon aufgebrochen, um seinen Truppen im Holsteinischen einen Besuch abzustatten. Wackerbarth hatte er zuvor dringend angewiesen, seine Tochter genauso streng zu bewachen wie in Ahlden. Der Oberstleutnant war durch die Überführung der Prinzessin in eine heikle Situation geraten. Während Georg Wilhelm ihm für sein schnelles Handeln dankte, klagte Kurfürst Georg Ludwig, dass er keine Rücksprache mit Hannover genommen habe. Zu allem Überfluss bedrängte ihn Eleonore auch noch, den Aufenthalt Sophie Dorotheas in Celle möglichst lange auszudehnen. Wie ein einziger Stoßseufzer liest sich der Beschwerdebrief, den Wackerbarth in dieser Sache an die Geheimen Räte in Hannover richtete: »Die alte Herzogin macht mir solche Schwierigkeiten, dass mir jedes Mal graut, wenn sie mich zu sich ruft …«

Auch für Sophie Dorothea war der Aufenthalt in Celle weniger angenehm als erhofft. Sie war an die Stätten ihrer Kindheit zurückgekehrt, aber eine Geächtete geblieben. Die Auflagen waren streng. Sie durfte zwar auf dem Schlosswall spazieren gehen, musste dabei aber ihr Gesicht unter einer schwarzen Kappe verbergen. Viele Celler, die sie in ihren prachtvollen Kleidern auf dem Wall erkannten, rührte der Anblick zu Tränen.

Die Heimkehr der verbannten Prinzessin erregte derart Aufsehen, dass auch Liselotte von der Pfalz in Paris davon erfuhr. In einem Brief an ihre Tante Sophie in Hannover kommentierte sie am 29. Juli 1700:

>*Die Herzogin von Celle hat keine Zeit verloren, ihre Tochter nach Celle bringen zu lassen. Ich glaube, dass ihr Vater dadurch sehr in Verlegenheit gebracht wird und dass es ihn traurig stimmen könnte, seine Tochter wieder fortzuschicken, ohne sie gesehen zu haben. Doch die Ehre des Hauses erlaubt es ihm nicht, dieses Menschenkind in Celle zu behalten. Schließlich muss er auch fürchten, dass der Kurfürst daran Anstoß nimmt.*<*

Und am 8. August schrieb die Lästerzunge aus Frankreich, ein Kundschafter habe ihr berichtet, dass >die Prinzessin ein sehr zurückgezogenes Leben führt, aber immer aufs Herrlichste gekleidet ist. Nur wenn sie auf dem Wall spazieren geht, trägt sie stets die Kappe vor dem Gesicht. Ich vermute, dass sie hofft, das Herz ihres Verflossenen mit diesem ehrbaren Leben zu rühren, damit er sie wieder als seine Frau zurücknimmt.<

In einem weiteren Brief ging die Herzogin von Orléans auch auf die Reaktion der Celler ein: >Ich kann es den Leuten von Celle nicht verübeln, dass sie wegen der Prinzessin weinen und klagen, aber ihr Vater verdient Lob, solche Festigkeit zu zeigen.<

Für Sophie Dorothea hatte Liselotte dagegen nur Hohn und Spott übrig:

>*Die Prinzessin von Ahlden muss in allem einen rechten französischen Humor haben, wie Euer Liebden sie mir beschreiben. Was ich an dieser Dame am Schlimmsten finde, ist die ewige Lügerei*

*und ihre Neigung, die Atmosphäre zu vergiften. Das ist einfach zu
arg. Denn was das Huren angeht, so treibt sie es nur, wie es das
Sprichwort sagt: Der Apfel fällt nicht weit vom Stamm. Sie ist als
Hurenkind geboren und folgt der Fährte, die ihr vorgezeichnet ist.
Marquis de Lassay (jener Edelmann, der einst mit Sophie Dorothea
in Venedig flirtete) hat mir oft erzählt, dass sie gleichzeitig der
artigste, aber auch der untreueste Mensch von der Welt ist.«*

Der Herzog von Celle blieb hart. Schon am 3. August 1700 gab
Georg Wilhelm während eines Truppenbesuchs in Segeberg
den Befehl, seine Tochter in einer Woche nach Ahlden zurück-
zubringen.

Sophie Dorothea traf die Nachricht wie ein Schlag. Ihr war,
als werde sie ein zweites Mal verstoßen. »Glaub mir, mein Kind,
ich hole dich bald zurück«, versicherte ihr ihre Mutter. Doch sie
konnte nicht daran glauben.

So transportierte man sie am 10. August zurück nach Ahlden.
Blass und unbewegt ließ sie sich von ihrer Mutter zur Kutsche
geleiten. Äußerlich trug sie die Rückführung mit Fassung. Wer
sie jedoch näher kannte, spürte, dass sich hinter der Fassade der
Gleichmut einer gebrochenen Frau verbarg. Ihr Seelsorger Joseph de Casaucau erhielt von ihrer Mutter den Auftrag, sie zu
trösten. Doch der Geistliche erreichte sie nicht. Sie sprach während der Rückfahrt kein einziges Wort.

Die Fahrt ging durch einsame Marsch- und Moorgebiete, führte aber auch durch kleine Dörfer. Der große Tross mit den
vorausreitenden Wachsoldaten, den drei Kutschen im Gefolge
und der Nachhut erregte Aufsehen. Die Dorfbewohner standen
an der Straße, um einen Blick auf die vornehme Passagierin zu
werfen. Die Abenddämmerung hatte bereits eingesetzt, als die
Kutsche am Posthof von Hademstorf vorbeirollte. Sophie Dorothea sah, wie Reisende, die dort warteten, sich anstießen und
in ihre Richtung zeigten. Sie riefen sich etwas zu, lachten. Was
mochten sie wohl über sie sagen? »Seht, da fährt die Ehebrecherin, die Hure?«

Die Leute sahen jedenfalls nicht so aus, als wären sie ihr
freundlich gesonnen. Da waren ihr die Bauern lieber. Die glotz-

ten sie nicht höhnisch an, sondern winkten freundlich. Sie konnte gar nicht anders als zurückzuwinken.

Als nächstes fuhr der Tross durch das kleine Dorf Eickeloh, folgte dem Lauf der Aller und passierte das Schloss Hudemühlen, das sich rechts der Poststraße erhob. Nun war es nicht mehr weit. Schon nach kurzer Zeit hatte der Tross das kleine Dörfchen Riethagen durchquert und die Fähre erreicht, die in Richtung Ahlden über die Aller führte.

Da die Fähre gerade auf der anderen Seite angelegt hatte, musste Sophie Dorothea in ihrer Kutsche warten. Gern wäre sie ausgestiegen. Doch das war ihr ausdrücklich verboten worden. So beobachtete sie vom Kutschenfenster aus, wie die Wachsoldaten die Dorfbewohner verscheuchten, die sich neugierig herandrängten. Sie hörte, wie die Kirchturmuhr auf der anderen Seite des Flusses schlug und entdeckte auch gleich den Kirchturm, der sich im Dunst der Abenddämmerung abzeichnete. Bei dem Gedanken, dass sie schon bald wieder in den engen Schlosshof neben dieser Kirche einfahren würde, schnürte sich ihr der Hals zusammen.

Dann hatte die Fähre auch schon angelegt, und der Fährmann gab dem Kutscher das Zeichen, auf das schwankende Holzplateau zu fahren. Sophie Dorothea musste an die griechische Sage von dem Fluss Lethe denken, den Fluss, den man auf dem Weg ins Totenreich überquerte, den Fluss des Vergessens. Wenn man von seinem Wasser trank, ließ man sein irdisches Dasein hinter sich.

Wie bei der Hinfahrt sträubten sich die Pferde zuerst, die Fähre zu betreten. Doch als sie sahen, dass die Pferde der Wachsoldaten vorantrotteten, gaben sie ihren Widerstand auf. Im nächsten Moment thronte Sophie Dorothea in ihrer Kutsche bereits mitten über dem Fluss.

Ihre Mutter mühte sich unterdessen weiter, ausländische Potentaten als Bündnispartner zu gewinnen. Die besten Chancen hierfür sah sie nach wie vor beim englischen König. Mit gutem Grund: Wilhelm III. schwärmte für die immer noch schöne Französin. Bei einer Jagdreise nach Het Loo (den Landsitz des Königs in dessen holländischer Heimat) ließ Wilhelm III. der Herzogin sogar die Gemächer seiner verstorbenen Frau herrichten, unmittelbar neben seinen eigenen. Im letzten Moment musste Eleonore die Teilnahme an der Jagdreise jedoch wegen einer fiebrigen Erkältung absagen.

Der Herzog von Celle ließ sich von seinem Enkelsohn begleiten. Georg August war gerade 16 Jahre alt geworden, doch das hinderte ihn nicht daran, acht Sunden lang gemeinsam mit den anderen Jagdgästen den Hirsch zu hetzen, den man zum Beutestück der königlichen Parforcejagd ausersehen hatte. Nachdem das Tier gestellt und vom König zur Strecke gebracht worden war, musste der Prinz ein Ritual der besonderen Art über sich ergehen lassen: Beim abschließenden Halali schmierte ein verwegener Page aus Celle allen »Frischlingen« nach altem Brauch das Blut des getöteten Tieres ins Gesicht. Die blutigen Gesichter der jungen Jäger leuchteten im Schein der untergehenden Abendsonne. Die Umstehenden schmunzelten, während Georg August mit sich kämpfte, um den aufsteigenden Ekel zu unterdrücken. Gleichzeitig war er aber auch stolz, aufgenommen zu sein im Kreise der Männer.

Schon bald verschaffte er sich eine Gelegenheit, auf einem ganz anderen Feld zu beweisen, was in ihm steckte.

Jagdausflug

Der Ritt wollte kein Ende nehmen. Schon im Morgengrauen waren sie in Linsburg aufgebrochen, jetzt hatte die Sonne bereits ihren höchsten Stand überschritten, und das Ziel war immer noch nicht in Sicht. Georg August war erschöpft, die Gesäßknochen schmerzten ihm. Er war es einfach nicht gewohnt, so lange im Sattel zu sitzen.

Er zog sein Spitzentuch aus der Tasche und wischte sich den Schweiß aus dem Gesicht. Auch seinem Begleiter standen Schweißperlen auf der Stirn, doch dem Jäger Christian Brand war keine Erschöpfung anzumerken. Dabei brannte die Sonne an diesem Oktobertag, als wäre es Hochsommer. Das Laub leuchtete in den herrlichsten Gelb- und Rottönen, kräftige Herbstdüfte stiegen vom Waldboden auf, Düfte von Moos, Laub und Pilzen. Doch Georg August fand keinen Gefallen daran. Einzig der Gedanke an das Ziel tröstete ihn über die Torturen dieses Rittes hinweg: Der Prinz war auf dem Weg zu seiner Mutter in Ahlden. Der Besuch war schon seit drei Wochen geplant – so heimlich wie alles geschehen musste, was mit dieser Frau zusammenhing, die aus seinem Gesichtsfeld entfernt worden war.

Heimlich war auch das Gespräch gewesen, dass er in Celle mit seiner Großmutter geführt hatte. Sein Vater hatte ihm jeden Kontakt mit der Herzogin von Celle verboten. Der neue Kurfürst fürchtete, dass die Madame seine Kinder gegen ihn aufhetzte, dass sie alles versuchte, um ihre Tochter wieder hoffähig zu machen. Doch Georg August ließ sich von den Verboten seines Vaters nicht einschüchtern. Sie beflügelten ihn eher – bestärkten ihn in seiner Liebe zu der Frau, die man ihm mit Gewalt entrissen hatte; und sie bestärkten ihn in seinem Hass auf seinen Vater, der ihm täglich neu zu spüren gab, wie er ihn verachtete.

Immer größer, immer brennender war die Sehnsucht nach seiner Mutter geworden, seitdem sie an jenem Sommertag des Jahres 1694 aus dem Leineschloss verbannt worden war. Zu einer Heldin war sie in seiner Erinnerung aufgeblüht, einer Königin ohne Krone. Sicher, er wusste von ihren Verfehlungen, doch seine Großmutter in Celle hatte ihm auch erklärt, wie es dazu gekommen war.

Es war ihm nicht verborgen geblieben, dass der Geliebte seiner Mutter getötet worden war. Nein, er empfand kein Mitleid für Königsmarck. Das nicht. Warum sollte er für diesen Hallodri auch Mitleid empfinden. Doch er hasste seinen Vater dafür, dass er ausgerechnet einen der Königsmarck-Mörder zu seinem Erzieher ernannt hatte, diesen Freiherrn Philipp Adam von Eltz.

Glücklicherweise war er diesen Mann nun endlich los. Sein Vater hatte Eltz inzwischen zum Geheimen Rat befördert und in seine Regierung aufgenommen – quasi als Belohnung für einen Mord.

Georg August fiel es schwer, seine Wut zu unterdrücken, wenn er an seinen Vater dachte. Den ganzen Hass, den der Kurfürst gegen Sophie Dorothea hegte, schien er auf ihn, seinen Sohn übertragen zu haben. Schon lange hatte er kein freundliches Wort mehr von seinem Vater gehört. Dabei verstand es Georg August durchaus, den Degen zu führen, machte auch sonst eine gute Figur bei der Ausbildung zum Soldaten. Aber sein Vater sah schlicht über ihn hinweg, ließ ihn spüren, dass er ihn für einen Zwerg hielt. »Mein Zwerg«, so nannte er ihn bisweilen sogar in aller Öffentlichkeit. Und er scherte sich offenbar nicht im geringsten darum, wie Georg August darunter litt. Mit dicken Schuhsohlen und hohen Perücken versuchte er, sich größer zu machen. Aber in der Achtung seines Vaters wuchs er damit nicht.

Dies alles hatte ihn dünnhäutig werden lassen – empfindlich, misstrauisch, reizbar. Er konnte sehr liebenswürdig sein, aber wenn sein Zorn übermächtig wurde, fiel alle Selbstbeherrschung von ihm ab. Noch in späteren Jahren kam es vor, dass er sich vor Wut die Perücke vom Kopf riss und mit den Füßen darauf herumstampfte.

An diesem Oktobertag des Jahres 1700 aber war er viel zu erschöpft für einen Tobsuchtsanfall. Erschöpft und aufgeregt. Denn viele Unwägbarkeiten verbanden sich mit der Stippvisite in Ahlden. Er hatte alles lange überlegt und gut vorbereitet, doch noch war das Ziel nicht erreicht.

Zusammen mit seinem Vater hatte er an den Tagen zuvor noch an Hirschjagden in der Umgebung von Linsburg teilgenommen, auch sein Blut war in Wallung geraten. Aber während all dieser wilden Parforceritte hatte er es schon nicht mehr erwarten können, dass sein Vater mit dem Gefolge endlich abreiste. Dann nämlich konnte er endlich damit beginnen, seinen Traum zu verwirklichen: einen Traum, der längst die Gestalt eines konkreten Plans angenommen hatte. Jäger Brand sollte ihn nach Ahlden führen, sodass er dort – verkleidet als Jäger – ins Schloss gelangen und seine Mutter treffen konnte. Sophie Dorothea war informiert. In Ahlden hielt ein Jäger ein erlegtes Reh für ihn bereit. Das wollte er als Vorwand mitnehmen, sodass jeder glaube, er liefere Nachschub für die Schlossküche.

Doch die Planung war das eine, die Umsetzung das andere. Der Weg war nicht nur sehr viel weiter, sondern auch beschwerlicher als gedacht. Zwei, drei Stunden war er mit seinem Begleiter durch ein Moor geritten, wo immer die Gefahr bestand, von dem schmalen Pfad abzukommen und im weichen Boden zu versinken. Dann hatten sie ein dichtes Waldgebiet durchquert – wie Peitschenhiebe waren ihm die Zweige ins Gesicht geschlagen. Seinem Pferd bluteten von dem Dornengestrüpp bereits die Beine.

Endlich öffnete sich der Wald. Die Reiter blickten auf eine Heidefläche, auf der zwischen Wacholderbüschen eine Schafherde weidete.

»Wo sind wir?«

»Das ist die Schotenheide. Jetzt es nicht mehr weit.«

Er gab seinem Pferd die Sporen und lenkte es über einen endlosen Sandweg. Bald lag die Schotenheide hinter ihnen. Die Reiter blickten auf eine sumpfige Wiesenlandschaft. Der Jäger deutete mit ausgestrecktem Arm in die Richtung eines Kirchturms, der am Horizont aufragte. »Das ist die Kirche von Ahlden, Durchlaucht, gleich daneben steht das Schloss.«

Das Schloss. Er war wie elektrisiert. Ohne ein Wort zu erwidern, schwang Georg August die Gerte und ließ sein Pferd laufen. Die Stöße, die ihm vorher so schmerzhaft in die Knochen gefahren waren, spürte er nicht mehr.

Auf dem Ahldener Posthof wartete bereits seit zwei Stunden der Jäger mit dem Rehbock.

Auch im Schloss wurde er erwartet. Sophie Dorothea hielt es nicht mehr auf dem Sessel. Ihre Handarbeit hatte sie schon seit dem frühen Nachmittag beiseite gelegt. Sie war viel zu aufgeregt, um die Nadel zu führen. Auch ihre Hofdame hatte sie fortgeschickt. Was sollte sie mit Madame de la Bessière reden? Den Grund ihrer Nervosität durfte ja niemand erfahren. Nur ein Diener, der ihr schon aus Celler Zeiten vertraut war, wusste Bescheid. Er hatte den Auftrag, den jungen Jäger in die leerstehenden Besuchsräume der Herzogin von Celle zu lotsen, wo Sophie Dorothea sich dann mit ihm treffen wollte.

»Bang, bang«, wummerte die große Standuhr. »Ding, ding«, antwortete die zierliche Kaminuhr, »urrg, urrg«, schnarrte die vornehme Wanduhr – und so verging eine Stunde nach der anderen. Und je weiter die Zeit mit ihrem ewigen Ticketacke voranschritt, desto unruhiger wurde die Prinzessin. Sie fühlte sich in frühere Zeiten versetzt, Zeiten banger Erwartung.

Georg August und sein Führer Brand passierten den Galgenberg. Jetzt war auch das Schlossdach zu sehen. Stumm steuerte Georg August mit seinem Begleiter zunächst aber auf den Posthof zu.

Doch kaum hatten die beiden Reiter die ersten rotgeklinkerten Häuser des Dorfes hinter sich gelassen, kam ihnen schon ein Trupp Soldaten entgegen. Der Anführer wandte sich gleich mit drohender Gebärde an den jungen Prinzen.

»Wohin des Weges, junger Herr?«

Georg August ging nach einer Schrecksekunde zum Angriff über. »Wohin? Was geht's Euch an. Aus dem Weg.«

»Stehenbleiben, wenn Euch Euer Leben lieb ist.«

»Was fällt dir ein, du Hund? Weißt du, wer hier vor dir steht?«

»Ich kann es mir denken.«

Der Kurprinz biss sich auf die Lippen, spürte, dass er zu weit gegangen war: Er hatte sich selbst verraten. Aus. Alles aus. Doch so schnell wollte er sich nicht geschlagen geben.

»Aus dem Weg, verdammter Kerl«, schrie er den Soldaten an.

Doch anstatt den Weg zu räumen, schloss ihn der Trupp ein. Mochte er noch so schreien, die Soldaten rührten sich nicht von der Stelle. Stumm wie eine Mauer umschlossen sie ihn. Einer der Männer trabte unterdessen zum Schloss, um Oberstleutnant Wackerbarth zu verständigen.

Der war vorbereitet. Denn der Plan des jungen Prinzen war verraten worden. Wackerbarth brauchte nur wenige Minuten. Er ließ es nicht an Respekt für den hohen Besuch fehlen.

»Gott zum Gruße, Euer Durchlaucht«, begrüßte er Georg August.

»Spart Euch die Mätzchen. Lasst mich durch. Beiseite, aber schnell.«

»Es tut mir aufrichtig leid, Euer Durchlaucht, aber ich habe eindeutige Befehle.«

»Befehle, Befehle. Was sollen das für Befehle sein, Monsieur? Ich erteile Euch den Befehl, die Straße freizumachen.«

»Ich bin untröstlich, aber das verbietet mir eine Anordnung der kurfürstlichen Durchlaucht in Hannover, ein Befehl Eures Vaters.«

»Mein Vater hat hier nichts zu befehlen. Gar nichts, versteht Ihr mich? Wir sind hier im Lüneburgischen, auf dem Boden meines Großvaters.«

»Euer Großvater denkt darüber nicht anders als Euer Vater. Durchlaucht, nehmt Vernunft an!«

»Vernunft? Was hat das mit Vernunft zu tun? Ich will meine Mutter sehen. Ist das ein Verbrechen? Sagt es mir, ist es das?«

Georg August redete sich immer mehr in Rage; zeterte, brüllte, ballte die Fäuste, machte Anstalten zu schießen. Erst als Wackerbarth damit drohte, ihn in Fesseln legen zu lassen, begann er zu erkennen, dass sein Protest sinnlos war. Fluchend trat er mit seinem Begleiter den Rückzug an.

Zur gleichen Zeit dachte der englische König im fernen London daran, den 17-jährigen Prinzen zu seinem Nachfolger zu ernennen. Denn in England gab es nun abgesehen von seiner Schwägerin Anna keinen Thronfolger mehr, der die vom Parlament beschlossenen Bedingungen erfüllte, also ein Stuart-Nachfahre protestantischen Glaubens war. Am 10. August 1700 nämlich war der Herzog von Gloucester wenige Tage nach seinem 11. Geburtstag gestorben – der kleine Wilhelm, einziger Sohn von Prinzessin Anna, der bereits Sophie Dorotheas gleichnamiger Tochter versprochen worden war.

Wilhelm III. hatte bei seinem Jagdaufenthalt in Celle Georg August schätzen gelernt. Er schlug daher vor, ihn nach England kommen zu lassen, um ihn allmählich auf die Thronbesteigung vorzubereiten. Doch Georg Ludwig war dagegen. Der Kurfürst hatte zwar bisher wenig Interesse an der englischen Krone erkennen lassen, doch dass ihm jetzt sein eigener Sohn vorgezogen werden sollte, wollte er nicht hinnehmen. Er gab dem englischen König recht, dass es sicher sinnvoll sei, wenn Georg August sich mit England vertraut mache und die englische Sprache lerne. Doch damit habe es noch Zeit. Würden Kinder zu früh von ihren Eltern entfernt, bestehe die Gefahr der Entfremdung, schrieb er. Darüber hinaus müsse sein Sohn sich auch von Zeit zu Zeit im Kurfürstentum aufhalten, um die hannöverschen Interessen wahrzunehmen. Um sich nicht alle Sympathien zu verscherzen, betonte Georg Ludwig gleichzeitig, dass das Haus Hannover es selbstverständlich als große Ehre betrachte, für die englische Thronfolge in Betracht gezogen zu werden.

Und das englische Parlament bereitete den Hannoveranern tatsächlich den Weg zum Thron. Mit deutlicher Mehrheit sprachen sich die Abgeordneten am 14. März 1701 dafür aus, Sophie im Act of Settlement (Festsetzungsakt) ausdrücklich als Thronfolgerin zu benennen, wenngleich manche damit rechneten, dass sie aufgrund ihres Alters auf dieses Recht zugunsten ihrer Nachkommen verzichten werde.

Das Parlament in London überließ den Deutschen den Thron nicht, ohne einschränkende Bedingungen zu stellen. So untersagte es der Act of Settlement künftigen Monarchen, Ausländern Krongüter zu schenken oder die englische Nation in einen Krieg zu hetzen, der nur im Interesse der ausländischen Besitztümer des Königs geführt werde.

Georg Ludwig empfand diese Bedingungen als anmaßend. Seine Mutter dagegen hatte kein Verständnis für Empfindlichkeiten dieser Art. Und Sophie scheute sich nicht, darauf hinzuweisen, dass ihr Sohn Christian vielleicht dankbarer als Georg Ludwig sei, die historische Chance zu nutzen.

Act of Settlement

Es war ein einziges Fest. Schon Tage vor der feierlichen Überreichung der Prunkurkunde an Sophie herrschte in Hannover der Ausnahmezustand. Eine Delegation von achtzig Engländern hatte Generalmajor Charles Gerard Earl of Macclesfield bei seiner Reise von London in die norddeutsche Tiefebene begleitet – dreizehn Edelleute, ein Kaplan, Macclefields Hauspersonal, zwölf Lakaien sowie zwanzig Diener der Lords und Kavaliere.

Und die hannoverschen Gastgeber ließen sich nicht lumpen. Sie taten alles, um den Gästen aus England die Zeit so angenehm wie möglich zu machen. In der Osterstraße war eines der stattlichsten Adelshäuser der Stadt für die Lords hergerichtet worden, die Kavaliere wurden auf mehrere Bürgerhäuser verteilt.

Die kurfürstliche Regierung hatte Anweisung gegeben, die Gäste mit dem Besten zu versorgen, was die hannoversche Küche hergab. Das üppige Frühstück wurde den Besuchern sogar ans Bett gebracht. Auch die Domestiken sollten Hannover in guter Erinnerung behalten: Jeder Diener erhielt pro Tag einen Taler Kostgeld in bester Silbermünze, gleichzeitig wurden die Bürger Hannovers angewiesen, von den Engländern kein Geldanzunehmen, sondern sie kostenlos zu bewirten. An nichts sollte gespart werden. Wein floss so reichlich wie Bier.

Am 15. August 1701 war es dann soweit. Mit drei sechsspännigen und fünf zweispännigen Karossen fuhr Macclesfield mit seinem Gefolge vor dem Leineschloss vor, um die Urkunde zu überreichen. Die 72-jährige Kurfürstin empfing die Delegation in Gegenwart zahlreicher Hofdamen und Kavaliere in ihrem Audienzgemach. Wie eine Königin thronte sie unter einer riesigen

Krone auf ihrem Sessel, während Macclesfield ihr mit Kniefall und Handkuss seine Ehre erwies. »Majestät, es ist mir eine große Freude …«

Als sein Sekretär die Prunkurkunde aus dem Lederfutteral herausgeholt hatte, hielt der Earl sie hoch, sodass sie von allen Anwesenden bestaunt werden konnte. Der »Act of Settlement« war auf zwei großen Pergamentblättern niedergeschrieben, zusammengehalten mit einer silbernen Schnur, an der ein grünes Siegel mit dem Wappen des englischen Königs hing. Sophie nahm die Huldigung mit einem kurzen Nicken entgegen und hüllte sich in majestätisches Schweigen.

Gelegenheit zu einer Plauderei ergab sich nach der Zeremonie bei einem kleinen Empfang, an dem auch Kurfürst Georg Ludwig und seine beiden Kinder Georg August und Sophie Dorothea teilnahmen.

Die Mutter der beiden erfuhr erst eine Woche später von dem großen Ereignis. Die Herzogin von Celle berichtete Sophie Dorothea jedoch vor allem von dem Besuch, den Macclesfield im Anschluss an die Feierstunde ihrem Gemahl Georg Wilhelm in Celle abgestattet hatte. Einen Ball mit Feuerwerk hatte man zu Ehren der Engländer veranstaltet, viele Musiker und Komödianten aus Frankreich und Italien waren eigens dafür verpflichtet worden, Goldmedaillen im Wert von 2500 Dukaten hatte Herzog Georg Wilhelm den Engländern zur Erinnerung mitgegeben …

Sophie Dorothea konnte nur staunen. Der Glanz der großen weiten Welt, der dieser Tage auf ihre Familie fiel, verzauberte auch sie. Und die Aussicht, dass ihr Sohn König von England werden könnte, erfüllte sie mit Stolz und neuer Hoffnung.

Sorge bereitete ihr allerdings die Vorstellung, dass ihr Verflossener irgendwann einmal selbst den englischen Thron besteigen könnte. Immerhin sollte auch ihm in diesen ruhmreichen Tagen eine Ehrung zuteil werden. Macclesfield nämlich kehrte nach dem Empfang in Celle noch einmal nach Hannover zurück und überreichte Georg Ludwig den Hosenbandorden, die höchste Auszeichnung des Inselreichs. Nach der Melodie von »God save the King« sangen die Festteilnehmer im Anschluss an die Ordensverleihung:

> »Den blauen Hosenband
> verknüpfe Gottes Hand
> und binde Land an Land ...«

Der Tod des Vaters

Dem Jubelchoral folgten Trauergesänge.

»Es hilft kein Reichtum, Geld noch Gut,
Kein Kunst noch Gunst noch stolzer Mut.
Für'n Tod kein Kraut gewachsen ist,
Mein frommer Christ, alles was lebet, sterblich ist.«

Schon ein knappes Jahr nach der Zeremonie in Hannover ging der englische König den Weg allen Fleisches. Am 19. März 1702 starb Wilhelm III. an den Folgen eines Reitunfalls – im Alter von 52 Jahren. Die Krone fiel an die letzte Stuart-Nachfahrin, die auf der Thronfolgeliste vor der hannoverschen Kurfürstin rangierte: Wilhelms 38-jährige Schwägerin Anna, eine Tochter Jakobs II. Da sie nach dem Tod ihres einzigen Sohnes ohne Nachkommen war, stand so gut wie fest, dass der nächste englische König ein Hannoveraner sein würde.

Doch es war bekannt, dass die frischgekrönte Queen Anne der Sippschaft an der Leine wenig Sympathie entgegenbrachte. Die Queen war sicher, dass die Hannoveraner nur auf ihren Tod warteten, um endlich selbst den englischen Thron besteigen zu können. Zum anderen wirkte aber auch eine Kränkung nach, die Georg Ludwig seiner Stuart-Verwandten viele Jahre zuvor zugefügt hatte. Als der hannoversche Prinz im Winter 1680/81 in England auf Brautschau gewesen war, hatte er Anna keines Blickes gewürdigt. Kühl, sehr kühl soll der ohnehin nicht besonders warmherzige Welfensohn der Prinzessin gegenübergetreten sein. Und Anna, so wird berichtet, hat Georg Ludwig die Demütigung nie verziehen. So legte sie denn auch jetzt als Gekrönte keinerlei Wert darauf, einen Welfenspross an ihren Hof zu holen.

Wie unvermutet der Tod die Pläne der Mächtigen durchkreuzen kann, sollten auch die Hannoveraner bald erfahren.

Sophie Charlotte, seit 1701 Königin von Preußen, war im Januar 1705 an die Leine gekommen, um mit ihrer Mutter Sophie Karneval in der Heimat zu feiern. Traditionell schon stand die einzige Tochter der Kurfürstin im Mittelpunkt der Festlichkeiten. Sie führte die Wirtschaften an, wurde von Potentaten ebenso umschwärmt wie von Leibniz, der ihren Geist und Charme lobte.

Doch in diesem Jahr stand ihr Hannoverbesuch unter keinem guten Stern. Schon in Berlin hatte sie über Halsschmerzen geklagt, im Interesse der bevorstehenden Reise aber kein Aufhebens davon gemacht. Sie hoffte auf die Heilkraft der Karnevalsfreuden. Doch die Hoffnung erfüllte sich nicht. Nur knapp zwei Wochen blieben ihr für Maskenbälle, Festgelage und Komödien, dann zwangen sie die Schmerzen ins Bett. Ihre besorgte Mutter bestellte mehrere Ärzte, die sich aber nicht auf eine Diagnose einigen konnten. Die einen vermuteten einen Tumor im Hals, die anderen eine Lungenentzündung. Zu allem Überfluss erkrankte Sophie selbst an einer heftigen Erkältung, so dass sie sich kaum mehr um ihre Tochter kümmern konnte.

Nach einigen Tagen schien sich eine Besserung abzuzeichnen. Sophie raffte sich auf, um ihren Schwiegersohn in Berlin zu beruhigen. »Ihre Majestät die Königin haben einen so starken Fluss am Hals gehabt, dass man sie zur Ader lassen musste«, schrieb sie am 1. Februar 1705 an Friedrich I. von Preußen. »Das war nicht ohne Gefahr, aber nach dem Aderlassen und Schwitzen befinden sich Ihre Majestät viel besser.«

Doch die Besserung war nicht von Dauer. Noch am selben Tag, an dem ihre Mutter den zuversichtlichen Brief geschrieben hatte, starb Sophie Charlotte.

Sie sei in ihrer letzten Stunde ruhig und gefasst gewesen, berichtete ihr Arzt. »Meine Seele ist schon bei Gott«, sollen ihre letzten Worte gewesen sein. »Ich wollte immer schon meine Neugier über das Leben nach dem Tode befriedigen, niemand konnte es mir erklären – nicht einmal Leibniz. Wenn ich jetzt gehe, werde ich es herausfinden.«

Friedrich I. scheute keine Kosten. In einem vergoldeten Prunksarg ließ er seine Gemahlin von Hannover nach Berlin überführen, und der Beisetzung ging eine pompöse Begräbniszeremonie im Berliner Dom voraus.

Sophie Dorothea betete für die Schwägerin in der Abgeschiedenheit ihres Allerschlösschens. Ihre Mutter hatte ihr von den Einzelheiten des plötzlichen Todes und den Begräbnisfeierlichkeiten berichtet. Ihr Vater Georg Wilhelm war gerade zu Besuch bei der Kurfürstin in Hannover gewesen, als Sophie Charlotte starb. Der Todesfall hatte den 81 Jahre alten Herzog daran erinnert, dass auch seine Tage gezählt waren. Damit wurde in ihm eine Sehnsucht entfacht, die in den vergangenen Jahren immer stärker geworden war: der Wunsch, seine Tochter noch einmal zu sehen, vielleicht sogar eine Versöhnung herbeizuführen. Schon mehrfach hatte er seinen Schwiegersohn gebeten, sich einem Treffen nicht länger in den Weg zu stellen. Und tatsächlich gab Georg Ludwig schließlich nach. Er gestattete seinem Onkel, Sophie Dorothea zu besuchen – aber nur in Ahlden und nur ein einziges Mal. Der Herzog von Celle empfand diese Bedingung als so demütigend, dass er sich nicht damit zufrieden gab und auf weitere Zugeständnisse drängte.

Im Frühjahr 1705 trat dieses Ringen in eine neue Phase. Verantwortlich dafür waren nicht nur die trüben Gedanken des greisen Heideherzogs, der seinen Tod nahen fühlte. Auch die äußeren Umstände schienen das so lange ersehnte Treffen zwischen Vater und Tochter zu begünstigen. Sophie Dorothea durfte ihr Domizil in Ahlden nämlich wieder einmal für längere Zeit verlassen. Notgedrungen.

Diesmal wurde kein Befreiungsversuch befürchtet, diesmal wurde die Evakuierung mit Umbau- und Renovierungsarbeiten begründet. Die große Holztreppe, die zu Sophie Dorotheas Gemächern in der ersten Etage des Nordflügels hinaufführte, war so marode, dass sie komplett erneuert werden musste. Und der Celler Hof nahm die Sanierung zum Anlass für eine umfassende Renovierung.

Zum Ausweichquartier für Sophie Dorothea bestimmte man das Amtshaus in dem etwa zwölf Kilometer entfernten Dorf Essel: ein Fachwerkhaus am Rande der Allermarsch – direkt an der Poststraße nach Celle. Am 31. Mai 1705 wies Herzog Georg Wilhelm seinen Ahldener Schlosskommandanten Wackerbarth an, mit der Prinzessin und ihrem Gefolge aufzubrechen; am Morgen des 5. Juni setzte sich der Tross gegen neun Uhr in Bewegung.

Ein Storch steuerte gerade auf das Schlossdach zu, als Sophie Dorothea in ihrem roten Seidenkleid auf die Kutsche zuging, die im Schlosshof vorgefahren war. Wie oft hatte sie die stolzen Vögel darum beneidet, dass sie fortfliegen konnten, wenn sie ihre Brut aufgezogen hatten – weit, weit fort. Jetzt durfte sie ihr Nest selbst verlassen. Würde sie zurückkehren müssen? Vermutlich. Ihre Mutter hatte ihr zwar Hoffnungen gemacht, von einem Sinneswandel ihres Vaters gesprochen, aber sie konnte nicht mehr so recht daran glauben. Sie war schließlich schon einmal enttäuscht worden. Dennoch beflügelte die Reise sie.

Rumpelnd rollten die Kutschen der Prinzessin und ihres Gefolges durch das Schlosstor und überquerten die Brücke der Alten Leine.

Nach einer guten Stunde hatte der Tross sein Ziel erreicht. Das Amtshaus in Essel war schon von weitem sichtbar, unbegrenzt durch Wallanlagen oder Palisaden. Es war – fünfzig Meter lang und zwölf Meter breit – noch ein wenig kleiner als das Schlösschen in Ahlden, ein Fachwerkbau, mit einem hübschen Glockenturm, der über das rote Ziegeldach hinausragte.

Süßlicher Geruch wehte Sophie Dorothea entgegen. Er kam aus dem Brauhaus, das auf dem Gelände des Amtshauses stand – zwischen dem Backhaus, dem Gefängnishaus, den Schweine-, Schaf- und Pferdeställen. Schon einige Tage vor der Ankunft der Prinzessin waren die Ställe geräumt worden. Auch das Gefängnis stand leer. Die beiden Landstreicher, die hier eingesessen hatten, waren auf freien Fuß gesetzt worden.

Sophie Dorothea warf im Vorbeigehen einen Blick auf die beiden so genannten Strafpfähle auf dem Amtshof, an denen bisweilen Missetäter in Handeisen gelegt wurden.

Alles, was das Amtshaus üblicherweise mit Leben erfüllte, war ausgelagert worden. Amtsvoigt Johann Bernhard Deterding und seine Leute waren vom Celler Hof angewiesen worden, während der Einquartierung andernorts ihrer Arbeit nachzugehen, dies betraf ihre Funktion als Ordnungshüter und unterste Gerichtsinstanz genauso wie ihre Aufgaben bei der Einziehung von Steuern und Abgaben und der Abwicklung der Spann- und Handdienste.

Amtsvoigt Deterding überließ Sophie Dorothea die erste Etage. An einen großen Speisesaal schlossen sich hier drei Stuben und fünf Kammern an. In den Tagen zuvor waren die Räume bereits mit einem Teil des Ahldener Mobiliars ausgestattet worden. Besonders behaglich wirkten sie aber dennoch nicht.

Um Sophie Dorothea willkommen zu heißen, hatte Wackerbarth gleich den Mittagstisch decken lassen. Die Bouillon dampfte, die Weinkrüge standen bereit. Doch die Prinzessin war nicht geneigt, davon zu kosten. »Mir schmerzt der Kopf«, klagte sie. »Die beste Medizin, die mir helfen kann, ist frische Luft.«

So ließ sie sich den Amtshof und die verschiedenen Gebäude zeigen. Am liebsten wäre sie jetzt wie in Ahlden mit ihrer kleinen Kalesche durch die Allermarsch gefahren. Doch das wurde ihr aus Sicherheitsgründen verwehrt. Nicht einmal Spaziergänge in die nähere Umgebung des Amtshofes waren gestattet. Angeblich konnte in Essel keine zufriedenstellende Bewachung gewährleistet werden. Und die Feinde des Kurfürsten, so war man sicher, schliefen nicht.

Die hannoversche Regierung zeigte sich ohnehin wenig erfreut darüber, dass Herzog Georg Wilhelm seine Tochter ohne Absprache in Essel einquartiert hatte. Georg Ludwig übermittelte Wackerbarth einen scharfen Verweis. »Sollte die Prinzessin entkommen, habt Ihr die volle Verantwortung zu tragen, mein Herr«, hieß es in der Rüge. Die Geheimen Räte in Hannover beklagten bei ihren Amtskollegen in Celle einen eklatanten Verstoß gegen geltende Abkommen, und sowohl Wackerbarth als auch der Herzog in Celle hatten große Mühe, die Hannoveraner zu besänftigen.

Angesichts dieser ungünstigen Umstände war Wackerbarth noch weniger bereit, Risiken einzugehen. Der Bewegungsraum der Prinzessin blieb daher auf den Amtshof beschränkt. Sehnsüchtig blickte Sophie Dorothea den Kutschen nach, die hinter ihrem Fenster auf der Poststraße vorbeifuhren. Sie malte sich aus, dass die Reisenden in wenigen Stunden Celle erreichen haben würden. Ihre Vaterstadt.

Trotz der schlechten Vorzeichen gab sie die Hoffnung nicht auf. Und ihre Mutter bestärkte sie darin. Bei einem Besuch in Essel teilte sie ihr noch einmal mit, wie sehr ihrem Vater an einer Versöhnung gelegen sei.

Für den Oberhofmeister war dies außerordentlich beunruhigend. Was, wenn der Heideherzog nun einfach eigenmächtig den Befehl gab, sein Kind aus Essel abholen zu lassen? Wackerbarth war in so großer Sorge, dass er sich am 11. Juni 1705 an den hannoverschen Premierminister von Platen wandte, um zu erfragen, wie er sich in einem solchen Fall zu verhalten habe. Die Antwort gab Georg Ludwig persönlich: »Die Abmachungen gelten weiterhin. Eine Verlegung nach Celle ist ohne vorherige Absprache keinesfalls zu billigen.« »Incommode« hatten sie ihn seinerzeit in ihren Briefen genannt, »Störenfried«. Jetzt sollte Sophie Dorothea sehen, wie es war, wenn er sich wirklich als Störenfried aufführte.

Dabei hatte Georg Ludwig eigentlich keinen Grund, sich über seine Frau zu erheben. Schon im Januar 1701 war er Vater eines dritten unehelichen Kindes geworden, das Ehrengard Melusine von der Schulenburg zur Welt gebracht hatte: Margarete Gertrud, genannt »Trudchen«.

Unterdessen wuchs Sophie Dorotheas Ungeduld. Ein Brief ihrer Mutter beunruhigte sie. Der alte Herzog hatte sich bei der Rebhuhnjagd in Wienhausen eine schlimme Erkältung zugezogen. Hustenanfälle und Schweißausbrüche setzten ihm zu, er musste sich häufig erbrechen, kam kaum mehr aus dem Bett. In seiner Verzweiflung hoffte er auf die Wirkung des Wienhausener Heilwassers. Er trank große Mengen davon – doch ohne nachhaltigen Erfolg. Nur noch seine Frau ließ er schließlich an sein Bett, niemand sonst sollte ihn in dieser Lage mehr sehen.

Sophie Dorothea litt mit ihm. Sie betete täglich viele Stunden, dass es ihr vielleicht doch noch vergönnt sein möge, ihren alten Vater zu sprechen. Georg Ludwig konnte doch einem Sterbenden den letzten Wunsch nicht verwehren.

Auch andere Nachrichten erreichten Sophie Dorothea in diesen bedrückenden Sommertagen. Ihr Sohn hatte sich verliebt. Die Wahl des Prinzen war auf Karoline von Ansbach gefallen, die am Hofe Sophie Charlottes in Berlin gelebt hatte – eine Frau, von deren Charme und Klugheit alle Welt schwärmte. Eigentlich sollte im Sommer noch die Hochzeit sein. Doch durfte man an Hochzeit denken, während der Großvater des Bräutigams im Sterben lag?

Auch Kurfürstin Sophie bedrückte dies alles. Georg Wilhelm war für sie nach dem Tode ihres Mannes immer wichtiger geworden, es schien, als wäre im Spätherbst ihres Lebens die alte Jugendliebe neu entflammt. »Hier werden wir eine betrübte Hochzeit haben, denn der gute Herzog liegt ohne Hoffnung«, schrieb sie am 22. August 1705 an ihren verwitweten Schwiegersohn Friedrich I. »Er hat das heilige Abendmahl verlangt und mit großer Andacht empfangen. Er will niemand sehen als seine Gemahlin, die Pfarrer und Doktoren. Wir sind hierüber alle sehr bestürzt. Vor vierzehn Tagen war der Herzog noch auf der Hühnerjagd, aß den Sonntag darauf sehr gut und befand sich erst Montag schlecht. Jetzt kommt er rasch von Kräften, ist ohne Appetit, und es scheint, dass seine Lebensgeister nach und nach erlahmen.«

Immer wieder äußerte der todkranke Herzog den Wunsch, seine Tochter zu sehen. Doch sein Premierminister Bernstorff hielt ihn hin.

Am 28. August um vier Uhr in der Frühe starb Georg Wilhelm. Seine Frau schickte sofort einen Eilboten nach Essel, sodass Sophie Dorothea bereits drei Stunden später vom Tod ihres Vaters erfuhr. Die Nachricht traf sie schwer. Die Trauer war so groß, dass sie nicht einmal weinen konnte.

»Sie tut sehr kläglich«, meldete Wackerbarth noch am gleichen Tag nach Hannover. Da sein Dienstherr in Celle nun nicht mehr am Leben war, bat er um Weisungen des hannoverschen Kurfürsten. Und Georg Ludwig reagierte prompt. Er gab Befehl, die Wachtruppen umgehend auf seinen Namen zu vereidigen und die Soldaten so schnell wie möglich durch hannoversches Militär zu ersetzen. Darüber hinaus verfügte der Kurfürst, die Post seiner Ex-Frau einer noch strengeren Zensur zu unterziehen. Lediglich der Briefwechsel mit ihrer Mutter sei davon auszunehmen. Kein Wort des Beileids, keine Geste der Versöhnung. In aller Deutlichkeit bekundete Georg Ludwig dagegen nach dem Tod seines Onkels und früheren Schwiegervaters, dass jetzt endgültig er das Zepter übernommen habe im Herzogtum Braunschweig-Lüneburg und keine Rücksichten mehr zu nehmen gedenke. Der ersehnte Erbfall war eingetreten, und Sophie Dorothea war in jeder Hinsicht die Leidtragende.

Dass sich ihre Unterhaltszahlung nach dem Tode ihres Vaters wie vereinbart von 8000 auf jährlich 12 000 Taler erhöhte, war für sie kein Trost. Sie wurde schon Anfang September nach Ahlden zurückgebracht; die Trauerfeier fand ohne sie statt.

Im übrigen fehlte es bei der Beisetzung an nichts. Der Celler Hof bot noch einmal allen barocken Pomp auf, um dem populären Herzog die letzte Ehre zu erweisen. Und die Trauergäste ahnten, dass mit Georg Wilhelm eine Epoche zu Grabe getragen wurde.

Im Hintergrund führte bereits der hannoversche Kurfürst Regie. Die Witwe des Verstorbenen wurde in dessen Inszenierung zur Nebenfigur. Der Pfarrer erwähnte Herzogin Eleonore in seiner langen Leichenpredigt in der Celler Stadtkirche mit keinem Wort. Kein Wort des Trostes, kein Wort des Respekts. Und schon bald nach der Beisetzung musste die Witwe das Schloss in Celle räumen, das sie in den vergangenen Jahrzehnten mit so viel Liebe im französischen Stil ausgestattet und zu einem Palast der Lebensfreude gemacht hatte. Laut Ehevertrag fiel das Schloss nach dem Tode des Herzogs von Celle dem Ehemann Sophie Dorotheas zu, die Scheidung hatte daran nichts geändert. Und Georg Ludwig bestand darauf, dass der Vertrag umgesetzt wurde. Eleonore d'Olbreuse hatte also ihre Gemächer zu räumen und ihren Witwensitz in Lüneburg zu beziehen.

Bis zuletzt hatte sie gehofft, Georg Ludwig werde ihrer Tochter gestatten, sie nach Lüneburg zu begleiten, sodass sie dort gemeinsam hätten leben können. Doch auch dieser Wunsch blieb unerfüllt.

Obwohl der Weg nun deutlich länger war, ließ die Herzogin sich aber nicht daran hindern, Sophie Dorothea weiter in Ahlden zu besuchen. Sie blieb oft viele Wochen, versorgte ihre Tochter mit dem Tratsch der feinen Kreise, hielt sie über das Fortkommen ihrer Kinder auf dem Laufenden.

Von der Hochzeit ihres Enkelsohns Georg August konnte sie Sophie Dorothea jedoch keine Einzelheiten berichten. Denn die hatte bereits am 2. September stattgefunden. Fünf Tage nach dem Tod des Großvaters hatte Georg August seine Braut Karoline in Hannover zum Traualtar geführt. Aus Anlass der Eheschließung ließ man die Hoftrauer für mehrere Tage unterbrechen. Die Mutter des Bräutigams war selbstverständlich nicht eingeladen worden. Doch Sophie Dorothea stand in diesen Tagen ohnehin nicht der Sinn nach Tanz und Hochzeitsschmaus.

Prunkvolle Heirat

Als Sophie Dorothea Anfang September 1705 von Essel nach Ahlden zurückkehrte, bezog sie einen vollständig umgebauten Wohntrakt. Im Erdgeschoss stand ein neuer Kamin mit einer Fliesenwand aus Delfter Kacheln, die Diele war zu einem Salon geworden. Im ersten Stock, dem eigentlichen Wohnbereich, hatte man ihr auf Wunsch einen kleinen Betraum mit Altar und Orgel eingerichtet. Sämtliche Fußböden und Wände waren erneuert worden. Sophie Dorothea musste sich erst an den veränderten Zuschnitt der Räume gewöhnen, zeigte sich aber zufrieden. Ganz besonders gefiel ihr der neue Ofen im Speisezimmer, der mit einem hohen Porzellanaufsatz geschmückt war.

Sie atmete tief durch und stellte erleichtert fest, dass der muffige Geruch verschwunden war, der sie in all den Jahren so gestört hatte. Alles roch noch ganz neu – nach Holz, Leim und frischer Farbe. Sie öffnete die Fenster und ließ die milde Septemberluft herein. Nach den vielen Wochen des Wartens im Amtshaus Essel war es ihr, als kehre sie nach Hause zurück.

»Bamm, bamm«, tönte die große Standuhr; »ding, ding«, fiel die zierliche Kaminuhr ein, während die Wanduhr mit der üblichen Verspätung würgend und surrend ankündigte, dass sie auch noch etwas zu melden hatte. Sophie Dorothea lächelte, es war, als wollten die Uhren sie begrüßen in ihrem Heim, zu Gehör bringen, dass sie trotz des Umbaus ihren Platz behauptet hatten – wenn auch an anderer Stelle. Und nach aller Betrübnis der vergangenen Tage empfand die Prinzessin erstmals wieder so etwas wie innere Ruhe, und sie freute sich darauf, endlich wieder mit ihrer Kalesche ausfahren zu können.

Doch bald stellte sich heraus, dass bei dem Umbau gepfuscht worden war. Die Fußböden im ersten Stock schwankten derart, dass bei jedem Schritt das Porzellan in den Vitrinen klirrte. Zu allem Überfluss rieselte im Erdgeschoss der Putz von den Decken. Als der Winter kam, zeigte sich überdies, dass die Fenster undicht waren und die Räume kaum warm wurden. Bei dem Porzellanofen hatte man offenbar mehr auf das Aussehen als auf den Rauchabzug geachtet. Bei ungünstigen Wetterlagen war das Esszimmer völlig verqualmt. »Wie soll ich es hier aushalten?«, klagte Sophie Dorothea. »Hier habe ich doch nur die Wahl, zu ersticken oder zu erfrieren.«

In Hannover nahm man die Klagen ernst und ordnete eine gründliche Untersuchung an. Der Celler Oberbaumeister Johann Kaspar Borchmann, der für die Bauleitung verantwortlich zeichnete, war der erste, den der Zorn des Hofes traf. Doch der Baumeister fühlte sich zu Unrecht beschuldigt. Er bestritt, dass die Schäden auf Baumängel zurückgingen. Geschlampt worden sei offenkundig bei der Reinigung der Fußböden. Die Bauern, die für diese »Herrendienste« verpflichtet worden seien, hätten sich die Arbeit erleichtert, indem sie einfach eimerweise Wasser über die Böden gekippt hätten. Dadurch hätten sich die mit Flechtwerk und Sägespänen ausgefüllten Decken vollgesogen.

Die Erklärung überzeugte. Der Baumeister wurde rehabilitiert.

Sophie Dorothea aber musste mit den Baumängeln leben. Zur Anlaufstelle ihrer Klagen wurde Wackerbarth, der sich auch wegen der neuen strengen Anweisungen aus Hannover die Beschwerden der Prinzessin anhören musste.

»Ihr seid ein ganz unverschämter Mensch, ohne Bildung und Manieren«, schalt Sophie Dorothea ihren Oberaufseher, der ihr entnervt zu verstehen gegeben hatte, dass er es leid sei, für Dinge beschimpft zu werden, die er nicht zu verantworten habe. Wackerbarth wandte sich daraufhin an die Geheimen Räte in Hannover. Es sei nicht mehr zum Aushalten mit der »widerspenstigen Durchlaucht«, klagte er. Schließlich hatte der Oberstleutnant gerade seine Frau verloren, sie war nur wenige Tage nach Georg Wilhelm verstorben.

Sophie Dorothea weinte der Schwäbin keine Träne nach. Empört protestierte sie, als Wackerbarth eine 80-jährige Tante ins Haus holte, die die Aufgaben der verstorbenen Hofmeisterin übernehmen sollte. »Bin ich hier nicht sowieso schon von Greisen umgeben?«, schimpfte sie. »Was soll mir eine Frau nützen, die kaum mehr hören und laufen kann?«

Auch Sophie Dorotheas Hofdame Madame de la Bessière litt mittlerweile unter den Beschwerden des Alters. Ihre Augen waren so schlecht geworden, dass sie schon nicht mehr lesen konnte und daher bei der täglichen Bibelstunde die Geschichten aus der Heiligen Schrift aus dem Gedächtnis vortrug.

Kurfürst Georg Ludwig gestattete seiner Ex-Frau schließlich, auf eigene Kosten die Celler Generalsgattin Sophie de Malortie einzustellen.

Auch in anderen Bereichen beanspruchte Sophie Dorothea das Recht, bei der Auswahl und Leitung des Personals ein entscheidendes Wörtchen mitzusprechen. In den Abkommen der herzoglichen Brüder war ja festgelegt worden, dass sie nach dem Tode ihres Vaters die »wirkliche Administration« der Ämter der Umgebung übernehmen sollte. Damit fiel ihr die Oberhoheit über die Ämter Ahlden, Rethem und Walsrode zu. Und dies schloss die Dienste und Abgaben ebenso ein wie die Einstellung der Unterbediensteten, die Polizeigewalt, die niedere Gerichtsbarkeit und die Haushaltsführung. Da Sophie Dorothea aus den Ämtern ihre Unterhaltsleistungen bezog – sie wurden am 10. September 1706, ihrem 40. Geburtstag, auf 18 000 Taler im Jahr erhöht –, hatte sie somit auch Einfluss auf ihre Einnahmen.

Sie genoss die neue Stellung. Sie fühlte sich damit nicht länger als Objekt des ungnädigen Fürstenhauses, sondern hatte das Gefühl, ihr Schicksal selbst beeinflussen zu können, zumindest im Rahmen der vorgegebenen Grenzen.

An die Aufhebung ihrer Verbannung glaubte sie indessen nicht mehr. Sie machte gar nicht erst den Versuch, neue Gnadengesuche an den Kurfürsten zu richten. Georg Ludwig zeigte ihr doch sowieso nur die kalte Schulter. Warum also sollte sie sich demütigen?

So war sie weiter auf ihre Mutter angewiesen, um zu erfahren, was sich in der Welt tat. Und das Gute war, dass die in Lüneburg lebende Herzogin nun bisweilen einen Abstecher nach Hannover machte, bevor sie ihre Tochter in Ahlden besuchte. Denn Sophie war auf sie zugegangen. Die Kurfürstin hatte sie nach dem Tod Georg Wilhelms eingeladen, sie im Leineschloss zu besuchen, um ihr über den schweren Verlust hinwegzuhelfen. Aus der Schwägerin, die Sophie einst als »Mäusedreck« verhöhnt hatte, war eine Art Freundin geworden. Man verabredete sich zu gemeinsamen Spaziergängen in Herrenhausen, man traf sich während der herbstlichen Jagdwochen auf dem Jagdschloss in der Göhrde bei Lüneburg.

Sophie Dorothea profitierte davon. In zahlreichen Briefen und während der Besuche berichtete Eleonore ihr vor allem von ihren beiden Kindern. So erfuhr sie, dass nun auch ihre Tochter kurz vor der Eheschließung stand. Der verwitwete Preußenkönig Friedrich I. nämlich wollte seinen Sohn mit der hannoverschen Kurprinzessin verheiraten, die mittlerweile 18 Jahre alt geworden war. Im Mai 1706 kündigte Friedrich I. dem hannoverschen Kurfürsten seinen Besuch an – mit der Absicht, im Namen seines Sohnes um die Hand der jungen Sophie Dorothea anzuhalten, die mit ihrer schlanken Statur, den blauen Augen und dem hellen Teint schon lange als große Schönheit galt.

Georg Ludwig war nicht sehr erfreut über diese Selbsteinladung. Zum einen fürchtete der sparsame Fürst die hohen Kosten, die mit der Visite des Schwagers verbunden waren. Zum andern argwöhnte er, dass der Preußenkönig mit der angestrebten Heirat politische Forderungen verbinden könnte, die zu seinen Lasten gingen. Aber es war natürlich undenkbar, dem mächtigen Preußen eine Abfuhr zu erteilen. Der diplomatische Flurschaden hätte unabsehbare Ausmaße annehmen können, ganz davon abgesehen, dass seine Mutter die geplante Verbindung ihrer beiden Großkinder vehement befürwortete. So nahm denn die Brautwerbung ihren Lauf.

Fünfzig Kanonen feuerten dreimal Salut, als der Preußenkönig am 16. Juni 1706 mit seinem Sohn und großem Gefolge durch das Steintor in die hannoversche Residenzstadt einzog. Noch am gleichen Tag wandte sich Friedrich I. an Kurfürstin Sophie, um mit einem handgeschriebenen Werbungsgesuch in französischer Sprache die Einwilligung zur Heirat ihrer beiden Enkelkinder zu erbitten.

»Meine Base!«, begann das ungewöhnliche Schreiben.

»Da ich bei der Ehe zwischen mir und der seligen Königin, meiner unvergesslichen Gemahlin, so gut gefahren bin, habe ich daran gedacht, eine ähnliche zwischen dem Kronprinzen, meinem Sohn, und der Tochter meines Bruders, des Kurfürsten von Braunschweig-Lüneburg, zustande zu bringen. Meine Ankunft an diesem Ort gab mir Gelegenheit, die Vorzüge und Verdienste dieser Prinzessin zu sehen und kennen zu lernen, was mich in dieser Absicht völlig bestärkt hat. Da indessen Eure Durchlaucht als Großmutter hierin ebenfalls einwilligen müssen, bitte ich Sie darum und zweifle nicht, dass Sie es gern tun werden.«

Selbstverständlich war das Jawort Sophies reine Formsache. Auch Sophie Dorotheas Großmutter mütterlicherseits stimmte der Verbindung zu. »Nichts auf der Welt könnte mir größere Freude und Zufriedenheit verursachen als diese erlauchte Heirat«, ließ Herzogin Eleonore den Vater des Bräutigams wissen.

Die 18-jährige Sophie Dorothea fragte man nicht. Bereits am 18. Juni wurde die Verlobung gefeiert. Auch Herzogin Eleonore war diesmal eingeladen.

»Sie waren sich sehr zugetan«, berichtete sie später ihrer Tochter bei einem Besuch in Ahlden. »Die Kurprinzessin hat den Kronprinzen in einem fort angelächelt.«

Sophie Dorothea reagierte mit nachdenklichem Schweigen. Mochte ihre Mutter die Verlobung in noch so heiteren Farben auszumalen, der Schatten der Vergangenheit trübte alles ein. Wie einst sie selbst wurde jetzt auch ihre Tochter mit deren Cousin verkuppelt. Da schien sich etwas zu wiederholen, das auf neues Unheil zusteuerte.

In Hannover hatte niemand solche Bedenken. Nur Kurprinz Georg August lehnte seinen preußischen Cousin Friedrich Wilhelm ab. Der Prinz »mit dem schönen Gesicht und den schlechten Manieren« war ihm schlicht unsympathisch. Großmutter Sophie dagegen war der preußische Enkelsohn lieber als der hannoversche, der ihr wegen seiner Launenhaftigkeit, seiner Eitelkeit und seines »bösen Naturells« zunehmend missfiel.

Sie erkundigte sich umgehend bei ihrer Nichte in Paris, wie Braut und Bräutigam gekleidet sein müssten, um auf der Höhe der Zeit zu sein. Und Liselotte blieb eine Antwort nicht schuldig. Sie sorgte dafür, dass die komplette Brautausstattung in Paris bestellt wurde. Der spanische Erbfolgekrieg hatte Hannover und Frankreich zwar wieder in blutige Schlachten getrieben, doch wenn die Soldaten auch gegeneinander kämpften, konnten sich ihre fürstlichen Befehlshaber ja trotzdem miteinander über die schönen Dinge des Lebens verständigen. So ließ es sich Ludwig XIV. nicht nehmen, die Brautkleider persönlich zu begutachten, bevor sie nach Hannover geschickt wurden. »Ich wünschte mir, dass recht viele deutsche Prinzessinnen eine solch großartige Brautausstattung bei uns in Paris ordern«, bemerkte der Sonnenkönig süffisant. »Das kann unserer Wirtschaft nur gut tun.«

Am 10. November 1706 meldete Kurfürstin Sophie ihrem verwitweten Schwiegersohn in Berlin. »Hier ist nun alles zur Hochzeit fertig, und wir hoffen, dass das Brautbett diese Woche auch hier sein wird, obschon es für diesmal nicht nötig ist.«

Bei der Trauung in Hannover ließ Kronprinz Friedrich Wilhelm sich durch seinen künftigen Schwager Georg August vertreten. »Ich hoffe aber«, fuhr Sophie fort, »dass es (das ungenutzte Brautbett) noch als Kindbett gebraucht werden kann; gebe Gott, dass ich dies noch erlebe.«

Am 14. November schließlich fand die »Prokurationstrauung« in Hannover statt. Der Herzogin von Celle wurde die Ehre zuteil, beim Festmahl zwischen ihrer Schwägerin Sophie und ihrer Schwiegertochter Karoline zu sitzen. »Am Tisch bediente der ›Vorschneider Harling‹ und servierte das festliche Mahl mit vielen Gängen«, hieß es in einem zeitgenössischen Bericht. »Dazu spielte eine Tafelmusik. Später eröffnete die Braut mit ihrem Bruder den Tanz.«

Auch Kurfürstin Sophie war mit der Ausrichtung der Feier zufrieden: »Man muss gestehen«, schrieb sie, »dass ihr (Sophie Dorotheas) Herr Vater nichts an Pracht hat fehlen lassen, um zu zeigen, dass er sie zärtlich liebt.«

Noch größere Pracht entfaltete der preußische Königshof bei der kirchlichen Trauung in Berlin am 28. November 1706. Friedrich I. hatte Sophie schon vorab umrissen, wie er sich die Zeremonie vorstellte: »Die Krone werde ich selber der Kronprinzessin aufsetzen, da sie sie von keinem, nächst Gott empfangen kann als von mir. Hernach soll die Kronprinzessin durch meinen Sohn in die Kapelle zur Trauung geführt werden, wo sie der Bischof dann nochmals beide befragen soll, ob sie bei dem, was sie in Hannover versprochen haben, fest zu bleiben gedenken. Nach dem Segen sollen die Salutschüsse abgefeuert werden. Hierauf geht man zu Tafel; nach dem Essen wird mit Fackeln getanzt und das Paar zu Bett gebracht ...«

Insgesamt einundzwanzig »Zeremonientage« setzte Friedrich I. für die Hochzeitsfeierlichkeiten an. Die Braut berichtete in einem Brief an ihre Großmutter in Hannover, wie überwältigt sie von dem Empfang in Berlin war: »Der König erweist mir soviel Gutes, dass ich davon ganz verwirrt bin. Er empfing mich in Spandau, worüber ich ein wenig überrascht war, denn auf diese Ehre hatte ich nicht gerechnet. Der Einzug war ungemein prächtig. Ich finde hier alles so schön, dass ich glaube, in Märchenschlösser versetzt zu sein – bis hin zu den schönen Geschenken aus Edelsteinen, die ich hier erhielt. Es sind ihrer so viele, dass ich wie ein Maulesel schleppen müsste, wenn ich sie alle auf einmal tragen wollte ...«

An ihre Mutter dürfte die Braut in all dem Trubel kaum gedacht haben – zwölf Jahre schließlich war sie schon von ihr getrennt. Die Brautmutter in Ahlden dachte dagegen viel an ihre Tochter in Berlin. Einerseits freute sie sich, wenn sie von Eleonore hörte, welch glanzvollen Einzug ihr Fleisch und Blut in Berlin gehalten hatte. Andererseits musste sie daran denken, dass es damals bei ihrer Hochzeit in Hannover ganz ähnlich gewesen war. Auch da hatten ihr die Leute zugejubelt, als sie mit der sechsspännigen Staatskarosse durch die Straßen von Hannover gefahren war.

Ende einer Freundschaft

Und Georg Ludwig festigte weiter seine Macht. Auch Herzog Anton Ulrich in Wolfenbüttel gab schließlich nach, so dass der Vetter in Hannover bei seinem Einzug ins Kurkolleg von dieser Seite keinen Widerstand mehr zu erwarten hatte. Sogar den Posten des Erzschatzmeisters durfte Georg Ludwig bald im Heiligen Römischen Reich Deutscher Nation bekleiden.

Auch am hannoverschen Hof tat sich manches, was den Stern des Kurfürsten noch heller strahlen ließ. Ein neuer Kapellmeister zum Beispiel beeindruckte die Besucher: ein junger Musiker namens Georg Friedrich Händel.

Sophie Dorothea mühte sich unterdessen, ihrem Leben im Aller-Leine-Tal so viel Glanz wie möglich abzugewinnen. Sie ließ sich aus Brüssel für 4000 Taler sieben Gobelins und vergoldete Ledertapeten kommen. Sie schmückte ihr Haar mit einem neuen Diadem, gefiel sich in einem neuen Seidenkleid aus Paris. Sie putzte sich auch an Wochentagen heraus, als sei sie zu einem Ball geladen. Aber es gab keinen Ball mehr, bei dem sie auf der Gästeliste stand, keine Opernloge, die für sie reserviert war, keine Musiker, die ihr Mahl mit einem Konzert begleiteten. Nur über den engen Ahldener Schlosshof konnte sie jetzt im November in ihrem Festtagsstaat spazieren, und da war keiner, der sie bewunderte, keiner, der ihr edles Parfüm roch. Keiner zumindest, der es in ihren Augen wert war.

So betrachtete sie sich selbst in ihrem goldgerahmten Spiegel, und sie stellte fest, dass sie dick geworden war. Sie schnürte ihr Mieder, dass ihr die Luft wegblieb, sie zwang sich mit dem Fischbeinkorsett eine majestätische Haltung auf, die sie innerlich längst verloren hatte.

Es war alles vergebens. Die Jahre der Verbannung waren nicht spurlos an ihr vorüber gegangen, sie war gealtert, ohne wirklich gelebt zu haben. Wer würde ihr nun noch bewundernde Blicke zuwerfen? Welcher Mann von Welt würde sich für eine Matrone wie sie ins Unglück stürzen?

Zum Glück gab es in diesem Schloss Damen wie Madame de Malortie, die sich von dem kostbaren Putz beeindrucken ließen. »Göttlich«, schwärmte die Hofdame auch jetzt wieder, als sie Sophie Dorothea in ihrem kleinen Salon besuchte. »Wirklich göttlich. Ihr wärt es wert, dass die himmlischen Heerscharen sich vor Euch verneigten. Das Kleid, das schöne Geschmeide, ein einziger Traum.«

»Ich danke Euch. Ihr schmeichelt mir«, sagte Sophie Dorothea, gab aber durch ihr dünnes Lächeln zu erkennen, dass sie sich über das Kompliment freute.

Um vier Uhr hatte sich der Pfarrer zur täglichen Andacht angekündigt. Da Casaucau wegen seiner Altersgebrechen nach Celle zurückgekehrt war, hatte man im Dezember 1707 den Ahldener Ortspastor Christian Seelhorst mit der Seelsorge im Schloss betraut. Und da der bodenständige Gottesmann weiterhin seine Gemeinde zu betreuen hatte, verschaffte er Sophie Dorothea eine Verbindung zum Dorfleben. Und der Pastor schenkte ihr nicht nur sein Ohr für ihre Seelennöte, sondern erzählte ihr auch von den ganz anderen Nöten der Dorfbewohner – von Armut, Elend, Hungersnot. Nachdem er anfangs nur in Andeutungen vom Leid seiner Schäfchen im Dorf berichtet hatte, ließ er sich bald von Sophie Dorothea dazu verleiten, ganze Familientragödien zum Besten zu geben. Je mehr sie von den Menschen erfuhr, desto größeren Anteil nahm sie an ihrem Schicksal. So blieb die Prinzessin über ihre Mutter zwar weiterhin der vornehmen Welt des Hochadels und ihrer Kinder verbunden, entwickelte aber über ihren Pastor auch wachsendes Interesse an den Nöten und Freuden der kleinen Leute.

Schlimme Nachrichten überbrachte Seelhorst ihr an diesem Novembertag des Jahres 1709. Am frühen Morgen hatte sich ein Fährunglück ereignet. Die Soldaten aus dem Nachbarort Hudemühlen, die die Wachkompanie auf dem Schloss Ahlden ablösen sollten, hatten sich trotz eines Sturms ohne Fährmann auf die Allerfähre gewagt. Als die Fähre wegen des starken Wellengangs zu schwanken begann, gerieten sie derart in Panik, dass das Gefährt umschlug und sämtliche Passagiere in den kalten Fluss stürzten. Drei Soldaten ertranken, sechzehn konnten sich mit knapper Not retten.

Sophie Dorothea war am Morgen von den Schreien geweckt worden. Doch niemand im Schloss hatte ihr sagen können, was vorgefallen war. Jetzt betete sie mit Seelhorst für die Männer und versprach, den Hinterbliebenen zu helfen.

Die Hilferufe ihres früheren Kammerfräuleins weckten dagegen ihr Mitgefühl nicht. Dabei schlug die Confidente dramatische Töne an. Nach einer Odyssee durch Norddeutschland hatte Eleonore von dem Knesebeck Aufnahme auf dem Gut ihres wohlhabenden Schwagers Veltheim im brandenburgischen Aderstedt gefunden. Um ihre finanziellen Verhältnisse aber stand es schlecht. Nach etlichen Bittbriefen an den Herzog von Celle hatte sie zwar eine Art Schweigegeld in Höhe von insgesamt knapp 2000 Talern bekommen, einen Großteil des Geldes aber durch den Bankrott eines Quedlinburger Kaufmanns wieder verloren. Daher forderte sie erneut von ihrer früheren Herrin Lohn für die erlittene Unbill – nicht ahnend, dass Sophie Dorothea die Briefe gar nicht erhielt. Denn dies verhinderte die Zensur.

Doch an die Zensur verschwendete Eleonore keinen Gedanken. Ihr Zorn auf die Prinzessin wuchs, ihre Klagen steigerten sich zu wütenden Verwünschungen.

Da Sophie Dorothea nicht antwortete, wandte sie sich an Menschen in deren Umgebung. So schrieb sie am 25. Februar 1710 an die Hofdame Madame de Malortie:

»*Mein Schwager gibt mir wohl den Tisch, aber wo kriege ich Kleidung her? Von der Kurprinzessin habe ich leider nichts gekriegt als alte brokatene Röcke. Dafür, dass ich ihre Ehre mit dreijährigem Gefängnis und vielen Millionen Tränen, Angst, Furcht und Schrecken habe retten wollen, habe ich keinen Groschen von ihr bekommen.*«

Mit Tränen in den Augen, schrieb sie, sei ihr die Prinzessin nach dem Verschwinden Königsmarcks um den Hals gefallen, um sie an der rettenden Flucht zu hindern – und zwar nur aus Angst, dass eine Flucht als Schuldbekenntnis gewertet werden könnte und somit auf sie selbst zurückfalle. Das Schicksal ihres Kammerfräuleins sei der Prinzessin dabei vollkommen gleichgültig gewesen. Dabei sei absehbar gewesen, dass sie die Treue zu ihrer Herrin mit einer Gefängnisstrafe würde bezahlen müssen. Und die Prinzessin habe dies durchaus in Kauf genommen und ihr versprochen, sie »ihr Lebtag« zu versorgen, wenn sie wieder aus der Haft freikomme. Und jetzt?

»Sie hat übel Wort gehalten«, klagte Eleonore. Obwohl sie 18 000 Taler im Jahr erhalte, lasse sie ihre frühere Vertraute Not leiden und schicke das Geld lieber nach Paris, um schöne Kleider dafür zu kaufen.

Gegen ihren Willen sei sie von Sophie Dorothea ins Unglück gezogen worden, schrieb Eleonore: »Ich höre oft mit tödlichem Ärger sagen, sie gebe mir alle Schuld. Sie aber war doch 28 Jahre alt. Warum hätte sie sich da von mir verführen lassen sollen? Und welchen Grund hätte ich denn dafür gehabt? Ich habe doch keinen Groschen damit erworben!«

Immer wieder habe sie ihre Herrin gewarnt, schrieb sie: »Durchlaucht, so wahr als es einen Gott im Himmel gibt, das wird herauskommen!«, habe sie gesagt. »Die Platen wird einmal einen Brief auffangen, und dann sind wir alle drei verloren!«

Doch die Prinzessin habe alle Warnungen in den Wind geschlagen. »Wenn ihr's nicht ausplaudert, wer sollte es dann tun?«, habe Sophie Dorothea leichthin erwidert und ihr großen Lohn versprochen.

»Wenn wir alle drei im Gefängnis sitzen, wer soll mir dann helfen?«, habe sie, Eleonore, entgegnet. Darauf die Prinzessin: »Das hat keine Gefahr.«

Keine Gefahr? Von wegen! Mit allen Tricks habe Sophie Dorothea sie an sich gebunden und daran gehindert, ihr eigenes Leben zu leben: »Ich durfte weder heiraten noch von ihr gehen, so groß war ihre Anhänglichkeit.«

Nur unter sanftem Zwang habe sie sich seinerzeit dazu bereit erklärt, die Liebesbriefe an Königsmarck auf den Weg zu bringen. Und jetzt mache man ihr auch noch Vorhaltungen. Dass man nach ihrer Verhaftung Briefe unter Spielkarten und hinter Gardinen entdeckt habe, sei auf jeden Fall nicht ihre Schuld gewesen. So dumm sei sie auch wieder nicht.

Schließlich drohte sie sogar, nach Hannover zu gehen und durch Vermittlung Melusine von der Schulenburgs, »meiner guten Freundin«, um ein Gespräch mit Kurfürst Georg Ludwig zu bitten. Sie sei sogar bereit, einen »Fußfall« vor dem Fürsten zu machen, um Gerechtigkeit zu erlangen, schrieb sie.

Dem Schreiben an die »Generalin de Malortie« fügte sie auch einen Brief an Sophie Dorothea bei:

»Durchlauchtigste Fürstin, ungnädige Kurprinzessin. Ich kann ja wohl mit gutem Grund ›Ungnädige‹ sagen. Ich höre, dass Eure Durchlaucht nichts mehr von mir hören wollen. Jedoch will ich hierdurch nochmals flehentlich und untertänigst bitten: Prüfen Sie Ihr Gewissen und fragen Sie Gott, was Sie mir schuldig sind. Geben Sie mir doch das Brot, dass sie mir versprochen haben, damit ich nicht Gottes Strafe für Sie erbitten muss und die viele Millionen Tränen, die Sie mir verursacht haben, gar zu sehr bereue ...«

In einer Fußnote fügte sie an: »Ich höre, den armen Angeau lassen Sie auch in Hannover verhungern.« Dabei habe ihr der mittlerweile halberblindete Kammerdiener zeitlebens treu gedient und vermutlich nur deshalb ihren Groll auf sich gezogen, weil er ihr immer die Bibel hingehalten habe, wenn sie den Handspiegel verlangte. Oh ja, nichts als Eitelkeit habe sie im Sinn.

Dass Sophie Dorothea ihren treuen Diener verhungern ließ, entsprach nicht der Wahrheit. Denn Angeau starb erst zwölf Jahre später im hohen Alter von 82 Jahren. Auch sonst war manches falsch oder zumindest stark verfälscht. Aus jeder Zeile sprach die Verbitterung einer Frau, die sich von ihrer einstigen Herrin und Freundin zurückgestoßen fühlte.

In ihrem Zorn auf die Prinzessin wandte sie sich auch an deren Seelsorger. Doch Seelhorst verfuhr mit den Knesebeck-Briefen wie Madame de Malortie: Er überstellte sie den Zensurbehörden.

Sophie Dorothea bekam lange Zeit nichts davon mit. Und als sie erfuhr, welche Verwünschungen Eleonore gegen sie ausgestoßen hatte, beschloss sie, die Confidente aus ihrem Gedächtnis zu streichen.

Nachrichten
aus einer anderen Welt

Nachrichten aus der Welt jenseits von Aller und Leine halfen Sophie Dorothea, die Verwünschungen der einstigen Vertrauten zu vergessen. Ihre Kinder wurden Eltern.

Georg August machte den Anfang. Am 31. Januar 1707 brachte seine Frau Karoline einen gesunden Knaben zur Welt. Anders als seinerzeit in Fürstenhäusern üblich fand die Entbindung ohne jede Öffentlichkeit statt – ohne einen einzigen Zeugen von Rang. Nicht einmal die hannoversche Urgroßmutter durfte dabei sein. »Der Niederkunft meiner Enkelin habe ich nicht beigewohnt, denn ihr Mann hatte alle Türen und Gänge verbarrikadiert«, klagte Sophie in einem Brief an Leibniz. Da nun niemand bezeugen könne, dass es kein untergeschobenes Kind sei, sei sie »nicht frei von Unruhe«, gestand sie. Immerhin: »Es gefiel uns sehr, dass das Kind so frische Augen hat und den Mund zum Saugen aufsperrte. Scheint ein frischer Gesell zu sein.« An anderer Stelle bemerkte sie: »Es ist ein sehr schönes Kind, und ich hoffe, dass es mehr Verstand haben wird als sein Vater, der seiner Torheit ordentlich freien Lauf gelassen hat. Seit vier Tagen hat er sich mit seiner Frau eingeschlossen …«

So unspektakulär der Knabe zur Welt gekommen war, so unspektakulär wurde er auch getauft. »Das Kind ist im Zimmer der Kindbetterin ganz in der Stille getauft worden, ohne Gepränge«, berichtete Sophie dem preußischen König. Zu Ehren des preußischen Königs und seines Großvaters väterlicherseits erhielt der Junge den Namen Friedrich Ludwig.

Großmutter Sophie Dorothea wurde über die Geburt ihres Enkels von hannoverscher Seite selbstverständlich nicht informiert. Ihre Mutter berichtete ihr davon – enttäuscht, dass sie nicht einmal zur Taufe eingeladen worden war.

Mehr Entgegenkommen zeigte der preußische Hof. Als im November des gleichen Jahres Sophie Dorothea die Jüngere ebenfalls von einem Knaben entbunden wurde, informierte Großvater Friedrich I. die Herzogin von Celle persönlich. Und die bedankte sich am 30. November 1707 postwendend beim Preußenkönig: »Sire, Eure Majestät haben mich mit Ehre überhäuft, indem Sie mir die Geburt des Prinzen, Ihres Enkels, mitteilen. Niemand auf der Welt empfindet diese Freude mehr und niemand nimmt solchen Anteil an der Ihrigen als ich.«

Anders als die Taufe in Hannover wurde die Taufe in Berlin mit großem Prunk gefeiert – vielleicht ein wenig zu prunkvoll. Die Feier im Berliner Dom soll dem zwölf Tage alten Säugling jedenfalls nicht gut bekommen sein. Die Krone, die man dem Baby aufsetzte, lastete schwer auf dem kleinen Köpfchen, und die Salutschüsse und das Dröhnen von siebenhundert silbernen Trommeln schreckten den kleinen Friedrich derart, dass er lange Zeit nicht wieder zu beruhigen war. Es wurde zwar kein Mediziner beauftragt, die Auswirkungen dieser Taufzeremonie zu untersuchen, doch fest steht, dass Fritzchen kein halbes Jahr alt wurde. Bereits am 13. Mai 1708 musste er schon wieder Abschied von dieser Welt nehmen.

Ein ähnliches Schicksal erlitt sein Bruder, der im August 1710 geboren und schon wenige Tage nach der Entbindung auf den Namen Friedrich Wilhelm getauft wurde. Diesmal verletzte die schwere Krone das weiche Köpfchen des Täuflings so stark, dass ein Arzt bestellt werden musste, um die Wunde zu versorgen. Leider ohne dauerhaften Erfolg: Schon im nächsten Jahr starb der Knabe.

Bei der nächsten Taufe war man in Berlin vorsichtiger. Um das Kind nicht unnötig zu erschrecken, sah man diesmal von Salutschüssen und Trommelwirbeln ab und hielt sich mit der Krone etwas zurück. So überstand der dritte Sohn des preußischen Kronprinzenpaares die Zeremonie ohne erkennbaren Schaden und erfreute sich eines langen Lebens. Der Knabe, der auf den Namen Friedrich getauft wurde, sollte 74 Jahre alt werden und

Doch die Herzogin von Celle wischte die Widerworte der Schwägerin beiseite. »Ach was, zu alt. Sie hetzen noch den Hirsch und sagen, Sie sind zu alt? Sie sind viel munterer als ich es bin, Madame. Warten Sie, ich werde Sie die Schritte schon lehren.«

Und bevor die Kurfürstin zu einer Entgegnung ansetzen konnte, zog Eleonore sie auch schon vom Stuhl, führte sie durch die Reihe der Spalier stehenden Ballbesucher, winkte den Musikern zu, und gab die französischen Kommandos. Die Tanzschritte, die sie schon als junges Mädchen in ihrer französischen Heimat gelernt hatte, waren ihr in Fleisch und Blut übergegangen. Und jetzt bewies sie auch, dass sie eine exzellente Tanzlehrerin war.

Anfangs fiel es Sophie noch schwer, mit der Schwägerin mitzuhalten. Doch schon nach kurzer Zeit gelang es ihr, sich wie Eleonore im feierlichen Takt der Musik zu bewegen. Was ihr an Talent und Beweglichkeit fehlte, machte sie mit ihrer Selbstdisziplin und Willenskraft wett. Am Ende belohnte die Jagdgesellschaft den Tanz der alten Damen mit großem Applaus.

Am nächsten Morgen schilderte Sophie ihrer Enkeltochter Sophie Dorothea in Berlin in einem Brief das Tanzvergnügen. Dabei wies sie darauf hin, dass die Urgroßmutter mütterlicherseits nur beim Tanzen so viel jugendliche Frische beweise, sonst aber zum Lamentieren neige: »Sie klagt gern über tausend Beschwerden. Ich dagegen denke einfach nicht daran. Es ist ja schon genug, alt zu sein. Deshalb muss man sich ja nicht auch noch alle möglichen Krankheiten einbilden und tausend Heilmittel ausprobieren …«

Die Kurfürstin zeigte sich resolut wie in ihren besten Jahren. Bei der Jagd indessen hielt sich ihr Einfluss in Grenzen. Vergeblich setzte sie sich für einen prächtigen Hirsch ein, der nach stundenlanger Hatz auf den Schlosshof getrieben worden war und in die Büsche flüchtete. Das erschöpfte Tier tat ihr Leid. »Lasst ihn leben«, bat sie die Jäger. »Wenn es ihm gelungen ist, unseren Schlosshof zu erreichen, so verdient er jetzt auch unseren Schutz.«

Doch die von Georg Ludwig angeführten Jäger ließen sich nicht erweichen. Sie belächelten das »Weibergeschwätz« und zwangen den Hirsch zu Boden, um ihm das Messer in das schweißnasse Fell zu stechen. Sophie wandte sich mit Schaudern ab. Sie zwang sich, das traurige Ende des armen Tieres als natürlichen Lauf der Dinge anzusehen.

Auf dem Feld der hohen Politik bewies die Kurfürstin mehr Beharrlichkeit. Gebannt richtete sie in diesen Wochen den Blick auf England. Die Auseinandersetzung um die Thronfolge trat hier in eine entscheidende Phase. Ein Wechsel auf Schloss Windsor stand bevor. Die englische Königin kränkelte. Schon seit Jahren litt Queen Anne unter Gicht und Wassersucht, ihre zahlreichen Fehlgeburten waren nicht spurlos an ihr vorbeigegangen. Mit ihrem baldigen Hinscheiden musste gerechnet werden. Jeder Krankenbericht warf aber die Frage auf, wie es nach ihrem Tode weitergehen würde im englischen Königshaus. Eigentlich war die Thronfolge durch den »Act of Settlement« geregelt. Danach kam niemand anders für den englischen Thron in Frage als Sophie und ihre Nachkommen. Doch inzwischen hatte auch ein Halbbruder der englischen Königin Ansprüche geltend gemacht: der in Frankreich lebende Stuart-Spross Jakob Eduard. Laut Gesetz war der Katholik chancenlos. Doch der selbsternannte »Pretender« erklärte, dass er notfalls bereit sei, zum Protestantismus überzutreten, um die Bedingung des englischen Parlaments zu erfüllen. Es ging das Gerücht, dass er schon Truppen sammle, um am Tage X mit seinem Heer in Schottland einzufallen und den Hannoveranern die Krone zu entreißen. Zudem mühte er sich, in England Unterstützung zu finden.

Angesichts dieser Entwicklung setzte sich in Hannover die Meinung durch, dass es wichtig sei, in England bereits vor dem Ableben der Queen durch einen hochrangigen Vertreter des Welfenhauses präsent zu sein. Da Kurprinz Georg August schon seit den Tagen Wilhelms III. im Vereinigten Königreich beliebt war und im Gegensatz zu seinem Vater in Hannover keine weiteren Verpflichtungen hatte, sollte er nach London gehen. Schließlich hatte er auch Anspruch auf einen Sitz im Oberhaus, seit Königin Anna ihn zum Herzog von Cambridge ernannt hatte. Aber die Queen legte keinen Wert auf die Anwesenheit des Kurprinzen. Sie habe keine Lust, an ihrem Hof einen Mann aufzunehmen, der sie in einem fort an ihren bevorstehenden Tod erinnere, verkündete sie. Man dürfe ihr nicht zumuten, sich ihren eigenen Sarg vor Augen stellen zu lassen. Doch die Debatten ließen sich damit nicht abstellen.

Eine zusätzliche Bedrohung sahen die Hannoveraner in den Friedensverhandlungen, die seit 1712 in Utrecht zur Beilegung des Spanischen Erbfolgekrieges stattfanden. England war aus Kostengründen bestrebt, mit Frankreich Frieden zu schließen, falls Ludwig XIV. seinen Verzicht auf die spanische Krone erklärte. Doch Kurfürst Georg Ludwig betrachtete dies mit Sorge. Der Hannoveraner sah in der Annäherung zwischen Frankreich und England die Gefahr, dass der Sonnenkönig dem in Lothringen lebenden »Pretender« zur Macht in London verhelfen könnte. Zudem ging es für Georg Ludwig schlicht ums Geld. Denn bei einem Ausstieg der Engländer aus der Front der Alliierten würden ihm monatlich 100 000 Taler verloren gehen, die er als Ausgleichszahlungen für die Bereitstellung seiner Truppen bezog.

Auch Sophie war enttäuscht, dass England die alten Kriegsziele – Frankreichs Hochmut zügeln und den Einfluss des Kaisers in Spanien sichern – aufgeben wollte.

Die Engländer reagierten verstimmt. Die Hannoveraner, hieß es in London, seien ausschließlich auf ihren eigenen Vorteil bedacht und in keiner Weise am Wohle Englands interessiert. Obwohl sie doch den englischen Thron besteigen wollten, stehe ihnen der Kaiser in Wien näher als die Königin in London.

In der Tat verriet der hannoversche Kurfürst auch nicht gerade, dass England sein Herzensanliegen war. Während Georg August schon fleißig Englisch paukte, gab sich sein Vater nach außen hin gelassen bis gleichgültig und wurde nicht müde zu betonen, dass er sich vor allem um sein Land Hannover kümmern müsse. So hielt er es – im Unterschied zu seinen Geheimen Räten – auch nicht für erforderlich, seinen Sohn schon vor dem Tod Queen Annes nach London zu schicken. Und die Beträge, die er in die Beeinflussung der englischen Parlamentswahlen investierte, waren aus Sicht seiner Berater viel zu gering, um die Lords auf die hannoversche Seite zu ziehen.

Dabei häuften sich im Jahre 1713 die Berichte, wonach es mit Queen Anne zu Ende ging. Im April hieß es, sie habe seit Monaten keinen Fuß mehr vor den anderen gesetzt, müsse sich tragen lassen und werde immer dicker. Doch Ende August kam sie dann doch wieder auf die Beine, wagte – gestützt auf ihren Oberkammerherren – einige Schritte zu gehen und schaffte es sogar, im Schlosspark Windsor von ihrer Kalesche aus einige Hirsche zu schießen. Angesichts solch wechselnder Meldungen bemerkte Georg Ludwig: »Wenn es nur die Gicht ist, die ihr zu schaffen macht, dann wird sie vermutlich noch viele Jahre leben können.«

Ähnlich äußerte sich seine Mutter. »Der Königin von England geht es gut, sie ist schließlich erst fünfzig Jahre alt«, schrieb Sophie im März 1713 an ihre Enkeltochter Sophie Dorothea in Berlin. »Ich glaube, man bittet Gott nirgends so sehr, ihr ein langes Leben zu verleihen, wie hier in Hannover, wo man seinen Fürsten nicht so bald fortziehen lassen möchte.«

Aber das war nicht die ganze Wahrheit. Wer die Kurfürstin kannte, wusste, wie sehr sie sich danach sehnte, ihr Leben mit der englischen Krone zu krönen. Ihrem Freund Leibniz vertraute sie an, sie könne leichter sterben, wenn sie wüsste, dass man ihren Leib in Westminster bestatte. Wenn sich ihr Sohn weiter so zögerlich verhalte, gehe sie notfalls allein nach England.

Manch einer bezweifelte daher, dass sie wirklich Georg Ludwig den Thron überlassen würde. »Sie träumt von nichts anderem, als selbst Königin zu werden«, sagte die Herzogin von Celle zu ihrer Tochter Sophie Dorothea. »Sie wäre ja am liebsten schon 1705 nach England gegangen, aber da wollte man sie nicht auf Schloss Windsor haben. Es war sehr peinlich.«

»Warum schicken sie denn nicht endlich Georg August?«, erwiderte Sophie Dorothea, die nach wie vor darauf hoffte, dass ihr Sohn von London aus etwas für sie tun könnte.

»Ach, den will die Königin ja auch nicht sehen. Sie tut, als wäre er der Gevatter Tod persönlich.«

In der Tat war die englische Königin zunehmend befremdet über die unermüdlichen Bestrebungen Hannovers, ihr einen Thronfolger vor die Nase zu setzen. Und ihre Gereiztheit wuchs, je mehr sich ihr Gesundheitszustand verschlechterte.

Schwere Fieberanfälle machten der Königin im Dezember 1713 zu schaffen, ihre Leibärzte riefen ausländische Spezialisten zu Hilfe. Als im Januar 1714 wegen anhaltenden Ostwinds die Nordseehäfen vereisten und zehn Tage lang keine Post aus England eintraf, kursierte bereits das Gerücht, die Queen habe das Zeitliche gesegnet.

Doch die Berichte erwiesen sich wieder als übertrieben. Die Königin erholte sich. Und sie beteuerte, dass sie zwar nach wie vor auf Seiten der Hannoveraner stehe, allmählich jedoch die Geduld verliere, wenn man an der Leine nichts Besseres zu tun habe, als auf ihren Tod zu lauern. Als sie dann auch noch von englischer Seite bedrängt wurde, endlich den hannoverschen Kurprinzen in London aufzunehmen, platzte ihr der Kragen. Ihr Zorn entlud sich in drei Briefen, »bösen Briefen« wie sie später genannt wurden, adressiert an Kurfürstin Sophie, Kurfürst Georg Ludwig und Kurprinz Georg August. Georg Ludwig teilte sie mit, dass sie die Entsendung des deutschen Prinzen als völlig inakzeptablen Eingriff in ihre Hoheitsrechte betrachte, mit diesem Gerede müsse ein für alle Male Schluss sein. Georg August versicherte sie zwar ihre Wertschätzung, machte aber kein Hehl daraus, dass sie auf seine Anwesenheit in London keinerlei Wert lege. In ihrem Brief an Sophie mäßigte sich die kranke Königin zwar im Ton, ließ aber an ihrer Verärgerung keinen Zweifel. Empört äußerte sie ihr Erstaunen darüber, dass sich offenbar auch die Kurfürstin die Pläne der »übel gesinnten Leute« zu eigen gemacht habe.

Sophie war schockiert. Die 83-Jährige, bekannt für ihr diplomatisches Feingefühl, empfand den Brief als Ohrfeige. Alles, was sie in vielen Jahren mühsam aufgebaut hatte, schien so kurz vor dem Ziel ins Wanken zu geraten. »Das macht mich alles krank, das wird mein Tod sein«, sagte sie. »Aber ich werde dafür sorgen, dass es aller Welt bekannt gemacht wird. Alle sollen wissen, dass es nicht meine Schuld ist, wenn meine Kinder die drei Kronen verlieren.«

Sie gab englischen Besuchern Abschriften aller drei Schreiben mit auf den Weg, so dass die »bösen Briefe« in England veröffentlicht wurden.

Und ihre Vorahnung erfüllte sich: Als sie am frühen Abend des 8. Juni 1714 mit Kurprinzessin Karoline und einer Hofdame durch ihre geliebten Gärten von Herrenhausen spazierte, erlitt sie einen Herzinfarkt. Sie brach zusammen, während das kleine Orchester im Heckentheater bei einer Probe gerade zum Elfentanz aufspielte. Sie starb, bevor ihr der Leibarzt zu Hilfe eilen konnte. Kurz vor ihrem Tod hatte sie sich noch bei der Kurprinzessin über die »bösen Briefe« ereifert.

Neun Wochen nach Sophie starb auch die englische Königin. Der Thron war frei.

Abendröte

Peitschenknallen und Hufgetrappel hallten durch die engen Straßen Ahldens. Die Prinzessin war wieder unterwegs. Kinder und Greise, Bauern und Knechte liefen am Straßenrand zusammen, um sich das Schauspiel nur ja nicht entgehenzulassen. Wenn die Wachsoldaten auch oft für Ärger im Dorf sorgten, so war man doch auf die Herzogstochter aus Celle stolz. Ihre Ausfahrten zählten zu den Höhepunkten des Dorflebens.

»Heya, heya, hü hopp.« Der Prinzessin ging es wieder nicht schnell genug. Sie ließ die Peitsche knallen, sodass ihr Schimmel wie ein Rennpferd über die Dorfstraße stürmte, verfolgt von Soldaten mit gezückten Säbeln.

Mochten in Hannover und London auch große Veränderungen vor sich gehen, das Leben der Prinzessin in Ahlden drehte sich weiter im ewig gleichen Kreis. Nur das Wachpersonal wechselte.

Der alte Wackerbarth machte ihr schon lange keine Vorhaltungen mehr. Der Oberst war bereits am 18. Januar 1711 gestorben. Zum Nachfolger war der Mann ihrer Gesellschafterin bestimmt worden: Oberstleutnant Gabriel de Villars-Malortie, ein kränklicher Hugenotte, der vor seiner Entsendung nach Ahlden im cellischen Militärdienst stand. Anfangs hatte Sophie Dorothea sich gefreut, dass der Ehemann ihrer Hofdame Wackerbarth ersetzen würde. Er erschien ihr weniger hart, weniger kleinlich als sein Vorgänger. Seine französische Abstammung ließ auf Seelenverwandtschaft hoffen.

Doch sie sollte sich täuschen, ihr Freiraum wurde durch den Wachwechsel nicht größer. Die Verantwortung dafür lag aber nicht bei Malortie. Denn strenger als zuvor wachten die Geheimen Räte in Hannover auf die Einhaltung der Bestimmungen. Die Dienstanweisung für den Hofmeister war inzwischen auf 21 Aktenbände mit Anordnungen der unterschiedlichsten Art angewachsen. Ein Katalog der Kleinlichkeiten. Und dem Wachpersonal drohten harte Strafen, wenn sie sich nicht daran hielten.

Entsprechend aufgebracht begrüßte Malortie die Prinzessin an diesem Augustabend des Jahres 1714. Sie wusste, dass sie spätestens bei Einbruch der Dunkelheit zurückzukehren habe, und wieder einmal hatte sie gegen die Bestimmung verstoßen.

Der Hofmeister empfing sie schon vor dem Pforthaus.

»Wir waren in großer Sorge, Durchlaucht. Ich habe schon eine zweite Wachkompanie zusammengerufen, weil ich eine Entführung fürchtete.«

»Entführung? Was redet Ihr da? Es ist noch früh am Tage, Ihr habt keinen Grund, Euch Sorgen zu machen Und jetzt geht bitte aus dem Weg, ich bin müde und durstig, Monsieur.«

»Durchlaucht, wenn Ihr nicht bereit seid, Vernunft anzunehmen, muss ich Euch die Ausfahrten untersagen.«

Der ewig gleiche Streit, die ewig gleichen Drohungen.

War sie vorher noch erfüllt gewesen von der herrlichen Abendstimmung, so beschlich sie jetzt wieder dieses niederdrückende Gefühl der Demütigung. Sie beschloss, sich zu beschweren, wollte die Freiheit, die man ihr noch ließ, verteidigen. Mit allen Mitteln.

Zum Glück hatte sie seit einiger Zeit in Hannover einen Bundesgenossen unter den Geheimen Räten. Bei der Verwaltung ihrer Ämter war ihr 1709 der Kammerrat Heinrich Sigismund von Bar zur Seite gestellt worden, ein feiner Herr mit Bildung. Der Graf, der altem Osnabrücker Adel entstammte und ein großes Gut im Kreis Bersenbrück besaß, hatte die Welt gesehen. Nach seinem Studium in Erfurt und Oxford war von Bar auf die »große Bildungsreise« gegangen, die ihn durch West- und Südeuropa geführt hatte. Später war er in die Dienste Ernst Augusts getreten. Sophie Dorothea schätzte ihn nicht nur als Verwaltungsfachmann, sondern auch als Freund, der mit seinen Besuchen ein wenig Glanz in das graue Aller-Nest brachte und den Blick weitete. Und da ihre Mutter fast nur noch über Beschwerden und Einschränkungen klagte, seitdem sie nach Lüneburg ziehen musste, schätzte sie den zwölf Jahre älteren Grafen umso mehr. Er wurde für sie Vater und Verehrer in einer Person. Zu ihrem Bedauern kam er nur drei- bis viermal im Jahr für einige Tage nach Ahlden. In der übrigen Zeit ließ er sich durch Ferdinand Lukas Lüdemann vertreten, der Sophie Dorothea als Sekretär bei der täglichen Verwaltungsarbeit unterstützte.

Der Streit mit der Wachkompanie war vorgezeichnet. Unabhängig von seinem Eintreten für die Interessen der Prinzessin geriet der Graf aus Hannover schon bald in Konflikt mit Hofmeister Malortie. Die ersten Reibereien entwickelten sich daraus, dass beide Männer die Disziplinargewalt über die Bediensteten beanspruchten. Bald schon entzündete sich neuer Streit am Pforthaus. Von Bar nämlich bezog während seiner Ahlden-Besuche in den Räumen über dem Schlosstor Quartier und brachte darüber hinaus seinen Sekretär Lüdemann dort unter. Malortie forderte den Sekretär auf, das Torhaus vor der Schlossbrücke zu räumen, um Platz für die Offiziere seiner Wachmannschaft zu schaffen. Doch vergebens. Der Ahldener Hofmeister unterlag in dem Streit. Dennoch aber hatte der hannoversche Kammerrat keinen Grund zu triumphieren: Georg Ludwig, verärgert über die ewigen Querelen in Ahlden, forderte ihn in scharfen Worten zur Zurückhaltung auf und ermahnte ihn, seine Befugnisse in Ahlden nicht länger zu überschreiten – eine Maßregelung, die von Bars Verhältnis zu seinem Dienstherren dauerhaft trübte.

Auch diese gemeinsame Frontstellung zum Kurfürsten verband ihn fortan mit Sophie Dorothea. Die Briefe, die sich die beiden schrieben, gingen daher bald über Geschäftliches hinaus. Und da die Korrespondenz zwischen der Prinzessin und ihrem Verwaltungschef nicht zensiert wurde, bestand keine Not, sich Zurückhaltungen aufzuerlegen.

So schrieb sich Sophie Dorothea in dieser Augustnacht in einem Brief an den »geschätzten Herrn Grafen« den ganzen Ärger von der Seele:

»Bisweilen habe ich Hoffnung, dass ich in diesem abgeschiedenen Landstrich doch noch so etwas wie innere Ruhe und Seelenfrieden finden kann. Aber die Statthalter des Kurfürsten werden nicht müde, mir vor Augen zu führen, dass ich nicht mehr bin als eine Gefangene – schuldbeladener als jede Giftmischerin. Sie missgönnen mir die kleinsten Vergnügen, die mir meine eingeschränkte Lage hier noch lässt. Heute zum Beispiel hat Malortie mir heftig gedroht, weil ich es gewagt hatte, bis zum Einbruch der Dunkelheit mit meiner Kalesche auszufahren. Sie wissen, dass ich die Ausfahrten in den Abendstunden am meisten liebe. Sollte es Ihnen möglich sein, lassen Sie meinen Hofmeister doch von berufener Stelle wissen, dass mir diese kleine Freiheit aufgrund der festgesetzten Bestimmungen durchaus gestattet ist. Sollten Ihnen aus dieser Fürsprache allerdings irgendwelche Nachteile erwachsen, bitte ich Sie dringend, davon abzusehen. Versprechen Sie mir das? Sie haben meinetwegen schon viel zu viel Unannehmlichkeiten auf sich genommen. Ich stehe tief in Ihrer Schuld und möchte keinesfalls, dass Sie noch weiteren Demütigungen ausgesetzt sind.

Immer noch wird mir warm ums Herz, wenn ich an Ihren letzten Besuch in Ahlden denke. Ihre Großmut und Bildung, ihre Herzlichkeit und Noblesse haben mich aus den Niederungen meines erzwungenen Aufenthaltsortes emporgehoben. Wann kommen Sie wieder? Ich kann es kaum mehr erwarten.

Doch vermutlich steht Ihnen dieser Tage gar nicht der Sinn danach, sich meiner so gänzlich unbedeutenden Probleme anzunehmen. Die Ereignisse in England müssen den hannoverschen Hof in allergrößte Aufregung versetzen. Ich habe immer noch die Hoffnung, dass mein Sohn Georg August die Krone erlangen wird. Die Engländer lieben ihn – sie lieben ihn sehr viel mehr als den Kurfürsten, wie mir meine Mutter oft berichtet hat. Gott gebe, dass ihm die Ehre zuteil wird, die ihm gebührt.«

Diese Hoffnung sollte sich vorerst nicht erfüllen. Denn während Sophie Dorothea diesen Brief schrieb, hielt Georg Ludwig bereits einen ganz anderen Brief in Händen: ein Schreiben mit Wappen und Siegel, das ihn zum König von England machte.

Umzug nach London

Die Nachricht aus dem Buckingham Palast erreichte ihn neun Wochen nach dem Tod seiner Mutter – in seiner Sommerresidenz Herrenhausen.

James Craggs, der Bote des englischen Hofes, war nur fünf Tage unterwegs gewesen, als er am Morgen des 16. August 1714 gegen zehn Uhr in Hannover ankam. Queen Anne hatte noch im Sterben gelegen, als der Bote aufgebrochen war – mit der offiziellen Aufforderung des Geheimen Kronrats an Georg Ludwig, sich unverzüglich auf den Weg nach London zu machen, um sich zum König krönen zu lassen.

Georg Ludwig blieb stumm, als Craggs ihm die Urkunde überreichte. Er senkte den Blick, als habe er eine Unglücksnachricht erhalten. Da er die englische Sprache nach wie vor nur sehr unvollkommen beherrschte, musste er sich das Schreiben übersetzen lassen. Die Lords teilten ihm mit, dass mit dem baldigen Ableben der Königin zu rechnen sei, versicherten ihm ihren untertänigsten Respekt und ihre Dienstbereitschaft.

In der Nacht zum 17. August dann erreichte die Todesnachricht Hannover. Der englische Gesandte Clarendon war gerade von einer Abendgesellschaft heimgekehrt, als er gegen ein Uhr in der Frühe den Eilbrief zugestellt bekam, der das Ableben der Queen vermeldete. Der Diplomat fuhr sofort nach Herrenhausen, um Georg Ludwig wecken zu lassen. Damit war der englische Graf der erste, der dem hannoverschen Kurfürsten seine Glückwünsche aussprach. Georg Ludwig war noch im Nachthemd, als Clarendon ihm von dem Todesfall in Kenntnis setzte und ihm mit Kniefall und Handkuss im Schlafgemach zu seinem neuen Amt gratulierte. »Gottes Segen, Königliche Hoheit.«

Georg Ludwig gab auch weiterhin nicht zu erkennen, dass ihn die Aussicht auf den englischen Thron begeisterte. Reserviert, fast bedrückt reagierte er auf alle Huldigungen. Und während in London mit Pauken und Trompeten, Salutschüssen und Jubelrufen der Thronwechsel verkündet wurde, machte der Thronfolger in seinem Heimatland kein großes Brimborium von dem Aufstieg.

Georg Ludwig ließ sich viel Zeit mit der Reise in sein künftiges Königreich. Erst am 11. September 1714 verabschiedete er sich von seinem Hofstaat in Herrenhausen. In einer für ihn ungewöhnlich bewegten Ansprache sagte er: »Adieu, du lieber Ort, wo ich so viele vergnügte und ruhige Stunden verlebt habe. Ich gehe nun von dir, jedoch nicht auf ewig. Ich hoffe, dich bisweilen wiederzusehen.«

Er reiste nicht allein. Vor allem bestand er darauf, dass ihn seine beiden Mätressen begleiteten: Melusine von der Schulenburg und Sophie Charlotte, seine Halbschwester, die mittlerweile mit dem hannoverschen Kammerherrn Johann Adolf von Kielmannsegg verheiratet worden war, den sie selbstverständlich auch mitnehmen durfte. Auch einen Großteil seiner Minister beorderte Georg Ludwig nach England – unter ihnen Graf Bernstorff, der zuvor von Celle nach Hannover übergewechselt war. Nicht einmal auf seine Pagen und Diener wollte er in England verzichten. So forderte er die beiden »Kammertürken« Mehmed und Mustafa auf, mit ihm in den Buckingham Palast überzusiedeln. Von ihnen wollte er sich wie bisher ankleiden lassen, ohne von den englischen Chargen in seinem Schlafgemach behelligt zu werden.

Auch seinen Sohn nahm er mit. Georg Augusts Familie dagegen musste noch in Hannover bleiben.

Fünf Tage nach seiner Abreise aus Herrenhausen erreichte Georg Ludwig mit seinem großen Gefolge Den Haag. Dort legte er einen Zwischenaufenthalt ein und ließ sich von den Oraniern feiern, bevor er schließlich am 27. September an Bord der

Staatsjacht »Peregrine« ging, um feierlich den Kanal zu überqueren.

Begleitet von seinem Hofstaat in sechs weiteren Yachten, eskortiert von elf englischen und acht niederländischen Kriegsschiffen, erreichte er bei günstigem Wind am Abend des nächsten Tages die Themsemündung. In Greenwich erwartete ihn bereits eine große Menschenmenge. Nebel und Niedrigwasser verzögerten die Ankunft. Erst am Abend des 29. September konnte er daher unter dem Jubel der Herbeigeeilten an Land gehen. Nicht nur Tausende von Schaulustigen kamen zur Begrüßung des neuen Königs nach Greenwich. Auch der britische Hochadel und die höchsten Amts- und Würdenträger des Vereinigten Königreiches fanden sich in der Hafenstadt ein, um ihrem neuen Herrscher zu huldigen. Georg Ludwig traf auch einen Musiker wieder, der vier Jahre zuvor bereits als Kapellmeister in seine Dienste getreten war: Georg Friedrich Händel. Der aufstrebende Komponist hatte sich schon bald nach seiner Anstellung in Hannover beurlauben lassen, um seine Opern in London aufzuführen. Georg Ludwig machte ihn sofort zu seinem Hofkomponisten und bestand darauf, dass Händels Erfolgsoper »Rinaldo« bei den anstehenden Krönungsfeierlichkeiten zur Aufführung kam.

Und ganz allmählich begann der Welfenspross zu erfassen, was für ein Land es war, dessen Krone ihn bald schmücken würde – ein Land, das von zehnmal so vielen Untertanen bevölkert wurde wie seine deutschen Fürstentümer. »Großbritannien« nannte sich dieses Inselreich, seitdem sich vor einigen Jahren das schottische und englische Parlament vereinigt hatten. Allein in London lebten rund 700 000 Menschen, mehr als im gesamten Herzogtum Braunschweig-Lüneburg. Britische Segelschiffe kreuzten auf den Weltmeeren zwischen Boston und Schanghai, und erst vor kurzem hatte die englische Krone sich das Monopol für den einträglichen Sklavenhandel zwischen Westafrika und dem spanischen Überseeimperium gesichert. Kurz: Der Kurfürst von Hannover war zu einem der mächtigsten und reichsten Männer der Welt geworden. Dass Georg Ludwig sich jetzt »Königliche Hoheit« nennen lassen konnte, war mehr als eine Frage des Titels.

Als er am 1. Oktober 1714 bei prächtigem Sonnenschein seinen Einzug in London hielt, begleiteten ihn zweihundert sechsspännige Kutschen. Die Glocken läuteten, Kanonenschüsse donnerten, Hunderttausende an den Straßenrändern jubelten, als der Hannoveraner seinem Schloss entgegenfuhr.

Es fehlte allerdings auch nicht an Hohn und Häme. Vor allem spöttelten die Engländer darüber, dass ihr neuer König so lange mit der Reise gezögert hatte und die englische Sprache so schlecht beherrschte. Mit Spottversen reagierten sie vor allem auf den deutschen Hofstaat, den ihr neuer König mitbrachte – insbesondere auf seine beiden Damen richteten sich belustigte Blicke. Die dicke Gräfin von Kielmannsegg erhielt den Spitznamen »Elefant«, die lange, dürre Schulenburg wurde »Maibaum« genannt, die englische Entsprechung für Hopfenstange. Elefant und Maibaum – das war in den Augen der britischen Satiriker das Damengespann, das künftig das Bett mit dem neuen König teilte.

Selbstverständlich sprach sich in London schnell herum, dass Georg I. seine Verflossene in einem sumpfigen Dorf gefangen hielt, und die Gerüchte, die sich darum rankten, verbesserten seine Sympathiewerte nicht. Wie zum Trotz überhäufte er gleichwohl seine Mätressen mit Reichtümern und Titeln. Melusine von der Schulenburg machte er zum Ärger vieler Briten zur Herzogin von Kendall, die Platen-Tochter Sophie Charlotte zur Gräfin von Darlington.

Immerhin vergaß er auch seinen Sohn nicht. Bereits am 9. Oktober ernannte er Georg August, den er zuvor schon als Thronfolger vorgestellt hatte, zum Prinzen von Wales.

Einige Tage vor der Krönungszeremonie in Westminster Abbey durfte Georg August schließlich auch seine Frau Karoline und seine kleinen Töchter in London begrüßen. Die Engländer waren entzückt, denn lange schon hatten sie keine Königskinder mehr in ihrem Inselreich gesehen. Georg Augusts sieben Jahre alter Sohn Friedrich Ludwig, genannt Fritz, musste allerdings aufgrund einer Verfügung des Großvaters in Deutschland bei einem Onkel bleiben. Georg I. hatte den Enkel dazu ausersehen, die Familiendynastie im hannoverschen Stammland zu repräsentieren, um sich die Loyalität seiner deutschen Untertanen zu sichern. Wer wusste denn, wie lange die Briten ihren König aus Hannover überhaupt dulden würden?

Zufrieden nahm Georg I. zur Kenntnis, dass keine hannoverfeindlichen Minister mehr in der Regierung saßen. Am 8. Oktober leitete er dann die erste Sitzung des neuen Kabinetts, das erst kurz nach seiner Ankunft die Geschäfte übernommen hatte. Da er nur wenige englische Vokabeln beherrschte, verständigte man sich auf Französisch.

Bei der feierlichen Krönungszeremonie am 20. Oktober konnte dagegen auf Englisch nicht ganz verzichtet werden. Georg I. nahm die Krone in Empfang, die einst für Queen Anne angefertigt worden war. Die alte Stuart-Krone hatte James II. bei seiner Flucht ins französische Exil mitgenommen.

Auch Georg August musste sich mit gebrauchtem Kopfschmuck begnügen. Er erhielt die umgearbeitete Krone von Königin Mary, der Frau Wilhelms III. Schon lange war bei einer Krönung in Großbritannien kein Prince of Wales mehr zugegen gewesen. Die Briten fassten die Anwesenheit des Kronprinzen daher als Zeichen auf – als Zeichen für einen Neubeginn.

Wer allerdings meinte, Georg I. habe sich mit seinem Sohn angefreundet und in seine Regierungsgeschäfte einbezogen, irrte. Der König achtete streng darauf, dass der populäre Kronprinz vom inneren Zirkel der Macht ausgeschlossen blieb. Er ließ Georg August weder in sein Arbeitszimmer vor noch duldete er ihn im Kabinett seiner engsten Minister. So blieb dem Kronprinzen, abgesehen von repräsentativen Auftritten, nur der Rückzug ins Private. Gemeinsam mit Karoline bestieg er seine prunkvolle Barke und zeigte sich bei Ausfahrten auf der Themse. Im übrigen sonnte er sich im Glanz seiner Frau, die herausragende Dichter, Philosophen und Künstler zu Empfängen ins Schloss lud und sich damit hohes Ansehen erwarb.

Eine ernsthafte Aufgabe fiel Georg August zu, als er nach den Neuwahlen im März 1715 seinen Sitz im Parlament einnehmen durfte. Als dann aber ein halbes Jahr später in Schottland die

Anhänger Jakob Eduards, von den Briten James Edward genannt, rebellierten, bereitete ihm sein Vater eine schlimme Demütigung. Georg I. lehnte es ab, seinem Sohn ein Truppenkommando zu übergeben – hinderte ihn also daran, eine aktive Rolle bei der Verteidigung des Welfenhauses zu spielen. Dabei hatte er sich wenige Jahre zuvor in Flandern während des Spanischen Erbfolgekriegs unter General Marlborough ruhmreich geschlagen – das Pferd war ihm in der siegreichen Schlacht von Oudenaarde unterm Hintern weggeschossen worden. Kein Geringerer als der große irische Schriftsteller Jonathan Swift hatte ihn in seinen Versen als »Young Hanoverian Brave« gefeiert.

Jetzt hatte es den Anschein, als wollte sein Vater unter allen Umständen vermeiden, dass er erneut als Kriegsheld hervortrat und seine Popularität noch weiter steigerte. Nach wie vor sah er in Georg August einen Konkurrenten – und vor allem den Sohn Sophie Dorotheas. Dass sich in Großbritannien das Gerücht verbreitete, der Prince of Wales sei in Wahrheit ein Königsmarck-Abkömmling, belastete das Verhältnis zwischen Vater und Sohn zusätzlich.

Obwohl die Gerüchte haltlos waren, fiel es Georg I. schwer, Georg August zu akzeptieren. »Meiner Meinung nach«, stichelte Liselotte von der Pfalz, »glaubt der König von England nicht, dass der Prinz von Wales von ihm ist. Denn wenn er es glaubte, würde er seinen einzigen Sohn nicht so übel behandeln.«

Der Brand

Kalter Ostwind fegte am 20. April des Jahres 1715 durch die Allermarsch. Der Frühling, der die Maiglöckchen bereits zum Blühen gebracht hatte, schien sich an diesem Sonnabend vor Ostern wieder verabschiedet zu haben. Die Ahldener aber ließen sich dadurch ihre Vorfreude auf den bevorstehenden Festtag nicht verderben. Sie putzten und fegten, backten und brieten, schmückten ihre Kirche und stellten Festtagskerzen auf den Altar, um die Wiederauferstehung des Gekreuzigten zu feiern. Wie hätten sie auch ahnen sollen, dass all ihre Mühe vergebens sein würde.

Wie viele Katastrophen begann auch diese mit einer Bagatelle. Am Anfang der Schicksalskette stand eine Maus. Ein Soldat aus der Wachkompanie der Prinzessin, der bei dem Ahldener Bauern Cord Rathge Quartier in einer Dachkammer bezogen hatte, bemerkte am Abend gegen halb neun, wie das kleine graue Nagetier aus seinem Kleiderhaufen huschte, über Boden und Balken flitzte und in einem Loch in der Lehmwand verschwand. »Teufel auch, wenn ich dich erwische, ich schlag dich zu Brei, du Biest«, fluchte der Soldat, nahm die Kerze vom Tisch und ging in den Winkel, in den die Maus geflüchtet war, um das Schlupfloch zu verstopfen. Während er einen Lumpen in das Loch steckte, bemerkte er nicht, dass seine Kerze die Spinnweben entzündete, die sich unter der Holzdecke spannten, und er bemerkte auch nicht, dass die kleine Flamme durch die Ritzen der Deckenbretter züngelte und das Stroh, das auf dem Boden lagerte, in Brand setzte. Erst als er wieder am Tisch saß, hörte er es knistern. Jetzt roch er auch den Brandgeruch. Aber da war es schon zu spät.

317

Mit rasender Geschwindigkeit breitete sich das Feuer auf dem Boden aus, erfasste das Strohdach, griff, entfacht durch den starken Wind, auf das Nachbardach über und setzte binnen weniger Minuten ein Haus nach dem anderen in Brand. Da alle Häuser mit Stroh gedeckt waren, verwandelte sich das Dorf in ein Flammenmeer. An Löschen war nicht zu denken. Die Menschen, die zum großen Teil schon im Bett gelegen hatten, flüchteten aus ihren brennenden Häusern, in den Händen die wenigen Habseligkeiten, die sie in der Eile zu fassen bekamen; auf den Armen die kleinen Kinder, die sie aus ihren Betten gerissen hatten. Verzweifelt mühten sie sich, ihr Vieh aus den brennenden Ställen zu befreien – Schweine, Schafe, Kühe und Hühner. Doch auch wenn es ihnen gelang, die verängstigten Tiere aus den Verschlägen herauszutreiben, war das Vieh noch längst nicht gerettet. So manches Huhn, so manches Schaf verbrannte in den engen Gassen oder wurde von niederstürzenden Trümmerteilen erschlagen. Das Schreien der verängstigten Tiere ging unter in dem gewaltigen Knacken und Krachen der Feuersbrunst.

Sophie Dorothea hatte sich gerade von der Abendtafel erhoben, als sie den Rauchgeruch bemerkte und die Schreie hörte. Sie stürzte zum Fenster. Zuerst bemerkte sie nur den roten Schein, der vom Dorf herüberleuchtete. Erst als sie in ihren Salon auf der Westseite gelaufen war, sah sie, wie die Flammen hoch in den Abendhimmel loderten und die Funken über dem Dorf tanzten. Sie fürchtete, das Feuer würde auf das Schloss zukommen und rannte von einem Zimmer ins andere, vollkommen ratlos, wie sie sich verhalten sollte. Am liebsten wäre sie aus dem Schloss geflüchtet. Aber wie? Und wohin? Die Fluchtwege waren versperrt und niemand hatte die Nerven, die Kutschpferde anzuschirren.

»Was machen wir nur?«, klagte sie. »Was sollen wir nur tun?«

Doch niemand antwortete ihr. Jeder dachte nur noch daran, seine eigene Haut zu retten.

Entsetzt verfolgte sie vom Fenster aus, wie das Feuer das Dorf in rasender Geschwindigkeit in Schutt und Asche legte. Zum

Glück trieb der Ostwind die Flammen in die entgegengesetzte Richtung, sodass auch die Kirche, die Schule und das Amtsrichterhaus verschont blieben.

Doch der Schaden war verheerend. Innerhalb einer Stunde gingen 41 Wohnhäuser in Flammen auf; 23 Scheunen, 21 Backhäuser, sieben Speicher und sechs Wagenremisen brannten ab. Und nicht allen Bewohnern gelang es, in letzter Sekunde noch aus dem Fenster zu springen. Unter den Toten war auch ein zehnjähriger Junge.

Statt Ostern zu feiern standen die Ahldener am nächsten Tag fassungslos zwischen den Trümmern ihrer Häuser. Sophie Dorothea, die wie die Ahldener die Nacht durchwacht hatte, war bestürzt. Sie forderte ihren Oberhofmeister Villar auf, so viel Obdachlose wie möglich im Schloss unterzubringen, und sie beriet sich mit Pastor Seelhorst, um auch auf andere Weise zu helfen. Sie geizte nicht mit Geld- und Sachspenden.

Die Menschen im Dorf, die ihr bisher so fern gestanden hatten, kamen ihr plötzlich ganz nah. Und das hatte nicht nur damit zu tun, dass ihr die Bauern- und Handwerkerfamilien im Schlosshof über den Weg liefen. Das Elend der Menschen, denen das Feuer ihr bescheidenes Hab und Gut geraubt, ihre Existenz zerstört hatte, riss sie aus ihrem Luxusleben, führte ihr vor Augen, wie unbedeutend ihr eigenes Leid war, wie gut es ihr im Vergleich zu diesen Obdachlosen ging. Passionsgebete traten an die Stelle von Osterliedern. Statt »Auf, auf mein Herz mit Freuden« zu singen, sang sie mit ihren Hofdamen wie am Karfreitag:

> *»Wer hat dich so geschlagen,*
> *mein Heil und dich mit Plagen*
> *so übel zugericht …«*

Doch ihre Hilfsbereitschaft stieß an Grenzen. Als die hannoversche Regierung erfuhr, dass sie obdachlos gewordene Dienstboten und Bauern ins Schloss holte, mussten sich ihre Bewacher einen harten Rüffel gefallen lassen. Und sofort begann Oberhofmeister Villar damit, die Brandgeschädigten auf höheren Befehl aus dem Schloss wieder auszuquartieren und im benachbarten Hudemühlen unterzubringen.

Immerhin wurde Sophie Dorothea der Wunsch erfüllt, für den Fall eines Schlossbrandes einen Rettungskahn auf dem Schlossgraben bereitzustellen. Um sie mit diesem Entgegenkommen nicht auf dumme Gedanken zu bringen, ließ man den Kahn aber anketten und den Schlüssel von der Schlosswache verwahren.

Die Taufe

Auch in London brannte es. Der Morgen graute, es war gegen fünf Uhr in der Frühe. Der Prinz von Wales kam gerade mit Karoline von einem nächtlichen Ball, als er sah, wie Flammen aus einem Haus schlugen. Sofort ließ Georg August die Kutsche halten, stieg aus und bot seine Hilfe bei den Löscharbeiten an. Ohne Rücksicht auf seine festliche Ballkleidung zu nehmen, bediente der Prinz die Feuerspritze und schleppte Wassereimer.

Das sprach sich schnell herum. Weitere Anerkennung erwarb sich Georg August, als er bei einem anderen Brand tausend Taler aus seiner Privatschatulle spendete. Die Popularität des Thronfolgers stieg von Tag zu Tag. Imagefördernd war auch seine Reaktion auf ein Attentat im Drury-Lane-Theater. Als ein Mann ihn zu erstechen versuchte, wehrte er den verwirrten Angreifer beherzt ab und veranlasste ihn, seinen Plan aufzugeben. »Souverän«, schwärmte die Presse. Und Georg August wurde nicht müde, sich seinen neuen Landsleuten als überzeugter Engländer zu präsentieren. »In meinen Adern fließt kein Tropfen Blut, der nicht englisch ist«, verkündete der Prinz. Das stimmte zwar nicht, aber es kam gut an – vor allem, weil sein Vater nach wie vor im Verdacht stand, mehr an seiner hannoverschen Heimat als an seinem britischen Königreich zu hängen.

So übertraf die Beliebtheit des couragierten Thronfolgers die Popularität des Monarchen bei weitem, und etliche ehrgeizige, aber ämterlose Nachwuchspolitiker scharten sich bereits um Georg August, um im Falle eines Thronwechsels die günstigste Ausgangsposition zu haben.

Georg I. betrachtete diese Entwicklung mit Argwohn. Es behagte ihm nicht, dass sein Sohn ihn in den Schatten stellte – dieser Mann, der ihn ständig an Sophie Dorothea erinnerte. Schließlich verdächtigte er Georg August sogar, heimlich Verbündete um sich zu sammeln, um seine Autorität zu untergraben. Im Frühsommer 1716 war die Feindschaft so groß, dass Vater und Sohn nicht mehr miteinander sprachen und nicht mehr miteinander speisten. Immer frostiger verliefen die Begegnungen in der Öffentlichkeit. Man traf sich bei der Jagd, im Theater, bei Spaziergängen im St. James Park oder auch bei Karolines Abendgesellschaften. Doch man tat, als sei der andere Luft.

Spannung kam auf, als Georg I. sich entschloss, nach der erfolgreichen Niederschlagung des jakobitischen Aufstands in Schottland im Sommer 1716 seinem geliebten Hannover einen Besuch abzustatten. Wer sollte ihn in seiner Abwesenheit vertreten? Selbstverständlich kam er nicht an seinem Sohn vorbei, nach den britischen Gesetzen war der Thronfolger eine Art Stellvertreter, der in Abwesenheit des Königs als Regent fungierte. Doch Georg I. dachte gar nicht daran, Georg August eine so hohe Stellung zu überlassen. Er bestand darauf, bei allen wichtigen Entscheidungen selbst gefragt zu werden, gestand Georg August lediglich den Status eines leitenden Regierungsbeamten zu. Der wiederum wollte diese Demütigung nicht hinnehmen. Es kam zu einer Kraftprobe zwischen Vater und Sohn, die auch das Kabinett in zwei Lager teilte. Dabei war klar, dass Georg I. am längeren Hebel saß.

Während der König in Hannover weilte, verschärfte sich der Konflikt. Der private Zwist steigerte sich zu einem Kampf um die Macht. Sogar in der Außenpolitik nahmen Vater und Sohn entgegengesetzte Positionen ein. Georg I. nämlich erwog, sich mit Frankreich zu verbünden, um Schweden in die Knie zu zwingen – und zwar nicht als Sachwalter britischer Interessen, sondern als hannoverscher Kurfürst. Denn mit Hilfe der Franzosen wollte er den Skandinaviern die schwedischen Provinzen Bremen und Verden abtrotzen. Viele Briten indessen sahen nicht ein, dass für diesen Schachzug im Interesse Hannovers britische Steuergelder und Soldaten geopfert werden sollten. Ohne selbst viel dafür zu tun, wurde Georg August somit zum Idol einer Bewegung, die sich gegen seinen Vater richtete. Und der war außer sich, als ihm einer seiner ergebenen Minister in Herren-hausen berichtete, sein Sohn schüre in England die Opposition und schare bereits Rebellen um sich.

Georg I. war so übel gestimmt, wie man ihn noch nie gesehen hatte, als er im Januar 1717 aus Deutschland nach London zu-rückkehrte. Die Atmosphäre war bis zum Äußersten gespannt, so explosiv, dass es nur noch eines Funkens bedurfte, um den großen Knall auszulösen.

Dieser Funke entsprang dann einer eigentlich ganz harmlosen Familienfeier.

Kindstaufe im St. James Palast. Karoline hatte am 20. Okto-ber 1717 einen weiteren Sohn zur Welt gebracht. Nachdem ihr zweiter Sohn im November 1716 gleich bei der Geburt gestor-ben war, ruhten große Hoffnungen auf dem kleinen Prinzen. Zwischen Vater und Großvater entzündete sich jedoch sofort ein Streit an der Frage, wer als Taufpate in Frage kam. Die El-tern des Neugeborenen sprachen sich für Großonkel Ernst Au-gust aus, einen Bruder des englischen Königs, der das Amt des Fürstbischofs von Osnabrück bekleidete und vor kurzem auch Herzog von York und Albany geworden war. Da der Onkel selbst ehe- und kinderlos war, bestand die begründete Aus-sicht, dass dem Patensohn einst ein stattliches Erbe zufallen würde. Doch der Großvater war dagegen. Der König setzte sich nach englischem Brauch für den Herzog von Newcastle als Paten ein, den amtierenden Oberhofmeister. Nur zähneknir-schend beugte Georg August sich der väterlichen Macht. Und damit nicht genug: Er musste es auch noch hinnehmen, dass sich sein Vater bei der Namensgebung durchsetzte. Zu Ehren seines Celler Urgroßvaters wurde der Stammhalter auf den Namen George William getauft. Dabei hätten seine Eltern ihn viel lieber Louis genannt.

Der Prince of Wales war empört, zügelte aber seinen Zorn während der Taufzeremonie zunächst noch. Als sein Vater end-lich den Raum verlassen hatte, brach der Ärger jedoch aus ihm heraus. Er fluchte auf seinen Vater und überschüttete den auf-gezwungenen Taufpaten mit heftigen Vorwürfen, bedrohte ihn mit den Worten: »Rascal, I'll find you«, was so viel heißt wie:

»Ich krieg dich, du Schurke.« Doch der Herzog von Newcastle verstand »I'll fight you« und sah sich zum Duell herausgefordert.

Kurz: Der Mann ließ den Zwischenfall nicht auf sich beruhen, sondern beklagte sich bei mehreren Ministern, die ihrerseits den König alarmierten. Prompt entwickelte sich der Vorfall zur Staatsaffäre. Georg I. empfand das Verhalten seines Sohnes als absolut inakzeptabel und berief umgehend das Kabinett ein, um die Konsequenzen zu beraten. Da die Minister ihn drängten, noch einmal den Prinzen zu dem Fall zu befragen, beauftragte er drei hochrangige Würdenträger, seinen Sohn zu vernehmen.

Georg August reagierte gereizt. Äußerst ungehalten beantwortete er die Fragen der Delegation. »Was soll der Unsinn?«, polterte er. »Wie komme ich dazu, diesen Mann zum Duell herauszufordern?« Er habe dem Herzog nur mangelnden Respekt vorgehalten, beteuerte er. »Er hat sich gegen meinen Willen zum Paten meines Sohnes machen lassen. Das war nicht sehr fein. Er hätte sich auch anders aus der Affäre ziehen können.«

Georg I. befriedigten diese Erklärungen nicht. Die Abfuhr, die Georg August der Delegation erteilt hatte, entfachte seinen Zorn nur noch mehr. Er stellte seinen Sohn unter Hausarrest, und die Leibgardisten nahmen ihre Aufgabe so ernst, dass sie nicht einmal mehr Hofdamen passieren ließen, die Prinzessin Karoline besuchen wollten.

Da sich der Arrest auf Dauer nicht mit den britischen Gesetzen vereinbaren ließ, entschloss sich der König, den Prinzen aus dem St. James Palast zu verbannen. Karoline hätte bleiben dürfen, bis sie sich von der Geburt erholt hatte. Doch sie verzichtete auf die Gnade und folgte ihrem Mann auf dem Fuße.

Die drei Töchter und der Neugeborene dagegen mussten nach dem Willen des Vaters im Schloss zurückbleiben. Georg I. gab sie in die Obhut von Trudchen, der Gräfin Gertrud zu Schaumburg-Lippe, der Tochter seiner Mätresse Melusine von der Schulenburg – und damit seiner eigenen Tochter. Empört zog Georg August daraufhin vor Gericht, um sich das Sorge- und Umgangsrecht zurückzuerobern. Doch vergebens. Die Gesetze waren auf der Seite des Königs. Die von Georg I. eingesetzten Richter wiesen die Klage des Kronprinzen ab und gestatteten seiner Frau

Karoline lediglich, ihre Kinder zu besuchen – und zwar ausschließlich in Anwesenheit Trudchens.

Der kleine George William verkraftete die frühe Trennung von seiner Mutter nicht. Er starb bereits wenige Wochen nach der Geburt.

Die Verbannung traf das Prinzenpaar schwer. Als die beiden schließlich Quartier bei einem befreundeten Grafen bezogen hatten, brach Karoline zusammen. Georg August weinte. Er musste an seine Mutter denken. Wie die sich wohl damals gefühlt hatte? Wie sie sich heute wohl fühlte? Er hatte lange nichts mehr von ihr gehört. Ob sie überhaupt noch lebte? Er beschloss, Nachforschungen anzustellen.

Rätselhafte Besucher

Die Londoner, die an diesem Sonntag am Ufer der Themse ent-
langspazierten, horchten auf. Der Wind trug feierliche Klänge
über den Fluss. Und die Spaziergänger musste nicht lange Ausschau halten, um die Herkunft der Musik auszumachen: Der König war mit einem prächtigen Segelschiff auf der Themse unterwegs, begleitet von einem kleineren Schiff voller Musiker. Während Georg I. mit seinem Gefolge auf Deck tafelte, spielte die
Hofkapelle auf dem Nachbarschiff ein neues Stück seines deutschen Landsmannes Georg Friedrich Händel: »Die Wassermu-
sik«. Der Meister dirigierte selbst. Georg I. war so begeistert,
dass er das Werk gleich noch zweimal hören wollte: während
des Essens im Palast von Chelsea und während der Rückfahrt
auf der Themse. Und er entschloss sich noch auf dem Schiff, das
Jahresgehalt Händels zu verdoppeln – statt 200 Pfund erhielt
der Hofkomponist damit 400 Pfund im Jahr. Wenn Georg I. auch
immer noch scharf rechnete, so ließ er sich die Musik doch
einiges kosten.

Sophie Dorothea im fernen Ahlden konnte von festlicher Hof-
musik nur noch träumen. Sie musste mit der Orgel vorlieb nehmen, die man ihr in ihrem kleinen Andachtsraum aufgestellt hatte. Keine königlichen Konzerte, sondern Kirchenlieder begleiteten ihr Leben in der Abgeschiedenheit.

> *»O Traurigkeit, o Herzeleid,*
> *ist das nicht zu beklagen?«*

Doch aus England klangen andere Töne herüber. Rätselhafte
Besucher versetzten die Wachkompanie in Aufregung.

Der erste Vorfall ereignete sich in der Nacht zum 6. Dezember des Jahres 1717. Es stürmte, schwarze Wolken schoben sich über Mond und Sterne, als der Wachposten vor dem Tor des Pforthauses plötzlich einen Mann bemerkte.

»Halt! Wer seid Ihr?«, rief er den Fremden an.

Anstatt zu antworten oder zu fliehen, antwortete der Mann in fremdartigem Akzent mit einer Gegenfrage: »Wie spät ist es?«

»Wie spät? Zwei Uhr. Habt Ihr nicht die Kirchturmuhr schlagen hören?«

Der Soldat war verwirrt. Allmählich dämmerte ihm, wie absurd die Frage zu dieser nachtschlafenen Zeit war. Doch als er sich gefasst hatte und den Mann zur Rede stellen wollte, war der nächtliche Besucher schon wieder in der Dunkelheit verschwunden.

»Halt, stehen bleiben«, rief ihm der Wachposten nach. »Wo seid Ihr? Halt.«

Doch der Kerl war wie vom Erdboden verschluckt, und die Suchaktion, die umgehend eingeleitet wurde, blieb ergebnislos. So gespenstisch wie der Fremde aus der Dunkelheit aufgetaucht war, war er auch wieder verschwunden. Auch die Reisenden, die im Ahldener Krug übernachtet hatten, wussten nichts von dem rätselhaften Mann zu berichten.

Zuerst schien es, als habe der Musketier den Vorfall nur geträumt. Dann aber stellten die Soldaten bei ihrer Suche fest, dass die kleine Pforte im Tor hinter der Zugbrücke offen stand. Und der wachhabende Unteroffizier beteuerte, er habe die Pforte ganz sicher kurz vor ein Uhr verschlossen.

Ein Vierteljahr später kam es zu einem weiteren Zwischenfall. Drei vornehm gekleidete Männer tauchten am 23. März 1718 im Dorf auf. Als sie von den Soldaten angesprochen wurden, stellten sie sich als Kaufleute aus Schottland vor. Sie nannten sogar ihre Namen: Vincens, Iwe und Fouller. Und die Herren machten kein Geheimnis daraus, dass sie nach Ahlden gekommen waren, »um ihre Königin zu sehen«. Den Soldaten erschien dies in hohem Maße verdächtig. Sie hielten die angeblichen Kaufleute fest und holten ihren Kommandanten Villars. Der Oberhofmeister nahm die Sache sehr ernst und ließ das Gepäck der drei Herren durchsuchen. Doch die Soldaten entdeckten in den Koffern nur Kleidungsstücke. »Unser einziger Wunsch ist es, zu unserer Königin vorgelassen zu werden«, wiederholten die Männer. Als Villars ihnen erklärte, dass es im Schloss keine Königin gebe und kein Unbefugter zu der Dame des Hauses vorgelassen werden könne, erwiderte einer der drei Herren mit fremdländischem Zungenschlag: »Es wird die Zeit kommen, da wir unsere Königin in unserem Heimatland sehen werden. Glaubt mir, mein Herr, die Zeit wird kommen.«

Der Vorfall wurde als so schwerwiegend eingestuft, dass man auch Georg I. davon in Kenntnis setzte. Der König ließ daraufhin die Soldaten ermahnen, seltsame »Vögel« dieser Art künftig besser zu bewachen und keinesfalls mehr in die Nähe des Schlosses zu lassen. »Sämtliche Bürger Ahldens müssen verpflichtet werden, die Ankunft Fremder sofort anzuzeigen«, hieß es in dem Schreiben aus London. Den Soldaten wurde eingeschärft, alle Fremden zu begleiten, die auf dem Weg zur Allerfähre nach Hudemühlen unterwegs waren und dabei die Brücke der Alten Leine am Schloss passierten. Solche Leute dürften auf keinen Fall Gelegenheit erhalten, stehen zu bleiben. Und noch einmal wurde Villars ermahnt, auch bei den Kutschfahrten der Prinzessin höchste Wachsamkeit walten zu lassen.

Die Sicherheitsvorkehrungen waren begründet. Denn die drei Schotten kehrten zurück. So überraschend wie sie im Frühjahr das Allerdorf beehrt hatten, tauchten sie am 29. September 1718 erneut in Ahlden auf. Diesmal hatten sie Geld dabei. Sie boten tausend Goldstücke, um zur Prinzessin vorgelassen zu werden. »Wir sind schon dankbar, wenn es uns vergönnt ist, Ihre Königliche Hoheit nur einen kurzen Moment zu sprechen«, bettelten sie. »Nur auf eine Tasse Tee.«

Doch Villar forderte die Briten auf, schleunigst das Weite zu suchen. Einer der Männer verabschiedete sich mit den Worten: »Seien Sie versichert: Man wird in Großbritannien alles dafür geben, die Dame aus dem Schloss ins Land zu holen. Denn sie ist unsere Königin.«

»Sollten sich diese Herren noch ein drittes Mal in Ahlden zeigen: Sofort festnehmen«, ordnete daraufhin Bernstorff von London aus an. Doch seither wurden in Ahlden keine Fremden mehr bemerkt, die sich in verdächtiger Weise dem Schloss näherten.

Es wurde nie bekannt, was es mit den Besuchern auf sich hatte. Aber hartnäckig hielt sich das Gerücht, dass der britische Thronfolger hinter ihnen stand.

Immerhin konnte Sophie Dorothea nun wieder häufiger ihre Mutter in Ahlden begrüßen. Da ihr die lange Reise von Lüneburg in die Allermarsch immer schwerer fiel, erhielt die betagte Herzogin schließlich 1717 von Georg I. die Erlaubnis, nach Celle zurückzukehren. Und besonders während der warmen Jahreszeit verließ sie nun oft ihr Schloss, um zu ihrer Tochter nach Ahlden zu fahren. Wochenlang hielt sie sich hier bisweilen auf, klagte über Gebrechen und plauderte mit Sophie Dorothea über das Leben der Kinder in England und Preußen, das beide nur aus Briefen und vom Hörensagen kannten.

Obwohl Sophie Dorothea seit dem Brand sehr viel größeren Anteil an den Nöten der Dorfbewohner nahm, träumte sie immer noch davon, eines Tages in die glanzvolle Welt der Mächtigen zurückzukehren. Sie lenkte sich zwar ab mit Handarbeiten, Kutschfahrten und der Verwaltung der ihr anvertrauten Ämter, aber sie empfand sich weiter als eine Gefangene – abgeschnitten von fast allem, was ein Leben in ihren Augen lebenswert machte, vor allem der Möglichkeit, sich frei zu bewegen.

Etwas Trost spendete ihr Heinrich Sigismund von Bar, ihr hannoverscher Verwaltungschef. Doch die Kontakte mit dem gebildeten Grafen beschränkten sich fast ausschließlich auf Briefe. Denn nach den Auseinandersetzungen mit dem Schlosskommandeur untersagte es Georg I. seinem Geheimen Rat, häufiger als zweimal im Jahr nach Ahlden zu fahren. Sophie Dorothea blieb nichts anderes übrig, als lange Briefe zu schreiben. Sie fluchte darin über die »niedrigen Kreaturen«, die sie und die Ihren mit Gemeinheiten aller Art überzogen, klagte über das Unrecht, das sie zur Gefangenen machte, pries die Güte und Arbeit ihres Freundes in fast so überschwänglichen Worten wie sie einst Königsmarck gepriesen hatte. Und sie bedachte den Witwer und dessen Erben sogar in ihrem Testament. So verfügte sie, alle Kredite und Lasten zu tilgen, die auf seinem Gut Barenau lagen. »Er hat mir nur gute und getreue Dienste geleistet, er ist mir ein sehr großer Trost in meinem Unglück gewesen und hat den traurigen Zustand meines Lebens durch seine christliche und erbauliche Zusprache allezeit gelindert.«

Von Bar selbst kam nicht mehr in den Genuss der Verfügung. Schon wenige Monate nach der offiziellen Bestätigung des Testaments verstarb er: Während einer Reise erlitt der Witwer am 24. Oktober 1721 in Kassel einen Herzinfarkt.

Sein ältester Sohn Christian führte die Amtsgeschäfte bei der Prinzessin weiter – ein weitgereister Edelmann wie sein Vater, aber zugleich ein Abenteurer und Projektemacher: herrisch, rechthaberisch, rücksichtslos. Sophie Dorothea zeigte er sich indessen stets von seiner charmanten Seite, sodass sie dem Sohn des verstorbenen Freundes die Treue hielt. Da er sich den Amtsgeschäften in Ahlden aber nur mit sehr geringer Sorgfalt zuwandte, nahm sie Anfang 1722 die Verwaltung ihrer Ämter noch mehr als bisher in ihre eigenen Hände.

Ein weiterer Todesfall erschütterte sie in dieser Zeit. Am 5. Februar 1722 starb im Alter von 83 Jahren ihre Mutter – die Frau, die ihr in all den Jahren letzten familiären Halt gegeben hatte. Sophie Dorothea durfte nicht einmal an der Beerdigung teilnehmen.

Mochten auch noch so viele Menschen um sie sein, es wurde immer einsamer um sie. So vertraute sie sich dem jungen von Bar an. Der hatte sich zwar bei der Verwaltung ihrer Ämter als unzuverlässig erwiesen, verstand es aber, sie mit seinen hochfliegenden Plänen zu beeindrucken.

Enttäuschungen

Die Gelegenheit schien günstig. Die Verbannte in Ahlden hatte allen Grund, auf ihre Tochter zu hoffen. Denn Sophie Dorothea, die nach ihrer Mutter benannte Königin von Preußen, wollte im August 1725 gemeinsam mit ihrem Mann nach Hannover kommen, um sich mit ihrem Vater zu treffen, dem König von England, der sich in diesem Jahr vom 22. Juni bis 29. Dezember in seinem hannoverschen Stammland aufhielt. Das Treffen sollte dazu dienen, die Allianz zwischen Preußen und England zu festigen und unter Einbeziehung Frankreichs ein neues Bündnis zu schmieden. Sophie Dorothea die Jüngere verfolgte aber neben diesem machtpolitischen Plan auch noch einen familienpolitischen. Sie mühte sich, eine Doppelhochzeit einzufädeln: eine Verbindung zwischen ihren Kindern und den Kindern ihres Bruders Georg August: Ihr Sohn Friedrich (geboren 1712) – später »der Große« genannt – sollte mit seiner Cousine Amalie (geb. 1711) verheiratet werden, ihre Tochter Wilhelmine (geb. 1709) mit ihrem Cousin Friedrich Ludwig (geb. 1707), dem ältesten Sohn des Prinzen von Wales.

Die Prinzessin von Ahlden zeigte sich wenig erbaut von dem Projekt, doch ihr war klar, dass es auf ihre Meinung dabei überhaupt nicht ankam. Aber sie hoffte, dass das Familientreffen in Herrenhausen Georg I. so milde stimmen würde, dass er sich einer Begnadigung nicht länger in den Weg stellte.

Dies wollte sie aber nicht dem Zufall überlassen. Sophie Dorothea schrieb ihrer Tochter in Berlin daher einen langen Brief und bat sie inständig, sich bei ihrem Vater für sie einzusetzen. Doch schon ihr eigener Sekretär verweigerte die Annahme. Lüdemann sträubte sich beharrlich, den Brief auf den Weg zu bringen. Schließlich stehe er auch im Dienst Georgs I. und sei dem König und Kurfürsten damit genauso verpflichtet wie der Prinzessin, argumentierte er. Immerhin erklärte er sich bereit, Vorgespräche mit einem Vertrauten am preußischen Hof zu führen.

Gesagt, getan. Nach dem Sondierungsgespräch empfahl Lüdemann Sophie Dorothea, einen Mann zu ihrer Tochter zu entsenden, der sich ohnehin um die heikle Mission beworben hatte: Christian von Bar.

»Ich werde der Königlichen Durchlaucht schon vor Augen führen, welch schreiendes Unrecht Ihrer Frau Mutter geschehen ist«, versprach der junge Mann. »Sie wird gar nicht anders können, als ihrem Vater, dem englischen König, die Augen zu öffnen. Glaubt mir, Eure Tage in Ahlden sind gezählt, Durchlaucht.«

Der Graf verschwieg, dass es ihn noch aus einem anderen Grund nach Berlin zog: Er plante, dort bei dem preußischen Oberhofmarschall Sayn-Wittgenstein um die Hand von dessen Tochter Sophie Charlotte anzuhalten. Sophie Dorothea hatte von den Heiratsplänen gehört. Doch sie glaubte dem jungen Grafen nur zu gern und wagte es nicht, Zweifel an dessen Geradlinigkeit zu äußern oder Einwände zu erheben.

Erst im letzten Moment kamen ihr Bedenken. Sie wusste: Von Bar war ein Hitzkopf, schon sein Vater hatte einst über seine Temperamentsausbrüche und Wutanfälle geklagt. Er konnte sehr beleidigend und jähzornig werden. Nein, das durfte sie nicht riskieren. Sie beauftragte ihren Sekretär daher in letzter Minute, den Grafen von der Reise nach Berlin abzuhalten.

Aber es war zu spät. Von Bar war schon von Braunschweig aus aufgebrochen. In fast unerträglicher Spannung erwartete sie nun seine Nachrichten. Nervös die Hände knetend, lief sie in ihren Gemächern auf und ab. Um ihren inneren Frieden wiederzufinden, ließ sie sich aus der Bibel vorlesen. Aber es war zwecklos. Nicht einmal in der Nacht fand sie Ruhe.

Dann war es schließlich so weit. Endlich hielt sie den Bericht in Händen, den von Bar ihr von seiner Mission gesandt hatte. Und alles schien ganz wunderbar gelaufen zu sein. Der Unterhändler schwärmte: »Die Welt wird sich vor Ihnen verneigen, alle Tore werden sich Ihnen öffnen. Ich habe den Herrschaften in Berlin ins Gewissen geredet, und seien Sie versichert: Sie waren tief beschämt.«

Nach langer gewundener Vorrede kam er zum Kern:

»Die Königin von Preußen will ihren Vater und Bruder dazu bringen, die Doppelhochzeit mit einer Generalamnestie zu verbinden. Es versteht sich von selbst, dass Eure Durchlaucht hiervon nicht ausgeschlossen sein werden. Ihr seid die Großmutter von allen vier Brautleuten, die Großmutter von beiden Bräuten und von beiden Bräutigams. Da wird man Sie nicht länger in Gefangenschaft halten können. Glauben Sie mir, die Generalamnestie ist so gut wie beschlossen.«

Generalamnestie? Sophie Dorothea war verstört. »Amnestie, Gnade«, murmelte sie. »Nein, das ist es nicht, was ich nach all den Jahren verdient habe. Ich will keine Gnade, ich will mein Recht.«

So zögerte sie nicht, ihrem Unterhändler in Berlin mitzuteilen, dass sie eine Amnestie für nicht sonderlich erstrebenswert halte.

»Ich wiederhole: Es steht Ihnen absolut frei, nach Ihrem eigenen Gutdünken zu handeln. Doch in der Frage einer Amnestie ist es mir unmöglich, meiner Tochter zu folgen. Als Christin steht mir nicht der Sinn nach Rache, dies liegt mir sehr fern, das dürfen Sie mir glauben. Aber ich erwarte ein Wort der Entschuldigung für all die Demütigungen und Gemeinheiten, die ich zu erdulden hatte. Und ich betone: Eine solche Entschuldigung sollte nicht heimlich stattfinden, sondern vor aller Welt. Das gebietet mir meine Ehre und die Ehre meiner Kinder. Alles in mir sträubt sich bei dem Gedanken, wie eine Verbrecherin begnadigt zu werden. Wie antwortete doch der Apostel Paulus, als ihn der Kerkermeister auf Befehl der Hauptleute in Frieden ziehen lassen wollte? ›Sie haben uns ohne Recht und Urteil öffentlich gestäupt und in das Gefängnis geworfen, und sollten uns nun heimlich ausstoßen? Nicht also! Lasset sie selbst kommen und uns hinausführen.‹«

(Apostelgeschichte Kap. 16 V. 36 u. 37).

Sie war dünnhäutig geworden in all den Jahren. Der in Aussicht gestellte Gnadenakt verletzte sie. Aber sollte sie darauf verzichten? Alles oder nichts fordern? Sie war hin- und hergerissen, bereute fast schon den scharfen Ton ihrer Erwiderung. Immerhin hatte sie es ja von Bar überlassen, nach seinem Ermessen zu verfahren und ihre Einwände in angemessener Form vorzutragen. Wenn ihre Tochter vor ihr stünde, würde sich ja auch vielleicht noch Gelegenheit zu einer Aussprache finden.

So sah sie mit Spannung der Ankunft der Königin von Preußen in Herrenhausen entgegen, die für den 17. August 1725 angekündigt war. Irgendwann, hoffte sie, würde Sophie Dorothea auch in Ahlden vorfahren, um ihre alte Mutter zu besuchen.

Erwartungsvoll legte sie sich in diesen Spätsommertagen ihre prächtigsten Kleider an, schmückte sich mit ihren teuersten Brillanten und starrte von morgens bis abends aus dem Fenster – sehnsüchtig darauf hoffend, dass die goldene Kutsche mit ihrer Tochter endlich über die Brücke der Alten Leine rollen möge.

Nein, sie war nicht mehr die strahlende Schönheit, die einst vor dreißig Jahren aus diesen Fenstern geblickt hatte. Sie mochte sich noch so schnüren, ein noch so festes Korsett anlegen, um sich aufrecht zu halten. Es nützte alles nichts. Sie war aus den Fugen geraten, fett und feist, wie ihr schien. Ihr Haar war weiß, ihre Haut welk geworden. Dennoch hatte sie sich eine Strahlkraft erhalten, die nicht einmal ihre Fettpolster verdecken konnte. Und in diesen Tagen des Wartens blühte ihre zerbrechliche Schönheit noch einmal auf wie eine Rose im Spätherbst.

Aber sie wartete vergebens. Die gekrönten Häupter fuhren in Herrenhausen vor; dinierten, prosteten sich zu, tanzten und verhandelten, um das Bündnis zwischen Preußen, Frankreich und England unter Dach und Fach zu bringen und vielleicht nebenbei noch die eine oder andere Heirat einzufädeln. Das Programm ließ den Teilnehmern großen Freiraum für persönliche Interessen. Sophie Dorothea die Jüngere aber fand dennoch nicht den Weg zu ihrer Mutter. Stattdessen ließ sie der Prinzessin von Ahlden kleine Geschenke überbringen – eine Uhr, zwei Miniaturporträts, eine goldene Schnupftabakdose. Herzliche Grüße und respektvolle Komplimente sandte die Königin von

Preußen der Gefangenen. Doch sie ließ keinen Zweifel daran, dass sie sich völlig außerstande sah, etwas für ihre Mutter zu tun – geschweige denn bei ihrem Herrn Vater ein gutes Wort für sie einzulegen. Mit Blick auf die angestrebte Doppelhochzeit müsse alles andere zurücktreten, betonte sie. »Mein Gemahl würde es mir niemals verzeihen, wenn unser Plan aufgrund irgendwelcher unbedachten Forderungen scheiterte«, ließ sie ausrichten. In dieser Situation könne sie nicht einmal den Namen ihrer Mutter erwähnen. Sei die Doppelhochzeit erst einmal abgemacht, stelle sich die Sache ganz anders dar. Dann, so fasste Sekretär Lüdemann in seinem Bericht zusammen, werde sich die Königin sicherlich mit allen Kräften für ihre arme Mutter einsetzen – auch »wenn es sie den Kragen kosten solle«. Da die Prinzen und Prinzessinnen noch sehr jung seien, müsse sie sich bis zur Hochzeit allerdings noch etwas gedulden. Keinesfalls solle sie in der Zwischenzeit damit fortfahren, ihren Bedienten weiterhin Geschenke zu machen. Ihr Mann reagiere äußerst gereizt auf solche Versuche der Einflussnahme.

Vor allem aber warnte die Königin von Preußen ihre Mutter davor, ihr noch einmal den Grafen von Bar auf den Hals zu hetzen. Der Mann habe sich vollkommen unmöglich benommen. Er suche nur seinen eigenen Vorteil, mache »den ganzen Handel nur schlimmer«. Seine Vorschläge bestünden aus »lauter Phantastereien und ausschweifenden Sachen ohne Grund«. Sein Gerede habe sie aufs Äußerste erzürnt und verbittert. Die Königin könne den Grafen auf den Tod nicht ausstehen und wolle ihn niemals wiedersehen. Sie habe noch sehr viel härte Ausdrücke benützt, aber die wolle er lieber nicht wiedergeben, teilte Lüdemann mit.

Die Mitteilung traf Sophie Dorothea wie ein Faustschlag. Schon einen Tag später ließ sie die Geschenke an ihre Tochter zurückschicken. Gleichzeitig versicherte sie Christian von Bar ihr unvermindertes Vertrauen. Tief in der Nacht schrieb sie dem Grafen einen Brief voller Leidenschaft. »Ich bin todunglücklich«, gestand sie. Nicht so sehr das Scheitern ihrer eigenen Hoffnungen stürze sie in Trauer, sondern die ungerechtfertigten Vorwürfe, die die Königin von Preußen gegen den Grafen, gegen Christian von Bar erhebe. »Seien Sie versichert, dass meine Haltung Ihnen gegenüber unverändert ist. Ich vertraue wie bisher auf Ihre Klugheit, Zuverlässigkeit und Treue und bitte Sie inständig, mich in meiner Not nicht im Stich zu lassen und meinen Notschrei so bald wie möglich zu erwidern.«

Gleichzeitig erhob sie schwere Vorwürfe gegen ihren Sekretär. Sie warf Lüdemann vor, wichtige Briefe unterschlagen zu haben, führte den Zusammenbruch ihrer Hoffnungen auf Verrat zurück, glaubte sich von »Drachen und Harpyien« umgeben, die sich als Werkzeuge ihrer Feinde zu ihrem Untergang verschworen hätten.

Doch sie ließ keinen Zweifel daran, dass sie an ihrem Traum festhalte:

»Ich sehne mich nach meiner Freiheit mit einer Kraft, die mir jede Ruhe nimmt. Und ich sehne mich ebenso nach der Verwirklichung jenes Planes, den meine Freunde ohne Zweifel bereits geschmiedet haben – ein Plan, von dem mich nichts mehr abbringen kann. In Gottes Namen, bringt mich fort von diesem Ort oder ich werde daran sterben.«

Je mehr sie sich von aller Welt enttäuscht fühlte, desto stärker hoffte sie auf Christian von Bar. »In Gottes Namen bleiben Sie für mich unverändert der Gleiche, wie auch ich Ihnen die Treue halten werde bis zu meinem letzten Atemzug«, schrieb sie ihm in der Nacht zum 27. September 1725.

»Diese Affäre (mit Lüdemann) hat mir heftigen Kummer bereitet und zeigt mir den bejammernswerten, gefährlichen Zustand, in dem ich mich befinde – ein Zustand, der immer schlimmer und schlimmer wird. Ich bin von Menschen ohne Mitleid und Gerechtigkeitssinn umgeben, und ihre Zahl vermehrt sich ständig. Vor vielen Jahren fürchtete ich schon, vergiftet zu werden. Meine jetzigen Umstände sind derart, dass sich meine Furcht verstärkt. Dieser Verdacht würde sicherlich meine Gemütsruhe stören, wenn mir mein Leben nicht so gleichgültig wäre und wenn nicht Gott, der Allmächtige, mir den Frieden in meinem Herzen bewahrt hätte.

Die starken Ausdrücke, die ich in meinem vorangegangenen Brief benutzte, sollten Ihnen eine Vorstellung von dem großen Verdruss vermitteln, unter dem ich in jeder Hinsicht leide. Dieser Kummer

erregt in mir in der Tat eine intensive Abneigung gegen diesen Ort
– und ein inbrünstiges Verlangen, ihn zu verlassen.«

Auch dem Ahldener Gemeindepastor Christian Seelhorst vertraute sie sich an. Und der Geistliche tröstete sie mit Psalmen, Bibelversen und Geschichten, hielt sie auf dem Laufenden über die Nöte seiner Gemeindeglieder, ermutigte sie zu Demut und Gottesfurcht.

Es gab Tage, an denen sie solche Trostworte ruhigstellten und dazu bewogen, allen eitlen Träumen zu entsagen. Doch wenn sie dann von ihren Hofdamen von der Pracht im fernen England hörte und sich gleichzeitig von ihrem Oberhofmeister in die engen Ahldener Schranken weisen lassen musste, brach wieder ihre Empörung durch – und der Wunsch, endlich dieser ungerechten Gefangenschaft zu entfliehen.

Christian von Bar schürte diesen Wunsch ständig neu. Und er entwickelte einen Plan, der Aussicht auf Erfolg zu haben schien. »Für ein standesgemäßes Leben in Freiheit brauchen Sie Geld, Durchlaucht, viel Geld,«, drängte er. »Ich werde dafür sorgen, dass es Ihnen zur Verfügung steht, wenn Sie dieses Gefängnis verlassen haben. Vertrauen Sie mir nur.«

So ließ sich der Graf von Sophie Dorothea ermächtigen, die holländischen Wertpapiere aus dem Erbe ihrer Mutter an der Börse in Amsterdam zu verkaufen. Der Kurs war günstig. Von Bar erlöste eine Summe von 125 000 holländischen Gulden. Den Betrag überwies er auf ein Konto, das Sophie Dorothea nach ihrer Flucht zur Verfügung stehen sollte. Dann »lieh« er sich das Geld. Er ließ sich die Summe von umgerechnet 30 000 Talern als Darlehen für sein Gut Barenau bei Osnabrück ausstellen – mit vier Prozent Kreditzinsen. Da Sophie Dorothea in ihrem Testament verfügt hatte, dass all ihre finanziellen Ansprüche in Bezug auf dieses Gut mit ihrem Tode erlöschen sollten, durfte er hoffen, dass ihm das Geld einst wie ein Geschenk zufallen würde.

Vieles spricht dafür, dass der Edelmann das Vertrauen der Prinzessin missbrauchte. Er zahlte keine Zinsen, und dachte vermutlich nie ernsthaft an Sophie Dorotheas Befreiung, sondern spekulierte auf ihren Tod. Als die Prinzessin schließlich im Oktober schwer erkrankte und mit ihrem Ableben gerechnet werden musste, nahm er sich einen zweiten Kredit für sein Gut Barenau. Diesmal lieh er sich gleich 20 000 Taler von der Prinzessin.

Sein Befreiungsplan machte dagegen keine Fortschritte. Nur sein persönliches Vorhaben führte zum Ziel: Am 9. Mai 1726 heiratete er die Tochter des preußischen Oberhofmarschalls, Sophie Charlotte von Sayn-Wittgenstein.

Sophie Dorothea war lange geblendet von den Hoffnungen, die von Bar immer wieder in ihr zu erwecken verstand. Noch in der Nacht zum 19. August 1726 vertraute sie dem Mann, den sie für ihren letzten Freund hielt, ihre geheimsten Gedanken an:

>*Gott möge gewähren, dass kein Ereignis eine Verzögerung dessen bringt, was mir mehr als ich ausdrücken kann am Herzen liegt. Sire, Sie kennen alle meine Gefühle. Ich sehe mich zu einem Monstrum werden, das alles aus den Augen verliert. Ich bin gänzlich unwissend von dem, was in der Welt vor sich geht, ausgenommen, was ich über die allgemeinen politischen Nachrichten erfahre. Ich werde streng überwacht, und man gibt sich mehr denn je Mühe, mich daran zu hindern, irgend etwas zu erfahren.*«

Dies ist der letzte überlieferte Brief aus der Feder Sophie Dorotheas. Schon bald danach ahnte sie, dass der Mann, auf den sich ihre größten Hoffnungen stützten, ein Betrüger war. Die Erkenntnis nahm ihr den letzten Lebensmut.

Bereits im Juli 1726 litt sie unter Appetitlosigkeit, Kopfschmerzen und Übelkeit, Schlafstörungen und Unterleibsschmerzen. Hinzu kam laut ärztlicher Berichte ein »Reißen in Armen und Beinen«, das als Rheuma diagnostiziert wurde. Ihre betagte Schwiegermutter hatte einst »braves Spazierengehen« als beste Medizin gegen Altersgebrechen empfohlen. Doch Spazierengehen war Sophie Dorothea nur in sehr begrenztem Umfang gestattet. Die Höhepunkte ihrer Tage waren die Mahlzeiten gewesen. Und jetzt war es auch damit vorbei. Kaum etwas anderes als Rheinwein, Gelee und Schokolade nahm sie seit dem Sommer 1726 noch zu sich. Bald kam sie nicht einmal mehr aus dem Bett. Von ärztlicher Hilfe aber wollte sie dennoch nichts wissen.

Als Georg I. in London von dem besorgniserregenden Zustand Sophie Dorotheas hörte, ließ er ihr umgehend die besten Ärzte Hannovers schicken. Es war wohl weniger Mitleid als die Angst um den eigenen Gesundheitszustand, die ihn zu dieser Fürsorge trieb. Denn die Prophezeiung jener Zigeunerin in Venedig wirkte noch immer: Kein Jahr sollte er Sophie Dorothea überleben, das hatte er auch als König nicht vergessen, kein Jahr.

So sandten die Geheimen Räte in Hannover Anfang November die Leibärzte Dr. Hugo und Dr. Wolff mit dem Auftrag nach Ahlden, alles zu tun, um das Leben der Prinzessin zu retten. Doch die Kranke lehnte die Behandlung ab; sie ließ überhaupt nur einen der beiden Ärzte vor.

Dessen Befund bestätigte die schlimmsten Befürchtungen: Die Prinzessin litt unter hohem Fieber, aß kaum noch, ihre Sprache war gestört. Der Blick immerhin sei »munter und frisch«, stellte der Arzt fest. Die Patientin schien auch noch zu verstehen, was Pastor Seelhorst ihr sagte.

Doch schon in den nächsten Tagen verschlechterte sich ihr Gesundheitszustand weiter. Sie verfiel in einen Dämmerzustand, aus dem sie kaum mehr erwachte. Zuspruch und Fragen der Ärzte, Seelsorger und Hofdamen erreichten sie nicht mehr. Sie bemerkte nicht mehr den Regen, der gegen die Fenster klatschte, hörte nicht mehr den Wind, der in den Bäumen rauschte. Dafür hörte sie etwas anderes. Etwas viel Schöneres. Ein seltsames Pfeifen ließ sie aufhorchen. Was war das? Fingen die Vögel wieder an zu singen? Mitten im November? Seltsam. Nein, Unsinn, das waren keine Vögel. Natürlich nicht. Da pfiff jemand. Eine Melodie. Eine schöne Melodie. Ein bisschen falsch, aber erkennbar: das Leitmotiv aus »Folies d'Espagne«. Das konnte niemand anders sein als der schöne Graf: Philipp Christoph von Königsmarck. Er war gekommen, um sie abzuholen. Ein Lächeln huschte über ihr Gesicht, während sie dem fernen Pfeifen lauschte: Dass er es nie geschafft hatte, den Ton zu treffen in all den Jahren.

Als der hannoversche Leibarzt Dr. Wolff der Patientin am 10. November einen Besuch abstattete, hatte sie bereits das Bewusstsein verloren. Die Ärzte schrieben in ihrem Bericht für Hannover, dass sie »allmählich aufhörte zu leben«. Am Abend des 13. November 1726 stellten sie gegen 23 Uhr den Tod der Prinzessin fest. Sechzig Jahre war Sophie Dorothea alt geworden, und den größten Teil ihres Lebens hatte sie da verbracht, wo sie nicht sein wollte.

Georg I. erreichte die Todesnachricht, als er mit seinen beiden Mätressen gerade das Theater am Haymarket verlassen hatte. Der König zeigte keine Gefühlsregungen. Er gab Anweisung, den Leichnam in Ahlden beisetzen zu lassen. In aller Stille. Nichts sollte den Londonern den Tod seiner Ex-Frau vor Augen führen. Er verzichtete darauf, Hoftrauer anzuordnen, legte nicht einmal selbst Trauerkleidung an.

Ganz anders verfuhr Sophie Dorotheas Tochter in Berlin: Der preußische Hof ehrte die Verstorbene wie eine Königin. Georg I. soll darüber sehr verstimmt gewesen sein. Er hielt es nicht einmal für nötig, seinem in London weilenden Sohn sein Beileid auszusprechen.

Erst als sich herausstellte, dass der Sarg mit dem einbalsamierten Leichnam Sophie Dorotheas wegen des hohen Grundwasserspiegels nicht im Kellergewölbe des Ahldener Schlosses beigesetzt werden konnte und sich auch in der Ahldener Kirche kein »bequemer Platz« fand, gestattete er die Überführung nach Celle. Hier schließlich wurde Sophie Dorothea in der Fürstengruft unter der Celler Stadtkirche an der Seite ihrer Eltern am 25. Januar 1727 zur letzten Ruhe gebettet – bei Fackel- und Kerzenschein und in aller Stille.

Ein halbes Jahr später erfüllte sich die Prophezeiung der Wahrsagerin: Bei einer Reise nach Osnabrück erlitt der englische König am 21. Juni 1727 einen Schlaganfall. Einen Tag später war er tot.

Nachwort

Sie hatte glänzende Aussichten. Sie hätte mit den gekrönten Häuptern Europas an einem Tisch sitzen, die erste Geige in Königshäusern spielen können. Ihr Mann immerhin bestieg den englischen Thron und herrschte als Georg I. über England, und ihr Sohn trat als Georg II. die Nachfolge seines Vaters an. Ihre Tochter vermählte sich mit Friedrich Wilhelm I. von Preußen, dem Soldatenkönig, und brachte Friedrich II. zur Welt, der als Friedrich der Große in die Geschichte eingehen sollte. Sie selbst dagegen verbrachte mehr als dreißig Jahre ihres Lebens als Gefangene in einem abgeschiedenen Dorf in der norddeutschen Provinz – verhöhnt als »Prinzessin von Ahlden«, verehrt als »Königin der Herzen« wie viele Jahre später Lady Diana.

Sophie Dorothea, Kurprinzessin von Braunschweig und Lüneburg – so durfte sie sich offiziell nennen, bis ihr die Liebesaffäre mit dem Grafen Philipp Christoph von Königsmarck zum Verhängnis wurde. Nachdem ihre außereheliche Beziehung ans Licht gekommen und ihr Liebhaber erstochen worden war, erklärte sie der hannoversche Hof zur Unperson. Sie wurde aus dem öffentlichen Bewusstsein eliminiert. Wer seine Stellung nicht aufs Spiel setzen wollte, vermied es, sie zu erwähnen. Man ließ ihre Bildnisse abhängen, strich ihren Namen aus dem Kirchengebet.

Alles, was an Sophie Dorothea und ihre Affäre erinnerte, wurde, wo immer dies möglich war, aus dem Verkehr gezogen: Briefe, Tagebücher, Lebenserinnerungen. Und was man nicht schon zu ihren Lebzeiten beiseite geschafft hatte, kassierte die hannoversche Regierung nach ihrem Tode ein.

Wer sich bemüht, das Leben dieser Frau aus der Zeit des Barock nachzuzeichnen, stößt auf manche Lücken. Jeder Autor, der den Versuch unternimmt, diese Lücken zu schließen, begibt sich in den Grenzbereich zwischen Fantasie und Wirklichkeit. So ist es problematisch von einer Biografie zu sprechen und den Anschein ungebrochener Authentizität zu erwecken.

Ich habe mich daher für die Form der Romanbiografie entschieden und fiktive Elemente ganz bewusst einbezogen.

Wer das Ziel verfolgt, die Vergangenheit zum Leben zu erwecken, ist ohnehin darauf angewiesen, sich in historische Figuren hineinzuversetzen, um ihre Handlungsweise nachvollziehbar zu machen. Dabei geht es vor allem um die Rekonstruktion von entscheidenden Lebensstationen – Schlüsselszenen, die Milieuschilderungen, Atmosphärisches und vor allem Dialoge einschließen. Was aber haben die Beteiligten vor rund 300 Jahren in bestimmten Situationen gesagt? Was haben sie empfunden, gehört, gesehen, gerochen oder gesprochen? Da sich auf all diese Fragen keine historisch gesicherten Antworten geben lassen, bedarf es der Vorstellungskraft des Autors, die Leerstellen zu füllen – einer Vorstellungskraft, die sich selbstverständlich immer an den historischen Eckdaten, den Eigentümlichkeiten der Zeit und der Personen zu orientieren hat.

Die fiktiven Elemente dieser Romanbiografie sind also nicht ganz frei erfunden. Sie stützen sich auf historische Fakten und überlieferte Dokumente. Denn bei weitem nicht alles konnte vernichtet werden. Wenn der hannoversche Hof auch alles Erdenkliche unternommen hat, um die Affäre unter den Teppich zu kehren, so ist es den Historikern doch mittlerweile gelungen, zahlreiche aussagekräftige Schriftstücke ans Licht zu befördern.

Das größte Verdienst gebührt in dieser Hinsicht Georg Schnath. Der frühere Leiter des Hauptstaatsarchivs Hannover und Geschichtsprofessor hat in mühseliger Kleinarbeit Archive und Aktensammlungen durchforstet und auf diese Weise historisches Material zusammengetragen, das uns die Protagonisten der Affäre am Welfenhof sehr viel näher gebracht hat.

Es sind ganz unterschiedliche Mosaiksteinchen, die sich bei Schnath zu einem Lebensbild zusammenfügen: Aktenvermerke der Regierungen in Hannover und Celle – vor allem zur Unterbringung der verbannten Prinzessin in Ahlden, die Berichte der ausländischen Gesandten an den Welfenhöfen, die eine große Ähnlichkeit mit den heutigen Korrespondentenberichten aufweisen, weitere Zeitzeugenberichte, Gerichtsakten, die den Scheidungsprozess dokumentieren und vor allem zahlreiche Briefe – zum Beispiel der Briefwechsel der hannoverschen Fürstin Sophie (unter anderem mit ihrer in Frankreich lebenden Nichte Liselotte von der Pfalz), aber eben auch die Korrespondenz zwischen Sophie Dorothea und Philipp Christoph von Königsmarck, die zum großen Teil dem Zugriff der hannoverschen Behörden entzogen werden konnte und heute buchstäblich das Herzstück der Geschichtsforschung bildet.

Lange Zeit war es umstritten, ob die Briefe wirklich von der Hand der Prinzessin und ihres Geliebten stammten. Doch nach den akribischen Studien Georg Schnaths und dessen Aufsatz »Der Königsmarckbriefwechsel – eine Fälschung?« (1930) sind die Zweifel weitgehend verstummt. Und der Historiker hat sich nicht nur die Mühe gemacht, jeden der 282 erhaltenen Briefe zu entziffern, zu entschlüsseln und zusammenzufassen, sondern auch die Geschichte ihrer Überlieferung nachgezeichnet – eine Geschichte, die selbst etwas von einem Roman hat.

Dass die Briefe der Nachwelt erhalten werden konnten, ist vor allem der Umsicht Königsmarcks zu verdanken. Der Graf hob nämlich nicht nur Sophie Dorotheas Briefe auf, sondern ließ sich aus Sicherheitsgründen seine eigenen auch zurückschicken. Nachdem er dem Anschlag im Leineschloss zum Opfer gefallen war, gelang es seinem Sekretär Georg Konrad Hildebrand, die Briefe dem Zugriff des hannoverschen Hofes zu entziehen und aus Hannover herauszuschmuggeln.

Ein Teil der Briefe landete laut Schnath bei dem früheren Erzieher und Hofmeister Königsmarcks, dem Güterverwalter Friedrich Adolf Hansen aus Glückstadt, der als dänischer Beamter 1698 geadelt wurde und 1711 starb. Seine Erben bemühten sich gleich nach seinem Tode, die Briefe zu Geld zu machen. Zuerst nutzten sie die Korrespondenz als Faustpfand, um bei Königsmarcks Familie eine ausstehende Forderung in Höhe von 20 000 Talern einzutreiben. Nachdem dieser Versuch fehlgeschlagen war, boten sie die Briefe der hannoverschen Regierung an. Die ging zunächst auch darauf ein und ließ von einem Vertrauensmann in einem Gasthof in der Nähe von Oldenburg die brisante Post in Augenschein nehmen. Doch obwohl der Experte die Briefe für echt befand, scheiterte der Handel.

Im letzten Moment nämlich tauchten noch weitere Liebesbriefe auf. Die Erben von Königsmarcks Schwager Karl Gustav Lewenhaupt ließen durchblicken, dass sie im Besitz eines ansehnlichen Packens seien. Angeblich hatten sie zuvor bereits versucht, die Dokumente der Gegenseite zu verkaufen – sowohl der Herzogin von Celle als auch ihrer Tochter Sophie Dorothea sollen die Briefe angeboten worden sein. Doch wie es heißt, wiesen beide Frauen das Kaufangebot zurück. Was sie zu diesem Schritt bewogen hat, ist unbekannt.

Bekannt hingegen ist, dass die Lewenhaupt-Erben im Jahre 1727 die in drei versiegelten Kästchen verwahrten Briefe für die stolze Summe von 100 000 Talern der hannoverschen Regierung anboten. Doch auch das Welfenhaus zeigte kein Interesse. Nicht einmal die Drohung, die pikante Post dem Papst anzubieten, veranlasste das Königshaus zum Kauf.

Eine neue Wendung trat 1754 ein. Die schwedische Königin Luise Ulrike, eine Enkeltochter Sophie Dorotheas, ließ einen Teil der Briefe aus dem Archiv der Lewenhaupts entwenden und übersandte sie ihrem Bruder in Potsdam, Friedrich dem Großen. Und der Preußenkönig wusste den Wert der Briefe offenkundig zu schätzen. Denn er übergab sie in einem versiegelten Umschlag mit der eigenhändigen Aufschrift »Lettres d'amour de la Duchesse d'Allen au conte Königsmarc« seinem Kabinettsarchiv, dessen Bestände später vom Deutschen Zentralarchiv II in Merseburg übernommen wurden.

Hier lagern sie heute noch – insgesamt 65 Seiten. Die 679 Seiten aus dem Lewenhaupt-Besitz dagegen gelangten 1848 auf verschlungenen Pfaden an die Universitätsbibliothek Lund in Südschweden.

Georg Schnath ließ von beiden Briefbeständen Fotokopien anfertigen und stellte sie in den sechziger Jahren dem Hauptstaatsarchiv Hannover zur Verfügung, sodass sie hier heute einsehbar sind.

Dies gilt bei weitem nicht für alle Originaldokumente zur Affäre der Prinzessin von Ahlden. Der größte Teil des Materials ist immer noch im Besitz des Welfenhauses. Diese Dokumente werden zwar vom Hauptstaatsarchiv Hannover verwaltet, sind aber nach wie vor nicht frei zugänglich. Besonders streng sind die Anforderungen für alles, was unter der Signatur »Depositum 84« abgelegt ist. Dieses »Depositum des Königlichen Hausarchivs« hat noch heute etwas von einem Giftschrank der Welfen. Nach dem Depositalvertrag, den Schnath als Leiter des Hauptstaatsarchivs in den sechziger Jahren mit dem damaligen Welfenchef Ernst August von Hannover aushandelte, behält sich das Welfenhaus das Recht vor, über Anfragen in eigener Verantwortung zu entscheiden. Wer Einsicht nehmen will, wird vom Hauptstaatsarchiv per Standardbrief darüber belehrt, dass Anträge, die sich auf die »gesperrten Bestände des Königshauses« beziehen, an das »Sekretariat Seiner Königlichen Hoheit des Prinzen von Hannover (SKH)« zu richten sind. Und da mit einer Antwort laut dieser Mitteilung erst nach zehn bis zwölf Monaten zu rechnen ist, ziehen viele ihre Anfragen gleich wieder zurück.

Dabei handelt es sich bei den gesperrten Beständen durchaus nicht nur um Akten des Welfenhauses. Auch die 1794 aufgezeichneten Erinnerungen der 96 Jahre alten Ahldenerin Marie Ratje werden zum Beispiel vom Welfenhaus unter Verschluss gehalten. Da die Autorin auf die Gefangenschaft Sophie Dorotheas in Ahlden einging, wurde ihr Bericht vom hannoverschen Königshaus kurzerhand aus dem Verkehr gezogen.

Nicht mehr erhalten sind die Briefe, die Sophie Dorothea und Königsmarck in den letzten sieben bis acht Monaten ihrer Affäre miteinander wechselten. Sie sind der hannoverschen Regierung nach dem Königsmarck-Mord in die Hände gefallen. Wie es heißt, ließ König Georg II. sie nach seinem Amtsantritt vernichten, um das Andenken seiner Mutter nicht noch mehr zu beschädigen.

In der Tat eröffnet der Briefwechsel intime Einblicke – Einblicke in eine Liebesaffäre im Schatten ausgeklügelter Machtpolitik. Ich habe daher einen Großteil der Briefe in Auszügen dokumentiert, allerdings

in bearbeiteter Form. Abgefasst in französischer Sprache der Barockzeit, verschlüsselt durch Decknamen und Zahlencodes, sind die Briefe im Original praktisch nicht lesbar. Ich habe mir darum die Freiheit
genommen, in Anlehnung an vorliegenden Publikationen die Briefpas-
sagen in einem Deutsch wiederzugeben, das für jeden Leser heute ver-
ständlich ist. Dabei war es mir allerdings wichtig, den besonderen
Ton der Korrespondenz zu erhalten, der sich zwischen barocker
Schwärmerei, heftigen Gefühlsausbrüchen und deftigen Detailschil-
derungen bewegt.

Auch bei der Wiedergabe anderer Briefe und Zeitdokumente habe
ich im Interesse einer besseren Lesbarkeit die Sprache geglättet und
der heute üblichen Grammatik, Ausdrucksweise und Rechtschreibung
angepasst.

Eine Romanbiografie ist kein museales Zeitdokument, sondern der
Versuch, Geschichte auf spannende und bewegende Weise an Leser
der Gegenwart heranzutragen. Dabei muss der historische Original-
ton, der immer erhebliche Barrieren und museale Distanz aufbaut,
bisweilen zurücktreten.

Mein Ziel war es, die Gedanken und Empfindungen von Protagonisten der Barockzeit in eine allgemein verständliche Sprache zu übersetzen. Ich habe daher bei der Dialoggestaltung bewusst auf barocke
Anredeformen verzichtet. So reden die Liebenden nicht – wie in den
Briefen – in der dritten Person miteinander, sondern so wie Menschen
heute miteinander sprechen würden.

Der Inhalt bleibt davon unberührt. Ein Anliegen dieser Romanbiografie schließlich besteht darin, neben der Lebensgeschichte der
Hauptfigur das Lebensgefühl einer vergangenen Epoche zu beleuch-
ten. Darüber hinaus ist die Geschichte Sophie Dorotheas verzahnt mit
dem Aufstieg eines deutschen Fürstenhofes aus der Provinz zu einer
Weltmacht – vom Kampf um die Kurwürde bis zur Besteigung des
englischen Throns. Parallel zur Entwicklung Sophie Dorotheas treten
so auch die Protagonisten der Machtpolitik in Erscheinung.

Eine ganz andere Perspektive eröffnet die Parallelhandlung, die sich
mit dem Kammerfräulein der Prinzessin beschäftigt. Drei eigenständige Kapitel sind der Vertrauten gewidmet, die der Welt des niederen Landadels entstammt.

Diese Biografie ist nicht der erste Versuch, das Leben Sophie Dorotheas nachzuzeichnen. Obwohl die Prinzessin nie eine Krone getragen
oder Einfluss auf die große Politik genommen hat, obwohl sie keine
Heldentaten vollbrachte und auch nicht mit großartigen Geistesgaben
glänzte, hat ihr Schicksal die Herzen bewegt und Fantasien beflügelt
wie kaum ein anderes Lebensschicksal aus der zweiten Reihe der
Weltgeschichte.

Schon zu ihren Lebzeiten verbreiteten die ersten Autoren ihre anrührende Geschichte. Bereits im März 1695 – ein knappes Jahr nach dem Tode Königsmarcks – veröffentlichte ein unbekannter Verfasser unter dem Pseudonym Cassandro die »Liebesgeschichte zwischen Graf Königsmarcken, einem vortrefflichen Ritter, und der vortrefflichen Fürstin und Prinzessin von Hannover«. 1705 folgte von dem Trivialautor Christian Friedrich Hunold (1680–1721) die »Liebes- und Heldengeschichte des Grafen Silibert von Cremarsig« (Anagramm für Cenigsmarg), eine laut Schnath »abenteuerliche Schauergeschichte von ungezügelt ausschweifender Phantasie«.

Zwei Jahre später publizierte kein Geringerer als Herzog Anton Ulrich von Braunschweig-Wolfenbüttel, ein Vetter Georg Ludwigs, einen opulenten Barockroman mit dem Titel »Octavia Römische Geschichte«, der in der eingebauten Schlüsselerzählung von Solane und Aquilius die Liebesbeziehung von Sophie Dorothea und Königsmarck in ein antikes Gewand kleidet. Da Anton Ulrich – ein gefeierter Schriftsteller seiner Zeit – als Verwandter und Widerpart der Hannoveraner beim Kampf um die Kurwürde unmittelbaren Einblick in die Affäre hatte und somit bestens informiert war, stützt sich seine Geschichte auf gute Quellen und eine Vielzahl authentischer Begebenheiten. Doch der Autor ist eben kein außenstehender Beobachter, sondern als langjähriger Gegenspieler des hannoverschen Fürstenhauses parteiisch.

Der Roman erschien 1707 – ein Jahr nachdem Wolfenbüttel sich mit Hannover ausgesöhnt hatte. »Vetter Tönis« zügelte daher seine Schadenfreude über den Skandal im Leineschloss etwas und unternahm nichts, um die welfische Hausehre noch zusätzlich mit Hohn und Spott zu überschütten. Dennoch zeigte sich der hannoversche Hof alles andere als erfreut. Solane (Sophie Dorothea) schließlich wird per Gottesurteil vom Vorwurf des Ehebruchs freigesprochen, und Aquilius (Königsmarck) fällt einem Mord zum Opfer, den eine Dame namens Potentiana anzettelt, die jeden eingeweihten Leser sofort an die mächtige Gräfin Platen erinnerte. Und auch im Roman gebietet die Dame über einen hochgestellten Liebhaber, der ihrer Schandtat den Weg bereitet: ein Fürst wie Ernst August.

Für die vierte Auflage, die 1712 erschien, milderte Anton Ulrich die Geschichte – vermutlich auf Drängen Hannovers – etwas ab, fügte ein Jahr später aber sogar noch die Flucht Eleonore von Knesebecks von dem Scharzfels an.

Eingebunden in einen Historienroman von knapp 7000 Seiten hätte die verschlüsselte Erzählung wohl niemals größere Beachtung gefunden, wäre sie nicht einige Jahre später als eigenständige Geschichte in einer französischen Übersetzung und Überarbeitung erschienen. Unter dem Titel »Histoire secrete de la duchesse d'Hanovre, épouse de George I.« wurde die Erzählung zum Welterfolg. Als Verfasser gilt laut Schnath ein gewisser Karl Ludwig Freiherr von Poellnitz (1692–1775), ein Autor von Skandalgeschichten, über den Friedrich der Große gesagt haben soll: »Divertissant beim Essen, hernach einsperren.«

Alle Decknamen wurden in diesem Werk entschlüsselt. Sophie Dorothea nimmt so die Rolle der leidenden Gattin ein, die von dem edlen Grafen Königsmarck getröstet und insbesondere von der bösen Platen ins Unglück gestoßen wird. Besonders grell fällt die Mordszene aus: Als der sterbende Königsmarck versucht, die Unschuld Sophie Dorotheas zu beteuern, bringt ihn die Platen mit brutalen Fußtritten zum Schweigen.

Besonders in England erfreute sich diese Skandalgeschichte des königlichen Hauses Hannover allergrößter Beliebtheit. Zahlreiche Schriftsteller nutzten das Werk als Vorlage für nicht minder schlüpfrige Nachdichtungen.

Gleichzeitig nahm die Idealisierung Sophie Dorotheas immer kitschigere Formen an.

Wer es nüchterner liebt, findet bei Georg Schnath spannenden Lesestoff. Der intime Kenner der Welfengeschichte hat die Forschung durch sein akribisches Quellenstudium entscheidend vorangetrieben. Bei aller Sorgfalt und Recherchetiefe gibt Schnath in seinen Wertungen jedoch bisweilen zu erkennen, dass er dem Welfenhaus verbunden ist. So fallen seine Schlussfolgerungen deutlich hannoverfreundlicher aus als die des ebenfalls anerkannten Regionalhistorikers Adolf Köcher, der sich vor Schnath mit der »Geschichte von Hannover und Braunschweig 1648–1714« beschäftigte. Während Köcher in seinem 1882 erschienen Aufsatz »Die Prinzessin von Ahlden« etwa den Scheidungsprozess als infame Justizkomödie bewertet, verteidigt Schnath das Ehegericht als ehrbar und seriös. Da Schnath aber gleichzeitig als gewissenhafter Historiker keinen Zweifel daran lässt, dass der Urteilsspruch schon vor Prozessbeginn feststand, ist sein Versuch der Ehrenrettung etwas merkwürdig. Ähnlich befremdlich mutet es an, dass Schnath zwar die vier Namen der Königsmarck-Mörder auflistet und im Falle des Haupttäters sogar die Höhe der Belohnung nennt, jedoch nicht von Mord sprechen möchte.

Doch Wertungen dieser Art hindern den Historiker nicht an einer schonungslosen Bestandsaufnahme, sodass seine Arbeiten von unschätzbarem Wert für alle nachfolgenden Werke über die »Prinzessin von Ahlden« sind. Auch diese Romanbiografie wäre ohne das von Georg Schnath ausgebreitete Material nicht möglich gewesen. Der Autor ist dem Chronisten des Welfenhauses daher zu großem Dank verpflichtet.

Verwendete Literatur

Mijndert Bertram, Georg II, König und Kurfürst, Göttingen 2003.

Werner Brünecke, Dorf und Kirchspiel Schwarmstedt, Schwarmstedt 1988.

Eduard Bodemann (Hrsg.), Elisabeth Charlotte von Orleans, Aus den Briefen an die Kurfürstin Sophie von Hannover, Nachdruck, Hildesheim 2003.

Norbert v. Frankenstein, Hannover in alten und neuen Reisebeschreibungen, Düsseldorf 1991.

Robert Geerds (Hrsg.), Die Mutter der Könige, Leipzig 1913.

Christine Hamel, Venedig, Richtig Reisen, Köln 2002.

Ragnhild Hatton, Georg I., Ein deutscher Kurfürst auf Englands Thron, Frankfurt 1982.

Rainer Hendricks, Geschichte des Fleckens Ahlden, Walsrode 2006.

Ruth Jordan, Sophie Dorothea, London 1971.

Mathilde Knop, Kurfürstin Sophie von Hannover, Hildesheim 1964.

Adolf Köcher, Die Prinzessin von Ahlden, in: Historische Zeitschrift 48 (1882), S. 1–44, 193–235.

Sylvia Krauss-Meyl, Die berühmteste Frau zweier Jahrhunderte, Maria Aurora Gräfin von Königsmarck.

Helene Lehr, Sophie Dorothea, Die verhängnisvolle Liebe und das tragische Schicksal der Prinzessin von Hannover, Wien 1991.

Luise Marelle, Eleonore d' Olbreuse, Hamburg 1936.

Hermann E. Mark, Geschichte und Geschichten vom Canal Grande, Wien 2002.

Lewis Melville, The First Gorge, London 1908, Bd. 1 und 2.

Sabine Meschkat-Peters (Redaktion), Ehrgeiz, Luxus und Fortune, Hannovers Weg zu Englands Krone, Hannover 2001.

Siegfried Müller, Leben in der Residenzstadt Hannover, Adel und Bürgertum im Zeitalter der Aufklärung, Hannover 1987.

Klaus Mlynek, Waldemar R. Röhrbein (Hrsg.), Hannover Chronik, Hannover 1991.

Paul Morand, Sophie Dorothea von Celle, Die Geschichte eines Lebens und einer Liebe, Hamburg 1970.

Georg Schnath, Geschichte Hannovers im Zeitalter der neunten Kur und der englischen Sukzession, Bd. 1, Leipzig 1938, Bd. 2, Hildesheim 1976, Bd. 3, Hildesheim 1978., Bd. 4, Hildesheim 1982.

Georg Schnath, Ausgewählte Beiträge zur Landesgeschichte Niedersachsens, Hildesheim 1968.

Georg Schnath, Der Königsmarck-Briefwechsel, Hildesheim 1952.

Georg Schnath, Die Prinzessin in Ahlden, Hildesheim 1968.

Georg Schnath (Hrsg.), Briefwechsel der Kurfürstin Sophie von Hannover mit dem preußischen Königshause, Leipzig 1927.

Renate du Vinage, Ein vortreffliches Frauenzimmer, Das Schicksal von Eleonore d' Olbreuse, Berlin 2000.

Jürgen Walter, Sophie Dorothea, Kurprinzessin von Hannover, Mühlacker 2006.

Walter M. Weiss, Venedig, Reise-Taschenbuch, Köln 2002.

Dörte von Westernhagen, Und also lieb ich mein Verderben, Göttingen 1997.

William Henry Wilkins, The love of an uncrowned Queen, London 1901.

Schauplätze einer Affäre

Hamburg

Artlenburg

Lüneburg

Bremen

Göhrde

Bruchhausen

Ahlden

Celle

Linsburg

Hannover

Lauenau

Springe

Wolfenbüttel

Coppenbrügge

Scharzfels

HAZ-Grafik: gh

Die Welfen zur Zeit des Barock

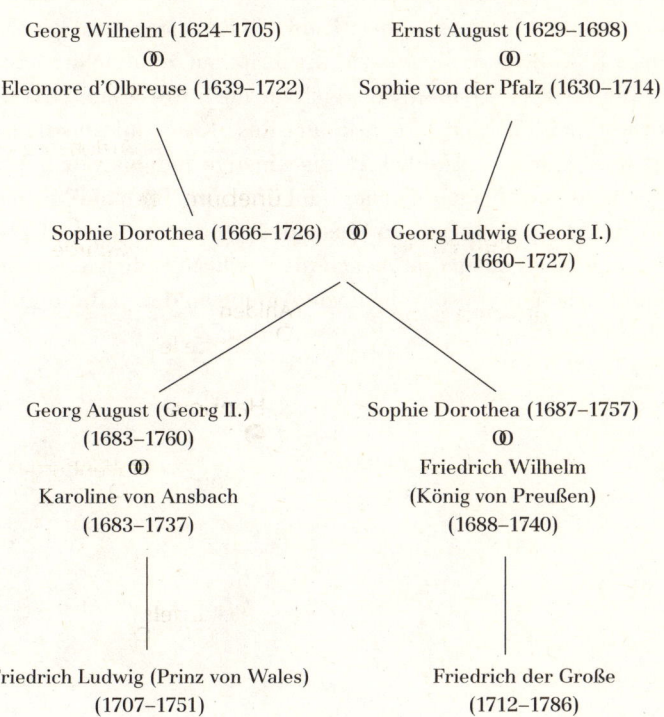

Georg Wilhelm (1624–1705)

Ⓘ

Eleonore d'Olbreuse (1639–1722)

Ernst August (1629–1698)

Ⓘ

Sophie von der Pfalz (1630–1714)

Sophie Dorothea (1666–1726)   Ⓘ   Georg Ludwig (Georg I.)
(1660–1727)

Georg August (Georg II.)
(1683–1760)

Ⓘ

Karoline von Ansbach
(1683–1737)

Sophie Dorothea (1687–1757)

Ⓘ

Friedrich Wilhelm
(König von Preußen)
(1688–1740)

Friedrich Ludwig (Prinz von Wales)
(1707–1751)

Friedrich der Große
(1712–1786)

Dank

Ich danke allen, die mich bei der Arbeit an diesem Buch unterstützt haben. Mein besonderer Dank gilt Ilse Plöger und Dr. Waldemar R. Röhrbein, die mein Manuskript auf inhaltliche Richtigkeit hin überprüft haben. Hilfreich für mich war auch, dass mir Florian Seidel, der Eigentümer des Kunstauktionshauses »Schloss Ahlden«, Einblick in die einstige Lebenswelt Sophie Dorotheas gewährt hat. Ferner danke ich dem Bomann-Museum Celle und dem Historischen Museum in Hannover für die Unterstützung. Nicht zuletzt danke ich meiner Frau Gabriele Schulte, die die Arbeit an diesem Buch von Anfang an durch Rat und Tat begleitet hat.